教育部人文社科研究基地重点项目“城市综合服务标准化研究——以苏州市为例”（编号GJ213113）研究成果
江苏省社科应用研究精品工程“政府公共服务标准化研究——以苏州市为例”（编号14SWC—171）研究成果
苏州大学东吴智库研究成果

综合标准化与公共服务提升

来自苏州市的创新实践

田晓明　钮雪林　江波　李平　著

苏州大学出版社
Soochow University Press

图书在版编目(CIP)数据

综合标准化与公共服务提升:来自苏州市的创新实践/田晓明等著. —苏州:苏州大学出版社,2015.3
苏州大学东吴智库研究成果
ISBN 978-7-5672-1173-5

Ⅰ.①综… Ⅱ.①田… Ⅲ.①社会服务—标准化—研究—苏州市 Ⅳ.①D669.3-65

中国版本图书馆CIP数据核字(2015)第009040号

书　　名:综合标准化与公共服务提升
——来自苏州市的创新实践

作　　者:田晓明　钮雪林　江　波　李　平
责任编辑:周建国
装帧设计:吴　钰

出版发行:苏州大学出版社(Soochow University Press)
社　　址:苏州市十梓街1号　**邮编**:215006
印　　装:苏州工业园区美柯乐制版印务有限责任公司
网　　址:www.sudapress.com
邮购热线:0512-67480030
销售热线:0512-65225020

开　　本:787×1092　1/16　**印张**:26.5　**字数**:489千
版　　次:2015年3月第1版
印　　次:2015年3月第1次印刷
书　　号:ISBN 978-7-5672-1173-5
定　　价:82.00元

序

随着经济社会的发展和文明程度的提高，如何推进政府自身建设和改革，已经成为各地政府思考和探索的课题之一。公共服务标准化建设是服务型政府建设的重要手段，同时，公共服务也已不再局限于仅由政府提供，许多社会组织也提供公共服务。改善服务质量，提高服务效能，成为全社会关注的焦点。

作为经济社会科学管理的重要手段，标准化在服务标准体系的建设与完善、服务质量的评价与改进等方面发挥着重要的作用，并已成为建设服务型政府、推进基本公共服务均等化和保障民生工程的重要支撑。服务标准化是服务业发展的重要制度规范和技术支撑。自1996年国际标准化组织（ISO）提出推进“服务标准化”以来，德、美、英等西方发达国家都积极开展服务标准化建设工作，纷纷将服务标准化纳入本国的发展战略，积极争夺国际服务标准制定的主导权。如德国通过制定一揽子服务标准，使服务标准与资本、人力资源一起，共同构成德国经济增长的三大动力。

2012年7月20日，我国国务院公布了《国家基本公共服务体系“十二五”规划》（国发[2012]29号）（简称《规划》），首次对国家基本公共服务体系提出了系统要求。《规划》中确立了基本公共服务标准的地位、内涵和作用，为下一步搞好社会管理和公共服务工作指明了方向。同年8月，国家标准化管理委员会会同国家发展和改革委等27个部门，编制了《社会管理和公共服务标准化工作“十二五”行动纲要》（简称《纲要》）。《纲要》是配套落实《规划》的重要文件之一，它从国家层面部署了社会管理和公共服务标准化工作，提出在政务服务、公共教育、公共就业等15个重点领域建立标准体系，建设国家级标准化试点300个，实施“公共教育标准化推进工程”等重大工程11项，开展社会管理和公共服务重要领域的标准化科研项目200项，培养社会管理和公共服务标准化专业人才1万人。这为今后社会管理和公共服务标准化的发展明确了方向、目标和任务。“上有天堂，下有苏杭”，苏州是我国历史文化名城之一。改革开放以来，苏州先后抓住多次重大历史机遇，经济社会保持了持续快速健康发展的良好态势，拥有大量标准化资源。苏州作为全国经济总量最大的地级市，在经济快速发展的过程中也面临着许多挑战，如吴文化保留与外来移民量大、古城保护与现代化城市建设等。公共服务标准化是解决这些问题的有效途径之一。

苏州市将标准化原则与公共服务工作有机结合，以解决当前形势下的突出问题为抓手，以建立群众满意的公共服务标准体系为宗旨，探索建立了一套逻辑清晰的服务标准体系，并完善了服务标准体系和综合服务标准化的长效机制，创立了一批具有苏州特色的服务品牌，取得了显著的成效。《综合标准化与公共服务提升——来自苏州市的创新实践》一书，从政府行为的政治、经济、文化、法律、道德等抽象行为准则出发，基于公共服务特性和要素，探讨了公共服务的标准化。不仅践行了政府基本公共服务的标准化，也探索了企事业单位服务标准化。以公共安全、公共教育、公共卫生与基本医疗、社会保障、公共基础设施与公共事业、环境保护与公共服务、公共信息服务、公共文化和体育服务、公共科技服务、旅游、服务外包、金融、物流等13大领域的标准化实践为对象，既覆盖了公共服务的主要领域，又突出了苏州市的城市特色，特别是对公共服务标准化的有关理论、基本流程进行了梳理。苏州市在政府公共服务标准化方面的创新实践，较好地落实了《社会管理和公共服务标准化工作“十二五”行动纲要》的要求，为贯彻落实《国家基本公共服务体系“十二五”规划》做出了突出贡献。

苏州大学与苏州市政府在公共服务领域的合作是一种富有创新性的实践，双方优势互补，合作共赢。本书付梓是对双方合作成果的充分展示，成为高校积极参与地方建设的一个典范，同时也为其他城市公共服务标准化建设提供了借鉴。

2014年10月

（作者系国家标准化管理委员会副主任、党组成员）

目 录

导 论

一、公共服务标准化研究的背景

当今世界各国，尤其是发达国家，都把改善和提高公共服务作为政府的主要职责，认为国与国之间的竞争，从某种意义上来说，就是各国政府之间提供公共服务能力的竞争。随着我国服务型政府的构建，政府在提升城市竞争力方面是大有作为的。[①] 政府公共服务效能与质量将成为影响国家和城市竞争力的重要因素，因此提升政府的公共服务效能是提升城市竞争力和政府形象的有效途径。[②] 世界经济论坛（WEF）、瑞士洛桑管理学院（IMD）等都把政府提供公共服务的竞争力作为构成其国际竞争力的关键要素。从现代竞争的视角来看，如果一个城市的政府公共服务效能很低，这个城市必然不会成为资本、管理、人力资源高地，也不会成为政治、经济、文化中心。

随着我国经济社会的不断发展，社会公众对公共服务的需求不断增加，对政府服务的要求也越来越高。如何适应现代社会公众对政府的新要求，为公众提供更优质的公共服务，成为政府面临的重要课题。

2011 年 3 月，第十一届全国人民代表大会第四次会议批准的《中华人民共和国国民经济和社会发展第十二个五年规划纲要》指出，“坚持以人为本、服务为先，履行政府公共服务职责，提高政府保障能力，逐步缩小城乡区域间基本公共服务差距”，明确提出要“建立健全基本公共服务体系”，要“加强和创新社会管理”。

2012 年 11 月，胡锦涛在党的十八大报告《坚定不移沿着中国特色社会主义道路前进　为全面建成小康社会而奋斗》中指出，要根据我国经济社会发展的实际，要在十六大、十七大确立的全面建设小康社会目标的基础上努力实现新的要求，“基本公共服务均等化总体实现，全民受教育程度和创新人才培养水平明显提高，就业更加充分，收入

① 徐朴. 构建服务型政府提升城市竞争力[J]. 成都行政学院学报，2006(6):20－21.

② 张登国. 政府公共服务效能提升的对策研究[J]. 四川行政学院学报，2008(1):003.

分配差距缩小，社会保障全民覆盖”，“建设职能科学、人民满意的服务型政府”。有效的政府管理是与良好的公共服务相融合的，政府管理的本质是保障公民的权利，为公民和社会提供更好的服务。

2013 年 11 月，李克强在《地方政府改革是一场自我革命》中指出，搞好保障民生的基本公共服务，也是地方政府需要加强的管理与服务职能。这方面，政府的责任主要还是保住基本，补上短板，守好底线，促进社会公正。[①]

2013 年 11 月，习近平在党的十八届三中全会上提出：“全面深化改革的总目标是完善和发展中国特色社会主义制度，推进国家治理体系和治理能力现代化。”[②]城市治理作为国家治理的重要组成部分，是当前城市公共事务管理的热点。

当前我国政府公共服务水平整体呈现出“总体水平偏低，发展不平衡，效率水平趋同”的基本特征。在经济社会发展的战略机遇期和矛盾凸显期，公共服务供给也相应地进入了总量增加、内涵扩展、结构优化的转型阶段，这必然要求公共服务在价值理念、管理水平，特别是服务质量上有较大提升，以满足社会公众需求。

标准化（standardization）对于加快我国服务型政府建设具有积极的促进作用。[③] 标准化方法在公共服务领域的应用，发挥其统一、协调、知识积累及传递等功能，对现阶段我国公共服务的发展具有十分重要的现实意义。政府公共服务标准化是一项系统的工程，是一个制定公共服务标准并贯彻实施这个标准的活动过程，这一过程在我国政府服务中的实现，是政府转向现代公共服务模式、实现建设服务型政府的必由之路。[④] 通过政府公共服务标准化建设建成一套结构完整、目标明确、条理清晰、易于操作的公共服务标准化体系，对于服务型政府建设、政府形象塑造、加强社会管理创新、提高服务质量、满足人民需求等都具有重大意义。

随着我国政府公共服务标准化建设实践的推进，服务标准化的研究逐渐受到重视。苏州市人民政府积极推进服务标准化工作实践，此前苏州市共承担省级、国家级服务标准化项目 45 项，其中试点项目 24 项、标准项目 21 项。为更好地提升城市功能，提升民生福祉，进一步发挥标准化在城市综合服务领域中的支撑和引领作用，苏州市

---

① 李克强. 地方政府改革是一场自我革命[EB/OL]. http://news.xinhuanet.com/politics/2013-11/08/c_118053776_2.htm,2013-11-08/2013-11-20.

② 习近平. 十八届三中全会报[EB/OL]. http://news.xinhuanet.com/politics/2013-11/12/c_118113106.htm,2013-11-20/2013-11-25.

③ 柳成洋，李涵. 标准化与服务型政府建设[J]. 中国标准化，2012(11):57-59.

④ 黄恒学，张勇. 政府基本公共服务标准化研究[M]. 北京：人民出版社，2011.

开展了以改善和提高城市公共服务为主要内容，涵盖九大公共服务领域（公共安全、公共教育、公共卫生与基本医疗、社会保障、公共基础设施与公共事业、环境保护公共服务、公共信息服务、公共文化和体育服务、公共科技服务）和四大专业服务领域（旅游、服务外包、金融、物流）的国家级城市综合服务标准化示范项目。作为全国首个进行城市综合服务标准化试点的地级市，苏州通过试点工作的开展，不断提高社会管理和公共服务的能力，促进城市基本公共服务均等化，提升城市治理能力和治理体系的现代化，打造"苏州服务"的特色品牌。

本研究在上述宏观背景与现实条件下，探讨了公共服务与标准化的理论、公共服务标准化流程与保障、公共服务标准化影响机制研究、苏州市城市综合服务标准化总体设计与成效，并分析、总结了苏州市城市综合服务标准化的创新实践。

二、公共服务标准化研究的意义与价值

本研究主要针对公共服务实践中存在的问题，根据我国经济和社会发展的现状，吸取管理学领域及标准化领域的研究成果，基于建设服务型政府和增强城市治理体系与治理能力现代化的背景，在借鉴现有的学术研究成果及综合分析国内外公共服务标准化经验的基础上，着眼于中国政府公共服务职能建设的现实需要，探索政府公共服务标准化的一般规律，以期全面推进依法行政，依法规范政府职能和行政行为，加强城市治理体系和治理能力的现代化建设，推动中国服务型政府的建设与和谐社会的实现。

（一）研究的理论意义

从理论上探讨公共服务标准化研究所涉及的标准化管理理论、公共服务理论、公共服务标准化的理论以及服务与公共服务、标准与标准化、服务标准化、综合标准化、公共服务标准化等相关概念的内涵，为公共服务标准化的理论研究提供基础，丰富理论界对于公共服务标准化的研究；明确提出公共服务标准化流程与保障，为政府公共服务标准化建设提供指引；通过公共服务标准化对城市综合竞争力的实证研究，突破传统的绩效评估的方法，为科学合理地评价标准化效益提供借鉴；通过苏州市城市综合服务标准化总体设计与成效的研究，完善和补充国内公共服务体系领域的研究内容。

（二）研究的现实意义

政府实现公共服务的标准化，有利于使其提供公共服务的方式有一个规范的标

准，消除政府各部门在公共服务过程中的无序和混乱，节约资源，提高效率；有利于体现社会公平，逐步消除公民特别是弱势群体的不公平感，使公众感受到切身利益的改善，减少社会矛盾，维护社会稳定，提高公众对政府公共服务的满意度，推动公共服务均等化和优质化的实现；有利于政府不断审视自身的公共服务实践，探索提供优质公共服务的更加有效的方法，从而使政府公共服务的社会效益最大化。

三、公共服务标准化的研究现状

（一）国外服务标准化研究现状

国外服务标准化理论研究主要包括服务标准的定义与分类、服务标准化的经济效益分析、陷阱阻碍分析、供给与需求分析、系统理论分析、政策分析等六个方面。[①] 这里主要介绍后五个方面的研究现状。

1. 服务标准化的经济效益分析

服务标准化的经济效益分析是服务标准化研究的首要问题。大多数研究者认为服务标准化具有重要的经济价值，不仅是各国推动技术进步、拉动经济增长、促进社会发展的有效工具，也是各国参与国际竞争、获取“非价格竞争优势”的重要战略手段。马歇尔（1920）最早关注到服务专业化产生的集群外部效应。西方学术界尚缺乏对服务标准化经济效益的专门研究，但还是可以将有关零散的研究归整为如何产生经济效益以及怎样增加经济效益两大类。DTI（2000）等从企业、市场和政府等方面对服务标准化如何产生经济效益、如何实现利益相关者共赢做了探索性研究。德国 Blind（2004）对标准经济学的现有文献做了全面的回顾和梳理，并以制造业和服务业为对象进行了系统的经验实证研究，为评估标准的动因和分析标准化的经济影响提供了经验与依据。[②]

2. 服务标准化的陷阱阻碍分析

服务标准化的陷阱阻碍分析即对服务标准化存在的一些负面的陷阱阻碍进行探讨。Berry（1990）等在研究服务质量的时候发现，一些服务企业之所以存在共通的失误，其根源都与服务标准的设定不当有关。[③] Robert（1994）以教育服务标准化为例，总结了服务标准化的有关陷阱阻碍。Swarm（2000）以商业贸易服务标准化为例，从政府

---

① 张端阳. 国外服务标准化研究综述[J]. 东北大学学报（社会科学版），2012（4）：311－317.

② Blind K. The Economics of Standards: Theory, Evidence[J]. Policy, 2004：43－44.

③ Berry L L, Zeitbaml V A, Parasuraman A. Five Imperatives for Improving Service Quality[J]. Sloan Management Review, 1990, 31(4): 29－38.

的视角对标准化进度较慢和过程中利益代表失衡等陷阱阻碍进行了探讨。① DTI(2000)等针对企业领域的服务标准化的陷阱阻碍进行了有益的探讨。

3. 服务标准化的供给与需求分析方面

Normann(1991)认为,竞争压力是服务企业被迫提高服务生产率、实施产业化的主要原因。Vries(1999)专门研究了服务业分行业的标准化需求②,Blind(2002)就服务企业引人 ISO9000 系列标准的动因等进行了分析,Jakobs(2009)探讨了电子商务部门通信服务技术标准化的供给与需求。他们的研究可归纳为服务标准化的供给与需求两个方面,认为就需求因素而言,创新程度、出口依赖度、网络效应等对服务标准化有正向效应。③

4. 服务标准化系统理论的分析方面

研究者认为,标准竞争的胜出不仅仅依靠领先的技术优势,更取决于标准建设与管理这一系统工程的优化。Levitt(1976)认为,系统化与作业流程的标准化是大规模多元化服务业成长的基础,服务企业能在不同地点有效率地提供统一质量标准的服务,主要依赖标准化的环境设备、作业方法和工作流程,引导员工按标准操作,并将个别的服务作业任务自动化。④ 美国经济学家卡尔·夏皮罗(Carl Shapiro)等则明确提出,标准战争的胜负并非简单取决于标准,而是依靠对七种关键系统资产的掌握,这七种关键系统资产是:①对用户安装基础(指已有的客户规模)的控制;②知识产权;③创新能力;④先发优势;⑤生产能力;⑥互补产品的力量;⑦品牌和声誉。

5. 服务标准化实践探索

1996 年国际标准化组织(ISO)提出“服务标准化”,德、美、英等西方发达国家都积极开展服务标准化工作,纷纷将服务标准化纳入本国的发展战略,积极争夺国际服务标准制定的主导权。

为推动国际服务标准化工作,国际标准化组织成立了服务相关技术委员会(TC)和服务相关项目委员会(PC),涉及金融服务、个人理财服务、心理评估、品牌评估、项目管理、网络服务记账等方面,旨在通过技术组织带动相关服务领域国际标准的制定工

---

① Swann G M P. The Economics of Standardization: Final Report for Standards and Technical Regulations Directorate, Department of Trade and Industry[M]. Manchester Business School, 2000.

② Vries H J. Standards for the nation: Analysis of National Standardization Organizations[M]. Droit: Universite Rotterdam: 1999.

③ Jakobs, Kai. Information Communication Technology Standardization for E-business Sectors: Integrating Supply and Demand Factors[M]. New York: Information Science Reference, 2009.

④ Levitt T. Industrialization of Service[J]. Harvard Business Review, 1976, 54(5): 63 – 74.

作。制定重点领域及重要服务国际标准,这些国际标准集中在金融服务、旅游服务、国际展览管理服务、教育服务、心理服务、满足消费者尤其是老年人与残疾人的特殊需要,投诉处理等方面。

德国非常重视服务标准化工作。1996 年,德国标准化协会(DIN)成立了专门机构“适用性与服务标准化委员会”以推动服务标准化工作。“适用性与服务标准化委员会”关注消费者投诉信息,开展社会调查,收集各新闻媒体的报道,以此提出服务标准需求,并负责服务标准的制定与修改工作,范围包括运输服务、旅游服务、建筑物清洁服务、殡仪服务、心理承受能力诊断、潜水运动服务、保安服务和徒步旅行等。德国通过制定覆盖金融、运输、清洁、邮政、殡葬和旅游等领域的服务标准,使德国标准与资本、人力资源一起,共同构成德国经济增长的三大动力。①

美国作为世界上最发达的国家,其社会管理和公共服务体系早在其建国时就初具规模。1978 年卡特政府“文官制度改革法案”的实施,拉开了美国服务型政府建设的序幕,逐渐形成了今天由政府、社会组织和企业共同组成的社会管理与公共服务的完备模式。

英国将关注重点从传统的工业领域扩展至社会管理和公共服务领域,开展了丰富的实践,其中最重要的成果非“公民宪章”运动莫属。“公民宪章”运动旨在推动公共组织起草、公布、实施一整套清晰完整的社会管理和公共服务标准体系。英国政府要求所有公共服务机构和部门制定各自的标准,具体内容和实施时间可以根据实际情况灵活安排,但标准的研制设计必须依据明确的服务标准、透明度、顾客选择、礼貌服务、完善的监督机制、资金的价值 6 个指导原则,以满足公民对社会管理和公共服务的需求。实践证明,“公民宪章”运动明显改善了政府公共服务绩效,促进了社会管理和公共服务行为的规范化与服务质量的不断提升。②

(二)我国服务标准化研究现状

我国是较早开展服务标准化工作的国家之一,也先后颁布实施了《全国服务标准 2005—2008 年发展规划》和《全国服务业标准 2009—2013 年发展规划》,但总体而言,我国的服务标准化建设的水平还比较低,对于公共服务标准化的研究目前还比较零散,标准化专家集中于基本概念原理的研究。可喜的是,越来越多的学者、研究人员开始关注标准化建设的经济效益和社会效益以及在国家服务型政府、加强城市治理体系和治理能力中的价值与作用,而地方政府的标准化实践也由点到面全面展开。

① 王世川,曹俐莉. 国际服务标准化的发展及借鉴[J]. 标准生活,2009,11:016.
② 侯非. 国外社会管理和公共服务标准化现状与趋势[J]. 中国标准化,2012(11):60-63.

1. 服务标准化的经济效益分析

我国学术界对于服务标准化的研究主要是基于经济学的观点对服务标准化的经济效益分析，尤其是在标准与对外贸易的研究领域里做出了许多贡献，建立了各种理论模型，阐述了标准与贸易之间的作用机理，并利用多种分析工具，引用标准建立计量模型，做出实证研究，有力的支撑了标准对贸易有巨大影响的论点。国内学者郭力生(2002)、李春田(2003)、于欣丽(2008)认为国际标准比国内标准对贸易的促进作用大。[①②③] 段琼、姜太平(2002)、金雪军(2006)和程鉴冰(2008)分别从贸易竞争力、最低质量标准和标准的作用途径三个不同角度肯定了标准对贸易的积极影响。[④⑤⑥] 侯俊军和马喜燕(2009)以1992—2007年中国和日本的35个产业的标准存量与双边贸易数据为基础进行实证分析，结果表明，中日两国的标准是影响中日双边贸易规模的一个重要因素，长期中日标准存量的增加将会促进中日双边贸易规模。[⑦] 钟高铮(2010)在1993—2008年中国行业标准数目的基础上，选取钢铁、煤炭、服装、食品加工、家电、机械制造六个行业的数据，采用面板数据变截距和变系数模型方法，分析行业标准化对我国进出口贸易的影响，认为我国行业标准化能正向带动进出口贸易，影响程度分别为0.0648和0.01950。[⑧] 侯俊军和万欣(2009)用我国机械行业的面板数据，对标准存量和产业内贸易的关系进行了实证分析，结果表明，机械行业中使用标准能积极促进该行业的产业内贸易，标准的进入能在长期内改善我国的产业结构，促进产业内贸易的发展。[⑨] 葛京和王益谊(2009)按产业分析了国际标准和特有国家标准对不同国家的影响，得到了不同的产业内贸易效应——标准对于发达国家而言，是可以促进双向需求的产业内贸易；对于发展中国家来说，会阻碍双向需求的产业内贸

---

① 郭力生. 标准化与国际贸易[J]. 中国标准化，2002(2)：4-5.

② 李春田. 标准化在市场经济发展中的作用——标准化与经济全球化[J]. 上海标准化，2003(10)：12.

③ 于欣丽. 标准化与经济增长：理论、实证与案例[M]. 中国标准出版社，2008.

④ 段琼，姜太平. 环境标准对国际贸易竞争力的影响——中国工业部门的实证分析[J]. 国际贸易问题，2002(12)：48-51.

⑤ 金雪军. 提高国际竞争力的技术标准体系战略研究：以浙江省为例[M]. 浙江大学出版社，2007.

⑥ 程鉴冰. 政府技术标准规制对经济增长的实证研究[J]. 数量经济技术经济研究，2008(12)：008.

⑦ 侯俊军，马喜燕. 标准对中日双边贸易规模的影响研究[J]. 亚太经济，2009(6)：38-42.

⑧ 钟高峥. 行业标准化对中国进出口贸易的影响研究[J]. 财经理论与实践，2010(3)：103-108.

⑨ 侯俊军，万欣. 标准化与产业内贸易——基于中国机械行业的面板协整分析[J]. 标准科学，2009(9)：19-24.

易。[①] 也有学者研究了标准造成贸易扭曲和形成技术性贸易壁垒而阻碍国际贸易。周华、王卉和严科杰(2007)采用价格楔方法,放松了国内与国外产品完全替代的假设,通过转化标准成对等关税来量化标准带来的贸易及福利效应,结果表明,欧盟 ROHS 指令产生了严重的贸易壁垒,不利于上海机电产业的专业分工。[②] 王耀中和贺蝉(2008)用蜂蜜出口的面板数据分析了国内外标准差距对我国农产品贸易的影响,得出国内外农业标准的差距不利于我国农产品出口,应加大我国标准与国际标准融合力度,促进出口贸易的结论。[③]

2. 服务标准化建设在服务型政府建设中的价值与作用分析

部分学者从管理学的视角探讨了服务标准化建设在服务型政府建设中的价值与作用。胡税根、徐元帅(2009)在分析西方公共服务标准化建设理论研究和实践经验的基础上,结合我国政府公共服务的实际,分析我国政府公共服务标准化建设的状况,探索其要面对的问题并提出可行性对策,指出政府公共服务标准化建设能够使政府减少随意性,促进政府推进自身改革,不断满足社会的公共需求。[④] 政府公共服务标准化面对的是公众的公共需求,其最终产出也是相对抽象的公共服务,因此实现标准化操作只是一种手段,标准化建设的目的应该是适应公众需求的变化和取得最佳的社会效益。公共服务标准化建设并不是为了取得政绩,而是从当前我国公共服务的现状出发,通过在政府公共服务中建立标准化的秩序,从而实现社会公共需求的不断满足和基本公共服务的均等化。徐婷(2012)在分析目前我国公共服务体系及标准化建设现状的基础上,有针对性地提出了解决对策,并对目前国内成功的实践进行了整理分析,以期通过案例和经验来为我国的公共服务标准化体系建设和完善提供一些启示。[⑤] 杨梅(2012)认为由于我国公共服务标准化建设没有国家统一标准,各地政府基于本地实际情况开展公共服务标准化实践呈现出多种模式。但由于标准化作为促进公共服务均等化的一种路径选择,其根本属性在于统一性,因此,在有限政府的前提下,中国基本的公共服务标准化有必要建构共同的指标体系,为实现基本公共服务均等化提供现

① 葛京,王益谊.标准对国际贸易影响效应的研究及政策借鉴[J].国际经贸探索,2009,25(2):8-13.

② 周华,王卉,严科杰.标准对贸易及福利影响的实证检验——基于价格楔方法以欧盟 ROHS 指令对上海市机电产业的影响为例[J].数量经济技术经济研究,2007,24(8):100-108.

③ 王耀中,贺婵.标准差距对我国农产品贸易影响的实证分析[J].国际经贸探索,2008,24(5):26-29.

④ 胡税根,徐元帅.我国政府公共服务标准化建设研究[J].天津行政学院学报,2009(6):39-44.

⑤ 徐婷.我国政府公共服务标准化建设研究[J].法制与社会(旬刊),2012(9):140-141.

实的指引。[①] 胡税根、徐元帅(2009)探讨了中国政府公共服务标准化建设的价值,认为公共服务标准化是企业的管理理念引入政府公共服务过程的管理思想,凡是通过政府提供的公共产品和服务都可以纳入政府公共服务标准化的范畴,并从公共服务标准化的内涵和特点出发,着重分析了中国政府推行公共服务标准化建设的价值,进而阐述能够充分发挥其价值的公共服务领域;深入分析了政府公共服务标准化建设的理论价值、技术价值、管理价值、绩效评估价值、社会价值、伦理价值和应用价值。[②]

目前国内学者对于公共服务标准化没有形成系统的研究,研究成果多源于项目课题需要,通过结合标准化实践进行理论上的探讨,一般都缺乏实证研究。从管理学角度基于微观层面上服务组织标准化建设的研究较少,将服务标准化上升到城市竞争力的战略高度的研究还未出现。

3. 地方政府服务标准化的实践探索

我国各地政府部门积极开展标准化试点工作,形成了标准化建设方面的有益探索。2011 年底,江苏省苏州市被确立为国家级城市综合服务标准化试点城市,成为开展城市综合服务标准化建设的第一个地级市;2009 年 5 月,北京市东城区被国家标准化管理委员会确立为全国唯一国家级城市公共服务标准化示范区;2009 年,北京市质量技术监督局开展了行政许可标准化工作;广东省广州市黄埔区自 2001 年起逐渐在政府行政管理和公共服务中引入标杆管理思想;浙江省绍兴市政府率先在全国政府机关管理中导入 ISO9000 质量管理体系;浙江省宁波市海曙区推行社区服务标准化、城市管理标准化和行政服务标准化建设;浙江省杭州市上城区进行国家级行政管理和公共服务标准化示范区建设;山东省聊城市、新泰市推行行政服务中心标准化建设;江苏省南京市推行和谐社区建设标准化,其江宁区推行国家级机关公共服务标准化示范区建设;等等。这些地方政府的标准化实践为我们总结经验、完善公共服务标准化的研究提供了宝贵的实践借鉴。各地具体的实践可以参考胡税根课题组的国内外实践研究,本研究不再赘述。

① 杨梅. 中国地方政府公共服务标准化探索与思考[J]. 北京行政学院学报,2012(3):30 - 34.

② 胡税根,徐元帅. 中国政府公共服务标准化建设的价值研究[J]. 甘肃行政学院学报,2009(5):47 - 53.

四、公共服务标准化的研究方法与框架

（一）研究方法

1．文献研究和比较分析相结合

文献研究法主要指搜集、鉴别、整理文献，并通过对文献的研究形成对事实的科学认识的方法。由于文献研究是在他人劳动成果的基础上进行的研究，可以用比较少的人力、经费和时间，获得比其他调查方法更多的信息，鉴于其获取信息的高效性，文献研究法被广泛用于各种学科研究中。

比较分析法是研究一切事物生动有力的普遍的逻辑方法，是分析、综合和推理等其他研究方法的基础。它实质上是对事物的某些特征或属性进行研究，并且总是从剖析与比较事物的个别特征和属性开始。任何事物之间都存在异同点，只有对事物间的各个属性逐一加以比较，才能分析出其异同点。比较是分析的基础，没有比较，分析就无从谈起，但比较的最终目的是要通过分析得到一个结果。比较分析法可以分为横向比较分析法和纵向比较分析法以及理想类型比较分析法。横向比较分析法是根据同一标准对同一时间的不同对象进行比较；纵向比较分析法是对不同时期同一对象的异同点进行比较和分析，在进行纵向比较分析时要注意规模、水平、贡献等外延性标准的可比性。理想类型比较分析法是指从具体独特的现象中抽取一些主要性质，舍弃其他性质而建立典型或标本，由于在从具体现象到理想类型的抽象过程中常伴随着相关类型的理论产生，理想类型比较分析法又称为理论与事实比较分析法。

本研究利用文献研究法，检索、收集、深入研究了公共服务标准化理论、公共服务效能与城市综合竞争力的相关文献，在前人研究的基础上为公共服务标准化研究的开展打下了坚实的理论基础。同时，由于公共服务标准化研究必须对服务、公共服务、标准、服务标准化、综合标准化、政府公共服务标准化等一系列关键概念进行明确的界定，为后续的研究理清思路，本研究在文献搜集整理的基础上，围绕研究的重点，在系统地梳理和对相关概念的比较论证分析的基础上，对公共服务标准化相关概念以及城市综合竞争力等概念进行了清晰的界定。

2．问卷调查和统计分析相结合

问卷调查法是以书面提出问题的方式搜集资料的一种研究方法，即调查者将调查项目编制成表格形式，分发或邮寄给有关人员，请其填写答案，然后回收整理、统计和研究。

统计分析法指通过对研究对象的规模、速度、范围、程度等数量关系的分析研究，

认识和揭示事物间的相互关系、变化规律和发展趋势，借以达到对事物的正确解释和预测的一种研究方法。

本研究在相关理论支撑的基础上编制了信效度较好的调查问卷对服务组织进行调查，同时运用项目分析、相关分析、因素分析等数据分析方法对问卷的质量进行分析，运用回归分析对问卷之间各因素的因果关系进行分析，为提出正确而恰当的研究结论提供数据支撑。

3. 跨学科研究和系统研究相结合

跨学科研究法是运用多学科的理论、方法和成果从整体上对某一课题进行综合研究的方法，也称“交叉研究法”。科学发展运动的规律表明，科学在高度分化中又高度综合，形成一个统一的整体。根据视角的不同，跨学科研究又可概要地分为方法交叉、理论借鉴、问题驱动、文化交融四个较大的层次。

系统研究的方法是指运用系统理论来认识事物整体规律的一种方法。这种方法把研究对象作为具有一定结构功能的整体，从多方面的动态联系中考察所研究的对象，以求达到最佳目标。它既可以作为经验方法，作为获得感性材料的方法来使用；也可以作为理论方法，作为将感性材料上升到理性认识的方法来使用，而且作为后者的作用比前者更加明显。

本研究涉及管理学、社会学、心理学以及标准化领域的众多理论，因此本研究积极拓宽研究视角，按照研究逻辑理顺思路，将不同领域、不同理论、不同国家、不同历史时期的研究内容整合，形成了一个结构合理、内容翔实、逻辑明晰的综合体。研究运用系统方法把公共服务标准化作为有机整体来看待，深入研究了关键概念的内涵与范围，并对政府公共服务标准化的效益即对城市竞争力的影响进行了测量。同时本研究与苏州市城市综合服务标准化建设的创新实践相结合，进行整体系统的研究，使研究结果具有说服力和可操作性。

4. 案例分析和经验总结法相结合

案例分析法是以案例反映出的基本事实为依托，让案例本身来说明研究的意义，从中抽象、提炼、综合出一定的道理。案例的选取具有一定的典型性。案例分析法是一种亲验型与参考型研究方法，有利于提高研究者分析问题与解决问题的能力。

经验总结法是通过归纳与分析实践活动中的具体情况，使之系统化、理论化，并上升为经验的一种方法。总结推广先进经验是人类历史上长期运用的行之有效的领导方法之一。

本研究在收集、整理分析苏州市城市综合服务标准化的创新实践案例的过程中，不仅丰富了政府公共服务标准化建设的知识，而且积累了政府公共服务标准化建设方面的经验。在案例选取过程中，尽量兼顾典型性、实用性、现实新颖性和理论价值性，还注意案例适用对象的广泛性，争取能为公共服务标准化建设提供理论支持，把公共服务标准化建设原理阐述得更加完善。

（二）研究框架

在研究中我们综合借鉴标准化管理的相关理论、公共服务的相关理论以及公共服务标准化的相关理论，运用文献研究、比较分析、问卷调查、统计分析、跨学科研究、系统研究、案例分析、经验总结等多种研究方法，全面系统分析了公共服务标准化的一系列理论问题，并对政府公共服务标准化对城市综合竞争力的影响机制进行了实证研究，对苏州市城市综合服务标准化总体设计与建设进行了深入的阐述与分析，同时研究对公共安全、公共教育、社会保障、公共基础设施与公共事业、环境保护公共服务、公共信息服务、公共科技服务、公共科技服务等 13 个领域内的典型示范进行剖析，总结标准化成果，并为其他城市的城市综合标准化建设提供经验借鉴。

具体而言，研究除导论之外共包括结构合理、内容翔实的五章内容。

导论，这一部分阐述了公共服务标准化研究的背景、研究的意义与价值、国内外研究现状、研究方法与框架、研究的难点与创新点。

第一章，公共服务与标准化的理论。公共服务与标准化的理论研究建立了本研究的理论框架，为后续研究奠定了坚实的理论基础。首先，通过对公共服务标准化的理论层层分解，本章详细地介绍了标准化管理的相关理论，公共服务的相关理论，以及公共服务标准化的理论基础。其次，本章对服务与公共服务、标准与标准化、服务标准化与综合标准化等相关概念进行了比较分析。最后，本章从服务型政府建设的内涵与动因、标准化在城市治理中的意义与价值、国外政府公共服务标准化的运作与借鉴、综合标准化思想在政府公共服务标准化建设中的应用等方面全面分析了政府公共服务标准化的意义。

第二章，公共服务标准化流程与保障。本章主要就公共服务标准化的流程与管理进行了分析，此章节的分析是在结合规范研究以及地方政府公共服务标准化建设模式的基础之上总结提炼而来。本章梳理了标准化特别是服务标准化的主要流程。将标准化流程与苏州市服务标准化推进过程相结合，具体分析了标准化建设的前期准备工作，标准制定与公开的注意事项，宣贯和实施过程中的有效实践，标准体系维护的具体方案以及地方政府在标准化运行保障模式，以期为服务标准化建设提供有益的借鉴。

第三章，公共服务标准化影响机制研究。本章是研究的亮点也是重要的创新部分。首先,对政府公共服务效能、服务标准化水平的测量以及城市综合竞争力的理论发展进行简要的综述,为调查问卷的编制以及理论模型的构建提供理论支撑。其次,提出研究假设,建立理论模型,并通过问卷调研,收集数据,还通过对问卷的质量分析、相关分析、多元逐步回归分析以及中介效应分析验证公共服务标准化、公共服务效能各维度与城市综合竞争力的关系假设。最后,得出研究结论,并阐述对苏州市标准化建设的思考与展望。

第四章,苏州市城市综合服务标准化总体设计与成效。本章首先分析了苏州市城市综合服务标准化建设现状,详细地剖析了苏州市城市综合服务标准体系的总体设计,同时总结了苏州市城市综合服务标准化建设的总体成效与经验。主要包括对苏州市经济与社会发展概况的分析以及苏州市城市综合服务标准化初期整体现状的调查,在此基础上分析了苏州市开展城市综合服务标准化建设初期的基础条件。其次,对苏州市城市综合服务标准体系的构建原则、构建方法、框架设计进行了分析,在微观层面上对服务业组织标准体系构建方法进行了解读,并通过具体标准化建设的实例就标准体系编码规则给出了详细的说明,研究还对体系构建过程中关键问题的处理作了详细的说明。最后,本章就苏州市城市综合服务标准化建设的总体成效与经验总结做了详细的分析,查漏补缺,在为苏州市城市综合服务标准化建设提供反馈的同时,也为之后的标准化建设提供参照。

第五章,苏州市城市综合服务标准化创新实践。本章针对苏州市城市综合服务标准化试点中涌现出一大批标准化建设的优秀承担单位和示范单位,精心挑选出典型的标准化建设创新案例,通过对公共安全、公共教育、公共卫生与基本医疗、社会保障、公共基础设施与公共事业、环境保护公共服务、公共信息服务、公共文化和体育服务、公共科技服务、旅游、服务外包、金融、物流 13 大领域内的标准化建设典型示范的剖析,对各服务提供组织的概况、标准化建设的推进过程及服务效益等相关内容进行介绍,总结经验,总结成效,共同支撑起苏州市城市综合服务标准化示范项目的建设。

五、研究的难点与创新点

(一) 研究重点和难点分析

本研究对公共服务标准化进行了前沿性的探索,存在的重点和难点主要包括以下几点:

1. 重要概念内涵和外延的确定

任何研究必须清晰地界定所要研究的对象,本研究也必须明确界定服务与公共服务、标准与标准化、服务标准化与综合标准化、城市竞争力、城市综合竞争力等一系列关键概念，同时对公共服务标准化的范围进行合理的界定。因此，本研究围绕研究的重点，在系统地梳理和比较论证分析的基础上，对政府公共服务标准化的相关概念以及城市综合竞争力等概念进行了清晰的界定，为后续研究理清了思路。

2. 公共服务标准化影响机制的深入探讨

政府公共服务标准化对城市综合竞争力的影响是不言而喻的，但政府公共服务标准化如何影响城市综合竞争力、影响的程度如何，对此却没有相关的文献研究。本研究将政府标准化建设置于提升城市综合竞争力这一战略高度上，不仅研究了政府公共服务标准化对城市综合竞争力的影响结果，更进一步深入研究了其影响机理。其次，若要得出科学的结论，不仅需要系统地梳理政府公共服务标准化的理论，更需要利用合适的研究方法与研究工具，本研究分别运用项目分析、相关分析、因素分析、回归分析等高级统计方法对访谈及问卷调查资料进行量化分析，大大提高了研究结果的可信度。

3. 苏州市城市综合服务标准化总体设计与成效

城市综合服务涵盖城市系统的对内服务和对外发展，涉及领域多、覆盖范围广：既包括维持城市正常运转和满足城市居民基本生活需要的公共服务，又包括提升城市经济发展水平的专业服务；既包括各级政府对于城市服务的整体管理，又包括各服务业组织的具体实施，是一个极为复杂的综合体，由于其涵盖了九大公共服务领域、四大专业服务领域，因此加大了标准体系构建的难度。苏州市城市综合服务标准体系搭建是怎样以综合标准化思想为指导构建标准综合体，确保标准体系的科学性、先进性与针对性，从而实现“系统管理、重点突破、整体提升”的效果与目的。其次，在构建体系的过程中，对影响体系构建的关键性问题该怎样处理，我们也进行了深入的探讨。

4. 苏州市城市综合服务标准化的创新实践的研究

本研究力图通过对公共安全、公共教育、公共卫生与基本医疗、社会保障、公共基础设施与公共事业、环境保护公共服务、公共信息服务、公共文化和体育服务、公共科技服务、旅游、服务外包、金融、物流 13 大领域内的标准化建设进行分析，总结经验，也为其他城市的综合标准化建设提供经验借鉴。

（二）突破创新

研究贵在求真、求新、求深，而求新又是基本目标。本研究将理论和实践相结合，从研究视角、研究内容、研究方法上进行了创新。

1. 研究视角的创新

本研究是在国家推进城市治理体系和治理能力现代化的宏观时代背景之下完成，在理论研究中比较分析标准化概念与标准化基本原理，并且就标准化对经济的影响和对政府建设的影响进行实证分析。在研究苏州市城市综合服务标准化总体设计与成效的过程中运用综合标准化思想构建苏州市城市综合服务标准体系。在影响机制的研究中，重视统计分析方法的运用，利用管理学的方法，从微观的视角探讨了影响机制及其效应。本研究力求为公共服务标准化的理论研究提供动力，丰富理论界对于公共服务标准化的研究，填补国内公共服务体系研究的空白，突破传统的绩效评估的方法，为科学合理地评价标准化的效益提供借鉴。

2. 研究内容的创新

公共服务标准化的理论不仅涉及公共服务与标准化的相关理论，而且涉及公共管理领域的相关理论。本研究总结了公共服务标准化流程与保障，认为包括建设的前期准备、标准的制订与公开、公共服务标准的宣贯与实施、体系的维护与持续改进、运行保障等方面。本研究认为，公共服务效能在政府公共服务标准化水平和城市综合竞争力中存在着中介作用。政府公共服务标准化影响城市综合竞争力是通过四条路径即内部管理、服务效益、公众满意和组织发展来影响的，每条路径对城市综合竞争力的影响是不同的，可以通过回归分析来确定每条路径对城市综合竞争力的影响。本研究在苏州市城市综合服务标准化总体设计与建设研究中，利用综合标准化的思想，构建了苏州市城市服务标准综合体，针对九大公共服务领域和四大专业服务领域的60个项目的城市综合服务标准体系的建设工作，则从两个层面共同开展，分别是对城市综合服务标准化工作进行的整体布局、面向各具体业务领域和各服务业组织开展标准体系建设。

3. 研究方法的创新

本研究在方法上坚持文献研究和比较分析相结合、问卷调查和统计分析相结合、案例分析和经验总结法相结合、跨学科研究和系统研究相结合，力求通过文献研究的方法检索国内外有关政府公共服务标准化方面的研究，其全面的对比分析为之后的研究提供了支撑；将高级统计方法运用到问卷调查中，为充分挖掘科学而有效的结论提供数据支持；采用案例分析法，将典型经验归纳成一个有机体。

第一章 公共服务与标准化的理论

标准化作为科学管理的重要方法，在社会经济领域发挥着重要作用。近年来，标准化作为加强和创新社会管理的手段被应用于政府公共服务中，并得到不断完善和发展。公共服务标准化以标准化管理理论和公共服务理论为基础，在操作层面指引服务型政府建设，为政府社会管理和公共服务提供重要的技术支撑，成为完善社会主义民主政治、实现公共服务均等化、推进社会公平、适应经济全球化、提高公众满意度、构建社会主义和谐社会的重要途径。

第一节 公共服务标准化的理论基础

一、标准化管理的理论

标准化是人类在长期的社会实践过程中创立的一门科学，作为企业管理的一种理念与方法，标准化主要是对科学、技术与经济领域内重复应用的问题给予解决方法的活动，其目的在于获得最佳的秩序与效率。现代意义的标准化源自近现代工业企业管理的实践，标准化在政府部门的应用借鉴了工业企业标准化管理的理论与方法，因此要了解政府公共服务标准化的理论，首先要了解标准化管理的相关理论。

（一）科学管理理论

科学管理理论（Scientific Management Theory）是古典管理理论中第一个重要理论，最初是由美国著名管理学家弗雷德里克·温斯洛·泰勒（Frederick Winslow Taylor）提出，其理论核心是研究如何提高企业生产效率。泰勒指出科学管理要将科学化、标准化引入管理，第一次把科学方法系统地引入管理实践，总结出科学管理方法和原理。泰勒的《科学管理原理》（1911）的发表，标志着西方管理科学正式产生，企业管理从经验管理走向了科学管理，泰勒也因此被称为“科学管理之父”。

科学管理思想形成于19世纪末20世纪初,当时美国内战结束,奴隶制度的废除进一步扫除了资本主义发展的障碍,美国资本主义经济得以迅速发展。现代产业出现,现代公司制度建立,企业规模迅速扩大,但由于管理落后,生产混乱、劳资关系紧张、工人"磨洋工"等现象大量存在,企业的生产效率低下,生产效率低与生产力提供可能性之间的矛盾尖锐[①]。这些问题引起了管理学家的注意,并促使他们对如何提高生产效率进行了研究,泰勒便是其中之一。

1．科学管理理论的主要内容

泰勒通过大量的实证研究以及在工厂中的实践经验,总结提出一套系统科学的管理方法来提高生产效率。科学管理的主要内容包括作业管理、组织管理和精神革命三个方面。[②]

（1）在作业管理方面,泰勒认为作业管理由一系列科学方法所组成,这一系列科学方法包括:①制定科学的工作方法。泰勒说:"任务管理制的精髓在于管理部门能完全控制速度问题。"[③]通过任务管理,确切知道要工人们做什么;通过工时研究来使工人们用最好、最经济的方法去工作。②制定培训工人的科学方法。为了提高劳动生产率,首先应做到人尽其才,选用适合该工作的最佳人选,在此基础上对他们进行科学的培训,以使其达到最高效率。③实行差别工资制。按照工人完成任务情况的不同采用不同的工资率:对于超额完成任务的人员按高工资率计算工资,对于没有完成任务的人员按低工资率计算工资,根据工人的工作表现而不是职位支付酬金。

（2）在组织管理方面:①把计划职能和执行职能分开。计划职能由专门的计划部门承担,其主要任务是制定科学的任务指标和完成任务的方法步骤;执行职能就是严格按照计划的部署来完成定额。这实现了以科学的工作方法替代凭经验工作的方法。②提倡职能工长制。就是要把工作细化,给每个工长安排特定的适合他的管理任务。③例外原则。指企业的高层管理人员只处理例外的和重要的事项,把一般的和不重要的事项授权给下属管理人员负责处理。

（3）劳资双方进行精神革命。精神革命是基于科学管理所认为的"雇主和雇员双方利益一致"的理论。对于雇主而言,追求的不仅是利润,更重要的是事业的发展;而事业的发展不仅会给雇员带来较丰厚的工资,更意味着能充分发挥其个人潜质,满足其自我实现的需要。"双方把注意力从被视为最重要的分配剩余的问题上移开,而共

---

① [美]泰勒.科学管理原理[M].马风才,译.北京:机械工业出版社,2007:6－17.

② 李小娟.科学管理理论及其启示[J].决策与信息,2008(12):111.

③ [美]泰罗.科学管理原理[M].马风才,译.北京:机械工业出版社,2007:48.

同把注意力转向增加剩余上，一直到剩余大于增加，以致没有必要就如何分配剩余的问题进行争吵为止”①。劳资双方由对抗走向友好合作，由竞争利润转变为共同增大利润，这种共同财富最大化的企业管理哲学思想为后来西方企业经营及管理学科的建立指明了方向。

2. 科学管理理论重要原理与制度

科学管理理论是在实验基础上产生的，在其产生的过程中，几个比较重要的制度与原理对后来管理科学的发展和实践产生重要的影响，其中具有代表性的是差别计件工资制度、工作定额原理、标准化原理以及计划职能与执行职能相分离制度。

（1）差别计件工资制。差别计件工资制提出之前，日工资制和一般计件工资制是企业中所采用的主要的工资制度。泰勒认为当时工资制度存在的共同缺陷就是不能充分调动职工的积极性，不能满足效率最高的原则。例如日工资制，工资实际是按职务或岗位发放，这样在同一职务和岗位上的人不免产生平均主义思想。在这种情况下，工人会发现努力工作对他并没有好处，最好的办法是尽量减少工作而仍能保持他的地位②，这就将大家的工作效率拖到中等以下的水平。又如传统的计件工资制，在一定范围内可以多干多得，但超过一定范围，资本家为了分享加速生产带来的利益，就要降低工资率。在这种情况下，尽管工人努力工作，也只能获得比原来日工资制略多一点的收入，得不到足够的激励。

泰勒在1895年提出了一种具有激励性的报酬制度——“差别计件工资制”。其主要内容是：①设立专门的制定定额部门。主要任务是通过科学的测量和计算，确定合理的劳动定额和恰当的工资率。②制定差别工资率。即按照工人是否完成定额来采用不同的工资率。如果工人能够保质保量地完成定额，那么就按高的工资率付酬，以资鼓励；如果工人的生产没有达到定额，那么就按低的工资率付酬，予以警告。③工资支付的对象是工人，而不是根据职位和工种，即每个人的工资都是按他的技能和工作所付出的劳动来计算，而不是按他的职位来计算。

（2）工作定额原理。由于在当时企业中，普遍实行经验管理，矛盾突出，资本家不知道工人一天到底能干多少活，但总嫌工人干活少而拿工资多，于是就往往通过延长劳动时间、增加劳动强度来加重对工人的剥削。而工人也不确切知道自己一天到底能干多少活，但总认为自己干活多而拿工资少。当资本家加重对工人的剥削，工人就用

① ［美］泰罗. 科学管理原理［M］. 胡隆昶，等，译. 北京：中国社会科学出版社，1984：36.
② ［美］泰罗. 科学管理原理［M］. 马风才，译. 北京：机械工业出版社，2007：6－13.

“磨洋工”来消极对抗，这样造成了生产效率的低下。为了改善这种状况，泰勒提出了工作定额制，并制定出具体的操作办法。他提出企业要设立一个专门制定定额的部门或机构，通过各种试验和测量，进行劳动动作研究和工作研究，并将最快、最好的动作和最佳工具组合在一起，制定出有科学依据的工人的“合理日工作量”。根据工作定额的完成情况，实行差别计件工资制，使工人的贡献大小与工资高低紧密挂钩。这样，管理者就可以通过对个人作业的详细检查，确定出完成某项工作的最佳时间，就可以判断工人是否干得出色。

（3）标准化原理。在科学管理的情况下，要想用科学知识代替个人经验，使工人完成较高的工作定额，一个很重要的措施就是对劳动工具、操作、动作、劳动环境等进行标准化管理。泰勒认为，科学管理是过去曾存在的多种要素的结合，工人提高劳动生产率的潜力是非常大的，人的潜力不会自动发挥，怎样才能最大限度地挖掘这种潜力呢？方法就是把工人多年积累的经验知识和传统的技巧归纳整理并结合起来，最后进行分析比较，从中找出具有共性和规律性的东西，最后将其标准化，这样就形成了科学的方法。① 运用这一方法对工人的操作方法、使用的工具、劳动和休息的时间等进行合理搭配，同时对机器安排、环境因素等进行改进，消除种种不合理的因素，把最好的因素结合起来，形成一种最好的方法。这一原理影响深远，成为后来标准化理论的重要理论源泉。

（4）计划职能与执行职能相分离。泰勒主张要在企业内设立专门的计划机构，把计划职能与执行职能分开。设置专门的计划部门，实际是设置专门的管理部门，其主要任务是在工时研究的基础上制定科学的任务定额和完成任务的方法步骤；执行职能就是严格按照计划的部署来完成定额。让资方承担管理职责，让工人承担执行职责，具体说来，计划部门要从事全部的计划工作并对工人发布命令，其主要任务是：①进行调查研究，并以此作为确定工作定额和操作方法的依据。②制定有科学依据的定额和标准化的操作方法与工具。③制订计划并发布指令和命令。④把标准和实际情况进行比较，进行有效的控制等工作。在现场，工人或工头则从事执行职能，按照计划部门制定的操作方法，使用规定的标准工具从事实际操作。泰勒将分工理论进一步拓展到管理领域，极大地促进了管理思想的发展。

3．科学管理理论的影响与评价

泰勒的科学管理思想在企业中得到广泛传播和实践，使得许多企业生产效率成倍

① 郭红玲．论泰罗科学管理理论的基本特点和借鉴意义［J］．四川师范大学学报（社会科学版），1998，25（4）：133．

提高,在当时产生了前所未有的影响。从美国经济的总体来看,1890—1921 年 30 年间,工人的实际工资增长了一倍,每周平均工作时间从 60 小时降至 50 小时。1919—1929 年 10 年间,工人的劳动效率提高了 43%,这一时期美国经济飞速发展,泰勒的科学管理思想和理论功不可没[①]。

泰勒的科学管理理论第一次使管理从经验上升为科学,现场作业管理方法在实际的生产组织管理中取得了显著的效果。科学管理的作业程序和管理方法的采用,推动了生产力的发展,使企业生产效率提高了许多倍。讲求效率的优化思想和调查研究的科学方法促使人们对管理实践重新审视与思考,为管理理论的进一步形成和发展开辟了道路。泰勒的科学管理理论中许多有效措施至今还被人们广泛使用,科学管理的影响随处可见,如现在企业实行的目标管理、标准化管理、规范化管理、ISO 系列标准认证、计量化管理等,都为标准化管理理论奠定了坚实的基础。

当然,泰勒的科学管理理论也存在局限性。首先,他认为工人的主要动机是经济的,工人最关心的是提高自己的经济收入,即坚持“经济人”假设而忽略人的心理因素。其次,泰勒的科学管理仅重视技术因素,不重视人的社会因素。再次,“泰勒制”仅解决了个别具体工作的作业效率问题,而没有解决企业作为一个整体如何经营和管理的问题。[②] 其后,卡尔·乔治·巴斯(Carl George Barth)的计算尺对工具标准化的推动、亨利·劳伦斯·甘特(Henry Laurence Gantt)对科学管理中人的因素的重视以及甘特图的发明、吉尔布雷思夫妇(Frank and Lillian Gillbreth)进行的动作研究、疲劳研究、制度管理以及利用多学科知识提高工人能力的研究等,丰富了科学管理的方法,促进了科学管理理论的发展。[③]

(二)质量管理理论

质量管理作为一项专门的管理活动始于 19 世纪末,已有 100 多年的发展历程。质量指产品或服务满足规定或潜在需要的特征的总和。它既包括有形产品,也包括无形产品;既包括产品内在的特性,也包括产品外在的特性,即包括了产品的适用性和符合性的全部内涵。随着社会经济的发展,质量概念和质量管理理论始终处于演化过程中,质量已由过去具体的、孤立的、客观的和解析式的概念逐渐发展成为现在抽象的、

---

① 孙国志. 论泰罗的科学管理理论[J]. 法制与社会,2007(3):722.

② 孙国志. 论泰罗的科学管理理论[J]. 法制与社会,2007(3):722-723.

③ 郭咸刚. 西方管理思想史[M]. 北京:经济管理出版社,2004:91-105.

系统的、主观的和综合式的概念①,质量管理理论也随着社会的进步而不断发展着。

一般认为现代质量管理理论经历了以三个主流理论为代表的发展阶段:初期的质量检验理论、统计质量控制理论到至今仍处于主流地位的全面质量管理理论,质量的概念也随之经历了符合性质量、适用性质量、顾客及相关方满意性质量的演变。

1. 质量检验理论阶段

质量检验理论阶段是从19世纪末至20世纪20年代初期。检验是指通过观察和判断,适当结合测量试验所进行的符合性评价。质量管理理论最初就是符合性质量检验理论,质量检验必须具备设定检验标准、比照标准的检测、对于不合格品的处置三个条件,因此质量检验自然地具有控制职能的特征。② 在此阶段,专职检验人员根据产品技术标准,利用各种测量手段,对已经生产出来的产品或半成品进行筛选,防止不合格品流入下一道工序或出厂。③ 这一阶段质量管理活动的特点,从概念上看,只是把质量管理理解为对产品质量的事后检验;从方法上看,对生产的产品全部进行检验,采用剔除不合格品来保证产品质量。

但是这种方法存在两个主要问题,一是事后检验无法在生产过程中对质量进行预防和控制,当不合格产品出现时,人们已经无法改变结果;二是对全部产品进行检验成本太高,而且当产品检验具有破坏性时,这种质量管理方法就不再可行。

在这一阶段,产品为有形产品,衡量质量的标准也是具体的、客观的。质量以符合现行比照标准的程度作为衡量依据,符合标准就合格,就是高质量;不符合标准就是不合格,就要剔除,由此相应地产生了"质量是检验出来的"说法。这一时期质量的理念为符合性质量。④

2. 统计质量管理阶段

统计质量管理阶段是从20世纪20年代至20世纪60年代。美国电报电话公司贝尔实验室的沃特·阿曼德·休哈特(Walter Armand Shewhart)主张,对生产过程进行控制应该事先做好生产设备的调试工作、生产环境的整顿工作、技术人员和生产人员的

---

① 章帆,韩福荣.质量生态学研究(2)——质量概念与质量管理理论的演进[J].世界标准化与质量管理,2005,4(4):29.

② 韩福荣.现代质量管理学[M].北京:机械工业出版社,2004:20.

③ 栾大龙,铉一民,刘宏.近现代军事需要对质量管理理论与实践的影响[J].世界标准化与质量管理,2007,3(3):42.

④ 董东铭,陈运焘.质量概念的演变与新世纪质量管理的发展趋势[J].中国科技信息,2010(6):143.

培训工作，并要求生产人员在生产过程中规范操作，保证生产过程处于控制之中①。以休哈特为代表的研究者开始将数理统计原理应用于质量管理中，休哈特发明的质量控制图等工具和方法为统计质量管理阶段奠定了基础②。二战期间，为保证军需品的质量，休哈特等人制定了战时质量标准并在军需品企业中强制推行，统计质量管理理论得以实践和发展。

统计质量管理比质量检验管理具有更好的预防控制作用，但是由于过分强调质量控制的统计方法，使人们误认为质量管理和统计方法是同一件事情，让多数人感觉高不可攀，心生畏惧。同时统计质量管理把质量管理局限于制造和检验部门，不能发挥各个部门和全体员工的积极性，而实际上要保证产品质量，必须要求全员参与质量管理、全过程质量管理、全企业质量管理，并且应该合理采用多种管理方法。

在这一阶段，产品仍为有形产品，衡量质量的标准也还是具体的、客观的。但是这时人们已经开始关注质量涉及的设计开发、制造、销售、服务等过程，意识到质量仅仅靠事后检验是远远不够的，企业只有对产品质量形成的各个环节实施控制，适应市场和满足客户的需求，才能确保影响产品质量的所有因素均符合要求，才能生产出合格的产品，这相应地产生了"质量是管理出来的"说法③。人们开始以"适合顾客需要的程度"作为衡量质量的依据，从使用角度定义产品质量，认为质量就是产品的"适用性"，即质量的理念为适用性质量。

3. 全面质量管理阶段

全面质量管理阶段始于20世纪60年代。随着生产的发展和社会的进步，特别是科学技术的飞速发展和创新成果的不断涌现，质量管理的对象、内容和任务都发生了变化。这要求人们运用"系统工程"的概念，把质量问题作为一个有机整体加以综合分析，实施全员、全过程、全企业的管理。20世纪50年代，美国著名质量管理学家爱德华兹·戴明(W. Edwards Deming)博士应邀协助筹备日本的全国质量普查工作，自此其指

---

① 胡税根，黄天柱，翁列恩，等. 政府管理与公共服务标准化创新研究——以杭州市上城区为例[M]. 杭州：浙江大学出版社，2013：28.

② 栾大龙，铉一民，刘宏. 近现代军事需要对质量管理理论与实践的影响[J]. 世界标准化与质量管理，2007，3(3)：42.

③ 董东铭，陈运焘. 质量概念的演变与新世纪质量管理的发展趋势[J]. 中国科技信息，2010(6)：143.

导日本质量管理近40年,提出戴明质量管理十四点①,引发了后来全面质量管理(Total Quality Management)的兴起。美国著名质量管理学家约瑟夫·莫西·朱兰(Joseph M. Juran)提出"朱兰质量管理三部曲",与他的著作《质量控制手册》(1951)②被称为质量管理领域的权威之作。1961年美国通用电器公司质量经理阿曼德·费根堡姆(Armand V. Feigenbaum)在其《全面质量管理》一书中指出:"全面质量管理是为了能够在最经济的水平上,在考虑到最充分满足客户需求的条件下,进行市场研究、设计、生产和服务,把企业各部门的研制质量、维持质量和提高质量等活动构成一体的有效体系。"这是最早提出的全面质量管理(Total Quality Management)概念,这一概念逐步被世界各国广泛采用。1987年由英国制定的国家质量管理标准BS 5750转化而来的ISO9000系列国际质量管理标准的问世,标志着质量管理进入了一个新的历史时期,即全面质量管理阶段。

这一阶段,人们对产品质量的需求从单纯的实用性能发展为对耐用性、安全性、美观性、可靠性以及经济性的全面关注。产品不仅要求符合标准,而且要以顾客及其他相关方满意为衡量依据,体现"以顾客为关注焦点"的原则。全面质量的核心要求是顾客持续满意,这种满意性质量管理以顾客为中心,不仅要满足顾客对产品质量、价格、服务的要求,还要满足顾客个性化需求,以及风土人情与心态习惯的需要。③ 至此,质量的理念演化为顾客及相关方满意性质量。

(1)全面质量管理的内容

全面质量管理理论注重顾客需要,强调团队工作,并力争形成一种文化来促进所有的员工想方设法持续改进组织所提供的产品、服务质量和工作过程等。

全面质量管理有三个核心的特征:即全员参加的质量管理、全过程的质量管理和全面的质量管理。①全员参加的质量管理。即要求全部员工,无论高层管理者还是普通职员或一线工人,都要参与质量改进活动。②全过程的质量管理。必须在市场调

---

① 戴明质量管理十四点:一、提高产品与服务要有持续不变的目的;二、采用新观点;三、停止靠检验来提高质量;四、废除以最低价竞标的制度;五、不断改进生产及服务系统;六、建立在职训练制度;七、建立领导体系;八、排除恐惧心理;九、破除部门之间的樊篱;十、取消对员工发出计量化的目标;十一、取消工作标准及数量化的定额;十二、消除妨碍基层员工工作畅顺的因素;十三、建立活跃的教育及自我提高机制;十四、让公司每个人都致力于转型。

② 朱兰认为质量来源于顾客的需求,他对质量的定义是:质量是指那些能满足顾客需求,从而使顾客感到满意的"产品特性";质量意味着免于不良,也就是说没有造成返工、故障、顾客不满意和顾客投诉等现象。他把质量管理的三个普遍过程,即质量策划、质量控制和质量改进称为质量管理的三部曲(朱兰质量管理三部曲)。

③ 董东铭,陈运焘.质量概念的演变与新世纪质量管理的发展趋势[J].中国科技信息,2010(6):143.

研、产品的选型、研制、试验、设计、原料采购、制造、检验、储运、销售、安装、使用和维修等各个环节中都把好质量关。其中，产品的设计过程是全面质量管理的起点；原料采购、制造、检验过程是实现产品质量的重要过程；而产品的质量最终是在市场销售、售后服务的过程中得到评判与认可。③全面质量管理是用全面的方法管理全面的质量。全面的方法包括科学的管理方法、数理统计的方法、现代电子技术、通信技术等；全面的质量包括产品质量、工作质量、工程质量和服务质量等。

另外，全面质量管理还强调以下观点：①用户第一，并将用户的概念扩充到企业内部，即下道工序就是上道工序的用户，不将问题留给用户；②始于预防，即在设计和加工过程中就要消除质量隐患；③定量分析，只有定量化才能获得质量控制的最佳效果；④以工作质量为重点，因为产品质量和服务均取决于工作质量。

（2）全面质量管理的方法

全面质量管理的基本方法可以概况为四句话：一个过程，四个阶段，八个步骤，数理统计方法。

一个过程，即企业管理是一个过程，企业在不同时间内，应完成不同的工作任务。企业的每项生产经营活动，都有一个产生、形成、实施和验证的过程。

四个阶段是根据管理是一个过程的理论，美国的戴明博士把它运用到质量管理中来，总结出“计划(Plan)—执行(Do)—检查(Check)—处理(Action)”四阶段的循环方式，简称“PDCA 循环”，又称“戴明循环”。第一个阶段称为计划阶段，这个阶段的主要工作是通过市场调查、用户访问、国家计划指示等，摸清用户对产品质量的要求，确定质量政策、质量目标和质量计划等。第二个阶段为执行阶段，这个阶段是实施计划阶段所规划的内容，如根据质量标准进行产品设计、试制、试验，其中包括计划执行前的人员培训。第三个阶段为检查阶段，这个阶段主要是在计划执行过程中或执行之后，检查执行情况是否符合计划的预期结果。最后一个阶段为处理阶段，主要是对检查结果进行分析与总结，采取相应的措施，使质量问题归零，把成功之处总结并应用于循环过程，而遗留的问题将进入下一个循环以得到解决。

八个步骤是为了解决和改进质量问题，将 PDCA 循环中的四个阶段具体划分为八个步骤(如表 1-1 所示)①。

① 朱丽君. 政府质量管理的基本理论与方法[J]. 山西大学学报(哲学社会科学版)，2012，35(4)：97.

表 1-1 PDCA 循环的四大环节、八大步骤

环 节	步 骤
计划阶段	(1) 分析、评价现状,找出存在的质量问题。
	(2) 分析产生质量问题的所有原因、影响因素。
	(3) 找出影响质量的主要因素。
	(4) 制定针对影响质量的主要因素的解决措施。
执行阶段	(5) 执行计划,实施措施。
检查或研究阶段	(6) 检查、分析计划的实施情况,找出与目标的差距。
处理阶段	(7)总结经验,工作结果标准化。
	(8) 提出尚未解决的问题,转入下一个循环。

步骤一:分析和评价现状与所处的环境,发现所存在的质量问题;步骤二:可运用头脑风暴法等,找出产生质量问题的所有原因和影响因素,并进行分析;步骤三:区分主因和次因,找出导致问题的主因;步骤四:可根据 5W1H 分析法①,针对主因,制订计划、拟订措施;步骤五:执行计划、实施措施;步骤六:检查、验证、评估执行的效果,找出与目标的差距;步骤七:总结成功经验并将之标准化,制定成相应的标准,固化成绩;步骤八:带着遗留问题或产生的新问题自动转进下一个 PDCA 循环,在下一轮发现并解决问题。

全面质量管理最常用的统计方法包括排列图、因果图、直方图、分层法、相关图、控制图及统计分析表等,这套方法是以数理统计为理论基础,科学可靠,形象直观。

全面质量管理强调为了取得真正的经济效益,管理必须始于识别顾客的质量要求,终于顾客对其手中的产品感到满意。全面质量管理实现了这一目标,指导人、机器、信息协调活动,在提高产品质量、改善产品设计、加速生产流程、鼓舞员工士气、增强质量意识、改进产品售后服务、提高市场接受程度、降低经营成本、减少责任事故等方面发挥巨大作用。

4. 新的质量管理思想与方法

20 世纪八九十年代以来,质量管理理论涌现出许多新的思想与方法,如质量改进思想、六西格玛管理理论等,在工业企业界获得巨大成功,并开始被以政府为代表的许多非营利性组织积极采用。

(1) 质量改进思想

① 5W1H 分析法包括:为什么制定该措施(Why)? 达到什么目标(What)? 在何处执行(Where)? 由谁负责完成(Who)? 什么时间完成(When)? 如何完成(How)?

质量改进思想是基于全面质量管理理论的基础上发展而来，是20世纪90年代质量管理领域研究和应用的重点。ISO8402—1994《质量管理和质量保证——词汇》给出定义：质量改进是为向本组织及其顾客提供增值效益，在整个组织范围内所采取的提高活动和过程效果与效率的措施。质量改进是消除系统性的问题，对现有的质量水平在控制的基础上加以提高，使质量达到一个新水平、新高度。ISO9000—2000《质量管理体系　基础和术语》给出了质量持续改进概念，即质量改进为渐进形式且组织积极寻求改进机会。质量持续改进是一个过程，要按照一定的规则进行，否则会影响改进的成效，甚至会徒劳无功。

质量改进的对象包括产品或服务的质量以及与它有关的工作质量，即包括产品质量和工作质量两个方面。前者如工厂生产的机械实物的质量等；后者如企业中生产部门的工作质量、调度质量等。质量改进的内容包括了PDCA循环与质量环（Quality Loop）等理论和方法。PDCA循环提出了一般工作改进的步骤，而质量改进的步骤本身就是一个PDCA循环。质量环理论则从产品开发到售后服务的各个阶段出发，指出质量改进是一个螺旋式上升的过程①。

（2）六西格玛管理理论

六西格玛管理理论始于20世纪美国摩托罗拉公司，该公司通过建立六西格玛质量管理体系来应对产品质量问题。随着科技的发展，制造系统趋向高度自动化，自动化设备的广泛采用对质量提出了越来越高的要求。六西格玛是一种顾客驱动的、追求卓越绩效和持续改进的系统科学，是一套建立在统计学基础上的质量管理系统模式，它的本质是不断减少偏差，持续追求高品质，其核心是追求零缺陷生产，防范产品责任风险，降低成本，提高生产率和市场占有率，提高顾客满意度和忠诚度。

西格玛（σ）在统计学上用来表示数据的离散程度，是描述实际与标准值偏差的一个专业统计术语。在质量管理领域，我们可以从两个方面来理解西格玛的意义②。一方面，对连续可计量的质量特性，用“σ”来度量质量特性总体上与标准值的偏离程度，西格玛越多，产品质量与标准值偏差越小，产品的质量越好；另一个与合格率相反的参数——缺陷率，一般企业的瑕疵率大约是三四个西格玛，但这样的品质标准会让企业失去竞争力。从3σ到6σ是一个持续改进的过程，如果产品质量特性持续改进到6σ，合格率则高达99.99966%，几乎没有发生错误的可能。

① 陆为民．政府全面质量管理的基本理论与方法研究[D]．天津大学，2006：9.
② 董小林，于丹．六西格玛管理理论简介[J]．中国证券期货，2011(12)：65.

六西格玛管理理论最核心的内涵可以概括为六个方面[①]:①以顾客为中心,这是六西格玛管理理论的灵魂;②注重统计方法和工具的运用,而不是基于经验和个人的主观臆断,这是六西格玛管理理论核心力量的源泉;③聚焦于流程改进;④有预见的积极管理;⑤倡导无边界合作,注重团队合作;⑥追求完美,容忍失误,以积极的心态面对挑战和失败。

六西格玛管理改善战略,实质上就是定义、测量、分析、改善和控制的质量改善模型,它是六西格玛质量管理的基础[②]。定义(Define)就是确定需要改进的问题和需要达到的目标;测量(Measure)是量化顾客需求,识别并记录对顾客来说关键的过程及对产品有影响的参数,了解现有的质量水平,对改进后的预期效益进行评估;分析(Analyze)是对数据进行分析,找出质量问题的主要成因和影响因素,通过统计工具做进一步分析,并确定它们之间的因果关系;改善(Improve)是在分析的基础上针对关键因素,制定合理、科学、可行的最佳改进方案;控制(Control)则是为了防止问题再次发生,建立长期有效的控制方法来维持改进结果。

六西格玛管理理论将高质量与低成本、顾客价值与自身绩效、追求完美与容忍失败巧妙地结合在一起,形成了一个独一无二的综合管理系统。它以其核心价值理论和科学方法,使得企业大大节约了成本,大幅度提高产品质量,由此获得更多的利润,为企业开拓市场、强化自身管理等方面提供了保障。

(三)标杆管理理论

1. 标杆管理的概念及内涵

标杆管理(Benchmarking)是20世纪70年代末美国施乐公司为了应对日本同行业的竞争压力而创立的,现在已经成为企业管理活动中支持企业不断改进和获得竞争优势的最重要的管理方式之一。施乐公司将标杆管理定义为"一个将产品、服务和实践与最强大的竞争对手或是行业领导者相比较的持续流程"。后来美国生产力与质量中心(APQC)对之给出了定义:标杆管理是一个系统的持续性的评估过程,通过不断地将企业流程与世界居于领先地位的企业相比较,获得帮助企业改善经营绩效的信息。[③]标杆管理本质是一种面向实践、面向过程的以方法为主的管理方式,它与流程重组、企业再造一样,基本思想是系统优化,不断完善和持续改进;其核心是向业内或业外最优

① 李文超.六西格玛管理的理论基础和创新[J].湖北工业大学学报,2007(12):40.

② 董小林,于丹.六西格玛管理理论简介[J].中国证券期货,2011(12):66.

③ 郑强国,付艳荣,程正中.标杆管理及其在我国企业中的应用[J].商场现代化,2007(1):176.

秀的企业学习，企业通过学习而重新思考和改进企业的管理与经营，制定自身的最佳管理模式。标杆管理实际上是一个模仿创新的过程。

2. 标杆管理的要素及分类

标杆管理的要素是界定标杆管理的定义、分类和程序的基础。标杆管理有三个要素：一是标杆管理实施者，即发起和实施标杆管理的组织；二是标杆对象，也称标杆伙伴，是指与标杆管理实施者开展合作的内部或外部组织，即学习的对象；三是标杆管理项目，也称标杆管理内容，即向他人学习借鉴的领域。①

根据标杆对象的不同，可将标杆管理分为五类②：①内部标杆管理。标杆对象是组织内部的其他机构或部门，容易取得标杆对象的配合，简单易行；主要适用于大型企业集团或跨国公司；缺点是不易找到同行一流公司的最佳实践，无法获得创新性突破。②竞争性标杆管理。标杆对象是行业内部的竞争对手；有助于企业进行策略分析和市场定位；但因为竞争对手间的信息具有高度商业敏感性，难以获得真正有用或准确的资料。③非竞争性标杆管理。标杆对象是同行业的非竞争对手，信息相关性和可比性都比较强；但可能由于地理位置等原因造成资料收集成本较高。④功能性标杆管理。标杆对象是来自不同行业但拥有相同或类似功能、流程的企业；跨行业选择标杆的双方没有直接利害冲突，更容易取得对方配合，还可跳出行业约束，开阔视野；但是投入成本较大，信息相关性较差。⑤通用性标杆管理。标杆对象是不同行业具有不同功能、流程的企业，从完全不同的组织学习和借鉴能最大限度地开阔视野，突破创新；但是信息相关性更差，需要较为复杂的学习、调整和转换，实施较难。

总之，企业最好根据实际需求实施综合标杆管理，即将各种标杆管理方式根据自身条件和标杆管理项目的要求相结合，取长补短，以取得高效的标杆管理成效。

3. 标杆管理的实施步骤

具体说来，一个完整的内外部综合标杆管理的程序通常分五个阶段，具体实施步骤如表 1-2 所示③。

---

① 陈燕. 标杆管理理论及其在商业银行的应用思考[J]. 新财经，2012(4)：51.

② 高婕. 标杆管理理论[J]. 现代商业，2007(16)：132.

③ 资料来源：根据高婕《标杆管理理论》(《现代商业》2007 年 16 期)、孔杰《标杆管理理论述评》(《东北财经大学学报》2004 年 2 期)中相关文字整理.

表 1-2 标杆管理实施步骤

环 节	步 骤
计划阶段	（1）确立标杆管理的主题。
	（2）确定标杆管理的对象和内容。
	（3）组成工作小组，确定工作计划。
内部数据收集与分析阶段	（4）执行计划，落实措施。
	（5）资料收集和调查。
	（6）分析比较，找出差距，确定最佳做法。
	（7）明确改进方向，制定实施方案。
外部数据收集与分析阶段	（8）收集外部公开发表的信息。
	（9）通过调查和实地访问收集外部一手研究资料。
	（10）分析数据，与自身比较，提出最终标杆管理报告。
实施与调整阶段	（11）根据标杆管理报告，实施计划，并根据情况及时调整。
提升阶段	（12）监督与评价实施结果，总结经验。
	（13）制定和实施持续的绩效改进计划，以不断提高。

4. 标杆管理的意义与评价

标杆管理突破了企业之间、行业之间的界限，它立足整个行业甚至更广阔的领域上寻找标杆对象，选取在业务流程、制造流程、设备、产品和服务等各个方面中的优秀经验作为学习榜样，集百家之长。企业在学习优秀管理实践经验的基础上，不断改进优化，获得突破性的创新，最终给企业带来巨大的效益。标杆管理较好地体现了当代管理中追求竞争优势的本质特性，因此具有巨大的实效性和广泛的适用性。如今，标杆管理已经在市场营销、成本管理、人力资源管理、新产品开发、教育部门管理等各个方面得到广泛的应用。

二、公共服务的理论

政府公共服务问题是发挥政府作用、履行政府职能的核心问题，也是促进经济增长和社会进步的重大理论与实践问题。各国政府以及学者从不同角度对政府公共服务进行了讨论，达成了一些共识，也提出了一些不同的理论。

（一）公共物品理论

公共物品理论是政治经济学的一项基本理论，也是正确处理政府与市场关系、政府职能转变、平衡公共财政收支、公共服务市场化的基础理论。

1. 公共物品理论的演进

公共物品理论起源于纯公共物品理论。1896 年,瑞典经济学家克努特·威克塞尔(Knut Wicksell)在《公共财政理论研究》中将边际成本等定价设计应用于公共事业和带有垄断性的寡头产品等,由此提出了“纯公共物品理论”。公共物品的概念则起源于“林达尔均衡理论”。1919 年,埃里克·罗伯特·林达尔(Erik Robert Lindahl)在“纯公共物品理论”的基础上建立了公共物品模型,并提出了林达尔均衡原理,有效解释了公共产品的供给水平问题。[①]

随后现代福利经济学保罗·萨缪尔森(Paul A. Samuelson)在《公共支出的纯粹理论》中,为了严格地表述公共物品的概念,采用“公共产品—私人产品”严格二分法的数学工具,对私人产品和公共产品进行了严格的区分,并归纳了公共物品在消费中的两个本质特征:消费上的排他性,即很难把某个人排除在公共产品的消费之外;以及消费上的非竞争性,即任何人消费这种物品不会导致他人对该物品消费的减少。萨缪尔森的这一观点成为辨别公共物品最重要的标准。萨缪尔森还对私人物品和公共产品的供给均衡问题做了比较分析,提出了公共产品最优供给的一般均衡条件,即著名的萨缪尔森条件:消费者对私人物品和公共产品的边际替代率之和等于私人物品和公共产品生产的边际转换率[②]。至此,公共物品理论形成。

但现实中还存在一部分游离于萨缪尔森归纳的纯公共物品之外的特殊性公共消费。后来,詹姆斯·布坎南(James Buchanan)在他的《俱乐部的经济理论》一文中,在完善萨缪尔森的理论的基础上提出了准公共物品(又叫非纯粹公共物品和混合公共物品)和俱乐部产品的概念。准公共物品是指在消费中只具有非排他性而不具有非竞争性的物品,如牧场、鱼塘,布坎南又把这类物品称为公共资源;俱乐部产品是指在消费中只具有非竞争性而不具有非排他性的物品,如道路、桥梁[③]。此后,埃莉诺·奥斯特罗姆(Elinor Ostrom)又将只具有非排他性而不具有非竞争性的物品(即布坎南所谓的准公共物品)称为公共池塘资源,并针对公共池塘资源往往存在的“拥挤效应”和“过度使用”等问题进行了研究[④],丰富和发展了公共物品理论。

---

① 徐凌.西方公共服务思潮嬗变与启示[J].人民论坛,2013(7):70.

② 臧旭恒,曲创.从客观属性到宪政决策——论“公共物品”概念的发展与演变[J].山东学报大学(人文社会科学版),2002(2):39.

③ J. M. Buchanan. An Economic Theory of Clubs[J]. Economica, New Series, 1965, 32(125):2-13.

④ 沈满洪,谢慧明.公共物品问题及其解决思路——公共物品理论文献综述[J].浙江大学学报(人文社会科学版),2009,39(4):135.

2. 公共物品理论的主要研究内容

公共物品理论的研究内容主要集中在以下相互关联、不断深化、依次推进的四个层次①。第一层次是公共物品的内涵与范围。这一层次主要研究什么是公共物品，公共物品的性质、特征以及公共物品的分类、范围等，基本上是研究关于市场与政府边界划分，政府职能与政府规模的确定以及市场失灵和政府失灵的问题。第二层次是公共物品的供求机制。这一层次主要研究提供多少公共物品，提供给谁，如何融资、生产与定价等问题，这是整个公共物品理论研究中最为活跃的领域。第三层次是公共物品的运行机制。这一层次更加注重公共物品供求的运行问题，强调需要建立什么样的机制来保证公共物品供给的效率和公平，这一层次已经逐渐成为当前研究的热点和难点。第四层次是公共物品评价激励机制。这一层次更加贴近政策层面，强调效果评价与激励机制，重视制度建设，以保证公共物品提供的稳定性、高效性和可持续性。

3. 公共物品的提供方式

公共物品传统上是由政府直接负责生产和提供。但在经历了扩张性财政政策带来的一个时期的经济繁荣之后，政府承担的对经济活动的规制、干预和生产等职能越来越多，政府规模越来越庞大，而财政开支也与日俱增。制度安排的效用递减和传统官僚体制内在的弊病，使得政府自身无法经济、有效地提供公共物品，存在着提供公共物品过度、财政赤字负担过重和无法迅速回应公众多元化需求等诸多问题，这些问题促使政府选择更为有效的供给制度安排。

公共物品理论认为，要根据公共物品的不同属性和特征来安排多元的公共物品供给制度，使各种公共物品的需求与供给平衡，达到效率最优。政府出于对法律的遵从和满足公民基本权利与公平分配的需要，必须提供某些涉及国计民生、国家安全、公民基本权利与利益的纯公共物品；对于各种不同性质的公共池塘资源和俱乐部产品可以通过多种组织形式，利用市场资源配置和私营部门的经营与技术优势，来有效地生产（如表1-3）。这样既满足公平价值又满足效率价值，并能降低公共财政的支出规模，提高公众满意度。

---

① 王爱学，赵定涛. 西方公共产品理论回顾与前瞻[J]. 江淮论坛，2007(4)：41.

表 1-3 公共物品分类与主导供给方式

公共物品分类	主导供给方式
纯公共物品	政府供给、联合供给
俱乐部物品	私人供给、联合供给
公共池塘资源	政府供给、联合供给

4. 公共物品理论对公共服务的意义与启示

(1) 在政府职能转变方面,公共物品理论明确了政府与市场及其他社会组织在公共物品提供与生产中的关系,这有助于更清晰地界定政府组织的职能范围和基本责任。政府应加强公共服务和社会管理,政府职能应该从以前重经济和生产建设、干预经济运行,转向提供公共产品、加强基础设施建设,转向社会管理、完善市场运行规则、强化监督管理,为社会和市场提供一个稳定、公平、高效、可预期的制度环境。

(2) 在正确处理政府与市场的关系方面,根据公共物品理论,政府应负责公共产品的有效供给,市场应负责私人产品的有效供给;政府应改变过去通过直接配置人力、物力、财力资源为社会提供经济物品的做法,转向由市场发挥其资源配置的基础性作用;同时,政府应逐步退出一般竞争性和营利性领域,维持好市场秩序,集中精力搞好宏观调控和创造公平、竞争、有序的市场环境。

(3) 在公共服务市场化方面,根据公共物品的属性、提供方式及生产方式,从技术与成本优势来看,不同类型的公共服务可以由不同的组织形式和不同的途径来提供,可以通过多样化的公共服务供给制度安排来实现,包括准产业化和内部市场化、签约外包、服务购买契约、投标招标、特许经营、税收及制度激励、委托和民营化等,以保证公共利益的最大化。

(二) 社会福利理论

社会福利最早起源于西方资本主义工业化、城市化及现代化,对提高公民生活质量、维持社会秩序具有重要意义。长期以来,福利问题一直是政治经济学家研究的一个重要领域。

1. 社会福利的概念与内涵

"福利"一词,英文为"Welfare",意指人、动物或群体的健康、安全、快乐的一种总体状态,亦指多由政府为有需要的人或者动物提供生活条件、经济帮助等。从社会学的意义来讲,福利包括个人福利和社会福利,其中,个人福利通常被解释为"幸福"和"快乐"的同义语,是指个人对物质生活与精神生活的需要的满足;而社会福利则是一个整体的概念,指一个社会全体成员的个人福利的总和或个人福利的集合①。

社会福利(Social Welfare)的具体内涵和外延一般可以从三个层次去理解。在最广泛意义上,社会福利是指一切改善和提高人民物质生活与精神生活的社会措施,不仅包括社会保障的内容,也包括就业政策、公共文化、免费教育、公共卫生和家庭津贴等,其覆盖对象是全体国民。在中层意义上,社会福利基本上是社会保障的同义语,是西方普遍用来替代社会保障的一个概念,涵盖了政府与社会为国民提供的各种服务设施和社会保障的各项内容。狭义上的社会福利是社会保障体系中的一个组成部分,社会福利作为国家的社会政策,由国家或社会为法律或政策范围内的所有公民普遍提供旨在保证一定生活水平和尽可能提高生活质量的资金与服务的社会保障制度②。

2. 社会福利理论的发展演变

在资本主义发展的早期,人们对各种社会福利实践进行了哲学、政治学、经济学等方面的探讨,形成了自由主义、保守主义和社会主义三大思潮。在当代新的历史条件下,这些理论流派又发展演变成为国家干预主义、新自由主义、第三条道路以及福利多元主义等各种思潮。

国家干预主义形成于20世纪初。1929—1933年经济危机之后,西方国家为了恢复经济而进行普遍的社会政策调整,采取了诸多福利措施。如由政府出面提供与个人和家庭相应的最低收入保障;政府有责任帮助个人和家庭抵御社会风险(如疾病、老龄和失业)可能带来的危机;政府保证所有的国民个人(无论其社会地位的高低)享受最好的、没有上限的社会服务。③ 这些措施的发展导致福利国家的出现,政府扩大社会福利的供给直接干预社会福利保障和福利供给,原有的选择性福利模式转变为普遍模式④。国家干预主义的理论来源是约翰·梅纳德·凯恩斯(John Maynard Keynes)的有效需求论,他认为资本主义周期性危机的存在是有效需求不足引起的,要消除这种状况,就必须由国家来进行有效需求管理。国家干预主义作为一种福利哲学被广泛接受,20世纪50—60年代,欧洲资本主义国家普遍建成了福利国家制度。

20世纪70年代西方经济发展低迷,这使福利国家陷入危机中。在此情况下,新自由主义取代了国家干预主义,主张充分发挥市场的力量,反对国家干预;主张私有化,

① 郑功成. 社会保障学[M]. 商务印书馆,2000:76.

② 张海鹰. 社会保障词典[M]. 经济管理出版社,1993:320.

③ 周弘. 福利国家去向何处[J]. 中国社会科学,2001(3):96.

④ 陈立周. 当代社会福利理论的演变及其本质——兼论对中国社会福利实践的启示[J]. 辽宁大学学报(哲学社会科学版),2011,39(2):29.

提出福利个人化，强调保障的责任由国家向个人转移，反对福利国家制度。新自由主义的一个首要特征是对大政府的敌视，认为国家权力会破坏公民社会①。其代表人物弗里德里希·奥古斯特·冯·哈耶克(Friedrich August Von Hayek)声称："只有生产资料掌握在许多个独立行动的人手中，才没有人有控制我们的全权，我们才能够以个人的身份来决定我们要做的事情。如果所有的生产资料都落到一个人手里，不管它在名义上是属于整个社会的，还是属于独裁者的，谁行使这个管理权，谁就有全权控制我们。"②他以此强烈地指责福利国家不仅对经济自由，同时也对政治自由构成了致命威胁。

新保守主义也对国家干预思想进行了激烈批判，认为福利国家助长了人的贪婪和自私，造成福利资源的浪费，政府的根本任务是维护现存的传统、秩序、等级和自由四大政治价值，而不是提供免费的午餐。③ 新自由主义还与新保守主义合流形成"新右派"福利意识形态，倡导福利私有化改革。但是此后资本主义遭遇更严重的社会问题，贫富分化加剧，经济发展停滞，社会秩序混乱，人们逐渐失去对新自由主义和新保守主义的信任。

20 世纪 90 年代，英国社会学家安东尼·吉登斯(Anthony Giddens)提出"第三条道路"的福利思想。所谓第三条道路，在政治上表现为超越左与右的对立，将责任和权利、民主和权威统一起来；其基本原则是没有责任就没有权利，没有民主就没有权威；主张建立新型民主政治，创造混合经济，建设社会投资型国家④。吉登斯在《第三条道路：社会民主主义的复兴》一书中提出，应当以"积极的"或"主动的"福利政策代替传统的福利模式。主张重新界定政府与个人之间的契约关系，改"福利国家"为"社会投资型国家"；从个人争取政府的保护转变为个人追求"自主与自我发展"。在国家应承担的角色上，第三条道路认为有必要避免新自由主义视政府为敌人和传统社会民主主义视政府为"治病良药"的两种极端看法。然而第三条道路的福利主张不过是资本主义国家用于调节自身社会矛盾的权宜之计，"以工作代替福利""无责任就无权利"等主张，只不过是另一种形式的新自由主义，本质上是一种市场取向的福利改革，并不能从根本上解决资本主义发展的固有矛盾。

在这之后，福利多元主义理论慢慢得到人们的重视。福利多元主义源于英国《沃

---

① 吴慧芳.社会福利理论研究[J].现代商贸工,2012(15):42.
② [英]哈耶克.通往奴役之路[M].北京:中国社会科学出版社,1997:101.
③ 俞可平.权利政治与公益政治[M].北京:社会科学文献出版社,2000:189-190.
④ [英]吉登斯.第三条道路:社会民主主义的复兴[M].北京:北京大学出版社,2000:70.

尔芬德的志愿组织的未来报告》(1978),报告主张把志愿组织也纳入社会福利提供者行列,将福利多元主义运用于英国社会政策的实践。罗斯(Rose)在《相同的目标、不同的角色——国家对福利多元组合的贡献》一文中对福利多元主义进行了明确论述,他认为国家在提供福利方面的确扮演着重要角色,但绝不是对福利的垄断。其次,他主张福利是全社会的产物,市场、雇员、家庭和国家都要提供福利①。福利多元主义主张福利的规则、筹资和提供由不同的部门共同负责并共同完成。政府部门通过缩减福利开支的手段减少福利国家的规模,将福利责任下放到地方或其他部门,其他社会主体如个人、家庭和志愿组织、民间机构等也应是福利的提供者,并应承担相应的责任,从国家保障的单一主体发展成多元责任主体。然而,福利多元主义的福利观也有诸多不妥之处,它被批评可能隐含着政府期望摆脱自身的责任,将其自身本应承担的职责转给民间的商业或志愿部门的企图②。因此,福利多元主义理论目前不可能成为取代其他福利理论的统一的福利意识形态,这种多元化发展态势说明建立当代福利的某种统一的理论也是不现实的。

3. 社会福利理论的演变对我国社会福利实践的启示

从国家干预主义、新自由主义、第三条道路的提出到福利多元主义理论的这一发展过程可以看出,各种社会福利理论争论的核心问题是政府、市场与社会三者在整个社会福利体系中的角色如何分配、责任如何分担及权利如何划分,因此,可以说当代福利理论演变的核心是重构国家、市场及社会三种力量在福利体系中的功能及角色。从这个角度看,当代社会福利理论演变的本质,表现为从单一的市场取向或政府取向的福利观,转向综合的社会取向福利观。社会福利的思想在不断更新与发展,与生产力的进步、生产关系的变更、社会意识的发展息息相关。现阶段中国社会处在社会转型和全球化两个重要的背景之下,总结西方社会福利发展的过程,对于我国社会公共服务建设具有一定的借鉴意义。

(1) 推进和完善社会主义市场经济体制,为社会福利制度改革与建设创造更好的物质基础。市场是一种满足人类基本需求的重要手段,市场经济的发展能创造更多的物质财富,能为社会再分配提供更多的物质资源。我国经济虽然飞速发展,但是目前人均物质财富占有量偏低,而且区域差距有进一步扩大的趋势③。因此通过推动市场

① 黄叶青. 福利多元主义:理论逻辑的发展与三个类型福利国家的实践[D]. 南开大学,2007:10.

② 彭华民,等. 西方社会福利理论前沿[M]. 北京:中国社会出版社,2009:22.

③ 陈立周. 当代社会福利理论的演变及其本质——兼论对中国社会福利实践的启示[J]. 辽宁大学学报(哲学社会科学版),2011,39(2):32.

经济的发展，创造充足的物质财富，是当前我国福利事业顺利进行的前提。

（2）发挥政府在社会福利中的主导作用。[①] 市场在社会财富生产中具有重要作用，但是市场具有先天的不足，它会带来恶性竞争、讲效率不讲公平、导致两极分化等效应。因而，政府在福利制度建设中应该积极承担责任，发挥福利主体的作用，降低市场带来的负面影响。

（3）重视第三部门的发展。我国在市场经济改革后，自由活动空间和自由流动空间开始出现，社会力量逐渐崛起，民间组织发展迅速，第三部门在福利服务中发挥日益重要的作用。第三部门的作用应被充分认识，同时要重视第三部门存在的诸如难以监管、缺乏效率、官僚主义力量分散等弊端，扬长避短，进行积极的引导，使之发挥弥补市场与政府不足的作用[②]。

（三）新公共服务理论

20世纪90年代，新公共服务理论在对新公共管理理论进行批判和反思的基础上形成。新公共服务理论摒弃了新公共管理理论的固有缺陷，从市场和经济学的角度重塑政府管理的理念与价值，是一种更加关注民主价值和公共利益、更加适合于现代公民社会发展和公共管理实际需要的新理论。

1. 新公共服务理论的产生

20世纪70年代新公共管理理论的产生，为政府改革注入了新的血液。新公共管理理论是借用企业家价值立场和眼光看待公共管理活动，它主要关注的是如何降低政府管理成本以解决现代社会政府管理的财政危机。但是公共服务市场化、民营化并不能解决政府管理和公共服务中的所有问题，并可能导致公民的利益在公共服务民营化过程中受损[③]。在批判和反思新公共管理理论的基础上，以美国著名公共行政学家罗伯特·B. 登哈特（Robert B. Denhardt）为代表的学者，构建了新的理论体系——新公共服务理论。

2. 新公共服务理论的主要内容

在《新公共服务：服务而不是掌舵》一书中，登哈特夫妇对新公共服务理论做了全面、系统的阐述。

---

① 朱燕，西方国家社会福利政策变迁及对我国的启示[D]. 南京师范大学，2008：31.

② 陈立周. 当代社会福利理论的演变及其本质——兼论对中国社会福利实践的启示[J]. 辽宁大学学报（哲学社会科学版），2011，39（2）：32.

③ 唐晓阳，王巍. 新公共服务理论及其对我国建设服务型政府的启示[J]. 岭南学刊，2009（1）：93.

(1) 新公共服务理论包含四个基本理论[①]:①公民权理论。该理论认为政府的存在就是要确保一定的程序和公民权利,从而使公民能够根据自身利益做出选择。国家与公民之间关系的主导模式就是建立在这样的思想基础之上的。②社区和市民社会模型。该模型认为在公民社会中,公民需要在社区的利害关系体系中实现自己的利益。只有在社区中,公民才能够以个人对话和讨论的形式参与进来。政府的作用在于帮助创立和支持社区。③组织人本主义和组织对话理论。该理论认为在现代社会中人们彼此依存,因而治理也必须以所有各方真诚、开放地对话为基础。为了使公共管理活动充满生机和活力,增强公共管理的合法性,就必须增进公共对话。④后现代公共行政理论。该理论认为公共问题更可能通过对话而不是通过客观的测量和理性的分析来解决,而真正的对话是行政人员和公民之间的完全交流,不仅仅是理性的、自利的个人之间的对话。

(2) 登哈特夫妇在新公共服务理论的四个基本理论的基础上,提出了新公共服务的七大原则[②]:①服务而非掌舵。这被登哈特认为是七大原则中最突出的原则。公共管理者的重要作用并不是体现在对社会的控制或驾驭上,而是在于帮助公民表达和实现他们的共同利益。②公共利益是管理者与公民共同的利益和责任,是目标而不是副产品。新公共服务理论提出,建立社会远景目标的过程并不能只委托给民选的政治领袖或被任命的公共行政官员,政府的作用将更多地体现在把人们聚集到能无拘无束、真诚地进行对话的环境中,共商社会应该选择的发展方向。③战略地思考,民主地行动。新公共服务理论认为,符合公共需要的政策和计划只有通过集体努力与协作,才能最有效、最负责任地得到贯彻执行。为了实现集体的远景目标,计划的具体实施依然需要公民的积极参与,使各方的力量集中到执行过程中去,从而实现预期的理想目标。通过参与和推动公民教育计划培养更多的公民领袖,政府可以激发公民的自豪感和责任感。④服务于公民而不是顾客。新公共服务理论认为,政府与公民之间的关系不同于工商企业与顾客之间的关系,政府应有更广泛的社会价值取向和公共责任。⑤责任并不是单一的。新公共服务理论要求公务员不应仅仅关注市场,也应关注宪法和法令,关注社会价值、政治行为准则、职业标准和公民利益。⑥重视人而不只是重视生产效率。新公共服务理论家在探讨管理和组织时强调"通过人来进行管理"的重要性。在他们看来,如果要求公务员善待公民,那么公务员本身就必须受到公共机构管理者

① 顾丽梅. 新公共服务理论及其对我国公共服务改革之启示[J]. 南京社会科学,2011(1):39.

② [美]珍妮·V. 登哈特,罗伯特·B. 登哈特. 新公共服务:服务,而不是掌舵[J]. 刘俊生,译,中国行政管理,2002(10):42-44.

的善待。⑦超越企业家身份，重视公民权和公共事务。新公共服务理论明确提出，公共行政官员并不是其机构和项目的业务所有者，政府为公民所有。

3. 新公共管理理论的创新与启示

新公共服务理论是在对新公共管理理论批判的基础上进行的补充和完善。与新公共管理理论基于经济理论和自我利益的模式不同，新公共服务理论提出了一个重视民主、公民权利和公共利益的理论框架，从而为政府社会管理提供了一种新的模式，对指导公共服务的实践具有重要意义。

首先，它强调尊重公民权利。新公共服务理论重视与公民的关系，尊重公民，在公共服务的提供过程中充分考虑公民的需求和利益。新公共服务理论将权力授予公民，认为公民是服务的接受者，作为纳税人有权利选择和参与公共服务的决策。

其次，它注重维护公共利益。新公共服务理论的核心价值理念是追求公共利益，而对公共利益的追求是一项共同的事业，其基础是公众对共同价值准则的对话协商，其关键是所有的公民能够参与其中。只有当公民参与其中，其对公共利益的关注程度就会超过其对自身利益的关注，当他们能够根据公共利益去行动时，社会的广泛利益才能统一起来，最终惠及每一个社会成员。①

再次，它主张重新定位政府角色。新公共服务理论批判新公共管理将政府的职责放在“划桨”或“掌舵”上，它认为政府的主要作用是服务而不是“掌舵”，政府或公务员的首要任务是帮助公民明确表达并实现他们的公共利益，而不是去控制或驾驭社会，即新公共服务理论主张努力构建一个具有完整性和回应性的公共机构。政府应该重新定位自身的角色——社会服务者，这一观点与我国当前建立服务型政府、为公民服务的理念是一致的。

三、公共服务标准化的理论

（一）官僚制理论

1. 官僚制理论的概念与内涵

官僚制理论（Bureaucracy Theory）是20世纪初由德国著名的社会学家马克思·韦伯（Max Weber）提出的，它是传统的重要的组织管理理论之一，是当代公共行政管理理论和实践的基础。官僚制又称理性官僚制或科层制，它是一种理性化的管理组织结构，为组织的发展提供高效、合理的管理体制。韦伯指出，官僚制是一种以分部—分

① 赵莹莹，李思妍. 浅析新公共服务理论[J]. 商品与质量，2011(3)：48.

层、集权—统一、指挥—服从等为特征的组织形态，是现代社会实施合法统治的行政组织制度。[①] 它遵循一套特定的规则与程序，具有明确的权威等级，权责自上而下传递。该理论是组织理论发展史上的里程碑，标志着古典理论走向全面的成熟与完善，马克思·韦伯也因此被誉为“组织理论之父”。

2. 官僚制理论的发展演变

官僚制概念由法国学者蒙西尔·德·古尔耐内(Monsieur de Gournay)于18世纪中叶首创，最初指向法国的政治状况。当时法国的政体类型并不是君主制，而官僚制则是对法国政治体制的一种讽刺，是一个贬义词。[②] 到19世纪，官僚制被认为是一种政府的形式，这种政府形式的权力掌握在各个层级的官员手中。19世纪后期，美国学者威尔逊(J. Doanld Kingsely)在他的《行政研究》一文中提出，行政学研究的目的在于政府应该做什么工作，政府应该怎样用最少的成本去完成这些工作。他又进一步地提出了政治二分法的原则，将政策制定和政策执行区分开来，强调行政管理领域是一种事务性领域[③]，后来弗兰克·约翰逊·古德诺(Frank Johnson Goodnow)又将这一原则发扬光大。到20世纪，马克斯·韦伯提出理想型官僚组织理论，理论以整个社会是理性化的为基础，他认为任何的一种组织都是建立在一定的权力之上的，理性、合法的权威才是理想组织形式的基础。韦伯的官僚制以法理的权威为基础，采用严格的规章制度来约束其成员的行为，是为高效完成工作任务的管理方法，解决了传统社会组织管理缺乏理性这一缺陷，以标准化的结构、秩序化的流程和规范化的管理模式建立秩序[④]。

3. 韦伯官僚制理论的主要内容

韦伯官僚组织被作为一种高效率、合乎理性的管理体制，具有以下特征：

(1) 科层化。韦伯官僚组织中的职位，按权力大小和“命令—服从”关系，自上而下排列成严格的等级层次结构体系，并按等级赋予相应的权力，形成金字塔形的等级序列[⑤]。这种等级制与以往的按人格身份进行社会分层有着本质差别，官僚组织中的等级是按组织权力形成的。这种权力摆脱了对人身的依附，其实质是专业技术和知识差异，组织成员有职权的高低大小之分，但却没有身份、地位的高低贵贱差别。正是官

---

① 刘洋君. 浅析官僚制理论对我国行政发展的启示[J]. 中国商界，2010(7)：201.

② 徐永江. 官僚制理论及其批判[J]. 时代金融，2012(12)：322.

③ 彭和平，竹立家，等. 国外公共管理理论精选[M]. 北京：中共中央党校出版社，1997：14.

④ 徐永江. 官僚制理论及其批判[J]. 时代金融，2012(12)：322.

⑤ 刘冬华，徐卫. 西方公共管理的理论变迁及现实意义[J]. 当代行政，2005(8)：26.

僚制打破了传统社会的森严等级，为建立近现代以来的人人平等的契约型社会创造了条件。

（2）专业化。韦伯从社会学意义上探讨分工问题，他把专业化和人类理性紧密联系起来，强调人类理性关系和组织根据专业技术进行分工。他认为，官员的选拔和任命必须采用考试方式，注重知识、专业能力和培训。专业能力替代了个人效忠，权力和责任属于职位而不属于个人，这些权力和责任以法律制度的形式固定在组织之中。专业化分工不仅提高效率，而且消除了等级社会的人身特权。

（3）理性化。在韦伯的理想官僚制中，组织的构建形成、部门分工、职位设置、成员选拔，一直到组织的运作、每一个成员的权力和责任，都由法律制度明确规定。这些法律规则由组织成员协商达成，或由组织内的上层提出，但其成员以理性思考权衡而接受。① 上至组织的最高领导，下到基层普通职员，组织的任何成员都依据这种规则行事，他们服从的是共同认可的规则，而不是因人而异的举措或个人的偏爱与喜好。

（4）非人格化。在韦伯眼里，官僚组织是规章的体制，而不是个人的体制。所以，官僚制排斥个人魅力，组织的运行不依个人的意志为转移，不受个人感情的支配②。官僚制改变了传统社会中的人身依附和个人忠诚，职业官僚接受上级的指挥和命令，是因为他们要服从法律和规则，而不是服从命令者本身的人格魅力感召，也不是服从附着在命令者身上的身份地位，更不是服从由传统习俗决定的社会等级。

科层化适应了政府组织的结构需求；规范化满足了对法律、规章的尊重和对滥用自由裁量权的抑制；专业化体现了资本主义对效率的追求；理性化和非人格化适应了技术流行的现实，适应了行政管理工作的复杂性。

4. 官僚制理论的意义及局限性

韦伯在否定以忠于人为内核的传统官僚制的基础上，建立了以忠于组织、法律与制度为要旨的现代等级官僚制模式，以其精巧合理的层级结构、理性合法的权威形式、非人格化的组织制度、政治中立的专业化分工等特质，摒弃了经验管理过程中的人治因素，减轻了政府任人唯亲、下级对上级依附等现象，既打破了君权等思想对民众的束缚，也适应了工业社会大生产和行政管理复杂化的客观需要。现代官僚等级制凭借其理性、准确、严格和可靠等特性，在众多国家得到广泛运用，促进了政府技术化水平的提高，推动西方资本主义精神的发展，在其所产生的那个年代发挥了积极的作用。

---

① 胡税根，黄天柱，翁列恩，等. 政府管理与公共服务标准化创新研究——以杭州市上城区为例[M]. 杭州：浙江大学出版社，2013：38.

② 李雪，王瑾. 对韦伯官僚制理论的审视与借鉴[J]. 法制与社会，2008(3)：201.

然而，韦伯的理性官僚制作为一种理想化的管理模式，也存在一些弊端。①官僚制是以理性为基础的，抛却了人性因素，把人看作是一个个机械化的零件，这样必然会把人的关系转化为物的关系，从而产生冷漠的官僚体系。②官僚制强调制度和程序的作用，但是过分强调制度和程序就会限制个性的发展，使成员趋于规避风险、墨守成规，对创新型人才的培养和优秀人才的引进造成不利影响。③官僚制强调等级制度和权力的集中，会使权力无限膨胀，这种膨胀的结果使官员爱权、贪权，对民主造成极大的威胁。④官僚制过分强调专业化分工，使组织机构发展得比较臃肿和专业畸形，使得内部协调和沟通变得困难，信息传达失真，从而降低组织的效率。因此，我们不能简单地全盘接受或全盘否定官僚制，而是吸收其合理内核，突破其局限性，用其优而避其劣。

（二）新公共管理理论

“新公共管理”最早由克里斯托夫·胡德（Christopher Hood）在1991年提出，它是以经济学为基础、以政府市场的协调为核心的公共管理理论，它的观点主要来自20世纪70年代末以来西方国家政府面临的因财政危机、管理危机和信任危机引发的行政改革。这场改革自20世纪80年代在英、美两国应运而生后迅速扩展到西方各国，这场浩大的政府改革浪潮被称为“新公共管理运动”。新公共管理理论建立在对传统行政管理模式的批判和完善的基础之上，反映了公共行政发展的趋势和方向，在一定程度上改善了西方国家的公共管理水平，推动了西方国家经济与社会的发展。

1. 新公共管理理论产生的背景和理论基础

西方传统公共行政建立在两大理论基础之上，即政治与行政两分思想和官僚制理论。政治与行政两分思想认为政治是国家决策，而行政是执行国家决策，两者必须严格区分。官僚制理论强调在组织结构上实行政府部门的权利和任务专门化，以协调层级组织和等级控制；在行为程序上通过技术或法律的规则来控制职务行为和约束行政行为。但随着公共行政实践的发展，这两个理论基础都受到了挑战。一方面，政治与行政在实际中是无法完全分离的，公共行政人员都是具有主观能动性的个体，因其具有专业知识而经常参与公共政策的制定过程，甚至直接制定政策，必定会影响政治。因此，政治与行政必然是相互关联的，不含任何价值判断的公共行政是不切实际的。另一方面，按照官僚制组织起来的政府部门机构臃肿、反应迟缓；政府履行决策的行政裁量权不断扩大，政府运行成本居高不下；行政人员固守陈规，缺乏创新精神，服务质量低劣；信息社会的发展促进产生多样化的社会需求，这进一步加剧了官僚制的缺陷与现实的冲突。政府改革只能采取更多的等级控制、更细的规则约束，从而陷入僵死循环，最终导致政府功能失调。①

在20世纪30年代末，当传统公共行政遭受严厉批评时，经济学和企业管理理论就开始影响公共行政领域。受经济学的启示，新公共管理理论接受了社会个体都是理性的“经纪人”的假设，公共行政人员也是如此，都倾向于实现个人利益最大化。因此使用了多种新的行政原则，如竞争原则、使用者选择、透明原则以及激励机制等来激发他们的潜能，提高办事效率和服务质量。基于公共选择理论、委托—代理理论和交易成本理论，新公共管理主张政府应以市场或顾客为导向提高公共服务效能，以成本—效益分析的方法来确定和评估政府工作绩效。同时，新公共管理理论受企业管理学的启示，认为政府与私营部门管理的区别只是表面现象，其本质是相同的。从管理的效率、质量和服务水平等多个方面比较，私营部门的管理更优越，那些为私营部门成功运用的如绩效管理、组织发展等管理模式和管理技术也完全可以运用到公共部门的管理中。② 公共部门也应该同私营部门一样，适应各种环境的变化，优化各种组织资源的配置，以实现公共产品和服务效率的最大化。之后的权变理论及现代管理科学都对公共行政理论的发展产生重大影响，并为新公共管理理论的产生与发展奠定了理论基础。

2. 新公共管理理论的主要内容

尽管各派学者对新公共管理有自己的看法，但在一些基本的原则和理念上，他们的主张却是相似的，结合各位学者所提出的思想，将新公共管理理论的内容概括如下③④⑤：

① 政府的职能是“掌舵”而非“划桨”。新公共管理理论主张政府在公共行政管理中应该把管理和具体操作分开，只是制定政策而不是执行政策，即政府起“掌舵”的作用而不是“划桨”的作用，以此使政府管理从众多具体公共事务中淡出，而更多地关注用公共政策来引导公共产品生产的竞争，以提高公共产品生产的效率和质量，最大限度地满足社会公众的需要。

② 坚持以顾客或市场为导向。新公共管理理论认为，政府是负责任的“企业家”，而公民是其尊贵的“顾客”。从公共选择理论的角度出发，政府应以顾客或市场为导向，从而改变传统公共行政模式下的政府与社会之间的关系，对政府职能及其与社会

① 黄小勇. 新公共管理理论及其借鉴意义[J]. 中共中央党校学报,2004,8(3):61.

② 杜建卿. 新公共管理理论评析[J]. 现代商贸工业,2011(14):21.

③ 梅志罡. 新公共管理理论及其借鉴意义[J]. 行政论坛,2006(1):6－7.

④ 杨明伟. 新公共管理理论述评[J]. 四川行政学院学报,2005(2):22.

⑤ 杜建卿. 新公共管理理论评析[J]. 现代商贸工业,2011(14):21－22.

的关系重新定位。然而作为“企业家”的政府并非以赢利为目的,而是要把经济资源进行优化配置。

③ 政府采用授权或分权的方式进行管理。传统的官僚制政府组织是典型的等级分明的集权结构,这种结构使得政府不能对新情况及时做出反应。新公共管理理论认为分权是一个具有较高绩效行政组织的必备特征,只有将权力下放和分散,政府才能够灵活而迅速地调整自身结构以适应新形势的需要,以保持良好的行政绩效。

④ 市场竞争机制的引入。政府是公共服务的提供者,但这并不意味着所有的公共服务都应该由政府来提供,可以让更多的私营部门参与公共服务的供给。通过市场机制的引入,在公共部门机构之间、公共部门和私营部门之间展开竞争,从而提高公共物品及服务供给的效率。

⑤ 政府应广泛采用私营部门成功的管理手段。新公共管理理论认为公私部门之间没有本质的差别,政府部门可以引进私营部门成功的管理经验和先进的技术方法来提高效率。新公共管理理论中的项目预算、业绩评估、战略管理、顾客至上、产出控制、人力资源开发等就源于私人部门的管理实践,实现了公私部门管理在理论和方式上的融合。

⑥ 公共政策领域的专业化管理。在政府中管理型而不是专家型的人员应越来越多地担任部门领导,即让管理者管理,因为在新公共管理者眼里管理是一项需要技能的职能。

⑦ 绩效管理及产出控制。用绩效和计划预算取代原有的预算制度。绩效管理是在设定的公共服务绩效目标的基础上对公共部门提供公共服务的全过程进行跟踪监测并做出系统的绩效评估。公共部门的绩效评估主要是以“3E”(Economy,Efficiency and Effectiveness,即经济、效率和效益)为标准。

新公共管理理论起源于传统行政管理模式的失灵,这种前提决定了新公共管理模式必然对传统行政模式进行否定和摒弃。从人性假设的颠覆到管理方式上的变革,从官僚制“权威的组织”到为顾客提供服务的“企业家”,新公共管理呈现出与传统行政管理完全不同的特点。虽然新公共管理的内容有不同的表述,但基本内容都可以被认为强调使用私营部门管理的理论、原则、经验、方法和技术,引入市场竞争机制,注重结果或绩效管理而非过程管理,提倡顾客导向,改善服务质量。

3. 新公共管理理论的评价

新公共管理理论作为一种试图完善和超越传统公共行政理论的现代公共行政理论,是对公共行政跨学科的研究,是人力、物力、信息以及政治资源等计划、组织和控制职能的综合。在管理理念上，新公共管理理论认为政府与私营部门管理的区别只是表面现象，本质是相同的，政府部门完全可以而且应当借用私营部门具有优势的管理模式和管理技术，提高政府的工作效率和管理水平。它反映了公共行政发展的规律和趋势，对西方国家的行政改革产生了重要的推动和指导作用。特别是其思想精髓——“企业家”政府理论的提出，在西方国家尤其是它的发源地美国产生了重大影响。

但是由于其自身具有的局限性，新公共管理理论至今未获得普遍一致的认同，仍受到来自各方的批评。这些批评多集中于它过于重视经济理性主义的做法会导致政治民主价值的缺失，尤其是对于诸如公平、正义等所提甚少，容易造成行政结果的偏颇。

（1）经济人假设的片面性。“经济人”的假设忽视了人性中的人文道德、社会伦理等文化因素，容易使人失去崇高感、信任感、道德感，使人与人之间的交往蜕变成为物—物交换。这将人的本质异化，使人沦为失去精神的逐利者，失去生存的内在价值，此外，这种人性假设不符合人的本性，降低了人在公共管理中的地位。① 因此，“经济人”的假设具有片面性、局限性。

（2）公共性的丧失。公共管理和公共服务的独特性在于“公共性”，离开了“公共性”，公共管理与公共服务就失去了方向和宗旨，失去了合法性基础。公共部门与私营部门虽然有相通的地方，但这些相通的地方停留在技术层面上，两者在目的和价值准则上是不同的。政府公共部门提供公共服务必须遵从公平、正义等价值准则，而私营部门以利益最大化为目的。新公共管理理论强调的“以顾客为导向”和“企业家”的政府模式，将政府与公众的关系简化，放弃了政府公共服务职能，逃避了提供公共服务的责任。② 因此，主张公共部门私有化，势必造成政府社会管理和公共服务“公共性”的失落。

（3）实用主义的评价标准的缺陷。新公共管理理论追求公共服务的“3E”标准，即追求经济、效率与效能，这就是说新公共管理中无论是公众还是政府都将把“效绩”作为主要的评价标准。然而政府公共行政管理追求多元化的价值，不仅追求绩效，更强调公民权利、社会公正、公共利益、社会责任等多元的价值，将一切锁定在“经济效益”上必然会失去政府公共行政目标的崇高性，使其失去反省能力，无法行使民主、公平等价值的仲裁者的角色，同时也会导致公众道德水准的下降。③

---

① 杨明伟. 新公共管理理论述评[J]. 四川行政学院学报，2005(2)：23.

② 李鹏. 新公共管理的运行困境及理论缺陷[J]. 长江论坛，2004(4)：49.

③ 李鹏. 新公共管理的运行困境及理论缺陷[J]. 长江论坛，2004(4)：50.

新公共管理理论作为当代公共部门管理研究与西方政府改革的指导理论，给我们提供了一个认识政府管理的新视角，对我国的行政学研究和政府管理实践有着重要的启发与借鉴意义。而新公共管理理论的局限性则反映了新公共管理理论仍不够成熟，这需要我们不断加以完善，取其精华，去其糟粕，使其在我国公共服务理论研究和实践中发挥应有的作用。

（三）治理理论

“治理”一词源于拉丁文和古希腊语，原意是控制、引导和操纵。在政治学领域通常是指政府如何运用权力管理人民。1995 年全球治理委员会发表了题为《我们的全球伙伴关系》的报告，报告认为：治理是各种公共的或私人的机构管理其公共事务的诸多方式的总和。它是使相互冲突的或不同的利益得以调和并且其主体采取联合行动的持续过程。这既包括人们无条件服从的正式制度和规则，也包括人们同意或以为符合其利益的各种非正式的制度安排①。治理有以下几个基本特征：①治理不是规则体系，而是一个过程；②治理过程的基础不是控制，而是协调；③治理既涉及公共部门，也涉及私营部门；④治理不是单向的，而是持续的互动②。

1. 治理理论形成的背景

任何一个理论的出现，都有其特定的背景，治理理论也不例外。从 20 世纪 30 年代起，市场失效、政府失效以及全球治理等问题相继出现，促使治理理论得以迅速兴起。而公共选择理论、新公共管理理论、有限政府理论和新自由主义等思潮的兴起更造成为治理理论产生的学术背景。

（1）治理理论形成的历史背景

治理理论是在“市场失效”和“政府失效”后人们寻求的新的治理模式。在资本主义早期，西方国家信奉亚当·斯密（Adam Smith）的自由主义经济理论，主要依靠市场这一“看不见的手”，通过市场自由竞争对社会资源进行有效调节和配置。政府作为“守夜人”，只承担保卫国家领土主权、保护私人财产不受侵犯和保护市场机制不受破坏等公共性社会事务的管理职责。但随着垄断资本主义的发展，环境污染、供需失衡、通货膨胀、失业增多、贫富加剧等一系列问题出现并没能得到有效解决。同时，人们对公共产品日益增长的需求也得不到满足。20 世纪 20 年代，世界性经济危机的爆发宣告了“自由放任主义”的破产，出现了市场失效。所谓“市场失效”就是指因市场缺陷

---

① 詹姆斯·Z. 罗西瑙. 没有政府的治理[M]. 剑桥：剑桥大学出版社，1995：5.

② 全球治理委员会. 我们的伙伴关系[R]. 牛津：牛津大学出版社，1995：23.

而引起的资源配置的无效性，它包括两种情况，一是市场机制无法将社会资源予以有效配置；二是市场无法解决效率以外的非经济目标①。

之后，凯恩斯的需求理论应运而生并被资本主义各国政府所采用，政府从幕后走到了前台，对市场经济和各种社会事务进行干预，在一定程度上成为社会资源配置的主体。但是对社会事务过分的包揽又引起其他问题。一方面，政府职能的扩展和膨胀压抑了市场在资源配置中的作用，不利于市场主体的自由竞争②；另一方面，随着时代的发展，传统的政府官僚体制强调的等级制度和专业化分工使组织机构僵化，严重影响了政府公共管理的效率和公共服务的质量；权力无限膨胀对民主造成极大的威胁。政府公共服务质量差、办事效率低下、财政危机等问题层出不穷，导致了政府失效。所谓"政府失效"，就是指政府机制存在本质上的缺失，无法使资源配置达到最佳状态。针对政府失效现象，从20世纪70年代开始，各国政府掀起了一场政府管理改革运动，开始削减政府职能，进行政府再造，尝试构建企业型政府，主张将企业家精神和市场机制引入政府对公共事务的管理。这次改革运动拓宽了行政管理的视野，提供了新的公共行政管理的手段和方法；但它过分强调市场机制和私营部门的作用，忽视了公共事务管理和私营部门管理的差别，在实践中日益暴露出较大的局限性，再次产生诸多失效现象③。

（2）治理理论形成的社会背景

随着信息技术和交通的发展，人类克服了地域限制的障碍，各经济体之间的交往越来越紧密。各个国家将经济活动扩展到了全世界，各国之间的交往开始变得紧密，经济体系由分散走向全球一体化，全球化加深了各个国家的相互交往和相互依存的程度。全球政治经济一体化产生了大量的、超出本民族国家治理能力范围的公共问题，这些问题具有共同性和不可分割性，除了各国政府在处理这些问题方面要做出努力以外，全球性非政府组织、社会力量的介入，多边合作参与全球问题的治理变得越来越重要，这在客观上提出了全球管理与治理的问题。所谓全球管理与治理即以全球为视野管理公共事务和解决公共问题。④

---

① 龙献忠，杨柱．治理理论：起因、学术渊源与内涵分析［J］．云南师范大学学报（哲学社会科学版），2007，39（4）：30．

② 朱斯琴．治理理念产生的背景及其启示［J］．内蒙古师范大学学报（哲学社会科学版），2005，34（1）：58．

③ 龙献忠，杨柱．治理理论：起因、学术渊源与内涵分析［J］．云南师范大学学报（哲学社会科学版），2007，39（4）：31．

④ 滕世华，治理理论与政府改革［J］．福建行政学院、福建经济管理干部学院学报，2002（3）：38．

（3）治理理论形成的理论背景

治理理论作为应对“政府失效”“市场失效”以及解决全球化问题的选择，并非只是一种应对现实问题的简单对策，在其背后有着深厚的理论渊源。公共选择理论从经济学理论的基础上，揭示了政府“理性经济人”的特征，主张通过政府部门引入竞争机制、充分利用私人资本和市场来为社会提供公共服务等方式来避免政府失效的问题。新公共管理理论强调政府的管理职能是“掌舵”而不是“划桨”，同时在公共部门的管理中引入那些被私营部门成功运用的管理模式和管理技术，以适应各种环境的变化，优化各种组织资源的配置，实现公共产品和服务效率的最大化。有限政府理论强调要区分政府生产和政府供给，竞争性物品和服务的生产与供给可以有多样化的机制。新自由主义思潮则主张自由放任、反对国家干预，要求政府的干预控制局限在市场机制无法取代的有限范围内。①

2. 治理理论的主要观点

治理的目的是在各种不同的制度关系中，运用权力去引导、控制和规范公民的各种活动，最大限度地增进公共利益。它是一种由共同目标支持的活动，这些管理活动的主体不一定是政府，不一定要依靠国家的强制力量来实现。通过对治理理论的社会历史和理论背景的回顾，可以看出治理理论主要包括以下几个方面：

（1）关注社会治理主体多元化、平等性。社会治理主体的多元化是指政府不是唯一的管理者，管理者还可以是社会组织、私营机构和公民等，社会治理甚至是不同主体之间的合作。这对传统的政府权威提出挑战，认为政府并不是唯一权力中心，各种公共的和私营的机构只要其行使的权力得到公众的认可，都可能分别成为在各个共同层面上的权力中心②，而各个社会治理主体是一种平等的关系。

（2）各社会治理主体有着共同的目标。治理的目的在于最大限度地增进公共利益③，无论是政府、市场还是个人、组织、非权力机构等治理主体，其所有活动和安排都是围绕这一中心目标展开的④。这就要求人们，特别是公权行使者，在决策和执行公共政策时要不断综合和协调，把增进公共利益放在首位。

---

① 施雪华，张琴. 国外治理理论对中国国家治理体系和治理能力现代化的启示［J］. 学术研究，2014（6）：33－34.

② 龙献忠，杨柱. 治理理论：起因、学术渊源与内涵分析［J］. 云南师范大学学报（哲学社会科学版），2007，39（4）：33.

③ 俞可平. 治理与善治［M］. 北京：社会科学文献出版社，2005：5.

④ 施雪华，张琴. 国外治理理论对中国国家治理体系和治理能力现代化的启示［J］. 学术研究，2014（6）：34.

(3) 治理的手段方式的多样化。与治理主体的多元化、治理客体的复杂性相对应,治理的手段和方式也必然是多样化的。与统治主要以具有强制性的行政、法律手段为主不同,治理理论中的管理手段除了国家强制性的手段和方法外,更多的是强调各种机构之间的自愿而平等的合作。它既包括强制的制度和规则,也包括各种非正式的制度安排,也就是说,既包括政治法律的,也包括经济市场的,还包括社会的、文化的手段和方式。

(4) 重视政府与主体的互动与合作。由治理理论看来,包括政府在内的任何力量都无法独自解决任何公共问题,必须依靠互相合作。包括公共服务创新在内的公共事务的治理,不再是以政府为唯一主体的单向管理活动,而是政府和非政府部门、企业以及公民多元主体的协调与合作的过程。政府部门和非政府部门之间通过沟通,交换各自拥有的资源与知识,弥补各自的先天不足,实现互惠互助。①

(5) 治理理论提倡有效率的治理。经济学家经常从两个方面来解释效率,一种是生产效率,指的是生产者如何充分利用资源而获得最大价值的产品;另外一种是经济制度效率,指一种经济制度达到了不减少给予某一方的好处就无法增加给予另一方好处的程度。治理理论吸收了这一观点,认为衡量治理效率的高低,既要看生产效率的高低,也要看人民生活水平的高低、管理效率等综合因素。② 政府在履行社会治理的职能时,除了采用原来的手段之外,还有责任采用新的方法和措施来不断提高治理的效率。

3. 治理理论对我国国家治理体系和治理能力现代化的启示

治理理论强调以公共利益为出发点,政府、社会组织、公众等多元主体相互合作,通过市场化、社会化等多元化的手段解决当下面临的问题,来提升公共事务治理能力和公共服务水平。虽然治理理论的形成和发展时间不长,还未形成系统而完善的理论体系,但它所包含的深刻内涵及其广泛的适用性已经对社会科学各个领域产生了巨大而深刻的影响,尤其是我国正处在社会转型和政府改革的关键时期,治理理论对我们国家治理体系和治理能力的现代化具有重要的指导意义。

(1) 要理清各个治理主体的关系。一个治理体系与治理能力现代化的政府,必然是一个内部权限分工合理、职责范围区分科学、运转高效、与市场互动良好的政府体

---

① 张杰. 国外公共服务创新理论与实践对中国的启示[J]. 大连海事大学学报(社会科学版),2011(2):32.

② 施雪华,张琴. 国外治理理论对中国国家治理体系和治理能力现代化的启示[J]. 学术研究,2014(6):35.

系。这就要求我们进一步提高各治理主体间的协调与匹配,正确处理好政府、市场、社会之间的关系。

(2) 要丰富国家治理的价值目标。除了维持社会秩序稳定这一初级价值目标之外,治理还应有利于实现人的自由而全面的发展,让公民和社会组织充满生机活力,使社会保持动态平衡的稳定状态;治理应突出强调坚持公民主体地位和发展社会主义民主政治,扩大人民民主;治理应有助于营造公平的社会环境,促进公平正义的社会制度的形成。

(3) 要大力培育社会组织和公民社会。在整个治理网络中,除了政府、市场外,还有公民社会,治理理论在总结了政府的失败和市场的失灵之后,找到了公民社会、中介组织和中介机构等可以弥补政府和市场缺陷的新的治理力量。因此,在我国国家治理过程中,政府部门要不断发现和挖掘这些潜在的治理力量,主动放权、积极引导,大力培育社会组织和公民社会,各方力量相互补充,各展所长,共同推进我国治理体系和治理能力的现代化。

(4) 要谨慎地吸收和借鉴西方治理理论。西方治理理论的形成是以西方国家政治经济的发展为基础的,而我国和西方国家的经济发展水平、文化背景、面临的经济和社会任务等都存在巨大差异,因而我们要结合我国实际加以借鉴。另外,治理理论本身具有局限性,如它的政府失败理论,甚至奉行无政府主义的观点都过于极端,对国家治理会产生不利影响。因此,应谨慎选择,汲取其精华,这样才能使治理理论在我国治理体系和治理能力现代化过程中发挥其巨大的指导作用。

(四) 可持续发展理论

1987 年,联合国世界与环境发展委员会发表报告《我们共同的未来》,正式提出可持续发展的概念,即可持续发展是既满足当代人的需求,又不危及后代人满足其需求的发展。旧有的发展模式带来各种经济与社会问题,特别是全球性的环境污染、生态失衡以及不断加剧的贫富分化等问题,可持续发展理论是人类为了克服这些问题所做的理性探索,是人们在对漫长的社会发展过程进行痛苦反思后提出的一种全新的发展思想和发展战略。

1. 可持续发展理论的演进

1962 年,美国女生物学家莱切尔·卡逊(Rachel Carson)出版环境科普著作《寂静的春天》,论述了农药污染,特别是 DDT 对鸟类和生态环境造成的毁灭性危害,由此提出了人类应如何处理人与环境关系的话题。这本书的问世,使卡逊一度备受攻击和诋毁,尤其是受到那些以牺牲环境谋取经济利益的人的责难,但是书中提出的有关生态的观点最终还是被人们接受,在世界范围内引发了人类关于发展观念的争论,成为人们关注环境问题、探寻可持续发展模式的缘起。

1968年,来自世界各地的几十位科学家、教育学家和经济学家等在罗马成立了一个非正式国际组织——罗马俱乐部。1972年罗马俱乐部提交了一份题为《增长的极限》的研究报告,阐明了环境对人类社会生存和发展的重要性以及资源与人口之间的关系。报告指出,由于人类传统的发展方式,全球的发展会因人口众多、粮食短缺、环境破坏,在21世纪某个阶段达到极限。同年,联合国人类环境会议在斯德哥尔摩召开,来自全世界多个国家和地区的代表一同讨论环境问题,并通过了《联合国人类环境宣言》,指出各国的发展要牢记保护和改善环境。这是人类史上第一次将环境问题纳入国际事务议程。20世纪80年代,可持续发展的思想在人们对环境问题的思考过程中逐渐形成。

1987年,世界环境与发展委员会向联合国提交了题为《我们共同的未来》的研究报告,正式提出可持续发展的概念和模式。报告声称:我们需要一个新的发展途径,一个人类能持续进步的途径,我们寻求的不仅仅是在几个地方几年内的发展,而是整个地球在遥远的将来的发展①。这为人类社会提出了一种新的发展思路:既满足当代人的需求,又不对后代人满足需求能力构成危害的发展,即可持续发展。1992年6月,联合国环境与发展大会在巴西的里约热内卢召开,会议将可持续发展确定为大会的指导方针,通过了具有历史意义的《21世纪议程》。议程明确指出:可持续发展是当今人类发展的主题,人类要把环境问题同经济、社会发展结合起来,树立环境与发展相协调的新发展观②。明确把发展与环境密切联系在一起,使可持续发展走出理论探索阶段,并付诸为全球的行动。

2. 可持续发展理论的基本内涵

从可持续发展的概念可以看出,可持续发展有以下几个方面的丰富内涵:

(1)共同发展。世界是一个复杂、庞大的有机系统,每个国家或地区构成了这个系统中不可分割的子系统,子系统之间相互联系、相互影响,只要一个系统发生问题,就会直接或间接影响其他系统,甚至会影响系统整体,这在地球生态系统中表现最为突出③。因此,可持续发展追求的是整体发展,即共同发展。

(2)协调发展。协调发展包括三个层次,一是经济、社会、环境三大系统的整体协

① 路国华.可持续发展理论缘起,内涵与演进[J].上海城市发展,2009,(4):57.

② 王青云.可持续发展理论发展概述[J].黄石高等专科学校学报,2004,20(4):1

③ 李龙熙.对可持续发展理论的诠释与解析[J].行政与法,2005(1):5.

调；二是世界、国家和地区三个空间层面的协调；三是一个国家或地区经济与人口、资源、环境、社会以及各个阶层的协调，持续发展源于协调发展。

（3）公平发展。公平发展包含两个维度：一是时间维度上的公平，即当代人的发展不能以损害后代人的发展能力为代价；二是空间维度上的公平，一个国家或地区的发展不能以损害其他国家或地区的发展能力为代价。

（4）高效发展。可持续发展中的发展不仅指经济的发展，更是指社会的进步。可持续发展的效率既包括经济意义上的效率，也包含着自然资源和环境的损益成分。在人类可持续发展中，经济发展是基础，生态保护是保障，社会进步才是最终目的。① 可持续发展思想强调经济、社会、资源、环境、人口等相互协调，加强了对资源的合理配置和对环境的保护，追求在有限的条件下，社会得以更好地进步，从而实现发展的高效性。

（5）多维发展。人类社会的发展表现出全球化的趋势，但是可持续发展作为一个综合性、全球性的概念，要涵盖不同地域实体。由于文化、体制、地理环境、国际环境等背景存在差异，不同国家与地区在发展水平和方式上应该是多样性、多模式的。

3. 城市可持续发展理论

在世界经济发展过程中，伴随着工业化和城市化的进程，与环境和自然资源相关的问题大量涌现。城市在发展过程中面临着许多问题，如环境污染、水资源短缺、交通堵塞等。为解决这些问题，许多学者开始对如何实现城市可持续发展进行探索。城市可持续发展是一种基于可持续发展理论的新的发展理论，它使可持续发展理论研究的视角更加具体，更加接近现实。城市可持续发展理论的各种思想和理论正在探索之中，目前尚未形成完整的理论体系。

城市可持续发展问题本身的复杂性，使城市可持续发展的研究越来越显示出综合性和交叉性的特点。它是以地学、生物学、生态学、资源学、环境科学、人地关系学、社会科学与高新技术科学等为主要支撑的基础性学科，它的理论基础是以协同论、系统论、控制论、生态学理论为基础的城市多目标协同论、城市 PRED（即人口、资源、环境及发展）系统论、城市生态学理论、城市发展控制理论等众多的有关城市发展的一些理论。城市多目标协同论阐明了协调的内涵，为制定城市可持续发展目标和措施提供了明确的指导思想与原则；城市 PRED 系统论通过剖析城市 PRED 协调发展机理，引导人们采用系统科学的方法制订城市持续发展方案；城市生态学理论运用生态学原理和理

① 路国华. 可持续发展理论缘起，内涵与演进[J]. 上海城市发展，2009，(4)：59.

论说明城市的可持续发展既要符合经济发展规律又要符合生态规律;城市发展控制论则揭示了控制原理及方法,为实现城市可持续发展提供强有力的支撑技术和控制手段①。

针对城市可持续发展问题,专家学者们分别从不同角度进行了深入的研究。在资源和环境方面,研究主要集中于城市经济活动中污染排放与自然环境自净能力之间的矛盾。这类研究着重于城市环境污染治理和减排的技术、经济与法律手段。

在城市生态方面,城市可持续发展研究主要集中于城市自然生态观、城市经济生态观、城市社会生态观和复合生态观等综合城市生态理论。提出了修复退化土地、城市开发与生物区域均衡开发、实现城市开发与土地承载力平衡、优化能源结构、保护历史文化遗产、纠正对生物圈破坏等生态城市发展原则。

在经济发展方面,城市可持续发展研究主要集中于提高经济活动的环境效率。如使用新型能源、发展环保产业、城市产业结构升级、提倡绿色消费、实施环境税收政策等。

在城市空间结构方面,城市可持续发展研究集中于合理规划和利用土地,促使人口和经济的集中,减少人们对出行的需求;提倡使用公共交通,减少汽车使用,鼓励步行和使用自行车,以解决城市交通问题;统一集中供电和供热系统,充分节约能源;建设高密度的簇团状社区,提高生活设施系统的活力等。

从社会学等角度,城市可持续发展研究集中于保证基本适宜的环境权利、教育和培训权利以及充分就业权利;提高城市的空间质量,提倡公民义务植树,规划公园绿地;形成和谐的邻里关系,增强社会整体凝聚力;养成良好健康的生活方式等。②

城市在经历启动期、发展期、成熟期、衰退期各个阶段时,发展的每一个阶段都存在一些制约城市可持续发展的因素。传统的城市发展模式下,人们在启动期和发展期主要关注经济发展与城市规模扩展,只有当城市发展进入衰退期,城市的人口与社会、环境容量、资源等限制性因素制约了城市的可持续发展时,可持续发展才会引起社会的关注。为了实现城市可持续发展,就要转变先破坏后治理的传统发展观念,树立可持续发展理念,在城市发展的每一个阶段辨别出限制因素,并努力使之转化为有利的因素。在发展经济的同时,确保生态平衡、资源合理配置和有效利用,重视经济、社会、资源、环境和人口等各方面因素相互协调,这样才能实现城市的可持续发展。

---

① 李松志,董观志.城市可持续发展理论及其对规划实践的指导[J].城市问题,2006(7):15.

② 许光清.城市可持续发展理论研究综述[J].教学与研究,2006(7):88-89.

第二节 公共服务标准化相关概念

一、服务与公共服务

随着科学技术的进步和社会经济的发展,人们对服务的需求越来越多,服务业在产业结构中的比重也日趋增大,服务业的发展水平成了衡量一个国家或地区经济发达程度和产业结构优化水平的重要标志。公共服务是指以政府为代表的公共部门运用公共权力,通过采取筹集、调动社会资源的方式,面向社会提供产品与服务,满足公众特定的直接的需求的总称。① 公共服务与经济调控、市场监管、社会管理构成四大国家职能,公共服务是当前我国公共行政和政府改革的核心之一。下文我们将对服务和公共服务的相关概念进行阐述和界定。

(一)服务的概念与内涵

1. 服务的定义

服务的基本含义是为他人做事,并使他人从中受益的活动。随着社会的发展,人们对服务给出过不同的定义。亚当·斯密(Adam Smith)(1776)从劳动活动能否产生价值的角度提出,一种劳动加在物上能增加价值,称为生产性劳动;另一种劳动不能生产价值,称为非生产性劳动,而"服务"为非生产性劳动。卡尔·亨利希·马克思(Karl Heinrich Marx)(1862)从经济学角度出发认为,服务不过是指劳动所提供的特殊使用价值,就像其他一切商品一样。美国市场营销协会(AMA)(1960)从经济学角度最先提出较完整的定义,认为"服务"是一种经济活动,是消费者从有偿活动或从所购买的相关商品中得到的利益和满足感。这一定义在很长时间内被普遍采用,但是这一定义未能将有形产品和无形产品区分开。美国著名营销学家菲利普·科特勒(Philip Kotler)(1983)指出,"服务"是一个组织提供给另一个群体的任何活动或利益,它基本上是无形的且无法产生任何所有权问题,"服务"的产生可能与某一项实体产品有关,也可能无关。本书采用国标 GB/T 15624—2011《服务标准化工作指南》中的定义,即"服务"是指服务提供者与顾客接触过程中所产生一系列活动的过程及其结果②。其结果

---

① 黄恒学,张勇. 政府基本公共服务标准化研究[M]. 北京:人民出版社,2011:20.

② GB/T 15624—2011 服务标准化工作指南[S]. 北京:中国标准出版社,2011.

通常是无形的,并且是在供方和顾客接触时至少需要完成一项活动的结果。

2. 服务的提供形式

服务主要有以下几种提供形式:①在顾客提供的有形产品(如维修的汽车)上所完成的活动;②在顾客提供的无形产品(如为准备税款申报书所需的收益表)上所完成的活动;③无形产品的交付(如知识传授方面的信息提供);④为顾客创造氛围(如在宾馆和饭店)。

3. 服务的特性

由服务的定义和提供形式可以看出服务具有以下特性:①服务的无形性。商品和服务之间最基本的、也最常被提到的区别是服务的无形性,因为服务是由一系列活动所组成的过程,而不是实物。②服务的异质性。服务是由人表现出来的一系列行动,而且员工所提供的服务通常是顾客眼中的服务,由于没有两个完全一样的员工,也没有两个完全一样的顾客,因此就没有两种绝对一样的服务。③生产和消费的同步性。大多数商品是先生产,然后存储、销售和消费,但大部分的服务却是先销售,然后同时进行生产和消费。这通常意味着服务生产的时候顾客是在现场的,而且会观察甚至参与到生产过程中来,因此服务人员需要与顾客协调。④服务的易逝性。服务的易逝性是指服务不能被储存、转售或者退回的特性。比如一个咨询师提供的咨询无法退货或转让给他人。

(二)服务业的相关概念

1. 服务业的概念及内涵

服务业的基本特征是以服务形式提供满足社会生产需要和人们消费需要的各种使用价值。服务业是在人类物质生活丰富以后逐渐发展起来的行业,也是当代经济中增长最快的行业。服务业的发展状况与发展水平已成为衡量地区综合竞争力和现代化水平的重要标志。

“服务业”概念最早由英国经济学家柯林·克拉克(Colin Clark)1940 年在其《经济进步的条件》一书中提出。他把国民经济结构分为三大部门,即:第一大部门以农业为主,包括林业、渔业、畜牧业等;第二大部门包括制造业、采矿业等;第三大部门是服务业,包括建筑业、运输业、通讯业、商业、金融业、专业化服务和个人生活服务、政府行政、律师事务和服务军队等。[①] 此前国际理论界通常以“第三产业”来称呼“服务业”。“第三产业”概念源于西方经济学,早在 17 世纪末,威廉·配第(William Petty)(1690)

① 吉峰.“第三产业”[J].现代情报,1982(2):12.

就阐述了有关第三产业的思想。此后，萨伊、西斯蒙第、李斯特、西尼尔以及马克思等经济学家从不同的角度对第三产业进行了分析，在不同程度上揭示了第三产业经济范畴所涉及的经济规律。

与"服务"概念类似，作为国际上通行的产业分类概念，"服务业"仍没有得到统一的认识。对"服务业"的定义，国内外学者观点各有不同。李江帆(2001)将服务业直接理解为第三产业，即除工业、农业以外的所有其他产业的集合；黄维兵(2003)把服务业定义为生产或提供各种服务的经济部门或企业的集合。西方国家比较通行的服务业定义是"以产出无形产品(非实物产品为主)的产业"。我国 GB/T 15624—2011《服务标准化工作指南》把服务业定义为从事服务活动的行业的总称①。

2003 年 5 月 14 日，我国国家统计局发布的《三次产业划分规定》中规定："第三产业是指除第一、二产业以外的其他行业。"第一产业是指农、林、牧、渔业；第二产业是指采矿业、制造业、建筑业，电力、燃气以及水的生产和供应业；第三产业是指除了第一、第二产业外的其他行业，包括交通运输、仓储和邮政业，信息传输、计算机服务和软件业，批发和零售业，住宿和餐饮业，金融业，房地产业，租赁和商业服务业，科学研究、技术服务和地质勘查业，水利、环境和公共设施管理业，居民服务和其他服务业，教育、卫生、社会保障和社会福利业，文化、体育和娱乐业，公共管理和社会组织、国际组织。根据这一规定，我国的服务业与第三产业存在一定程度上的交叉。

服务业与第三产业的区别如表 1-4 所示②。

表 1-4 服务业与第三产业对比

	服务业	第三产业
界定的方法	以生产或提供服务来确定范围	通过采用剩余法来界定
划分思想的出发点	以经济体系需求分类为基础	供给分类
相对的市场范围	面向国内和国际	面向国内
具体应用	用于利用具体产业部门描述国民经济产业部门时	用于利用产业发展层次描述国民经济产业部门时

服务业是与农业、工业相对的概念，服务业同农业、制造业的区分是以经济体系的需求为分类基础，它同农业、制造业之间是相互依赖的关系。长期以来，我国同时使用"服务业"和"第三产业"两个概念，这两者内涵基本相同。在我国，"服务业"是与国际

① GB/T 15624—2001. 服务标准化工作指南[S]. 北京：中国标准出版社，2011.

② 柳成洋，等. 服务标准化导论[M]. 北京：中国标准出版社，2009：7.

通用的概念一致的称谓，近年来国家正式文件和政府主管部门也主要使用这一称谓。

2. 服务业的分类

由于服务包含的内容相当广泛，对服务业的分类至今尚未形成统一的意见。目前国际主流服务业分类方法有辛格曼的服务业四分法、联合国统计署国际标准产业分类法（ISIC）、北美产业分类标准（NAICS）、WTO《服务贸易总协定》中关于服务业的分类（如表1-5所示）。

表1-5　国际主流服务业分类方法

分类方法	主要内容
辛格曼的服务业四分法	流通服务；生产服务；社会服务；个人服务
联合国统计署国际标准产业分类法	批发零售贸易业；交通运输和仓储业；信息和通信业；金融和保险业；房地产和租赁业；科学研究和技术服务；行政管理及相关支持服务；教育、卫生和社会服务业；艺术和娱乐；其他服务业；公共管理和防务；付酬家庭雇员提供的家庭或个人服务；国际组织
北美产业分类标准	批发业；零售业；交通运输；仓储业；信息产业；金融、保险业；房地产业；租赁业；专业、科学、技术服务业；企业管理服务业；商务、旅行、环保及住宅相关服务；教育服务；卫生、社会保障和社会福利业；艺术、娱乐业，住宿和餐饮业；维修、家政、个人服务和社会组织；公共行政
WTO《服务贸易总协定》关于服务业的分类	商业性服务；通讯服务；建筑及有关工程服务；销售服务；教育服务；环境服务；金融服务；健康与社会服务；旅游及相关服务；娱乐；文化与体育服务；交通运输服务；其他服务

美国经济学家布朗宁（Browning）和辛格曼（Singelman）在《服务社会的兴起：美国劳动力转换的人口与社会特征》（1975）中，把服务业分为流通服务、生产者服务、社会服务、个人服务四类。流通服务包括零售业、批发业、交通运输业和通信业等，是联系生产和消费的中介；生产服务包括商业和专业服务业、金融服务业、保险服务业、房地产业等，是指那些与生产直接相关的服务；社会服务包括医疗、健康、教育、国防等，它们具有公共需求的特征，是物质文明高度发达的产物；个人服务包括餐饮业、旅馆、旅游业、文化娱乐业等，多数是传统产业，具有规模小、投入少的特点，来源于消费者对它们的最终需求。

联合国统计署以经济活动性质为基础，于1984年制定了国际标准产业分类，并随后进行多次修订，将服务业分为15个门类。它与其他国际标准分类保持着完好的对应性，在国际上具有很大影响力。

在美国倡导下，加拿大和墨西哥联合开发了北美产业分类体系，它以“生产”或“供给”为基本分类原则，将服务业分为批发业，零售业，交通运输，仓储业，信息产业，金融、保险业，房地产业，租赁业，专业、科学、技术服务业，企业管理服务业，商务、旅行、环保及住宅相关服务，教育服务，卫生、社会保障和社会福利业，艺术、娱乐业，住宿和餐饮业，维修、家政、个人服务和社会组织，公共行政等16类。由于只要生产单位的生产过程相同或相似就归为同一产业活动，因此该体系分类性质具有单一化的特点。

乌拉圭回合服务贸易谈判小组在征得各谈判方意见的基础上，综合考虑服务贸易统计和服务贸易部门开放的要求，提出以部门为中心的服务贸易分类法，将服务贸易分为商业性服务、通讯服务、建筑及有关工程服务、销售服务、教育服务、环境服务、金融服务、健康与社会服务、旅游及相关服务、娱乐、文化与体育服务、交通运输服务、其他服务13大类。

我国服务业分类方法主要有服务业四分法和GB/T 4754－2011《国民经济行业分类》规定的服务业分类，如表1-6所示。

表1-6　我国服务业分类方法

分类方法	主要内容
GB/T4754－2011《国民经济行业分类》标准	批发和零售业；交通运输、仓储和邮政业；住宿和餐饮业；信息传输、软件和信息技术服务业；金融业；房地产业；租赁和商务服务业；科学研究和技术服务业；水利、环境和公共设施管理业；居民服务、修理和其他服务业；教育；卫生和社会工作；文化、体育和娱乐业；公共管理、社会保障；社会组织、国际组织
服务业四分法	生产性服务业；分配性服务业；消费性服务业；社会性服务业

我国按照国际通行的经济活动同质性原则，在划分行业的原则和统计单位、分类的基本结构和编码方法等方面与国际标准产业分类基本保持一致的基础上，进一步打破第三产业部门的管理界限，制定了《国民经济行业分类》，将服务业分为包括批发和零售业，交通运输、仓储和邮政业，住宿和餐饮业，信息传输、软件和信息技术服务业，金融业，房地产业，租赁和商务服务业，科学研究和技术服务业，水利、环境和公共设施管理业，居民服务、修理和其他服务业，教育，卫生和社会工作，文化、体育和娱乐业，公共管理、社会保障和社会组织、国际组织15个门类。该分类体系是我国目前服务行业分类的主要依据。

另外，我国按照产品的用途和提供者的不同，将服务业分为生产性服务业、分配性服务业、消费性服务业、社会性服务业四大类，这也是国内外较为通用的服务业分类方法。

3．传统服务业、新兴服务业和现代服务业

传统服务业是指为人们日常生活提供各种服务的行业，其特点在于它是劳动密集型的，就业者不需要很高的技术或知识，它所提供的服务主要满足消费者的基本需求，具体包括仓储、批发、零售业、餐饮、旅游、家政服务、邮电业等。[①] 传统服务业在经济发展中承担着重要的作用，例如传统服务业中的交通运输业，在社会发展过程中，几次运输方式的变革都对人类经济社会的发展起到巨大的推动作用。

新兴服务业是在工业比较发达的阶段产生的，主要是依托于信息技术和现代管理理念发展起来的。相对于传统服务业，新兴服务业是指一些新兴的产业与服务业相结合的产业。具体分为两类，一类是新兴生产型服务业，包括金融服务、现代物流、科技研发、商务服务、信息服务、会展服务等；另一类是新兴消费型服务业，包括休闲旅游、健康产业等。传统服务业和新兴服务业是从经济发展不同阶段的角度来进行区分的，具有一定的时效性，随着经济社会的发展，新兴服务业的内容和领域将会不断扩大，今天的新兴服务业也可能转化为将来的传统服务业。

"现代服务业"的概念是在 1997 年 9 月党的十五大报告中首次提出的，是我国特有的提法，目前还没有明确的定义。现代服务业是一种现代化、信息化意义上的服务业，是指在一国或地区的产业结构中基于新兴服务业成长壮大和传统服务业改造升级而形成的新型服务业体系。现代服务业具有高人力资本含量、高技术含量、高附加值的"三高"特征；发展上呈现新技术、新业态、新方式的"三新"态势，具有资源消耗少、环境污染少的优点[②]。对"现代服务业"既不应理解为时间上的概念，也不应理解为单一领域的服务业，它体现了服务业现代化的发展趋势，是服务业的"现代化"。

（三）公共服务

1. 公共服务的定义与内涵

公共服务这一概念起初源于经济学对公共物品特征的分析，关于公共服务，国内外学者并没有给予一个明确的定义，目前有代表性的公共服务的定义有以下几种：第一，公共需求说。此观点把人的所有需求划分为私人领域的特殊需求和社会领域的公共需求，并认为公共服务就是满足社会领域的共性需要。第二，公共管理说。此理论认为管理即服务，公共服务也就是公共管理。第三，公共物品说。该理论认为公共服务就是为民众提供公共物品，公共服务本身就是公共物品的一种，此观点符合最初的经济学的定义。第四，政府服务说。此理论认为公共服务的提供主体应该是政府，提供公共服务就是政府在履行社会管理的职能，即提供公共服务是政府的一种责任。第

---

① 王雪静，柳浩. 企业纳税实务与税收筹划全攻略[M]. 上海：立信会计出版社，2010：11.

② 王良杰，石丽丽. 现代服务业概念界定[J]. 合作经济与科技 2010(1)：30.

五,为人民服务说。这一观点具有中国特色,符合我国政府的权力是来自于人民自下而上地授予的实际。提供公共服务的过程也就是实践全心全意为人民服务的宗旨的过程,所以公共服务可以等同于为人民服务。① 本书采用以下概念:即公共服务是指以政府为代表的公共部门运用公共权力,通过采取筹集、调动社会资源的方式,面向社会提供产品与服务,满足公众特定的直接的需求的活动形式。②

由公共服务的定义我们可以得出以下理解:①公共服务必须基于公共利益的需求。政府提供服务的根据是对公共利益的判断,公共利益才是判定公共服务的内在依据。③ ②公共服务理应满足社会公众直接的、具体的需求。比如教育服务是社会公众所直接需要的。③公共服务可以是单一性质的无形服务或有形产品,也可以是无形服务和有形产品的综合体。④公共服务以给公众提供生存照顾、满足公众基本生存和发展需要为目的,是政府对市场失灵、社会自治失败以及因此导致的社会差别和个人弱势地位的一种积极矫正,这尤其体现在基本公共服务上。⑤公众对公共服务存在"依赖性",即不借助公权,公众无法自力获得公共服务。⑥政府对公共服务的设立和运行行使直接或间接的权力。④

2. 公共服务与相近概念的界定

(1) 公共服务管理与公共管理

所有涉及国家管理的行为与活动都在公共管理的涵盖之内,公共服务管理与公共管理是被包含与包含的关系。例如,对公办教育或公立学校的管理属于公共服务管理,但政府对教育的执法与行政管理则属于公共管理。两种管理性质与形式不同,但都是公共管理,且前者包含于后者之中。

(2) 公共服务与公共行政

公共服务不同于公共行政。公共服务是有国家行为介入的一种服务活动,而公共行政则是以国家行政部门即政府为主体的一种权力运作。公共服务可以使公民的某种直接需求得到满足,如教育和医疗保健。公共行政则是规范公民开展社会活动的行为以及满足公民的其他间接需求。公共服务可以由公民根据个人需要进行一定程度的选择,公共行政则要求公民必须接受。公共服务涉及的人与人之间的关系是平等

---

① 尹爽. 地方政府公共服务满意度评价研究[D]. 大连理工大学,2009:3.

② 黄恒学,张勇. 政府基本公共服务标准化研究[M]. 北京:人民出版社,2011:20.

③ 柏良泽. "公共服务"界说[J]. 中国行政管理,2008(2):18.

④ 马英娟. 公共服务:概念溯源与标准厘定[J]. 河北大学学报(哲学社会科学版),2012,37(2):77-78.

的,公共行政则是自上而下的等级式体制。例如公立学校和公立医院等是专门的公共服务机构,政府则是专门的公共行政机构。

(3) 公共服务与经济调控、市场监管和社会管理

这四项职能都是国家应承担的,都属于由公职人员所从事的工作。在广义上,可以将公职人员使用公共权力与资源所从事的各项工作都看作是公共服务。当国家是建立在普遍的公民主权基础之上的时候,国家具有公共性质,国家存在的目的和职能就是为全体公民的利益与需求服务。从这个角度看,国家体系中的所有机构,如立法机构、行政机构和司法机构等都是提供公共服务的机构,在这些机构中任职的人,其工作都是在提供公共服务。在中国,这意味着在国务院、人大、法院以及各地方政府等国家机构中的工作人员都是在从事公共服务。狭义上,公共服务是指以政府为代表的公共部门运用公共权力,通过采取筹集、调动社会资源的方式,向社会提供产品与服务,满足公众特定的直接的需求的活动形式。这一概念具体、明确,在理论和实际操作上更具有实质性意义,即提供公共服务是国家的主要职能之一,国家提供公共服务有其具体的内容和形式,并且可与政府或国家的其他职能相区分。也就是说,公共服务是同经济调控、市场监管、社会管理相并列的国家的又一项职能。本书采用公共服务狭义上的概念。

3. 公共服务的分类

由于人们对公共服务的概念和界定标准还没有完全取得一致,所以人们对公共服务的分类也存在不同的观点,目前按照公共支出的领域、政府职能体系、公共服务的特性、公共需要的内容、专业知识领域、资本和劳动力投入的比例以及消费空间的范围等划分原则,主要有七种分类方法,具体如表1-7所示[①]。

---

① 李上.公共服务标准化体系及评价模型研究[D].中国矿业大学,2010:17.

表 1-7 现有公共服务分类框架

分类原则	类型	主要内容
公共支出的领域	维持性公共服务	国家安全、行政、外交等
	社会性公共服务	公共教育、社会福利保障、公共医疗卫生、环保等
	经济性公共服务	投资经营国有企业与公共基础设施建设等
政府职能体系	主权性服务	行政、司法、国家安全、财政等
	社会及文化等服务	社会教育、医疗卫生、社会保障及救济等
	经济性服务	电力、燃气、公共运输、公共邮政等
公共服务的特性	基本公共服务	法律法规构建、公共权利维护、财政调控和金融税收、社会保险和公共福利、外交活动、行政执法、环保、义务教育、公费医疗保健体系等
	混合公共服务	市政活动、电话通讯、电视广播、国家邮政服务体系等
	政府管制性公共服务	政府强制要求此类企业或组织的产品符合统一的相关标准:包括质量、卫生、环境、安全等影响公众安全的强制性标准
公共需求的内容	政权性质公共服务	法律制修订、司法活动、行政执法、国家安全等服务
	社会性质公共服务	公众就业、社会保障福利、公共教育、医疗卫生、文体活动等
	经营性质公共服务	邮电、电、气、自来水与公共交通等
专业知识领域	公共工程建设服务	社会垃圾回收和处理、公共设施的维护和管理、供水与排污系统的建设和管理等
	公共交通服务	公共道路维修和清洁、绿化树木种植、公共交通系统车站和修理站的运营及维护、机场及辅助交通的运营和维护等
	公共安全服务	警务救助、救急消防、医疗救护、拖运和存储违法车辆服务等
	人类健康和社会服务	公共疾病普查、动物疾病控制、动物救助机构的运营、儿童福利机构的运营、老年福利院运营、医疗机构的运营,特殊人群(如精神病患者)救济站的经营等
	文化和休闲服务	公共娱乐设施的建设和维护、会展中心与会议机构的运营和维护、文艺计划的执行、图书馆和博物馆的经营维护等
	支持服务	法律咨询专业服务、路面的维护、建筑安全认证、国家税收、各类人员服务、各类公共信息服务等
	公共设施	电、气、水等公共设施的建设、运营及管理等服务活动
资本和劳动力投入的比例	劳动密集型公共服务	这类公共服务总成本的 85% 以上为劳动成本
	资本密集型公共服务	这类公共服务总成本的 85% 以上为资本量
消费空间的范围	全国性公共服务	国家安全、外交活动、中央政府行政活动、邮政通信设施、公共交通设施、全国性环保活动等
	地方性公共服务	地方政府行政活动、地方性环保活动、市政设施建设与运营等

4. 公共服务范围的变迁与政府职能的发展

政府职能是指政府在管理公共事务中所具有的职责和功能，政府公共服务形态的变化随着政府职能的发展变化而逐步演变。在不同历史时期和社会背景下，政府公共服务的内涵和外延都存在差异，这些差异的本质是政府职能的转变。在市场经济史上，政府职能特别是公共服务职能经过了多次重大演变，逐步实现了由“守夜型”政府向“全能型”政府再向“公共服务型”政府的转变。

19 世纪上半叶以前，以亚当·斯密为代表的古典自由主义经济理论主导了资本主义国家的宏观经济政策，政府实行不干涉政策，基本不提供现代意义上的公共服务。在自由竞争市场经济时期，政府职能仅限于提供宪政制度、产权保护、法律框架等范围有限的公共服务。在市场经济发展的初期，政府的作用一直被严格限定在“保护产权”和“维护秩序”的公共领域，政府扮演着市场交易双方契约执行的监督者、市场交易秩序的维护者的角色。这一时期的政府是“守夜型”政府，政府奉行对经济的不干预政策，政府职能范围很小①。“守夜型”政府的特点是整个政府是立法机关的执行机构，政府是典型的以维持国防安全和公共机构运转为主的“小政府”。

20 世纪 30 年代，由于市场调节存在的盲目性、自发性和滞后性，以及垄断资本主义的出现，使资本主义国家陷入严重的经济危机，以自由放任理论为基础的自由竞争机制陷入了困境，“守夜型”政府遭到质疑。而主张加强国家干预经济，由政府调节生产，通过政府的各种积极政策来克服危机和消除失业的凯恩斯国家干预理论应运而生。凯恩斯指出，危机的解决途径是促进有效需求，而为了促进有效需求，政府必须运用财政政策干预经济，消除市场的不稳定。② 以“罗斯福新政”为代表的各国政府改革掀起一场政府全面干预市场的潮流，各国政府从“守夜型”政府向“全能型”政府转变，这意味着，政府职能不仅仅局限在行政上，其社会经济管理的职能也得到了加强。其中，英国的贝弗里奇爵士(William Beveridge)设计了一整套“从摇篮到坟墓”的社会福利制度，成为西方福利国家所参考的基本框架，贝弗里奇爵士也被誉为“福利国家之父”③。

进入 20 世纪 70 年代以后，随着“全能型”政府权力的不断扩张，政府公共服务范围的不断扩大，在一定程度上影响了市场竞争的有效发展。而资本主义基本矛盾的日

---

① 唐铁汉，李军鹏. 公共服务的理论演变与发展过程[J]. 公共管理科学，2005(6)：38.

② [英]凯恩斯. 凯恩斯文集(下卷)[M]. 北京：改革出版社 2000：243.

③ 关信平. 西方“福利国家之父”贝弗里奇——兼论《贝弗里奇报告》的诞生和影响[J]. 社会学研究，1993(06)：72 – 78.

趋激化，导致西欧许多国家普遍出现了经济停滞、失业人数增加、通货膨胀、物价上涨并存的局面。高福利、高税收所带来的弊病日益突出，福利国家在这种状况下陷入了危机。同时，福利国家社会保障制度也因其本身存在着结构性的缺陷，给国民经济带来了极为严重的后果。

20世纪80年代，随着对“政府失灵”认识的加深，西方国家掀起了一场声势浩大的公共行政改革运动，新公共管理理论应运而生，并迅速扩展到西方各国。在管理理念上，新公共管理理论认为政府与私营部门管理的区别只是表面现象，本质是相同的，私营部门的管理效率、质量和服务水平更优越一些，政府应当借用其管理模式和管理技术改造政府管理，提高政府的工作效率和管理水平。政府以“弥补市场失灵、提供公共产品”的作用，切入市场机制中，使公共机制成为市场机制的有效支持和补充，构建适度的有限政府，在政府有所为有所不为的基础上，提高公共管理和公共服务水平。

与政府职能演变过程相适应，政府公共服务的范围也经历了一个演变的过程。在“守夜型”政府时期，政府基本不提供现代意义上的公共服务。在“全能型”政府时期，政府利用公共权威机制颁布一系列社会保障立法，建立“从摇篮到坟墓”的完备的公共服务制度体系，以提供公共产品和公共服务。当前，由于庞大的公共服务开支给政府财政造成了沉重的负担，很多福利国家正在进行着激烈的社会保障制度改革，逐步合理地控制公共服务范围，削减政府开支。这些国家开始实行公共服务社会化和市场化的改革，使政府从部分公共产品领域退出，由社会与民间资本提供部分混合公共产品，注重发挥市场在公共产品供给领域的作用，以此来提高公共产品供给的效率。政府公共服务建立在特定的公共财政基础上，公共财政的收入和支出能力不仅与国家和社会特定的发展阶段有关，也与经济社会紧密相连。因此，政府公共服务的客观基础和内在属性都决定了其有限的发展要求。在特定的历史时期，在特定的经济社会发展水平下，应当建立政府职能与公共服务范围的长期动态和良性发展的机制①。

5. 服务型政府建设

20世纪70年代以来，英国、美国、新西兰等西方发达国家针对传统的管制型政府暴露出的各种弊端及政府的频频“失灵”，掀起了一场运用“企业化”运作模式，运用市场力量来改造政府绩效、提高公共服务质量的运动②。这一改革潮流很快席卷全球，被称为“新公共管理”运动。这场改革运动通过政府角色的重新定位和职能的转换，来改

① 黄恒学，张勇. 政府基本公共服务标准化研究[M]. 北京：人民出版社，2011：23.

② 徐丽朱. 从国外政府改革谈我国服务型政府建设[J]. 商场现代化，2007(1)：85.

善政府公共服务，重新赢得公众对政府的信心。英国政府通过雷纳评审、“下一步”行动方案、公民宪章运动、引入竞争机制四个步骤①，在节约政府开支、政府机构改革、服务承诺和竞争求质量等方面进行了改革，取得了举世瞩目的成就。美国通过推行社会福利制度改革和放松管制，进行政府经济职能收缩，减少政府干预的范围和程度，实行更大程度的市场化；在公共服务领域引进市场机制，进行决策和执行职能的分离，推进公共服务供给的多元化、竞争发展。新西兰改革的主导思想是明确政府部门、皇家实体机构和公务员的目标，避免职权和责任的冲突、交叉，政府不介入市场和社会能够有效运行的领域，充分发挥市场作用，减少政府公共服务成本。新西兰的行政改革采取了更多、更明确的管理主义模式，在当代西方行政改革中占据重要位置，被誉为行政改革的典范。

西方国家的政府改革涵盖了政府组织安排、人员结构、所有制、行政执政等多个方面，改革过程中采取的具体措施多种多样，侧重点也不同。但总结起来，都有三个方面的特征。①重新调整政府与社会、政府与市场的关系，注重市场导向。通过私有化、特许经营、签约外包、公司合作等手段，将公有部门转化为私有部门、在公共部门的运行中纳入私营部门因素，减少政府职能以使政府管得少一点但管得好一些。②减缩政府职能，鼓励社会自身的公共管理。尽可能地实现社会自治，也就是利用市场和社会力量来提供公共服务，以弥补政府自身的财力不足，减轻政府负担。③改革政府部门内部的管理体制，采用更多的管理主义。管理主义的基本主张是公共部门与私人部门在管理上并无本质差别，政府管理中可借用私人企业的管理方法，甚至尽可能地在一些部门中引进竞争机制以提高政府部门的工作效率和为社会服务的质量，从而使政府走出信任危机的困境。

政府职能的发展和公共服务范围的变迁实际上反映了政府在国家与社会生活中政府的定位，而公共服务恰恰是这种定位鲜明的表现。改革开放以来，随着市场经济的发展、社会的转型、公民社会的成长，转换政府职能、进行政府管理创新，建设服务型政府成为我国政府必然的选择。在西方国家政府改革运动中，一些举措的实施和政府改革的理论创新，对重塑政府运动产生了深远影响，这对我国目前的服务型政府建设也具有重要的理论启示和借鉴意义。联系我国社会主义制度和公有制为主体的经济

① 雷纳评审就是对政府工作特定方面的调查、研究、审视和评价活动；“下一步”行动方案是指提倡采用更多的商业管理手段来改善执行机构，提高公共服务效率；公民宪章就是指用宪章的形式把政府公共部门服务的内容、标准、责任等公之于众，接受公众的监督，来达到提高服务水平和质量的目的。

体制,在服务型政府建设过程中可从以下几点切入①:

(1)进行价值重塑,倡导社会公平与公民本位。应更加关注民主价值、公共利益和公民权,也就是使公共管理以“公民本位”取代传统的“权力本位”和“官员本位”,实行民主行政模式。政府与公民处于平等地位,政府不是导航者,也不是掌舵者,而是公民权利的保护者,是社会自治的工具,为公民协商解决公共问题提供平台和服务。

(2)进行组织变革,推进公共管理主体走向多元化。按照辅助性原则,确立政府与企业、社会的职能边界,有所为有所不为。政府职能限于管理企业、公民社会组织和公民无力或不足以完成的事务上;政府的核心职能是弥补市场的不足,致力于社会中高效、经济、优质、公平的公共服务供给,确保公共利益的实现。公共管理主体多元化的实现,可以有效避免政府作为单一、垄断性公共管理主体所导致的腐败、效率低下、官僚主义等问题。

(3)进行制度创新,变革公共服务的提供方式。公共服务体系中政府的角色是公共服务的供给者,而非直接的生产者。公共服务的生产,既可以由公共部门承担,也可以由私营部门或非营利性组织承担,允许生产这些物品和服务的机构之间开展竞争。

(4)借鉴工具,通过绩效评估建设责任政府和绩效政府。服务型政府是责任政府和绩效政府,通过绩效考核等管理工具对政府管理和公共服务进行监督,督促政府不断持续改进,提升政府管理和公共服务的质量。

二、标准与标准化

(一)标准

1. 标准的内涵

标准是标准化活动的成果,也是标准化系统的最基本要素和标准化学科中最基本的概念之一。美国约翰·盖拉德(John Gaillard)在《工业标准化原理与应用》(1934)一书中指出,标准是对计量单位或基准、物体、动作、程序、方式、常用方法、能力、职能、办法、设置、状态、义务、权限、责任、行为、态度、概念和构思的某些特征给出定义,做出规定和详细说明,以语言、文件、图样等方式或模型、样本及其他表现方法出现,并在一定时期内适用;英国桑德斯(T. R. B. Sanders)在《标准化目的与原理》(1972)一书中认

① 李杏果. 当代西方政府改革理论对我国服务型政府建设的启示[J]. 中共石家庄市委党校学报,2011(2):24-26.

为,标准是经公认的权威机构批准的一个个标准化工作成果。[①] 而根据国际标准化组织(ISO)和国际电工委员会(IEC)联合发布的《ISO/IEC 指南 2:2004(第八版)》定义可知,标准是由一个公认的机构制定和批准的文件。它对活动或活动的结果规定了规则或特征值,供反复使用和共同使用,以实现在预定领域内最佳秩序的效益。

我国国家标准 GB/T 2000.1—2002《标准化工作指南　第 1 部分:标准化和相关活动的通用词汇》修改采用《ISO/IEC 指南 2:2004(第八版)》的定义,即标准是为了在一定的范围内获得最佳秩序,经协商一致制定并由公认机构批准,共同使用或重复使用的一种规范性文件[②]。这一定义说明了四个方面的含义[③]:第一,标准产生的客观基础是科学、技术和经验的综合成果。也就是说,标准既是科学技术的成果,又是实践经验的总结,并且这些成果和经验都是在经过分析、比较、综合和验证的基础上加以规范化,只有这样制定出来的标准才能具有科学性。第二,制定标准的对象是重复的概念或事物。这里的"重复"是指同一事物或概念反复多次出现。例如批量生产的产品在生产过程中的重复投入、重复加工、重复检验等;同一类技术管理活动中反复使用的同一概念、术语、符号、代号等。只有当事物或概念具有重复出现的特性并处于相对稳定时才有制定标准的必要,使标准作为今后实践的依据,以最大限度地减少不必要的重复劳动。第三,标准的制定是协商一致的过程。制定标准要发扬技术民主,与有关方面协商一致,做到"三稿定标"即征求意见稿—送审稿—报批稿。如制定产品标准不仅要有生产部门参加,还应当有用户、科研、检验等部门参与共同讨论研究,"协商一致",这样制定出来的标准才具有权威性、科学性和适用性。第四,标准的本质属性是一种"统一规定"。这种"统一规定"是作为有关各方"共同遵守的准则和依据"。根据《中华人民共和国标准化法》规定,我国标准分为强制性标准和推荐性标准两类。强制性标准必须严格执行,做到全国统一;推荐性标准则是国家鼓励企业自愿采用。但推荐性标准如经协商,并计入经济合同或企业向用户做出明示担保,那么有关各方就必须执行,做到统一。

2. 标准的基本特性

标准具有很多特性,其基本特性包括规范性、统一性、协调性、实用性、效益性、科

① 刘荣. 小议标准的概念及标准的内涵[J]. 航天标准化,2012(3):46.

② GB/T 2000.1 - 2002. 标准化工作指南　第 1 部分:标准化和相关活动的通用词汇[S]. 北京:中国标准出版社,2002.

③ 洪生伟. 标准化工程[M]. 北京:中国标准出版社,2008:28.

学合理性和先进性等,其中规范性是标准的核心特性,统一性是标准的本质属性。①

(1) 规范性。规范性是标准的核心特性,主要表现在以下几方面:一是逻辑上的严谨与统一。标准科学化要求在结构上必须前后衔接,层次分明;在内容上不仅包括在某个标准体系内部,而且在多个标准体系之间应该协调一致。二是语言上要求精炼、准确,同时易于理解。标准必须用最准确、精炼的文字表达,严格依照法律规则,否则标准的有效性就会令人怀疑。同时,标准的用词尽量平实,又能反映标准特征。三是统一的体例格式。标准是一种特定形式的技术文件,为了便于编写、审查和使用,ISO/IEC 和其他国际标准化组织以及各国标准化机构,对标准的编写都有一套基本规定,即统一的编制方法,规定了统一的结构、要素、语法等。四是程序正当合理。标准是否体现出程序性,是否能给标准化共同体的活动以程序性的指引,是关涉标准效力的核心问题。这表现在标准的选定要严格按照程序步骤进行。我国国家、行业、地方标准化管理办法对于标准的立项、起草、征求意见、审查、批准发布、管理都规定了明确的程序。从形式方面讲,只有经过正当程序制定的标准,才具有法律或事实上的约束力。五是外在的强制性保障机制。虽然强制性对于标准实施有效性作用有限,因为一个标准不可能一直依靠强制性手段予以执行,但是这并不妨碍强制性在其效力中的重要性。

(2) 统一性。标准的本质特性就是统一性,是对共同使用和重复使用的概念与事物制定统一规则。标准是由公认的权威机构批准,以特定形式发布而作为共同遵守的准则和依据的统一规定。不同层次的标准在不同适用范围内进行统一,不同类型的标准从不同侧面进行统一。同一标准内部术语与定义、符号表述、规定统一;不同标准之间相同问题规定统一。

(3) 协调性。标准的制定建立在相关各方协商一致的基础上,做到基本同意,由公认的权威机构批准发布;标准各要素之间要协调,标准之间的规定应该没有矛盾和冲突;相互关联的标准之间要协调,下位标准制定应该是上位标准尚未规定的内容或有特殊管理的需要,一般情况下,下位标准在上位标准发布后即行废止。

(4) 适用性。社会生产与生活等活动是标准的源泉和根基,标准是对特定阶段科学、技术和经验等综合成果的固化总结。标准所规定的指标必须具有可操作性,能够实施,能够被遵守和执行;标准的制定要满足用户和广大消费者的需求,把用户满意作为主要目标之一,从公众需求和承受能力出发,充分考虑使用和推广要求。

---

① 黄恒学,张勇.政府基本公共服务标准化研究[M].北京:人民出版社,2011:39-41.

（5）效益性。制定标准的目标是通过标准化的实践，在一定范围内制定和使用标准的各方获得最佳秩序和社会效益。

（6）科学合理性、先进性。标准制定必须以当代科学、技术和综合科学经验成果为基础，既要考虑到科学规律，又要照顾标准化实施主体的认知水平和共识，同时还要兼顾技术指标的先进性。

3. 标准的分类

标准根据不同需求和不同角度有不同的分类方法。按性质划分，标准可分为强制性标准、推荐性标准和国家标准化指导性技术文件；按层级和适用范围划分，标准可分为国际标准、区域标准、国家标准、行业标准、地方标准和企业标准；按对象和作用划分，标准可分为基础标准、术语标准、产品标准、方法标准、过程标准、数据标准、安全标准、环境保护标准和服务标准等；按内容划分，标准可分为管理标准、技术标准和工作标准。除了以上列出的方法之外，标准的分类还有其他一些方法，本书只详细分析两种最常用的标准分类方法。

（1）按照标准的性质划分，标准分为强制性标准、推荐性标准和国家标准化指导性技术文件。①强制性标准是指具有法律属性，在一定范围内通过法律、行政法规等强制手段加以实施的标准。强制性标准主要是保障人体健康以及人身、财产安全的标准和法律、行政法规规定强制执行的标准，包括强制性的国家标准、行业标准和地方标准。违反强制性标准就是违法，就要受到法律的制裁。②推荐性标准是指在生产、交换、使用等方面，通过经济手段调节而自愿采用的一类标准，又称为自愿性标准。这类标准任何单位都有权决定是否采用，违反这类标准，不承担经济或法律方面的责任。但是，一经接受采用，或各方面商定同意纳入商品、经济合同之中，就成为各方共同遵守的技术依据，具有法律上的约束力，各方必须严格遵照执行。③国家标准化指导性技术文件是为仍处于技术发展过程中的标准化工作提供指南或信息，供科研、设计、生产、使用和管理等有关人员参考使用而制定的标准文件。符合下列两种情况之一的项目，可制定指导性文件：第一，技术尚在发展中，需要有相应的标准文件引导其发展或具有标准化价值，尚不能制定标准的项目；第二，采用国际标准化组织、国际电工委员会及其他国际组织（包括区域性国际组织）的技术报告的项目。指导性文件由国务院标准化行政主管部门编制计划和组织草拟，并统一审批、编号和发布。

（2）按标准的层级和适用范围，标准可划分为国际标准、区域标准、国家标准、行业标准、地方标准和企业标准。①国际标准是指国际标准化组织（ISO）、国际电工委员会（IEC）和国际电信联盟（ITU）制定的标准，以及国际标准化组织确认并公布的其他国际组织制定的标准,国际标准在世界范围内统一使用。②区域标准又称为地区标准,泛指世界某一区域标准化团体所通过的标准。通常提到的区域标准,主要是指原经济互助委员会标准化组织、欧洲标准化委员会、非洲地区标准化组织等地区组织所制定和使用的标准。③按《中华人民共和国标准化法》规定,我国标准分为四级,即国家标准、行业标准、地方标准和企业标准。国家标准是由国务院标准化行政主管部门编制计划和组织草拟,并统一审批、编号和发布,对我国经济技术发展有重大意义、必须在全国范围内统一的标准。国家标准在全国范围内适用,其他各级标准不得与国家标准相抵触,一经发布,与其重复的行业标准、地方标准相应废止,国家标准是四级标准体系中的主体。④行业标准是指在全国范围内各行业统一的技术要求。行业标准是对国家标准的补充,是在全国范围的某一行业内统一的标准,行业标准在相应国家标准实施后应自行废止。⑤地方标准是指在国家的某个地区通过并公开发布的标准。对没有国家标准和行业标准而又需要在省、自治区、直辖市范围内统一的工业产品的安全和卫生要求,可以制定地方标准。地方标准在本行政区域内适用,在相应的国家标准或行业标准实施后,地方标准应自行废止。⑥企业标准是指企业所制定的产品标准和在企业内需要协调、统一的技术要求与管理、工作要求所制定的标准。企业生产的产品没有国家标准、行业标准和地方标准的,应当制定企业标准作为组织生产的依据;对已有国家标准、行业标准和地方标准的,国家鼓励企业制定严于国家标准、行业标准或地方标准的企业标准,在企业内部适用。⑦另外,国家标准化行政主管部门于1998年通过《国家标准化指导性技术文件管理规定》,出台了标准化体制改革的一项新举措,即在四级标准之外,又增设了一种"国家标准化指导性技术文件",作为对我国四级标准的补充。

(二)标准化

1. 标准化的定义

我国国家标准 GB/T 2000.1—2002《标准化工作指南　第1部分:标准化和相关活动的通用词汇》修改采用《ISO/IEC 指南 2:2004(第八版)》的定义,即标准化是为了在一定的范围内获得最佳秩序,对现实问题或潜在问题制定共同使用和重复使用条款的活动。由此可见,标准化是一项活动、一个过程,包括标准的制定、发布、实施以及标准制定前的研究和标准实施后的修订等。标准化是一项有目的的活动,其目的是通过规范产品、服务或过程等,在一定范围内获得最佳秩序,通过建立最佳秩序来实现效益最大化。

2. 标准化的发展历程

标准化是人类由自然人进入社会共同生活实践的必然产物,它有着悠悠的历史发展过程。从人类的原始社会到现代的文明社会,都留下了标准化推动人类社会发展的历史功绩。

(1) 远古时期的标准化。人作为一种群居动物,在进行生产与生活等活动的基础上,产生了沟通的基本需要。从自发、随机的相互吼叫声,逐渐地演化出意义较为明确的发音、表达结构,形成原始的相互沟通的语言工具。在此基础上,为了解决非即时的交流需要,逐渐形成了意义明确的符号,建立语言与符号之间的联系,演化为文字。基于生存需要,各自创造、制作了简单工具,并互相交流、相互模仿、借鉴经验,使创造出的工具更加实用、制作过程更加简单、直接,使工具化简为繁,形状、大小逐渐趋于一致。亚洲、非洲、欧洲出土的史前时代的石器都十分相似,这是人类最早的对重复性事物产生的朴素的标准化的思想。这个阶段最突出的标准化活动成果就是创造文字和制作原始工具。

(2) 古代标准化。随着社会的发展,由于物资交换的需要,要求公平交换、等价交换的原则和度、量、衡单位与器具的统一,进而出现了实物形态的标准器具和抽象形态的制度。《周礼 · 考工记》中提供了我国古代大量标准化的知识,考古中发现的从西周到战国的数组编钟,不但其合金配制大体合乎《考工记》的规定,而且形状、尺寸也很接近《考工记》的规定。秦统一七国后、统一文字,统一货币、统一道路、统一计量器具、统一兵器,并对一些重要的手工业品规定了尺寸和质量要求,这是我国历史上运用标准化原理和方法的重大实践。汉武帝实行盐铁官营,把私人的小作坊变为大规模的冶铁坊。这种生产集中、规模大的冶铁场的出现,推动了标准化的发展。唐代的官、私营手工业十分发达,唐令规定制造兵器和各种器物必须按照统一的标准,违反标准者将予以惩罚。宋代毕昇发明的活字印刷术,运用了标准件、互换性、分解组合、重复利用等标准化原则,更是古代标准化里程碑。明朝李时珍在《本草纲目》中对药物、特性、制备工艺的描写可视为标准化"药典"。清政府颁布的《工程做法则例》中,对建筑构件尺寸、榫卯结构都有严格的规定。这一时期的标准化目的逐渐从经验传承开始向生产过程、质量控制转移,专门的以生产技术为客体的技术标准开始出现。

(3) 近代标准化。随着 18 世纪英国工业革命的发生,科学技术适应工业的发展,为标准化提供了大量生产实践经验,也为之提供了系统的实验手段,摆脱了凭直观与零散的形式对现象表述和总结经验的阶段,从而使标准化活动进入了定量地以实验数据为依据的科学阶段,并开始通过民主协商的方式在广阔的领域推行工业标准化体系来提高生产率。[1] 如1789年美国艾利·惠特尼(Eli Whitney)在武器工业中用互换性原理批量制备零部件,制定了相应的公差与配合标准;1834年英国制定了惠物沃思“螺纹型标准”,并于1904年以英国标准BS84颁布;1911年美国泰勒发表了《科学管理原理》,应用标准化方法制定“标准时间”和“作业规范”,在生产过程中实现标准化管理,提高了生产率,创立了科学管理理论。这一时期,国家和国际标准化组织也如雨后春笋般相继建立。1901年英国工程标准委员会成立,成为世界上第一个国家标准化组织,此后,荷兰、菲律宾、德国、美国、瑞士、法国、瑞典、比利时、奥地利、日本等多个国家相继成立国家标准化组织,目前世界上已有100多个国家成立了自己的标准化组织。1865年国际电报联盟(ITU)成立,1906年国际电工委员会(IEC)成立,1947年国际标准化组织(ISO)正式成立。这一阶段标准化活动由企业行为步入国家管理领域,进而成为全球的事业。标准化活动渗透到生产的各个环节,范围扩展到各行各业,在全球经济各个领域发挥重要作用。

(4)现代标准化。20世纪60年代以来,全世界进入现代管理新阶段。现代生产和管理高度现代化、专业化、综合化,致使现代产品、工程、服务等具有明确的系统性和社会化,从而使标准化活动更具有现代化特征。经济全球化,特别是信息技术高速发展和市场的全球化,要求标准化摆脱传统的方式和观念,以系统的理念处理问题,尽快建立与经济全球化相适应的标准化体系;工业标准化不仅要适应产品多样化、过程简单化辩证关系的需求,随着生产全球化和虚拟化的发展以及信息全球化的需要,组合化和接口标准化将成为标准化发展的关键环节。综合标准化、超前标准化的概念和活动应运而生;标准化的特点从个体水平评价发展到整体、系统评价;标准化的对象从静态演变为动态、从局部联系发展到综合复杂的系统。在此阶段,现代标准化在思想上注重运用方法论、系统论、控制论、信息论和行为科学理论的指导;标准化运用的领域不断扩展;计算机和信息技术被用作标准化工作开展的手段;标准化的国际化、全球化迅速发展。

3. 标准化的特性

标准化的特性是标准化活动原则和方法的基础,它是标准化活动本身特有的、区别于其他事物的基本性质。标准化的特性很多,本书列举以下几个主要标准化

① 余哲.标准化发展的历史学思考[J].黑龙江社会科学,2004(1):87-88.

特性①②③：

（1）实践性。社会生产与生活等活动是标准化的源泉和根基，标准化是对特定阶段科学、技术和经验等综合成果的固化总结。同时，标准化必须满足现实的需求，标准所规定的指标必须具有可操作性，能够实施，能够被遵守和执行。

（2）目的性。标准化的目的为"在一定范围内取得最佳秩序"，标准化是一项有目的的活动。标准在一定范围、一定时期和一定条件下，对标准化对象的特性和特征应做出统一规定，以实现标准化的有序化、规范化目的。

（3）技术性。标准化的技术性是标准化的一个重要特性。首先，标准化对象是建立在科研成果和生产经验等大量数据的基础上，是技术发展规律的一种表现。其次，标准化的过程需要技术支撑而展开，以保持标准化的科学性。

（4）连续性。连续性是标准化的发展特性的属性。首先，一个标准的制定是对科研成果、技术和生产经验的继承；其次，随着科学技术和生产力的发展，标准也在不断地进行制定—修订—再修订的过程，而新标准是对旧标准的继承和发展。

（5）适用性。社会生产的根本目的是满足用户和广大消费者的需求，改善生活质量和提高全社会的效益。标准的制定要立足于现实实践的需求，把用户满意作为主要目标之一，从公众需求和承受能力出发，充分考虑使用和推广要求，确保标准化的必要性和可行性。

（6）统一性。现代标准化的特点从个体水平评价发展到整体、系统评价，越来越要求用统一的观点和方法来进行标准化活动。标准化的本质特征就是统一性，是对共同使用和重复使用的概念与事物制定统一规则的活动。

（7）程序性。标准化过程中，标准的制定、发布、实施和监督等各个环节都体现了鲜明的程序性特征。

（8）经济性。标准化的经济属性是指标准的经济合理性，制定一个标准，在经济上应是合理的，即能取得最佳的经济效果。最佳经济效益既注重短期的经济效益，也注重长远的经济效和社会效益，这突出体现在政府管理和公共服务标准化方面。

4. 标准化的对象及领域

（1）标准化的对象

GB/T 2000.1—2002《标准化工作指南　第1部分：标准化和相关活动的通用词

---

① 黄恒学，张勇．政府基本公共服务标准化研究［M］．北京：人民出版社，2011：34－35.

② 陈渭，等．标准化基础教程——标准化理论与实践［M］．北京：中国计量出版社，2008：3－4.

③ 王征．标准化的特性与原理［J］．航空标准化，1981（1）：38－40.

汇》对标准化对象的定义是“需要标准化的主题”。在社会实践的各个领域中，凡具有多次重复使用和需要制定标准的具体产品，以及各种定额、规划、要求、方法、概念等，都可称为标准化对象。[①]

标准涉及的对象类型不同，反映到标准的文本上，体现为其技术内容及表现形式的不同。从不同的角度可以把标准化对象进行不同的区分。ISO、IEC 将标准化对象概括为产品、过程或服务，据此可以把标准分为产品标准、过程标准和服务标准三类。WTO 关注的是贸易和交流，它将贸易分为货物贸易和服务贸易，实际上是把 ISO、IEC 所指的产品、过程或服务中的产品和服务两项合并为一项，与过程对应。根据 WTO 的原则，可以更简单地把标准分为过程标准和结果标准两大类。在实际使用中为了使用方便，有时还需要比较详细的分类。按照标准涉及的对象经常使用的分类结果有：术语标准、符号标准、试验标准、产品标准、过程标准、服务标准、接口标准等。

（2）标准化领域

GB/T 2000.1—2002《标准化工作指南　第 1 部分：标准化和相关活动的通用词汇》对标准化领域的定义是“一组相关的标准化对象”。

《中华人民共和国标准化法》及其《实施条例》明确规定了制定标准的领域和范围。《中华人民共和国标准化法》第二条规定，对下列需要统一的技术要求，应当制定标准：

①工业产品的品种、规格、质量、等级或者安全、卫生要求。

②工业产品的设计、生产、检验、包装、储存、运输、使用的方法或者生产、储存、运输过程中的安全卫生要求。

③有关环境保护的各项技术要求和检验方法。

④建设工程的设计、施工方法和安全要求。

⑤有关工业生产、工程建设和环境保护的技术术语、符号、代号和制图方法。

⑥重要的农产品和其他需要制定标准的项目由国务院规定。

1990 年《中华人民共和国标准化法实施条例》增加了：

⑦农产品的品种、规格、质量、等级、检验、包装、储存、运输以及生产、管理技术的要求。

⑧信息、能源、资源、交通运输的技术要求。

---

① 谭福友. 标准化的对象[J]. 信息技术与标准化，2005(5)：54.

5. 标准化的原则与方法

标准化是人类在长期生产实践中逐渐创立起来的一门科学，近百年来，世界各国对标准化活动基本规律的探索和研究一直没有停止，形成了一些标准化基本的原则和方法。其中，最具影响力的是桑德斯在《标准化的目的与原理》中提出的五项原理①和日本松浦四郎在《工业标准化原理》中提出的19条原则②。我国标准化工作者对标准化的原理和方法的研究与探讨虽然起步较晚，但也已经形成一些理论成果。其中最具有代表性的是我国著名的标准化专家李春田《标准化概论》（第三版）中提出的四项标准化方法原理，即统一原理、简化原理、协调原理、最优化原理③。

（1）统一原理。统一原理就是为了保证事物发展所必需的秩序和效率，对事物的形成、功能或其他特性，确定适合于一定时期和一定条件的一致规范。统一原理包含以下要点：①统一是为了确定一组对象的一致规范，其目的是保证事物必需的秩序和效率；②统一的原则是功能等效，从一组对象中选择确定一致规范，应该能够包含被取代对象所具备的必要功能；③统一是相对的，确定的一致规范只适用于一定时期和一定条件，随着时间的推移和条件的改变，旧的统一就要由新的统一所代替。统一原理与方法可以应用于所有可标准化的对象，比如公共服务标准化应统一服务项目、人员资质、机构与设施、财政预算与支付、服务流程与服务时限等。统一是标准化公平性的重要体现。

（2）简化原理。简化就是为了经济有效地满足需要，对标准化对象的结构、形式、规格或其他性能进行筛选提炼，剔除其中多余的、低效能的、可替换的环节，精炼并确定出满足需要所必要的高效能的环节，保持整体构成精简合理，使之功能效率最高。简化原理包含以下几个要点：①简化的目的是为了经济，使之更有效地满足需要。②简化的原则是从全面满足的需要出发，保持整体构成精简合理，使之功能效率最高。所谓功能效率是指功能满足全面需要的能力。③简化的基本方法是对处于自然状态的对象进行科学的筛选与提炼，剔除其中多余的、低效能的、可替换的环节，精炼出高效能的、能满足全面需要所必要的环节。④简化的实质不是简单化而是精练化，其结果不是以少替多，而是以少胜多。服务中流程标准化、各级行政部门的“精兵简政”、行政许可项目的消减、许可办事流程的简化等，都是对简化方法的运用。因此，简化是标准化活动中最常用的方法之一，是在一定范围内实现最佳秩序和效益的重要手段。

---

① 王平. 国内外标准化理论研究及对比分析报告[J]. 中国标准化，2012(5)：40.

② 松浦四郎，熊国风，薄国华，译. 工业标准化原理[T]. 技术标准出版社，1981：12－43.

③ 李春田. 标准化概论（第三版）[M]. 北京：中国人民大学出版社，1995：67－84.

（3）协调原理。协调就是为了使标准的整体功能达到最佳，产生实际效果，这就必须通过有效的方式协调好系统内外相关因素之间的关系。协调原理包含以下要点：①协调的目的在于使标准系统的整体功能达到最佳并产生实际效果；②协调对象是系统内相关因素的关系以及系统与外部相关因素的关系；③相关因素之间需要建立相互一致关系、相互适应关系、相互平衡关系，为此必须确立条件；④协调的有效方式有：有关各方面的协商一致，多因素的综合效果最优化，多因素矛盾的综合平衡等。

（4）最优化原理。按照特定的目标，在一定的限制条件下，对标准系统的构成因素及其关系进行选择、设计或调整，使之达到最理想的效果，这样的标准化原理称为最优化原理。最优化的一般程序：①确定目标；②收集资料；③建立数学模型；④计算；⑤评价和决策。最优化的办法：对于较为复杂的标准化课题，要应用包括计算机在内的最优化技术；对于较为简单的方案的优选，可运用技术经济分析的方法求解。

这四项原理是企业标准化长期生产实践经验的总结与理论的提升，是标准化活动必须遵循的客观规律，也是目前标准化活动中最常用和通用的原理与方法。这四项标准化基本原理既不是孤立地存在，也不是孤立地起作用，而是相互联系、相互作用的有机整体。统一和简化是最基本、最普遍的标准化形式，在实践中两者相互渗透，而无论是统一还是简化，都必须借助于优化原则与方法，经协调一致达到总体最优化的目标。

三、服务标准化

标准化在现代服务业中扮演着重要角色，与知识管理和创新、信息化一起被称为现代服务业的三大重要特征。服务标准作为服务业发展的重要制度规范和技术支撑，有利于规范各服务行业市场准入条件、提高服务质量、增强服务企业核心竞争力、减轻国际服务贸易壁垒等，在促进服务业发展中发挥重要作用。

（一）服务标准化的产生

标准化最初主要体现在制造业的产品和生产流程中。随着技术的快速变化，世界各国经济结构不断优化和调整，到20世纪80年代后期，西方发达国家就基本完成了从制造业向服务业转移的产业结构调整，世界服务贸易成为当今世界贸易中增长速度最快的领域。为了更好地促进产业结构的合理调整、规范服务市场准入的资格、保证服务产品的质量、防止服务贸易壁垒的产生，标准化开始突破传统的标准化领域，被广泛应用于服务领域中。

1995年1月1日，《服务贸易总协定》的正式生效将国际公认的规则和承诺扩展到国际贸易领域，使服务贸易成为全球经济中一个新的重要部分。《服务贸易总协定》指出“服务质量是服务贸易的基础,对服务产品的质量、市场准入的资格条件必须加以规范”。国际标准化组织(ISO)积极响应提出用技术标准来规范服务质量,支持或促进服务贸易的开展。1995 年 5 月,第 17 届国际标准化组织消费者政策委员会(ISO/COPOLCO)年会在北京召开,年会主题即为“服务——对国际标准化的一个挑战”。此次年会成为服务标准化发展历程中的一个重要里程碑。一年以后 ISO 将 1996 年的“世界标准日”主题确定为“呼唤服务标准”。自此,服务标准化开始正式登上国际标准化舞台。我国服务业标准化工作起步于20 世纪80 年代,随着服务业的快速发展,服务业标准化工作越来越受到重视。目前,我国已颁布的服务业标准已经涵盖了服务业中的各个具体产业。

(二)服务标准化的相关界定

服务标准化是以服务活动作为标准化对象,通过对服务标准的制定与实施以及对标准原则和方法的运用,以达到服务质量目标化、服务方法规范化、服务过程程序化,从而获得优质服务的过程。① 服务标准是服务标准化活动的成果,是规定了服务应满足的要求以及确保其实用性的标准,又称为服务规范②。服务标准化的目的和效能都需要通过服务标准的制定与实施来实现,因此各类服务标准的制定和实施活动以及对实施标准的监督与改进成为服务标准化活动的基本任务和主要内容。

由于服务本身的无形性、非储存性等特点,服务领域的标准化不像有形产品那样直接和简单,而是更多地对提供服务的相关条件提出标准化要求。例如,对服务提供者的资格或技能、服务设施与环境、服务提供过程及结果等方面进行规范。服务业标准是按产业层次提出的概念,它的外延非常广泛,因为服务业中的标准既包括服务标准,也包括技术标准、管理标准和工作标准。而服务标准是从标准的性质角度提出的概念,存在于各个产业。服务标准主要存在于服务业中,但又不限于服务业,它们二者之间的关系可以概括为:服务业标准涵盖服务标准,服务标准主要存在于服务业中,但又不仅限于服务业。

从标准类别的角度看,现有的标准化理论侧重于技术标准、管理标准和工作标准,而服务标准是伴随着服务业的发展而产生的一种新型标准。技术标准是对标准化领域需要协调与统一的技术事项所制定的标准,其形式为标准、技术规范、规程等文件,也可以是标准的样品实物。管理标准是对标准化领域需要协调统一的管理事项所制

---

① 柳成洋,等. 服务标准化导论[M]. 中国标准化出版社,2009:43.

② GB/T 28222—2011. 服务标准编写通则[S]. 北京:中国标准出版社,2011:8.

定的标准,如采购管理、生产管理、质量管理、安全管理、环境管理、财务管理、人力资源管理等众多方面。工作标准是为了实现整个工作过程的协调及提高工作质量和工作效率而对工作岗位所制定的标准。虽然服务标准和技术标准、管理标准、工作标准在层次上属于同一级别,但是它们在标准外延上又存在着交叉,这种交叉主要存在于服务业中。例如对服务人员资质的要求,属于管理标准的范畴;对支撑服务活动的技术事项的规范又属于技术标准的范畴。

(三)服务标准化的范围与内容

1. 服务标准化范围

1995 年我国颁布了《服务标准化工作指南　第 1 部分:总则》,该标准于 2011 年修订为 GB/T 15624—2011《服务标准化工作指南》。它指出服务标准化的范围主要包括服务业中的服务活动,也包括农业、工业中存在的服务活动。概括来说为以下六个方面①:

(1) 批发、零售和住宿服务;

(2) 交通运输、邮政和仓储服务;

(3) 金融和房地产服务;

(4) 商务、专业技术和科学研究服务;

(5) 旅游、文化、娱乐和体育服务;

(6) 社会公共服务和其他服务。

2. 对服务要素及相关内容的界定

我国国家标准 GB/T 24620—2009《服务标准制定导则　考虑消费者需求》修改采用 ISO/IEC 指南 76:2008《服务标准制定　考虑消费者需求的建议》指出的制定服务标准时通常考虑的要素及相关内容,如表 1-8 所示。

① 王登华,卓越,等.公共服务标准化导论——以南京市江宁区财政局实践探索为个案[M].北京:中国财政经济出版社,2011:20.

表1-8　服务要素及相关内容

服务要素	相关内容
服务提供者	质量管理
	环境管理
	职业健康安全管理
	偿付内容和其他财务方面
	诚信
	能力
	社会责任
	人力资源
供方	为服务提供者提供支持的组织应满足的要求
职员	知识
	技能和资质
	态度
	培训
顾客	接受服务，顾客应满足的要求，如年龄、知识或技能、态度、健康的最低要求
合同	清晰和明确
	客观和公正
	格式
支付	与支付相关的信息
	支付方式
	条件
交付	活动说明
	可信赖性
	隐私
	安全
	健康和卫生
	环境
	行为准则
	保密
服务结果	满意度
	持续改进

续表

服务要素	相关内容
服务环境	健康和安全要求（如办公室进入的要求、温度、空气质量等）
	可达性
设备	质量和安全要求
	可用性
补救措施	紧急情况下的措施
	连带责任
	投诉处理
	担保
服务提供者与顾客之间的沟通	沟通方法
	沟通内容
	沟通频率
	易获得性
	态度
	行为守则
	顾客满意度测量
组织内部沟通	沟通方法
	沟通频率
	共享信息

四、综合标准化

（一）综合标准化的概念及相关界定

所谓综合标准化，也称“全面标准化”或“整体标准化”。1968 年苏联国家标准给出的定义是：综合标准化是使成为标准化对象的各相关要素的指标协调一致，并使标准的实施日期相互配合以实现标准化，从而保证最全面、最佳地满足各有关部门或企业的要求。1985 年苏联国家标准又给出综合标准化新的定义：综合标准化就是用系统分析方法建立的期限、执行者和以标准化方法为措施手段的相关综合体，在综合成就的基础上，不断提高满足社会需求的水平。我国国家标准 GB/T 12366—2009《综合标准化工作指南》对综合标准化做了如下定义：“为了达到确定的目标，运用系统分析方法，建立标准综合体，并贯彻实施的标准化活动。”

标准综合体是指标准化对象及其相关要素按其内在联系或功能要求形成的相关

指标协调优化、相互配合的成套标准。[①] 综合标准化的对象可以是某类产品或系列产品,也可以是成套设备或系统。相关要素是指影响综合标准化对象的功能要求或特定目标的因素。具体而言,综合标准化是指在标准化活动中,以系统的观点对标准化对象进行分析,根据既定的目标规划必要的标准项目,经过协调优化后有组织、有步骤地加以实施的一种标准化形式。

综合标准化是现代标准化的一种形式。除了对技术进步缺乏敏感外,传统的标准化活动通常以制定标准为目的,并以标准数量增长为目标;不断地积累标准是它的主要特征,而对标准的实施则较少关注;对于标准的制定,基本上是单个分散孤立地进行,较少考虑从整体上解决问题。现代标准化的产生和发展却是科学技术水平和生产水平发展到一定程度的必然产物。与传统标准化不同,现代标准化是应用系统工程学的概念、系统分析的方法,从标准化对象整体出发,使各部门充分协调一致地进行的标准化工作。这就是说,现代标准化的特征是系统理论指导下系统方法的彻底应用,也就是说凡具备这一特征的标准化,均可视为现代标准化。综合标准化具备这一特征,因此人们常常把综合标准化又称作现代标准化。

(二)综合标准化的理论基础

综合标准化发展到今天,仍处于不断积累经验阶段,它的方法论尚在形成与不断完善的过程中,发展至今,较为成熟的是目标导向、系统分析和整体协调这三个方面,它们是综合标准化方法论的三块理论基石[②]。

1. 目标导向

①综合标准化把综合标准化对象及其相关要素视为一个整体,综合标准化的目标从整体效果最佳出发确定。②为提出并确定整体最佳目标,通常要在对整体及其与各部分的关系进行系统分析的基础上,拿出备选方案,全面权衡、分析论证,从中选出最佳方案。因此必要时要建立数学模型,做量化的比较研究,还可能用到各种最佳化的方法和技术。③要使目标起导向作用。这里所说的“导向”,指目标所具有的指向性、针对性和方向性,在整个标准化过程中提供未来活动的指引。由此可以理解目标的重要作用,它既是综合标准化的起点,又是综合标准化的归宿,伴随综合标准化的全过程。

---

① GB/T12366—2009. 综合标准化工作指南[S]. 北京:中国标准出版社,2009.

② 李春田. 现代标准化方法——综合标准化[M]. 北京:中国质检出版社、中国标准出版社,2011:28-33.

2. 系统分析

系统分析是系统工程的主要方法。它是把要解决的问题视为一个系统,对系统要素进行综合分析,找出解决问题的可行方案。系统分析的对象是整体系统,这和综合标准化的对象是一致的。系统分析是以系统整体效益为目标,寻求解决特定问题的最佳可行方案,为决策者提供判断的依据,系统分析的这些特点和功能特别适用于综合标准化。在进行系统分析时要有选择地采用系统分析的具体方法和工具,如规划论、预测技术、构思方法、技术经济分析、模拟技术、评价方法等研究方法,针对问题提出各种可行专家方案或替代方案,进行定性与定量分析和评价,提高所研究问题的清晰程度或提出有根据的结果,为决策提供精简有效的信息,最大限度地减少决策失误。

3. 整体协调

整体协调的实质是整体优化,协调是方法,优化是目的。它是从系统整体的立场出发,运用系统优化方法,综合地掌握系统内部以及系统与外部环境之间的关系,使系统达到整体最佳状态。因此,它要求标准化工作者首先要树立科学的整体观,把标准化对象及其影响因素视为一个整体,并且要仔细分析和确定它的内部和外部因素的性质与作用,针对这些因素制定的每一个标准,到综合应用时都要同其他标准组成一个完整的有机体。其次,为实现最佳整体目标,要根据总目标的要求对制定的全部标准进行相互协调。通过协调建立起要素(标准)之间的联系,如系统的输入与输出之间的联系、系统之间的层次联系、系统的所有组成部分中参数和变量与系统特定功能之间的关系等。把这些相互作用、相互依赖的联系建立起来,才能形成一个有机整体。

这三块理论基石奠定了综合标准化方法论的基础,它们同样也是有着内在联系的一个整体,在应用时互相渗透、互相补充。只有深刻理解和切实把握好、运用好这三块基石,才能真正理解综合标准化,做好综合标准化工作。

(三)综合标准化的特点

1. 系统性

系统性是综合标准化的实质性特征之一,综合标准化是运用系统化方法,从标准化对象整体出发,针对不同的标准化对象,确定适当的系统。综合标准化的系统性,一方面表现在它针对标准化对象提出一整套有关主体对象和相关要素的标准,并把它们作为一个整体系统,用系统科学的观点去认识和处理系统与要素、要素与要素之间的关系,用系统工程的方法去组织制定标准和实施标准;另一方面表现在它注重系统效应,不但强调标准综合体每一组成部分(标准)的先进性、可操作性和作用,更注重标准系统总体结构协调与优化和扩展延伸性①。因此,在进行综合标准化时,既要充分考虑标准化对象同相关要素之间的联系,确定出主体对象和各相关要素协调一致的要求,又要合理地确定综合系统的范围和最佳约束条件,以求系统效应的最优化。

2. 目标性

人类从事的标准化活动都是有目的的活动,这个目的也可以叫作目标。推行综合标准化,首先必须确定明确的目标,并通过综合标准化计划反映出来。综合标准化注重整体目标和整体效益,而总体目标的实现需要局部目标实现的支撑。因此,开展综合标准化必须首先确定综合标准化要求达到的整体目标和明确、定量化、具有可检查性的各级局部目标。综合标准化涉及的范围很广,对于一个国家来讲,它的总目标就是要建立能完全适应国民经济高速度发展需要而又符合本国国情的现代标准化体系。对于一个部门或一个企业而言,其目标在于建立健全一整套现代标准化体系,以促进本部门或本企业不断提高生产的技术水平,推动技术改造和扩大经济效益。这一类目标是在不同的范围内推行综合标准化的战略目标,应在长期规划中反映出来,但对具体产品或项目确定综合标准化的目标更有现实意义②。

3. 整体协调性

整体协调性就是在推行综合标准化时主要考虑对象系统的总效果,而不是要求各相关要素单项指标最佳。综合标准化活动中,最困难、最复杂、最多的问题是处理系统整体和部分以及各部分之间的关系问题,也就是标准的整体协调问题。综合标准化强调整体不是部分的简单相加,而是各个部分的综合,是多种关系的统一与协调。各个部分之间存在着多种多样的相互作用和广泛的联系,并产生某种协同效应,从而使整体具有各个部分在孤立状态下所不具备的特征。现代工业生产使各行各业的联系日趋复杂,要达到标准化的整体最佳效果,各行各业要密切配合、协调行动。其协调包括技术、组织等各个方面,没有协调就谈不上综合标准化,也得不到系统最佳效益。

4. 动态性

传统标准化的一个重要瓶颈就是对时间因素的不敏感,从这一点来讲,综合标准化的动态性就表现出其优势。第一,综合标准化的预定目标是在分析国内外同类产品水平和生产技术水平的基础上,运用预测技术来初步确定,此后要随着技术的发展和用户的需求动态地调整总体目标。第二,计划具有预测性,在执行过程中现实与计划

① 谭福友.综合标准化[J].信息技术与标准化,2005(11).

② 赵庆军,尼东.标准化与综合标准化刍议[J].标准化报道,1994,1(51).

往往不一致,而综合标准化又要求系统环节的完备,所以计划的动态调整是必不可少的。此外,随着客观情况的变化和经验的积累,动态地调整计划也是必然的。第三,综合标准化对象并非是单一的,而是由几个因素构成的协调统一系统,这一系统内各相关部分处于不断变化之中,系统也随之动态调整。

(四)综合标准化的一般过程

综合标准化是一项标准化系统工程,不仅要有组织、有计划地进行,而且须遵照必要的程序有步骤地推进,整个过程通常包括以下几个阶段①。

1. 准备阶段

准备阶段要考虑很多问题,其中最重要的两个环节是确定综合标准化对象和建立协调机构。第一是确定综合标准化对象,这是综合服务标准化工作的首要环节。在选择和确定对象时通常要以"是否有意义""是否有必要""是否有可能"等方面认真权衡,选择既有重要意义又必须运用综合标准化的方法广泛协调才能成功的对象,同时,要进行必要的可行性分析。第二是建立协调机构,这是综合标准化得以有组织、有领导地开展的保证。综合标准化项目大多是跨行业、跨部门、跨学科的复杂课题,这类问题常常需要多方配合、通力合作、广泛协调才能解决。协调机构的组成一般应与该项目实施所涉及的部门、行业或单位相对应,自始至终担当着该项标准化活动的组织指挥协调职能,并负责进行组织实施工作。

2. 规划阶段

规划阶段的主要工作是确定目标和编制标准综合体规划。第一是要确定目标。综合标准化对象明确之后,接着就要确定目标,因为综合标准化是以解决问题为目的的标准化活动。目标是目的的具体化,有了明确的、具体的、量化的目标,才算有了明确的目的,有了综合标准化的主攻方向,目标一经确定,便是各项工作的依据和出发点。目标的选择和确定事关全局,在确立目标时要进行充分的调查研究和充分论证。第二是编制标准综合体规划。综合标准化不是只制定一个目标标准,而是要制定一套标准,通过实施这一套标准达到确定的目标。这一套标准怎么制定,定成什么样,对所确立的综合标准化目标能否实现有最直接的关系,标准综合体规划就是这一套标准。它包括综合标准化对象及其相关要素、需要制定的全部标准、最终目标值和相关要素的技术要求、必要的科研项目等。有了这样一个规划,各方面的工作才有依据,才可依

① 李春田. 现代标准化方法——综合标准化[M]. 北京:中国质检出版社、中国标准出版社,2011:34-45.

次展开。

3. 制定标准阶段

这一阶段的任务就是要把标准综合体规划所确定的各项标准制定出来，建成标准综合体，有时这项工作要分两步进行，即制订工作计划和建立标准综合体。第一是制订工作计划。这个工作计划是依据标准综合体规划编制的用以指导标准制修订的具体计划，通常包括：标准的名称、主要内容和要求、适用范围、与其他标准的关系、参加单位与参加人员、起止时间等，确认后形成计划任务书。第二是建立标准综合体。这是实施工作计划的活动，是综合标准化过程中很关键的一个工作步骤。协调机构根据工作计划的要求，组织全部标准的起草和审定工作，完成标准综合体的建设任务。这一过程中应注意以下几点：协调机构应建立规章制度和工作守则，保证各制标单位做到步调一致、互通信息、协调行动；分解的目标均应在相应标准的有关指标中得到落实；分头制定的标准要做到技术内容相互协调，实施日期互相衔接；制标过程中有可能要对工作计划和标准内容做局部调整，调整时要保证标准综合体的总体功能不受影响，标准之间协调配合；有些标准要进行试验验证，发现问题及时调整，直到标准综合体的全套标准符合要求。

4. 实施阶段

这一阶段的任务就是组织实施标准和对综合标准化项目评价与验收。第一是进行组织实施。就是按规定的时间实施标准，实现综合标准化目标。这一阶段比较重要的工作是进行标准宣贯、人员培训、实施条件准备、工作分工等实施前的准备；实施后定期对标准审查、修订，不断优化和完善标准综合体；跟踪检查、记录信息反馈并即时处理，保证标准综合体稳定运行。第二是进行标准实施评价和验收。主要是考核标准综合体运行的效果，评价其是否达到了预定的目标。评价的内容是标准化综合体的技术水平、技术经济效果；审查的文件包括相关要素图、综合体标准目录、标准文本、标准化审查报告、协调机构的总结报告等。如果达到预定的目标，则可予验收，如果没有达到预定的目标，则应查找原因采取措施，直到满意方予验收。

五、公共服务标准化

伴随着标准化、服务标准化理论和实践的纵深发展，公共服务标准化成为服务标准化领域的重要内容。同时，公共服务标准化对于实现我国基本公共服务均等化、推进服务型政府建设、提高公共服务质量、满足公众公共服务需求等具有重要作用。科学技术和管理技能的发展、企业标准化实践方法的引入以及西方国家公共服务标准化实践等为我国政府公共服务标准化的开展提供了重要的理论和经验借鉴。公共服务标准化建设逐渐被我国各级政府提上重要的议事日程。

（一）公共服务标准化的概念

公共服务标准化涉及与人民生活和经济发展密切相关的公共服务领域，是政府在这些领域内提供高效、快捷、高质、公平的公共服务，追求最佳社会效益的过程。公共服务标准化是指政府及相关部门在为社会公众提供并管理公共服务的过程中，对公共服务供给等实践中重复性事物和概念，通过制定、发布和实施标准等方式将其固定化的过程。[①] 公共服务标准是指政府及相关部门在直接供给和管理公共服务的实践活动过程中，针对公共服务的相关内容，经有关方面协商一致，由主管机构批准，以特定形式发布，作为公共服务相关主体共同遵守的准则和依据。[②]

公共服务标准的制定必须遵循以下一些原则：一是明确性原则。即服务标准必须明确、可量化。二是可衡量性原则，指服务标准要用定量表示。三是可行性原则。无论公共服务标准制定得再全面、水平再高，如果缺乏可行性，都只能束之高阁。四是及时性原则。公共服务标准应有明确的时间限制才有价值。五是协调性原则。公共服务的标准制定应考虑到各标准间的协调性，避免出现标准间的冲突和服务职能的含混。六是适度超前原则。公共服务标准来源于公共服务的实践，也应对公共服务的发展起一定的引领作用，因此公共服务标准的制定应立足现实，适度前瞻。七是循序渐进、持续改进原则。公共服务标准化建设是一项涉及面广、内容复杂的系统性工程，难以一步到位，必须循序渐进，标准项目要分清楚轻重缓急，做到重点保障、急用先行；同时，公共服务标准体系并非一成不变，必须随发展而做动态调整、持续改进。

（二）我国公共服务标准化的兴起

随着经济社会的持续发展，我国逐渐积累起充足的物质基础，人民的生活水平日渐提高。为了进一步提高公共服务的水平，满足公众公共服务的需求，我国各级政府越来越重视服务型政府建设。同时，科学技术和管理技术的不断发展以及西方各国公共服务标准化的理论与实践为我国公共服务标准化建设提供了保障和借鉴经验。[③]

---

① 胡税根，徐元帅. 中国政府公共服务标准化建设的价值研究[J]. 甘肃行政学院学报，2009(5)：48.

② 唐良富，等. 公共服务标准化探析[J]. 标准科学，2010(10)：5.

③ 胡税根，徐元帅. 我国政府公共服务标准化建设研究[J]. 天津行政学院学报，2009(6)：40－41.

1. 各级政府对服务型政府建设的重视，为我国政府实施公共服务标准化建设提供了政治基础

公共服务标准化建设是一项复杂和系统的政府改革工程，需要政府高层的推动，需要各级政府部门及工作人员的认同和支持。由于现代政府越来越多地承担起公共利益代表者的角色，维护和增进公共利益成为政府的基本职能。因此，各级政府认识到自身在公共服务领域的改革对于公共服务标准化建设是十分重要的，特别是在政府资源有限和回报并不完全明确与清晰的情况之下。经过三十年的改革开放，我国经济和社会发展成就显著，但一些经济、社会问题也逐渐显现。从深层次分析，这些问题实质上是政府改革远远滞后于经济社会发展的需要而引起的。因此党和政府明确提出了加强服务型政府建设的改革方向，各级政府部门和政府工作人员开始认识到提供良好的公共服务才是政府工作的根本，从而不断探索和创新政府的公共服务模式。由此，服务型政府改革得到各级政府内部的认同和高度重视，这就为我国政府的公共服务标准化建设提供了政治上的可行性。

2. 社会经济的持续、稳定发展为我国政府实施公共服务标准化建设提供了物质基础

公共服务标准化建设将是一个持续时间较长、全面系统的政府改革工程，在改革过程中合理、持续的资源支持和安定的社会环境是公共服务标准化建设成功的关键。只有在一个安定和谐的社会环境中，公共服务标准化建设才能开展并真正推行下去，进而检验其推行的效果并不断得到改进。改革开放三十年来我国经济建设成就显著，各地经济总体上都处于快速发展的状态之中，在经济发展的同时，政府的财政实力也显著增强，从而使得政府有能力探索自身的创新机制，有能力加大公共服务领域的公共支出。从长期来看，经济的持续、稳定发展，为我国政府进行公共服务标准化建设提供物质支持和良好的社会环境。

3. 科学技术和管理技能的不断发展，为我国政府实施公共服务标准化建设提供了技术上的可能性

政府的公共服务标准化建设涉及政府信息的整合、工作流程的梳理、公共服务的规范以及与公众灵活的沟通等，需要有较高的技术支持。仅仅依靠传统的技术手段和操作模式，不仅成本较高、效率低下，而且很难达到预期目的。我国政府改革是伴随着社会发展不断进行的，在这期间政府做过很多改革的探索，积累了相当程度的政府管理方面的经验。同时，受新公共管理运动的影响，一些成熟的现代管理思想和方法也开始被应用于我国政府的工作实践中，政府部门开始在实际工作中应用全面质量管

理、标杆管理等现代企业管理方法,标准化管理思想也开始在某些地方、某些领域的政府管理中得到应用。伴随着政府管理能力的提高,信息技术开始被大量应用到我国政府的公共服务领域,电子政务在我国由理论逐步转化为现实。计算机技术和互联网的飞速发展,使政府真正实现了信息化办公,使政府的工作更加清晰、高效,这就使政府有能力通过现代信息技术,利用相关工具,收集、归纳和描述政府的服务与公众的需求,并进行科学的分类,最后通过标准化的途径提出提供公共服务的最有效模型,并最终将政府服务纳入电子化、标准化的模式中。

4. 西方公共服务标准化的理论和实践,为我国政府公共服务标准化建设的实施提供了借鉴

20 世纪下半叶,西方公共服务领域开始引入标准化的思想,公共服务标准化思想开始在西方发展起来,但是因为公共服务本身的特点,标准化思想在公共服务这一领域远远没有像在企业管理领域一样普及。20 世纪 70 年代开始,经济上的压力对西方政府的公共服务模式提出了挑战,对政府改革的要求也越来越强烈。80 年代开始,信息网络技术的发展对政府的公共服务范围和模式提出了新的改革要求,于是许多企业的管理模式开始真正被应用于西方的公共服务实践中,其中最主要的就是标准化管理在公共服务领域得到广泛应用。于是,政府开始摆脱全能政府的模式,大量引入标准化、指标化的企业管理方法,如 1981 年,美国的里根政府就提出在公共服务体制中引入标准化管理思想和管理技术。所有的政府改革都是伴随着问题和阻碍而不断推行的,西方政府在公共服务标准化的改革中积累了丰富的理论成果和实践经验。这些理论和经验对于我国政府公共服务标准化建设具有良好的借鉴意义。

（三）公共服务标准化的原则

公共服务覆盖领域广,内容庞杂,受到多种因素的影响和制约。因此公共服务标准化建设必须对这些因素进行系统的考虑,在进行公共服务标准化建设过程中应遵循以下原则。①②③

1. 系统原则

公共服务标准是一个有机完整的复杂体系,它包括各个层面的政府公共服务供给标准。第一,在制定公共服务标准时要全面完整,既要有国家标准,又要有省、市、县、

① 徐淑萍. 论现阶段中国政府公共服务的供给[J]. 标准建设学习与探索,2010(1):69 - 70.

② 中国海南改革发展研究院. 中国人类发展报告[M]. 中国经济出版社,2008:100.

③ 唐良富,等. 公共服务标准化探析[J]. 标准科学,2010(10):7.

乡乃至社区的公共服务供给标准;既包括各个行业、各个服务项目的标准,又包括政府机关每个部门的服务标准,甚至还要包括对事业单位生产和供给公共产品的要求。第二,这些标准是相互影响、相互制约的,因此,公共服务标准的各个组成部分之间必须衔接和呼应,形成有机协调的系统结构。要在把握整个系统结构的基础上,确定各个领域、部门、项目的具体指标。

2. 公平原则

第一,公共服务在属性上是由政府作为主要主体提供的,在公共服务过程中应重视整体效益和社会价值,追求公平正义是公共服务标准化应有的价值追求之一。第二,基本公共服务标准一般是国家公共服务供给的最低标准,所有的服务提供者包括最边远地区和最贫困地区的服务提供者,都必须保证达到该标准,以保证公众的基本公共服务需求和基本生存发展权利。

3. 法制原则

第一,公共服务标准要依法确定,按照宪法和其他法律的规定进行公共服务标准的建设,充分体现和保障全体公民所享有的基本公共服务的权利。第二,建立公共服务标准也是加强公共服务法制建设的重要步骤。公共服务标准是一种法律、法规落地的体现,各级服务主体必须严格依照所应执行的标准,提供相应的公共服务。

4. 适应原则

第一,公共服务标准必须与经济发展状况、社会发展水平以及公众需求程度相适应,使财政支持具有可持续性。第二,公共服务标准是发展变化的。一是各项基本公共服务标准和基本公共服务支出应随经济总量的增加与财政能力的提高而不断提高。要根据经济发展的阶段性特点进行阶段性调整和修订,或者根据特别需求随时进行调整,保持公共服务标准与社会经济发展同步增长。二是公共服务结构的调整。在公共服务标准的调整中,各个服务项目标准可能不具备同步增加的条件,但可以对某些项目进行个别或局部调整和修订,使这些服务项目的公共支出增加,形成标准的结构性变化。

5. 现实可及原则

现实可及原则是指公共服务标准在实践中应该能够执行并可以实现。它有三层含义:第一,这种标准是现实的标准,不是作为未来应该达到的目标;第二,这种标准是根据现实公共资源可支配量和实际的公共服务需求来确定的,在实践中经过努力是有条件实现的;第三,供给标准的规定是容易操作的,标准的规定必须详细、具体、明确、规范,以便于执行。

第三节 公共服务标准化的意义

一、服务型政府建设的内涵与动因

服务型政府首先体现了"服务行政"的理念,"服务行政"一词来源于德国行政法学家厄斯特·福斯多夫(Ernst Forsthoff)的《作为服务主体的行政》(1938)①。所谓服务型政府,就是在公民本位、社会本位的理念指导下,在整个社会民主秩序的框架下,通过法定程序,按照公民意志组建起来的以为公民服务为宗旨并承担着服务责任的政府②。当前,我国正处于经济转轨和社会转型的新时期,分权体制下形成的增长型政府模式导致了以经济快速增长与公共服务供给不足为主要特征的发展失衡问题,迫切要求政府加快从经济增长型政府向公共服务型政府的转变。构建服务型政府是实现经济与社会协调发展的必然要求,是全面落实科学发展观、建设社会主义和谐社会的重要内容,也是政府自身变革的内在要求。

(一)服务型政府的基本内涵

学者们对服务型政府的内涵给出了众多的见解,但目前还没有形成统一的认识。有从服务精神、理念和原则等方面进行界定与描述;有从与管制型政府的比较中论述特点;有从服务主体、服务目的、服务方式等方面进行界定;有从治理理念、发展目标、行为准则等角度描述;也有从基本品质入手进行分析;还有从法治和市场的角度出发,对职能进行定位。但是从服务型政府的本质特征出发,学者们在一些观点上已经达成一致。③④⑤

1. 服务型政府应当是负责任的政府

责任政府是服务型政府最基本的内涵之一,如果没有一套完备的政府责任约束机

---

① 程倩. 服务行政:从概念到模式——考察当代中国服务行政理论的源头[J]. 南京社会科学,2005(5):50-57.

② 刘熙瑞. 服务型政府——经济全球化背景下中国政府改革的目标选择[J]. 中国行政管理,2002(7):5-7.

③ 王丽丽,徐军田. 服务型政府内涵探析[J]. 前沿,2007(2):129-130.

④ 徐衣显. 转型期中国政府经济职能研究[M]. 北京:中国财政经济出版社,2007:4.

⑤ 官永彬. 建设公共服务型政府的动因、内涵与实现机制[J]. 商业研究,2011(3):189-190.

制，政府行为就可能偏离为民服务的轨道，走向为自己的利益服务，引发权力腐败。从本质上讲，政府权力来源于公民权利的让渡，政府只是代表公民行使权力，因此必须承担相应的责任。公民有权利要求政府对其行为负责，政府责任是公民对政府进行监督并最终控制政府的最重要的手段。建立责任政府的基本要求，不仅意味着政府行使的每一项权力背后都连带着一份责任，还意味着若违法行使权力则必须承担相应的法律责任。

2. 服务型政府应当是以人为本的政府

以人为本是服务型政府的本质特征，也是建设服务型政府总的指导思想和指导原则。服务型政府应该是摒弃了传统政府模式“官本位、政府本位、权力本位”理念，而理性回归到“公民本位、社会本位、权利本位”价值取向的、以为公民服务为宗旨、主动为公民和社会谋利的亲民机构。服务型政府的施政目标是由人民的希望和合法期待来决定的，而不是由机关和官僚来决定的。作为服务型政府，无论对公民和社会提供何种服务项目、设置何种服务程序、采取何种服务方法，都要坚持以人为本，以人民的利益为中心、为出发点和归宿。

3. 服务型政府应当是以提供公共产品、公共服务为基本职能的政府

服务型政府的基本职能就是提供公共产品和公共服务。具体而言，服务型政府的基本职能包括三个方面：其一是制度供给服务。作为秩序化代表的政府，必须为公众和社会提供社会秩序的制度供给，也就是要为社会制定一个有权威的、人人必须遵守的制度框架或制度模式。其二是提供良好的公共政策服务。服务型政府公共政策是从共同利益和整体利益出发的，为实现社会稳定发展和经济可持续发展而制定。其三是提供公共产品。公共产品是与私人产品相对而言的，是可以被社会公众共同享用的产品。公共产品主要包括三种：一是基本公共产品，人们不受地位、种族、穷富和城乡差别的限制，都可平等享受，如义务教育、生态环境保护、国防、公安、司法等；二是混合公共产品，既能满足公共需要，又能满足个人需要，如公共工程、社会保险、研究生教育等；三是由政府组织提供需使用者付费的公共产品，最终消费者是个人，如邮政、铁路、民航、煤气等。

4. 服务型政府应当是廉价高效的政府

效率和效益是判断一个政府是否优良的基本标准，同时也是判断政府是否有能力承担公共服务职能的主要标准。服务型政府应当是一个精干、廉价、高效的政府。这要求政府服务既重视量的指标，降低行政成本，更注重质的指标，提高服务水平。作为廉价高效政府，具有以下三个主要特点：在政府规模上要求“小政府”“大社会”；在行

政效率上要求“低成本”“高效率”;在行政成本上要求“既清廉又廉价”。因此,政府的服务应当遵循经济的原则、效率的原则、效能的原则、公民满意的原则,政府机构设置要求更加精简,人员更加精干;应当根据社会发展的需要,为公民和社会提供更为适时、更加弹性、更加灵活的服务。

5. 服务型政府应当是民主的政府

人民民主是宪法赋予人民的基本权利,公民通过正常程序和渠道参与国家治理,表达自己的愿望,它界定了政府的有限性。公共服务型政府必须是一个民主的政府,只有这样才能真正代表公众的利益。公民应该被给予一个通畅的利益表达机制,使其有表达自己意见以及意见被听取的机会,公民的政治权利被切实保障,充分发挥他们的积极作用,改善政府和公众之间的管制与被管制的关系,建立两者之间的良好合作。同时,还应加强公民对政府的监督和评价,建立完善的公民监督机制,保证监督渠道通畅,使公民真正成为评价政府的最主要主体,保证政府服务职能的实现。只有民主参与和民主监督的政府,才称得上是服务型政府;也只有这样的政府,才能真正得到公众的理解和支持。

6. 服务型政府应当是法治的政府

依法行政是服务型政府的一个基本特征,是建立合理的政府与社会、政府与市场、政府与公民关系的前提。法治政府的核心在于政府行为受法律的约束和制约,并且以法的形式规定了政府行使权力的范围,同时对因权力的不当运用导致的后果做出相应明确的规定。我国政府就其本质来说,是依据宪法原则建立并按照宪法原则运作,宪法是我国的根本大法,只有尊重宪法并按照宪法原则办事,才能在全社会树立政府的权威,确立政府的社会公信力。要建设法治政府,不仅仅在于制定法律、法规,更重要的是要有法必依,真正严格地依法办事。要建立服务型政府,政府必须尊重宪法精神,依法执政,只有这样,人民才会相信政府,政府服务才能为群众所接受。

(二)建设服务型政府的动因

1. 建设服务型政府是完善社会主义市场经济体制的迫切需要

在社会主义市场经济体制下,市场和政府各有分工。在资源配置中发挥基础性作用的是市场,政府的职能定位更主要的是为市场主体提供服务和创造良好的发展环境,包括法制环境、信用环境和市场环境等,通过运用经济杠杆和法律手段来调节、弥补市场失灵带来的弊端,而不是用行政手段去直接干预经济运行。当前我国社会主义市场经济体制下的政府管理体制仍然存在不少问题,比如政府缺位或越位的现象、烦琐的行政审批、政府部门职能交叉等,从客观上要政府从越位的地方退位,缩减行政审批，管好自己该管的事，尽快实现向服务型政府转型。

2. 建设服务型政府是推进政府自身改革和建设的重要途径

公共服务是政府的基本职能，政府行政体制改革不仅要改变那些不适应经济社会发展的环节，更重要的是建设服务型政府，很好地解决政府管理中"为谁服务、谁来服务、服务什么、怎样服务"等问题。近年来虽然政府在自身改革和建设方面采取了一系列措施，比如深化行政审批制度改革、推进科学民主决策、推行依法行政、加强行政监督、加大反腐倡廉力度等，并取得了显著成效，但总体看来政府行政体制中还存在不少矛盾和问题，并且随着人们法制意识、参政意识、维权意识的不断增强，人们对政府的期望必然越来越高。① 建设服务型政府，继续深化行政体制改革仍然是一项重大而紧迫的任务。

3. 建设服务型政府是促进经济社会协调发展的有力保障②

长期以来我国经济与社会发展一条腿长、一条腿短，教育、科技、文化、医疗卫生、社会保障、环境保护等公共事业的发展滞后于经济发展；社会结构如人口结构、就业结构、地区结构、城乡结构等的调整落后于经济结构的调整，社会发展与经济发展很不协调。逐步扭转城乡区域发展差距扩大的趋势，建立基本覆盖城乡居民的社会保障体系，建立以基础教育、基本医疗、群众文化、公共基础设施为主要内容的基本公共服务体系等，要求政府转变管理方式，加快政府职能创新，还要求政府逐步从竞争性行业撤出资金，在履行好经济监管、市场调节职能的同时，更加注重履行社会管理和公共服务职能，将公共资源注入公共产品和公共事业发展中，为社会提供系统性、制度性、公平性、可持续性的公共服务。

4. 建设服务型政府是实现社会主义民主的必然要求

人民民主是社会主义的生命，社会主义民主的本质及核心就是人民当家做主。建设服务型政府，就是要发挥人民的主观能动性，让人们真正实现自身的全面发展。只有实现真正意义上的人民民主，才能真正实现政府职能从管理型政府到服务型政府的成功转变，因为要实现服务型政府意味着政府管事范围的缩小，而把更多的管事权直接交由人民以合理的方式实现。建设服务型政府，就要推进社会主义民主政治建设，社会主义民主政治建设的推进也能够成为政府执政理念顺利地由管理型政府向服务型政府成功转变的催化剂。社会主义民主的实现与现代服务型政府的建设是个相辅

---

① 吕军. 再谈我国建设服务型政府的原因和关键措施[J]. 山东行政学院山东省经济管理干部学院学报，2009(2)：27.

② 晏芳. 建设服务型政府研究[J]. 中共贵州省委党校学报，2008(6)：57.

相成、彼此促进的过程。[①]

5. 建设服务型政府是全面提高对外开放的有力措施

建设服务型政府有利于促进各级政府和有关部门自觉按照国际通行规则办事、提高社会制度的竞争力、增强政府公信力,有利于在扩大开放的过程中不断提高增强防范各种外部冲击和风险的能力,切实维护国家经济安全。[②]

二、标准化在城市治理中的意义与价值

1. 建设服务型政府的内在需求

由于社会管理和公共服务具有全民普适性,为保障民众普遍利益,在城市治理过程中,相关工作始终要由政府掌舵,以确保管理水平与服务质量,因此,现代化政府的建设是城市治理现代化的前提。党的十七大报告明确提出要加快推进我国行政管理体制改革,努力建设服务型政府。建设服务型政府目标的提出和确立,标志着我国政府职能转变和行政管理体制改革进入了新阶段。服务型政府建设的程度很大程度上决定着城市治理的效果,而标准化就成为建设现代化政府——服务型政府的内在需求[③]。

(1) 创新政府执政理念。标准化是创新的基础,创新是实现更高标准化水平的动力和源泉。而且,由于服务标准通常规范的是服务应满足的要求,公共服务标准更加关注政府对公众的承诺是否得以履行,是否满足了公众的实际需求,因此,加强公共服务标准化工作,将有助于提高政府的为民服务能力,提高公众满意度,实现政府从"管制"向"服务"的重大转变。

(2) 规范政府行为。依法行政是现代政府的一个基本特征,是建立合理的政府与社会、政府与市场、政府与公民关系的前提。政府依法行政,规范化是必由之路,而规范化是标准化的前提和雏形。政府通过制定管理和服务的相关标准,可以对政府部门和工作人员的公共服务行为进行规范,并且将政府的职责、办事程序及依据等向公众公开,避免政府部门和工作人员按照主观意志履行职能,从而尽可能地提高行政透明度,改变以往通过命令和权力强力推行行政的模式,逐步建立起一个真正的服务型

① 茹婧. 现代服务型政府建设:动因、限度及路径选择[J]. 内蒙古农业大学学报(社会科学版),2011(6):237 - 238.

② 晏芳. 建设服务型政府研究[J]. 中共贵州省委党校学报,2008(6):57.

③ 柳成洋,李涵. 标准化与服务型政府建设[J]. 中国标准化,2012,(11):58.

政府①。

(3) 促进执政民主化。科学执政、民主执政、依法执政，是新的历史条件下加强党的执政能力建设和先进性建设的重要内容。其中，民主执政是民主政府的基本要求，倾听群众意见、了解人民意志，更是政府必须做好的基本工作之一②。而标准化的工作过程，恰恰体现了利益相关方充分协调一致的要求。政府部门开展标准化工作，必须以公众需求作为根本出发点，充分听取公众意见，从而有助于建立一个民主执政政府。

2. 标准化是加强和创新城市治理的有效途径

经济社会的发展和人民生活水平的不断提高，必然要求城市治理水平的不断提高。标准化是对城市治理进行创新变革的一个组成部分，标准化建设通过使用各项标准及指标建立科学实用的指标体系，以此来达到城市治理活动有章可循的目的，同时使城市政府在公共服务领域的管理更加高效、高质，这对于节约城市管理成本，提高管理效率，提升精细化、规范化的管理水平，以及提升城市品质、提升市民幸福指数具有一定的现实意义。同时这也是政府创新城市治理，转向现代公共服务模式、实现城市治理现代化的必经之路。

(1) 保证法律法规的实施与落地，优化城市治理的制度体系。在城市治理过程中，我们看到有些社会管理的法制建设还比较滞后，某些领域还存在法律空白。城市治理体系和治理能力的现代化，首先要有完善而健全的城市治理制度体系。标准是为了在一定范围内获得最佳秩序、共同使用和重复使用的规范性文件，具有协调一致的特点，能较好地成为法制建设的重要补充。标准协商一致的属性、公开透明的公众参与过程，能够更加促进社会管理部门树立以人为本的理念，也是体现社会主义民主与法制的良好载体。特别是社会管理标准包括管理标准和技术标准，具有较好的可操作性，使其成为依法管理的细化指南和落实法律法规的有效手段。

(2) 提升公共服务质量和效率的重要技术支撑。随着公众公共需求的迅速增长，建立完善的公共服务体系的要求也越来越迫切。公共服务标准体系建设的滞后，直接导致该领域相关标准缺少整体性的规划和系统性设计，使得公共服务事业发展处于“无标可依、经验主导”的粗放阶段，这已成为制约公共服务质量和水平提升的瓶颈，也阻碍了城市治理现代化的进程。以关注管理质量为核心，把专业技术、管理技术、数理统计技术、信息化等技术集合起来，建立起严密高效的社会管理质量标准体系，是提高

① 刘璟，孙彩英，高玉斌. 我国公共服务标准化建设探析[J]. 中国标准导报，2013(2)：28.

② 晏绍庆，康俊生，路欢欢. 推进公共服务标准化的研究和思考[J]. 中国标准化，2011(11)：65.

公共服务质量水平的重要科学方法。服务标准化的核心是服务质量及其持续改进，公共服务标准化建设可以使政府将其关注重点回归到公共服务的提供及其质量改善上，不断优化工作程序，提升服务水平，实现城市治理的高效性①。

（3）城市治理现代化呼唤共同使用和重复使用的标准。首先，当前我国城市管理多数还停留在经验型的管理阶段，而各类经验型管理模式之间又存在差异性，给城市管理工作者形成统一共识带来不确定性，而标准化可以有效地统一管理者的共识、统一管理内容、统一行业操作流程、统一考核指导标准等，从而具有较强的指导性和操作性。其次，改革开放30年，我国的教育、就业、社会保障、公共医疗和社会治安等领域取得了显著的发展，积累了许多成功的经验。从欧美等国外经验看，这一时期正是社会管理标准快速完善、推广的高峰期，国内先进地区的经验也表明，标准化对社会管理的科学发展、可持续发展至关重要。最后，随着经济全球化进程的加快，我国经济、社会和文化等与国际融合度逐步提高，在制造业、金融服务、交通运输、通信网络等领域引入国际标准是加快城市和国际接轨迫在眉睫的需要。

3. 标准化是满足城市居民不同层次服务需求的支撑

当前我国社会主义市场经济体制下，人们的收入水平有一定的差距，人们对服务的需求也呈现多样化。为了保证社会的公平正义，实现基本公共服务均等化是一个城市治理要实现的目标之一，基本公共服务标准化可以为此提供兜底的标准体系。而满足市民更高层次的服务需求则需要引入市场机制，非基本公共服务标准化为此提供规范，保证社会资源配置的有效性和对高层次服务质量的控制。

（1）建立基本公共服务标准体系，促进社会公平正义。标准化引入城市治理中，作为管理与服务的规则，基本公共服务标准化，要求无论一个人的民族、性别、经济状况和社会地位有何差异，在关系到公民基本权利的公共服务领域，政府所提供的公共服务必须能够满足公民的这种基本需求。这种需求的满足要有一个明确的、可衡量的具体标准，这个标准是保证基本公共服务水平、范围、均等化程度的基本参照系②。根据经济社会发展水平建立政府基本公共服务标准，在基本公共服务领域内，如医疗卫生、义务教育、基础设施等方面，政府城市治理政策和行为都要参照这一标准来实施。建立基本公共服务标准体系，是基本公共服务均等化的保证，可以使公民在基本公共

① 胡税根，徐元帅. 中国政府公共服务标准化建设的价值研究[J]. 甘肃行政学院学报，2009(5)：48－49.

② 李晓林. 城市公共服务标准化若干问题研究——以北京市东城区城市公共服务标准化示范区、推进节约型社会建设为例[C]. 第十二届中国科协年会论文集，2011(5)：6.

服务上享受到同等水平的服务，体现社会公平正义，逐步消除不公平感，最终促进社会和谐。

（2）非基本公共服务引入市场机制，满足市民高层次需求。当前我国的产业结构呈现由工业型经济向服务型经济转变的趋势，服务业的发展水平已经成为衡量现代社会经济发达程度和经济结构优化水平的重要标志，也是城市治理现代化的一个重要体现。当前我国处在社会主义市场经济体制下，将非基本公共服务引入市场机制，利用市场自由竞争在资源配置中的决定作用，提高非基本公共服务质量，满足市民高层次服务需求，是当前的必然选择。通过标准化准入制度，筛选有资质的企业进入市场，形成竞争有序、资源配置优化的良好的服务业发展制度环境。服务企业采用标准管理约束企业，充分利用现有资源，以顾客为出发点，实现服务质量控制，为市民提供优质的高层次的服务产品。

三、国外政府公共服务标准化的运作与借鉴

随着社会经济的快速发展和人们生活水平的不断提高，公众对社会管理与公共服务的需求和质量要求不断提高。自20世纪80年代以来，在公共管理运动的推动下，西方一些国家开始推进社会管理和公共服务改革，通过多种举措为社会公众提供优质高效的公共产品和公共服务。作为优化管理效能和提升服务质量的重要技术手段，公共服务标准化受到西方各国政府的广泛关注与高度重视。以美国、英国、德国为代表的西方发达国家，都开展了一系列社会管理和公共服务标准化、规范化的探索与实践，并取得了显著的成效。

1. 美国公共服务标准化的发展及借鉴

美国作为世界上最发达的国家，社会管理和公共服务体系早在20世纪50年代就初具规模。20世纪70年代，美国公共服务主要采用公共服务市场化和合同外包方式，节省政府开支，引入竞争机制，提高公共服务的效率和质量。1978年卡特政府“文官制度改革法案”的实施，拉开了美国服务型政府建设的序幕，逐渐形成了由政府、社会组织和企业共同治理的完备模式。1981年里根总统上台后，提出政府向企业学习，将标准化管理思想与管理技术引入到公共服务体制创新中，以提高政府管理与服务的水平。1993年到2000年，克林顿政府提出“国家绩效评估”（National Performance Review，简称NPR）将政府公共服务标准化、指标化推向新阶段。美国前总统克林顿在1993年签署第12862号行政命令《设立顾客服务标准》，对所有提供公共服务的政府行政机构提出设立顾客标准的要求。在克林顿政府时期，联邦政府机构为570多个组织

和项目颁布了4000多条“顾客服务标准”，取得良好效果。同时，在社会管理和公共服务体系内，美国也开展了一系列标准化探索与规范化实践。在20世纪90年代中期，美国联邦政府下辖的200多个机构，就已经全面执行3000多项内容广泛、形式各异的政府管理与公共服务标准。

美国政府标准化模式的特点是由各级政府部门分别制定标准，在制定公共服务标准的过程中，还吸纳了许多民间的自愿性标准。美国标准技术研究院（NIST）作为美国政府唯一的标准化官方机构，其成立集中体现了美国政府对标准化进程提供的巨大技术支撑。

2. 英国公共服务标准化的发展及借鉴

英国作为老牌发达资本主义工业国家，历来高度重视标准化工作，在社会管理和公共服务领域也开展了丰富的实践。1979年撒切尔夫人上台执政以后，大力推行以市场化为导向的公共管理改革，并在经济和效率方面取得了显著成效。英国政府以改进公共服务质量为目的，于1991年开始相继颁布《公民宪章》《公民宪章指南》《1992年公民宪章首次报告》《1994年公民宪章第M次报告》《1996公民宪章5年回顾》，确定了公共服务领域的基本原则，其中《公民宪章》被认为是公共服务标准体系的蓝本。1991年梅杰政府公布了《为质量而竞争》的政府白皮书，声明公共服务将逐步转化为合同制而非官僚体制，鼓励公共组织和公共机构制定、实施服务标准，来保障公民享有的权利，这些标准和公民享有的权利总称为《公民宪章》，这一活动因此被称为“公民宪章”运动。英国政府要求所有公共服务机构和部门必须依据“明确的服务标准”“透明度”“顾客选择”“礼貌服务”“完善的监督机制”“资金的价值”六大指导原则制定各自的标准，以满足公民对社会管理和公共服务的需求。

公民宪章运动成为英国政府20世纪90年代政府政策的核心，并取得了巨大成就。截至2000年，英国政府机构针对重要的公共服务部门和民营公共服务部门制定40多项公民宪章，各地制定1 000多个地方宪章项目，公共服务质量得到明显改善。同时公民宪章运动取得的成效在国际上引起巨大反响，为其他国家政府的社会管理与公共服务标准体系的建设提供了指导，许多国家纷纷效仿。

3. 德国公共服务标准化的发展及借鉴

德国是世界上最早开展服务标准化工作的国家，在国际服务标准化领域处于领先地位。在社会管理和公共服务标准化方面，德国也走在世界前列。德国主要的标准制定组织是德国标准化学会（DIN），其前身是1917年创建的德国标准委员会，它作为一个非政府组织，下辖78个标准委员会，管理着28 000多项产品标准，并负责德国与地区及国际标准化组织间的事务协调。为了研究、协调与开展公共服务领域的标准化工作,早在1996年,德国标准化学会(DIN)就成立了适用性与服务标准委员会(NAGD),专门承担服务标准的制定工作,其业务范围包括运输服务、殡仪服务及其他服务。除了NAGD之外,DIN的其他标准委员会也制定与公共服务相关的标准。如术语标准化委员会(NAT)制定了一个翻译合同标准;维修标准委员会(NIN)制定了通用维修标准;德国电工委员会(DKE)也着手研究制定医疗电气设备维修标准。在国家标准体系框架内,德国人擅长使用"标杆管理"的标准化绩效评估方法来提升政府管理效能与公共服务水平。在德国社区管理联合会(KGST)研究实施的"公共交互指标网络"中,每一个网络都关注一个特定的社会管理和公共服务政策领域,各大城市的公共服务部门根据社会管理与公共服务的绩效评价结果,相互吸取先进经验,不断优化社会管理效能与公共服务水平,从而有效提升了德国社会管理和公共服务的整体水平。

截至2010年,德国标准化学会(DIN)已发布实施社会管理和公共服务领域国家标准13 009项,位居全球第一。德国工业较英、美等国起步晚,但是在短时间内经历了从无到强的工业化飞跃,其中产品标准化建设发挥了巨大的推动作用。同样的,在政府管理方面,公共服务标准化为德国政府节约了大量开支,提高了政府办事效率、提升了德国政府的国际竞争力。

4. 法国服务标准化的发展及借鉴

作为具有悠久法治传统的国家,法国早在1789大革命结束后便通过了《人权与公民权利宣言》,该文件与《法国民法典》一道确立了法国社会管理"分级分层"的模式雏形。与此同时,作为典型的高福利国家,法国公共服务体系发展同样历史悠久,尤其是第二次世界大战后高速发展的30年,为法国形成公民高参与度的"公平主导型"公共服务体系奠定了经济基础。20世纪80年代以来,受两次经济危机的影响,法国政府对公共服务体系进行了广泛深入的改革,其中一个重要方面就是公共服务标准的广泛应用。2004年,法国政府公布公共服务质量标准,明确提出简化政府部门行政手续,提高公共服务质量。该标准从发布之日起在法国6个省试行,并于当年年底在全国94个省全面实行。

法国在社会管理和公共服务标准化国际舞台上表现活跃,先后承担了ISO/TC 224"与服务活动相关的饮水供应系统和废水处理系统"以及ISO/TC 268"社区可持续发展"两个相关技术委员会秘书处。目前由法国标准协会(AFNOR)主导提出的"社区可持续发展"国际标准提案已正式提交,该标准拟就基本要求、商务区要求、居住区要求、工业园区要求以及绩效术语、绩效指标、绩效评估、服务周期计划、生命周期成本等方面对全球社区可持续发展提出规范性要求，不仅将从城市与社区管理角度提升全球社会管理和公共服务水平，同时亦将提升法国在社会管理和公共服务国际标准化活动中的技术地位。

5. 日本公共服务标准化的发展及借鉴

日本作为兼具西方国家经济高度发达特点和东方国家传统生活模式的国家，一直注重并擅长运用现代化科学技术提升民生福祉，而标准化建设就是其中的重要手段之一。日本从1980年开始，以“亲切、廉洁、效能”为宗旨，以窗口服务为中心，开展完善公共部门服务的活动。1988年，日本政府推行“高质量的公共服务”运动，要求与国民有接触的公共服务要做到简明易懂、方便公众、注重效率、服务周到、保证安全。从1990年开始，日本把每年的5月定为“高质量公共服务推进月”，集中实施改善公共服务的检查。在公共服务领域，日本制定了明确的岗位责任制和服务流程，在总的责任制范围内，各部门还根据具体情况制定出非常详尽的服务规程或细则，有的部门甚至对工作人员的举止和服饰都有明确的规定。

在最受关注的民生类公共服务领域，日本陆续发布实施了共29项相关国家标准，细致地规范了民生类公共服务的内容、流程、环节、实施行为与交付质量，对日本社会管理和公共服务体系的建设发挥了积极的作用。

四、综合标准化思想在政府公共服务标准化建设中的应用

政府公共服务作为综合服务标准化工作的对象，涵盖整个社会系统的对内服务和对外发展，涉及领域多、覆盖范围广：既包括维持社会正常运转和满足居民基本生活需要的公共服务，又包括提升经济发展水平的专业服务；既包括各级政府对于公共服务的整体管理，亦包括各服务业组织的具体实施，是一个极为复杂的综合体。当前我国政府公共服务标准化主要面临“三大挑战”，一是经济社会发展水平与公共服务水平不同步，如何实现两者的协调发展，面临一定的挑战；二是我国人口众多、结构复杂，对公共服务需求各异，如何加强社会管理、提供基本均衡的公共服务，面临一定的挑战；公共服务标准化覆盖面广、涉及区域和机构多，如何有效统一组织实施，面临一定的挑战。

综合标准化不以制定标准为目的，而是以解决问题为目的；综合标准化要整体解决复杂的综合性问题，而不是个别的、孤立的问题；综合标准化过程必须解决标准“整体协调”等一系列难题；综合标准化过程中，涉及众多部门与环节，需要做大量协调和组织工作。综上所述，我国政府公共服务标准化必须利用系统论思想，应用综合标准

化手段，统筹考虑经济社会发展与公共服务水平提升的关系，实现均衡发展；统筹考虑各类人群对公共服务的需求，实现整体提升；统筹考虑试点各个服务项目、服务机构，协调推进；对各个环节、各类要素系统考虑，实现系统管理、重点突破、整体提升。具体而言，必须做好以下工作：

1. 构建一个试点综合推进体系

政府公共服务标准化要从宏观层面选取综合试点，形成地方标准；在中观层面选取行业试点，形成本地行业规范或联盟标准；在微观层面要设立企事业单位试点，形成企业或组织标准，从而形成一个"层层试点、互为支撑"的试点综合推进体系。

2. 构建一个综合标准体系

在政府公共服务标准体系的构建过程中应该突出系统思考、符合实际、突出特色三个原则。根据标准体系，科学研制标准。首先要严格按照标准制定的步骤，确保标准制定程序的合理性；其次，标准的结构、标准的要素、标准的语言等必须规范，确保文本的贴切性；第三，相关指标数值应该由科学测算得来，以保证内容的科学性；第四，要考虑政府财力，以提高居民满意度为出发点，制定满足实际需求的标准，保证标准的适用性。以此构建一个"科学合理、符合实际"的综合标准体系。

3. 构建一个标准综合实施体系

标准的实施要采用灵活多样的方式，例如采用在政府采购和服务外包中引用标准、知识竞赛、宣贯会议、现场教学、技术比武、宣传板、培训手册等形式。同时，要通过标准实施人员的自查和反馈、管理监督人员对公众满意度调查等多种方式，定期监测标准实施效果，以此构建一个"推进有力、效果显著"的标准综合实施体系。

4. 构建一个标准化综合支撑体系

开展标准化工作，首先要成立领导小组、工作小组，从而形成一个有效的工作机制。其次通过引进特邀标准化专家、培训标准化专职和兼职工作人员，建立一支人才队伍，为标准化工作提供人力资源支撑。最后还要通过建立"政府主导"工作模式、设立财政专项资金、建立财政资金管理机制等方式加大经费支持。从而构建一个"保障有效、支撑有力"的标准化综合支撑体系。

第二章 公共服务标准化流程与保障

第一节 公共服务标准化建设的前期准备

政府公共服务标准化建设的准备工作主要包括标准化对象识别和标准体系建立两个方面的工作。

一、标准化对象识别

(一) 标准化对象的认识

标准最初表现在语言、文字、符号的使用中(各种语言、文字的出现,中国北宋时毕昇的活字印刷术),这是社会交往和文化交流的需要;表现在计算、计时、度量中,这是生产、生活、交换的需要;表现在石器、青铜器的生产制造中,这是祭祀、生产和战争的需要;表现在建筑和交通运输规范中,这是居住和出行的需要。可见,只有"需要"标准化的,才能成为标准化对象。在实际使用中,为了使用方便,有时还需要比较详细地分类。按照标准涉及的对象,经常使用的分类结果有术语标准、符号标准、实验标准、产品标准、过程标准、服务标准、接口标准等。①

标准化对象作为标准化活动的内容,是最活跃、最积极的因素,处在不断变化和发展之中。标准和标准化对象相互作用,共同推进标准化工作的不断向前进。② 即使是同一项标准,随着标准化对象的发展与人们认识的深化,其内容和水平也在发展、完善或改变、深化。③ 服务标准,是指规定服务应满足的要求以确保其适用性的标准。④ 服

① 王忠敏. 标准化基础知识实用教程[M]. 北京:中国标准出版社,2010:2-3.
② 何景安. 标准与标准话对象的辩证关系[J]. 科学技术与辩证法. 1991,8:58-59.
③ 洪生伟. 标准化管理[M]. 北京:中国标准出版社,2012:25.
④ GB/T 15624-2011. 服务标准化工作指南[S]. 北京:中国标准出版社,2011.

务标准的制定对象是服务活动，而服务活动的共同特征是顾客提出服务需求，商业、公共或私人组织提供产品或服务，对于服务提供者提供的服务质量，消费者通常不能独立或立即做出评价。服务活动主要包括：①为满足顾客需求，在有形产品上所完成的活动（如汽车服务或维修）；②提供专家意见或顾客支持（如法律或财务建议）；③提供无形产品（如保险）；④为用户提供培训和教育（如语言、体育和技艺知识的传授）；⑤膳食和娱乐（如旅馆、剧院）；⑥为参与者提供有组织和引导的活动（如旅游、假日活动）；⑦设备或房屋租用（如出租代理、工具出租）；⑧为顾客或用户提供护理或治疗（如理发师、牙医）；⑨健康护理；⑩网络服务（如电信、电缆、互联网、电力和燃料传输）。

所谓标准化对象是指在制定标准、组织实施标准和对标准的实施进行监督的过程中具有多样性和相关性特征的重复性事物与概念。换言之，标准化对象是共同使用和重复使用的概念与事物。GB/T 2000.1—2002《标准化工作指南　第一部分：标准化和相关活动通用词汇》对标准化对象的定义是指“需要标准化的主题”。若要识别标准化对象，就需要抓住共同使用和重复使用两大关键要素。①

需要是标准化的根源。需要的主体包括标准的用户、市场和标准发布机构。由于社会生产和生活领域的广阔性，详细明确地列举标准化对象是难以实现的事情，只能概括地说，标准化的对象是共同使用和重复使用的概念与事物，也就是说，概念与事物只要具备“共同使用和重复使用”这一特性就可以标准化。②

本书主要研究公共服务标准化，前提是公共服务行为属于标准化对象。从实践论的角度研究标准化对象的特性，考虑内外多个因素，确定了13大领域中的60个示范项目，基本涵盖了与群众生活息息相关的主要领域。

（二）标准化对象的确定

为了取得更大效果，正确地选择综合标准化的对象是十分必要的。根据国外文献记载，在选择综合标准化对象一般是采用下列一些准则：①应考虑那些作为综合标准化对象及其各要素的各种产品、产品生产量和经济性；②所选定的对象在推行综合标准化时所产生的经济效果，其中包括提高质量所产生的效果；③对象的结构比较完善，从而有可能建立结构的同一系列和参数系列。上述各项准则中，经济性准则是选择综合标准化对象并同时确定其顺序的决定性准则。③

---

① GB/T 2000.1－2002. 标准化工作指南　第一部分：标准化和相关活动通用词汇[S]. 北京：中国标准出版社，2002.

② 黄恒学，张勇. 政府基本公共服务标准化研究[M]. 北京：人民出版社，2011. 35.

③ 洪生伟. 标准化管理[M]. 北京：中国标准出版社，2012：55.

标准化是一把双刃剑。标准化是人类社会的一个伟大创造,无论过去和将来都对社会进步起着非常重要的作用。可以说,现今的人类社会每时每刻都在享受着标准化带来的福祉,这一点是毋庸置疑的。但是,我们必须清醒地认识到标准化也是有风险的,任何一项标准其正确性、科学性或实用性都是相对的。由于种种主观和客观的原因,已制定的标准有的正面作用明显,有的负面作用明显,不能盲目地认为只要是标准就有积极作用。标准的功能是统一和固定。如果该统一的没有统一,该固定的没有固定,或者把不该统一的统一了,不该固定的反倒固定了,这是标准对象选择不当;不应在全国范围统一的却制定成国家标准,应该在全国范围内统一的反倒分别制定了许多互不一致的地方标准,这是标准层次关系不清、分工不当①。

选择和确定综合标准化对象是开展综合标准化工作的首要环节。之所以要选择综合标准化对象,一是因为不是任何事物都适合应用综合标准化的方法,开展综合标准化通常选择那些相关要素较多且需要多方面协同配合才能实现的项目,这样的项目能充分发挥综合标准化统一组织、综合协调的特长。二是综合标准化不仅工作量大,而且工作难度也大,在选择标准化对象时通常要考虑技术经济意义重大的项目,力求获得显著的效果。三是要考虑所选对象是否可行。要充分估计各种风险和困难,必要时可以举行可行性论证,防止半途而废。总之,在选择标准化对象时要从“是否必要”“是否有意义”“是否可行”等方面全面权衡,做出一个最佳选择,将其确定为综合标准化对象。这一步工作是否到位,对以后工作有着最直接的影响,实际工作中常常出现选择对象时缺乏深入分析,对所选对象的认识肤浅,对工作难度估计不足使后续工作困难重重的现象。②

标准化的对象不同,标准的内容也不同,确定标准化对象时,应从以下几个方面考虑:③

1. 标准需求分析

标准化对象的确定是标准制定工作的第一项任务。前面已经说明了“需要”是标准化对象的关键所在。衡量哪些对象需要标准化是一项十分重要的工作。只有建立对需求迫切性的评估程序,使需求分析充分到位,才能使标准准确而及时地反映市场需求。需求分析可以从制定标准化的目的和用途、实施标准的可行性、制定标准的适时性等方面考虑。

---

① 李春田. 标准化概论[M]. 北京:中国人民大学出版社,2010:15.

② 李春田. 现代标准化方法——综合标准化[M]. 北京:中国质检出版社、中国标准出版社,2011:35.

③ 宋明顺,周立军. 标准化基础[M]. 北京:中国标准出版社,2013:98

2. 考虑是否具备标准的特点

从标准的定义可知，标准需要具备“共同使用”和“重复使用”两个特点，因此必须考虑所确立的标准化对象是否同时具备了这两个特点，缺少任何一个特点都不适宜作为标准发布。

3. 了解本领域的技术发展状况

应随时掌握本领域的技术发展动向，尤其是新技术、新发明，为确定标准化对象做好充足的技术准备。

4. 考虑与有关文件的协调

要考虑新项目与现行标准、法规、法律或其他文件的关系，评估项目特性和水平，判断是否需要在技术上进行协调，在此基础上决定是否开展新的标准项目。

二、标准体系构建

与实现某一特定的标准化目的有关的标准，按其内在联系形成一个科学的有机整体，即“一定范围内标准按其内在联系形成的科学有机整体”成为标准体系。① 而把该标准体系内的标准按一定规则和形式排列的图表，就是标准体系表，它是标准体系的表述形式。②

（一）标准体系的层次结构

标准体系是标准化工程的基本要素，具有管理工程的所有基本特性，如目的性、协调性、相关性、层次性以及成套性等。一般来说，一个国家的标准体系包括国家标准体系、行业标准体系、专业标准体系与企业标准体系四个层次。与实现一个国家的标准化目的有关的所有标准，是这个国家的标准体系。我国的国家标准体系是以国家标准为基础，行业标准与地方标准为补充，企业标准为主体的标准体系。它反映了我国标准化的水平。行业是生产同类产品或提供同类服务的经济活动基本单位的综合③，与实现某个行业的标准化目的有关的标准，形成该行业的标准体系。专业是中、小行业，因此，专业标准体系实际上就是中小行业标准体系。企业内的标准按其内在联系形成的科学有机整体就是企业标准体系。④ 某个企业组织的标准体系应该受到该企业所在国家、行业及专业标准体系的制约，但它可以直接采用相关的国际标准与国外先进标

① GB/T 13016－2009. 标准体系编制原则和要求[S]. 北京：中国标准出版社，2009.

② 洪生伟. 标准化管理[M]. 北京：中国标准出版社，2012. 33－36.

③ GB/T 4754－2002. 国民经济行业分类[S]. 北京：中国标准出版社，2002.

④ GB/T 13017－2008. 企业标准体系表编制指南[S]. 北京：中国标准出版社，2008.

准。因此,企业标准体系的水平可以同时也应该提倡高于国家、行业及专业标准体系的水平。[①] 要开展服务标准化,首先要制定服务标准体系表,建立服务标准体系。全国标准体系表由若干个行业标准体系表组成,某个行业的标准体系表又由若干个专业标准体系表组成。行业、专业标准体系表一般由一个总层次结构方框图和若干个与各方框相对应的标准明细表组成。企业标准体系表是国家、行业专业标准体系的落脚点,国家标准、行业标准都要在企业标准体系表中得到贯彻和落实,这样就组成了一个全国标准体系的层次结构图。

服务标准体系由服务通用基础标准体系、服务保障标准体系、服务提供标准体系组成。服务通用基础标准体系是服务保障标准体系和服务提供标准体系的基础,服务保障标准体系是服务提供标准体系的直接支撑,服务提供标准体系促使服务保障标准体系的完善。

1. 服务通用基础标准体系

服务通用基础标准体系主要包括服务术语、服务分类、服务符号、服务标志、服务信息分类编码、服务规范与服务提供规范的编制等方面的标准,以及服务组织开展服务标准化工作的细则或指南等。

2. 服务保障标准体系

服务保障标准体系主要包括服务设施标准,服务场所安全和卫生标准、服务方法标准以及服务过程中其他有关技术事项的统一规定。

3. 服务提供标准体系

服务提供标准体系主要包括服务提供过程的管理及其质量控制方面的规范,以及各类服务人员的服务质量等方面的标准。服务业组织的标准化体系内的标准应科学制定,相互协调,并在运行中持续改进。服务标准体系是服务组织开展全面质量管理、提高服务质量的基础,应依据不同的服务行业和组织,形成不同服务行业的服务标准体系,以及不同服务组织的服务标准体系。[②]

(二)标准体系表及其编制规则

标准体系表是一定范围的标准体系按一定形式排列起来的图表。[③] 标准体系表由标准体系结构图、标准明细表与汇总表及必要的文字说明构成。编制标准体系表要遵循下列六项原则:

---

① 宋明顺,周立军. 标准化基础[M]. 北京:中国标准出版社,2013:198.

② 宋明顺,周立军. 标准化基础[M]. 北京:中国标准出版社,2013:176.

③ GB/T 13016 – 2009. 标准体系表编制原则和要求[S]. 北京:中国标准出版社,2009.

1. 全面成套原则

预计到当前的经济、科学、技术及其管理中需要协调统一的各种事物和概念，力求在一定范围内应有的标准能够全面成套。

2. 层次恰当原则

根据标准的适用范围，恰当地将标准安排在不同层次上，如果是应该在大范围内协调统一的标准，那么就不应在小范围内各自制定。

3. 划分明确原则

标准体系内不同的行业、专业、门类或不同的子系统的划分，应该主要按社会的经济活动性质划分，而不是按目前行政系统归属进行划分。同一标准不能同时列入两个以上体系或分体系，以避免同一标准有两个以上单位同时重复制定。要按标准的特征划分，而不是按产品或服务的特点划分，以免把标准体系表编成产品或服务分类表。

4. 科学先进原则

标准体系表中已有的标准均应是现行有效的标准。采用国际标准或国外先进标准的或严于上级标准的标准数量较多，今后两三年内要制定的标准项目必须符合客观发展需要，才能起到指导标准化工作的作用。

5. 简便易懂原则

标准体系表的表现形式应简便明了、通俗易懂，既不深奥，也不繁杂；不仅标准化专业人员能够理解和掌握，而且使有关管理人员能够看懂和应用。

6. 适用有效原则

标准体系能反映行业、专业或企业的实际情况，同时能够行之有效，即付诸实施后能产生较明显的标准化经济效益。

（三）企业标准体系表

企业标准体系表是促进企业或事业单位的标准组成达到的科学完整有序的基础；是一种包括现有和应发展的标准的全面蓝图；是推进企业产品开发，优化生产经营管理、加速技术进步和提高经济效益的标准化指导性技术文件。研究和编制企业标准体系表也是企业标准化的一项基础性科研工作，一般来说，企业标准体系表由企业标准体系结构图、标准明细表、统计汇总表及编制说明构成。

（四）服务业标准体系构建

服务业标准化工作的重要内容之一应该是建立服务业的标准体系，一方面可以直观描绘出我国服务业标准化活动的发展蓝图，也能够系统地反映全局，有利于明确工作重点和发展方向;另一方面有利于管理单位结合行业实际寻找不足,并指导本行业标准的制修订工作,加快标准制修订的系统性和科学性。①

1. 服务业标准体系的制定原则

服务业标准体系也应符合标准体系建设的基本原则,并从服务业的内在发展规律出发进行制定。服务业标准体系的制定应遵循以下主要原则:

(1) 科学合理。标准体系必须遵循服务业发展的内在规律,又必须符合中国国情。同时,应该运用标准化的基本原理建立服务业标准体系,依据行业自然属性划分层次和门类。

(2) 尊重实践。与发达国家相比,我国服务业的产业跨度大,涵盖部门多,其中既有发展历史比较长的传统服务业,也有凭借技术和管理优势快速兴起的现代服务业。因此,标准体系的构建过程中,必须尊重我国国情和整个社会经济的发展水平,适度引导其规范化发展。

(3) 结构清晰。由于服务业涉及的产业类型很多,所以更需要在充分研究标准体系的构建方法和行业特点的基础上建立标准体系,力求做到结构清晰,避免交叉重复,以免在指导实践的过程中出现混乱局面。

(4) 全面开放。标准体系应根据全部服务业活动综合考虑,包括所有与服务业有关的行业,按照确定的服务业标准类型,尽可能全面地收入标准体系。同时还应该在标准体系中留有一定的可扩展空间,保证其开放性,以供未来标准体系的发展需要。

(5) 效益优先。建立服务业标准体系的最终目的是通过标准推动产业的发展、提高其竞争力,因此在标准体系建设过程中应秉承效益优先的原则,减少复杂性,尽量简化和优化。

2. 服务标准体系的基本结构

《全国服务标准 2005 年—2008 年发展规划》中第一次给出了我国服务业标准体系的总体框架,涵盖了交通运输、仓储和邮政业;信息传输、计算机服务和软件服务;批发和零售业;住宿和餐饮业;金融业;房地产业;租赁和商务服务业;减灾和救灾服务;水利、环境和公共设施管理业;居民服务;卫生、社会保障和社会福利;文化、体育和娱乐业;公共管理和社会组织;电力、燃气和水的生产和供应;其他服务等 15 个门类。

《全国服务业标准 2009—2013 年发展规划》对给出的服务业标准体系框架进行了

① 上海标准化研究院,中国标准化协会,上海信星认证培训中心. 标准化实用教程[M]. 北京:中国标准出版社、中国质检出版社,2011:164 - 165.

修改，包含门类由15个增加到18个，增加了科学研究、技术服务和地质勘查业；国际组织；旅游业等3个门类，并在“交通运输、仓储和邮政业”中增加了“物流业”的内容，另外还有一些小的修改。

3. 服务业组织标准体系

服务业组织标准体系是指在服务业组织内部，由服务通用基础标准、服务保障标准、服务提供标准等具有内在联系的标准组成，是完成服务业组织标准化系统功能的有机整体。建立服务业组织标准体系旨在通过制定、实施一整套标准来获得最佳秩序，并取得最大社会效益和经济效益。

2009年发布的国家标准GB/T 24421.2—2009《服务业组织标准化工作指南　第2部分：标准体系》给出了服务业组织标准体系的总体结构与要求，并针对服务通用基础标准体系、服务保障标准体系、服务提供标准体系给出每种标准体系的结构、所应包含的标准类型和需要考虑制定标准的内容。各种服务业组织可以根据组织的具体情况搭建标准体系。对于中等以上规模的组织，应搭建较为完备的标准体系；对于人数很少的小规模组织，如个体经营或独立的小店铺经营模式，可视情况建立简单的标准体系，标准体系覆盖组织的核心工作。组织还应该通过搭建标准体系，识别标准缺失领域，明确标准化的重要环节和关键服务要素，依据GB/T 24421.3—2009《标准化工作导则　第1部分：标准的结构和编写》和GB/T 24421.3—2009《服务业组织标准化工作指南　第3部分：标准编写》等相关标准开展标准制定工作，确保组织的各项工作有标准可依。

第二节　公共服务标准的制定

一、标准的制定程序

制定标准是标准化工作三大任务（制定标准、贯彻实施标准和对标准的实施进行监督）中的首要任务，制定标准不仅需要做大量的技术工作，而且需要进行大量的组织和协调工作。标准是利益相关方协调的产物，严格按照统一规定的程序开展标准制定工作，是保障标准编制质量和水平，缩短标准制定周期，实现标准制定过程公平、公正、协调、有序的基础和前提。[①]

制定标准阶段的任务就是要把标准综合体规划所确定的各项标准制定出来，建成标准综合体。这项工作一般要分两步进行：制订工作计划和建立标准综合体。[②]

1. 制订工作计划

这个工作计划是依据“标准综合体规划”编制的，用以指导标准制订的具体计划，通常包括标准名称、标准的主要内容和要求、适用范围、与其他标准的关系、参加单位与参加人员、起止时间等。确认后，形成计划任务书。在落实标准的制定和修订任务时，有可能发现一些新的问题，如标准的配套性、标准之间的协调性、指标的合理性、时间的衔接性等，要及时处理。计划越周密，后遗症越少。

2. 建立标准综合体

建立标准综合体实施工作计划的活动。这是综合标准化功能过程中关键的一个工作步骤，协调机构根据工作计划的要求，组织全部的起草和审定工作，完成标准综合体建设的任务。为此应注意以下几点：

① 为了保证计划的实施，协调机构应构建规章制度，保证各制定标准的单位做到步调一致、互通信息、协调行动。

② 分解的目标均应在相应标准的有关指标中得到落实。

③ 制标过程中有可能要对原订的工作计划和标准内容做局部调整，调整时要保证标准综合体的总体功能不受影响，标准之间协调配合。

④ 有些标准要进行实验验证，发现问题要及时调整，直到标准综合体的全套标准符合要求。

（一）国家标准制定的常规程序

以世界贸易组织（WTO）关于标准制定阶段划分的要求为基础，参考国际标准化组织（ISO）和国际电工委员会（IEC）的《ISO/IEC 导则　第 1 部分：技术工作程序》，结合我国《国家标准管理办法》对国家标准的计划、编制、审批发布和复审等程序的具体要求，我国颁布了 GB/T 16733—1997《国家标准制定程序的阶段划分及代码》标准，确定了我国国家标准的制定程序阶段分为预阶段、立项阶段、起草阶段、征求意见阶段、审查阶段、批准阶段、出版阶段、复审阶段和废止阶段 9 个阶段。

---

① 上海市标准化研究院，中国标准化协会，上海信星认证培训中心. 标准化实用教程[M]. 北京：中国标准出版社，中国质检出版社，2011：54－61.

② 李春田. 现代标准化方法——综合标准化[M]. 北京：中国质检出版社、中国标准出版社，2011：44－45.

1. 预阶段

预阶段是标准计划项目建议的提出阶段。全国专业标准化委员会(以下简称“标准化技术委员会”)根据我国经济和社会发展的需要,对将要立项的新工作项目进行研究和必要的论证,并在此基础上提出新的工作项目建议,包括标准草案或标准大纲(如标准的范围、结构及与其他标准相互协调的关系等),这一阶段的任务为提出新工作项目建议。

2. 立项阶段

立项阶段自国务院标准化行政主管部门收到新工作项目建议起,至国务院标准化行政主管部门下达新的工作项目计划止。国务院标准化行政主管部门对上报的国家标准新工作项目建议统一审查、汇总、协调、确定,直至下达《国家标准化制修订计划》,立项阶段的时间周期一般不超过3个月。

3. 起草阶段

起草阶段自标准化技术委员会收到《国家标准制修订计划》起,落实计划、组织标准项目的实施,至标准起草工作组完成标准征求意见稿止。起草阶段的时间周期一般不超过10个月,这一阶段的任务为完成国家标准征求意见稿,负责起草单位应对制定国家标准的质量及技术内容全面负责,应按GB/T 1.1—2009《标准化工作导则　第1部分:标准的结构和编写》、GB/T 2000.1—2002《标准化工作指南》、GB/T 2001.1—2001《标准化编写规则》和GB/T 2002.1—2008《标准中特定内容的起草》等基础标准的要求起草国家标准征求意见稿,同时编写《标准编制说明》及有关附件,《标准编制说明》内容一般包括:①工作简况,包括任务来源、协作单位、主要工作过程、国家标准主要起草人及其所做的工作等。②国家标准的编制原则和确定国家标准主要内容(如技术指标、参数、公式、性能要求、试验方法、检验规则等)的论据(包括试验、统计数据)。修订国家标准时,应增列新旧国家标准水平的对比。③主要试验(或验证)的分析、综述报告、技术经济论证、预期的经济效果。④采用国际标准和国外先进标准的程度,以及与国外同类标准水平的对比情况,或与测试的国外样品、样机的有关数据对比情况。⑤与有关的现行法律、法规和强制性国家标准的关系。⑥重大分歧意见的处理经过和依据。⑦作为强制性国家标准或推荐性国家标准的建议。⑧贯彻国家标准的要求和措施建议(包括组织实施、技术实施、过渡办法等内容)。⑨废止现行有关标准的建议。⑩其他应予说明的事项。

4. 征求意见阶段

征求意见阶段,自标准起草工作组将标准征求意见稿发往有关单位征求意见起,经过对反馈意见的收集整理，提出征求意见汇总处理表，至完成国家标准送审稿止。征求意见阶段的时间周期一般不超过5个月，这一阶段的任务为提出国家标准送审，该阶段的相关要求及规定包括：

（1）标准起草工作组完成的国家标准征求意见稿和《标准编制说明》及有关附件经标准化技术委员会主任委员同意，由标准起草单位向有关行业部门、协会以及相关生产、销售、科研、检测等单位广泛征求意见。征求意见的时间一般为1个月。可提供《标准意见反馈表》，便于对意见进行综合、整理。

（2）被征求意见的单位应在规定期限内回复意见，如没有意见也应回函说明，逾期不复函，按无异议处理。对比较重大的意见，应说明论据或提出技术经济论证。

（3）负责起草单位应对征集的意见进行归纳整理，分析研究和处理后提出国家标准送审稿、《标准编制说明》及有关附件、《意见汇总处理表》，送负责该项目的标准化技术委员会秘书处或技术归口单位审阅，并确定能否提交审查。

（4）必要时可重新征求意见，例如国家标准征求意见稿需要进行重大修改时，则应分发第二次征求意见稿（甚至第三次征求意见稿）征求意见。此时项目负责人应主动向有关部门提出延长或终止该项目计划的申请报告。

5. 审查阶段

标准审查阶段，对国家标准的技术内容、技术经济依据及其标准与要求是否适应当前的技术水平和市场需求等方面进行全面的讨论和审查，以确保国家标准的先进性和内容的合理性，使该国家标准与其他相关标准协调一致，并避免与国家相关法律法规相抵触。审查阶段，自标准化技术委员会或项目主管部门或委托的技术归口单位收到标准起草工作组完成的国家标准送审稿起，经会议审查或函审，至标准起草工作组最终完成国家标准报批稿止，审查阶段一般不超过5个月，这一阶段的任务为完成国家标准报批稿。已成立标准化技术委员会的，由标准化技术委员会按《全国专业标准化技术委员会管理规定》和标准化技术委员会章程组织审查；未成立标准化技术委员会的，由项目主管部门或其委托的技术归口单位组织审查，参加审查的人员应有国家标准相关的主要生产、经销、使用、科研、检查等单位的代表。其中，使用方面的代表应不少于总代表人数的四分之一。

国家标准送审稿的审查可采用会议审查或函审的形式进行。强制性国家标准的审查须采用会议审查的形式。对技术经济意义重大、涉及面广，分歧意见较多的推荐性国家标准宜采用会议审查形式，其余的可采用函审形式。

（1）会议审查。会议审查时，组织者至少应在会议前一个月将会议通知、国家标准送审稿、《标准编制说明》及其有关附件、《意见汇总处理表》等提交国家标准审查组专家。其中，国家强制性标准的审查，审查组人数不应少于12人。会议审查原则上应协商一致，并充分听取各方的不同意见。如需表决，应有不少于出席会议审查专家人数的四分之三同意方为通过；国家标准的起草人不能参加表决，其所在单位的代表不能超过参加表决者的四分之一。审查专家出席率不足三分之二时，应重新组织审查。应写出会议审查的《会议纪要》，并附参加会议审查的专家名单。

（2）函审。函审时，组织者应在函审表决前两个月将函审通知、国家标准送审稿、《标准编制说明》及其有关附件、《意见汇总处理表》和《函审单》提交给参加函审的部门、单位和人员。函审时，应有四分之三回函同意方为通过，函审回函率不足三分之二时，应重新组织审查。应写出《函审结论》并附所有回寄的《函审单》。标准起草工作组应根据函审意见完成国家标准报批稿，并完成《标准编制说明》的修改。如果国家标准送审稿没有通过，标准起草工作组应完成国家标准送审稿第二稿并再次由标准化技术委员会或相关组织与人员审查。同时，项目负责人应主动向有关部门提出延长或终止该项目计划的申请报告。

6. 批准阶段

批准阶段指标准报批稿由标准化技术委员会或技术归口单位审核后报国务院标准化行政主管部门批准，并同意编号发布国家标准。批准阶段时长一般不超过8个月，这一阶段的任务为完成国家标准出版稿，其相关要求及规定包括：

（1）标准化技术委员会或技术归口单位对标准报批稿及相关报批材料进行审核，不符合报批要求的返回负责起草单位限时修改后再进行审核。标准化技术委员会对分技术委员会（即技术归口单位）审查通过的报批稿有权提出修改意见。标准报批稿及相关报批材料经标准化技术委员会或技术归口单位审核通过后，由主管部门进行程序、技术审核。不符合报批要求的退回标准化技术委员会或技术归口单位限时修改后再行审核，其周期一般不超过4个月。

（2）主管部门对标准报批稿及相关报批材料审核通过后，交由标准技术审查机构进行技术审查，并在此基础上对标准报批稿进行必要的协调和完善工作。其周期一般不超过3个月。若国家标准报批稿中存在重大技术方面的问题或协调方面的问题，一般应退回主管部门或标准化技术委员会限时解决后再行报批。

（3）经标准技术审查机构审查通过的国家标准报批稿，由国务院标准化行政主管部门或有关部门批准发布，时间周期一般不超过1个月。

7. 出版阶段

出版阶段指国家标准批准发布后，统一由指定的出版单位负责出版，出版周期一般不超过3个月。在国家标准出版过程中，发现内容有疑点或错误时，标准出版单位应及时与负责起草单位联系，如国家标准技术内容有更改时，须经国家标准的审批单位批准。需要翻译成外文出版的国家标准，其译文由国家标准的主管部门组织有关单位翻译和审定，并由国家标准出版单位出版。国家标准出版后，发现个别技术内容有问题，须作少量修改或补充时，标准化技术委员会或技术归口单位应当按照国家标准制定程序进行国家标准修改单的起草、征求意见及审查，形成国家标准修改单报批稿及相关材料，报有关主管部门审查，由国家标准化行政管理部门或有关主管部门审查批准发布。国家标准修改单由国家标准出版单位出版。国家标准再版时，国家标准修改单作为附件一并出版。

8. 复审阶段

复审阶段指国家标准在使用一定时期后，国家标准制定部门根据科学技术的发展和经济建设的需要，对国家标准的技术内容和指标水平进行重新审查，以确认国家标准的有效性。复审周期一般不超过5年。国家标准的复审可采用会议审查或函审，一般要有参加过该国家标准审查工作的人员参加。

(1) 复审目的。复审标准主要是为了确认标准的有效性。随着科学技术和社会的发展，标准内容需要不断地更新，适时地进行修订，废止已过时的标准条款，将先进的科学技术成果和生产实践经验纳入标准，从而提高标准的适用性，保证标准的先进性和合理性，使标准在科学技术发展和经济建设中发挥其应有的作用。

(2) 复审内容。国家标准复审的主要内容包括：国家标准是否与国家现行法律法规相抵触；标准是否适应科学技术和社会发展的需要；是否与其他国家标准相协调；采用国际标准制定的国家标准，是否需要与国际标准的变化保持一致。

(3) 复审周期。复审周期一般不超过5年。不同类型的稳定期各不相同，因此其复审周期也不一致。基础标准是一定范围内标准化对象的共同性因素，包括对概念、数系、通则等所做的统一规定，在一定范围内作为制定其他标准的依据，对标准的制定具有普遍的指导意义，因而这一类标准稳定时期长，其复审周期也应长一些；技术方法标准，如试验方法、检验方法、抽样方法、操作规程、施工规范、设计规范等，会随着科学技术的发展而变化，这类标准稳定时期比基础标准短，其复审周期也应相应短一些；而产品标准随着产品的更新换代，其变化就更快，稳定时期更短，其复审周期相应也就更短。

（4）复审机构。国家标准的复审是一项经常性且较复杂和细致的工作，由负责国家标准制修订的标准化技术委员会或技术归口单位负责。国家标准的复审应广泛征求标准化技术委员会委员和相关使用方等单位或人员的意见，标准化技术委员会或技术归口单位每年应向国务院标准化行政主管部门申报国家标准复审意见，由国务院标准化行政主管部门进行审查。国务院标准化行政主管部门对报送的国家标准复审意见进行审查后，确定国家标准继续有效、予以修订或者废止，并将此结果通知标准化技术委员会或技术归口单位。对不需要修改的国家标准确认其继续有效，不改变标准顺序号或年号；需做修改的国家标准作为修订项目，列入国家标准制修订计划。

9. 废止阶段

废止阶段是国家标准制定程序中最后一个阶段。对复审结果为无存在必要、确定废止的国家标准，由国务院标准化行政主管部门予以废止并向社会公布。世界贸易组织（WTO）规定标准制定分为 5 个阶段，《ISO/IEC 导则　第 1 部分：技术工作程序》（1995 年版）规定标准制定分为 9 个阶段。我国国家标准制定程序的阶段划分及代码与 WTO、ISO/IEC 关于标准制定阶段划分的对应关系见表 2-1。

表 2-1　国家标准制定程序的阶段划分及代码

阶段代码	阶段名称	阶段任务	阶段成果	完成周期（月）	WTO 对应阶段代码	ISO/IEC 对应阶段代码
00	预阶段	提出新工作项目建议	PW1			00
10	立项阶段	提出新工作项目计划	NP	3	Ⅰ	10
20	起草阶段	提出标准征求意见稿	WD	10	Ⅱ	20
30	征求意见阶段	提出标准送审稿	CD	5	Ⅲ	30
40	审查阶段	提出标准报批稿	DS	5	Ⅲ	40
50	批准阶段	提供标准出版稿	FDS	8	Ⅳ	50
60	出版阶段	提供标准出版物	GB，GB/T，GB/Z	3	Ⅳ	60
90	复审阶段	定期复审	确认，修订	60	Ⅴ	90
95	废止阶段		废止			95

（二）国家标准制定的快速程序

为了缩短标准制定的周期，适应国家对技术和经济快速发展和反应的需要，GB/T16733－1997 对标准制定的快速程序进行了规定。原国家质量技术监督局于 1998 年发布的《采用快速程序制定国家标准的管理规定》对国家标准制定的快速程序做了进一步规范。快速程序（代号 FTP）是在正常标准制定程序的基础上省略起草阶段（程序类别代号:B)或省略起草阶段和征求意见阶段(程序类别代号:C)的简化程序。国家标准制定的快速程序适用于已有成熟标准草案的项目,特别适用于变化快的技术领域(例如高新技术领域)。

等同采用或修改采用国际标准制定国家标准的项目可采用B程序,即直接由立项阶段进入征求意见阶段(省略了起草阶段),将从国际标准转化后的标准草案作为国家标准征求意见稿,分发征求意见。

现行国家标准的修订项目可采用C程序,即直接由立项阶段进入审查阶段(省略起草阶段和征求意见阶段),在原国家标准的基础上提出相应的成熟标准草案,直接作为标准送审稿进行审查。现行国家标准的修订项目也可采用B程序。

现行的行业标准、地方标准等转化为国家标准的项目,可采用B程序。

(三)采用快速程序制修订应急国家标准

为了以标准化手段应对突发紧急事件,国家标准化管理委员会、国家发展和改革委员会于2004年联合发布了《采用快速程序制修订应急国家标准的规定》,对应用快速程序制修订应急国家标准提出了要求。

应急国家标准是指国家为了应对突发紧急事件急需实施的国家标准。应急国家标准项目建议由相关单位向国务院标准化行政主管部门提出,并抄送国家发展改革主管部门。国务院标准化行政主管部门收到应急标准项目建议后,与国家发展改革主管部门及国务院有关部门商议,即时立项,即时下达计划。

应急国家标准由国务院标准化行政主管部门委托有关单位组织起草,或根据需要直接组织起草。应急国家标准起草过程中,可省略部分程序,但草案完成后须经有关专家会议审查,由国务院标准化行政主管部门组织对口的标准化技术委员会或相关单位进行审查。应急国家标准经国务院标准化行政主管部门批准发布后,将及时在有关媒体上公布。对不再使用的应急标准,国务院标准化行政主管部门将及时予以废止。

二、标准编写的原则

在编写标准时,应遵守一些基本原则,只有这样才能使制定出的标准在经济建设和社会发展中发挥应有的作用。

1. 统一性

统一性是对标准编写及表达方式最基本的要求。统一性原则包括四个方面:即标准结构的统一、文本的统一、术语的统一和形式的统一,以保证标准能够被使用者无歧义地理解。

（1）结构的统一。系列标准的每项标准（或一项标准的不同部分）的结构及其章、条的编号应尽可能相同。标准的结构即是标准中的章、条、段、表、图和附录的排列顺序。在起草系列标准中的各项标准，或起草分为多个部分的标准的各部分时，应做到各项标准或标准各部分之间的结构要尽可能相同。各项标准或标准中相同或相似内容的章、条编号应尽可能相同。

（2）文体的统一。每项标准或系列标准（或一项标准的不同部分）内，标准的文体应保持一致。类似的条款应使用类似的措辞来表述；相同的条款应使用相同的措辞来表述。

（3）术语的统一。每项标准或系列标准（或一项标准的不同部分）内，标准的术语应保持一致。对于同一概念应使用同一个术语；对于已定义的概念应避免使用同义词；每个选用的术语应尽可能只有唯一的含义。另外，对于某些术语一个行业范围内的标准或相关程度较高的标准，虽然不是系列标准，也应考虑术语的统一问题，以利于标准的配套贯彻执行。

（4）形式的统一。统一的形式有助于使用者对标准内容的查找及使用。GB/T 1.1—2009 中对相关内容的形式的统一做出了规定，例如：①关于列项的符号，要求“在一项标准的同一层次的列项中，使用破折号还是圈点的统一”；②关于条标题，规定“某一章或条中，其下一层次上的各条，有无标题应统一”；③关于图题和表题，规定“标准中的图有无图题应统一”和“标准中的表有无表题应统一”。

2. 协调性

标准是成体系的技术文件，各有关标准之间存在着广泛的内在联系。标准之间只有相互协调、相互配合，才能充分发挥标准系统的功能，获得良好的系统效应。一是同一标准之间要协调，不能互相交叉、重复甚至矛盾。二是下级标准不得与上级标准相抵触。同级标准指国家标准与国家标准之间，行业标准与行业标准之间，同一省（直辖市、自治区）的地方标准之间，同一企业的企业标准之间，其标准内容应协调一致，不发生交叉、重复和矛盾。为此，国家标准化行政主管部门已成立了国家标准审查部门，以保证国家标准之间的协调，其余同级标准编写时也应由相应审查部门负责相互协调。此外，国家标准是市场准入最基本的门槛标准，其他各级标准均不能低于国家标准，不能与国家标准相抵触；地方标准不能与行业标准相抵触，企业标准更不能与行业标准、地方标准相抵触。《中华人民共和国标准化法》明确规定，行业标准在同一内容的国家标准公布后即行废止，地方标准在同一内容的国家标准或行业标准公布之后也即行废止，企业要制定严于现行国家标准、行业标准或者地方标准的企业标准，以保证标准的统一性和协调性。在制定标准时应注意以下三个方面：

（1）遵守现行基础标准。为了达到所有标准整体协调的目的，编写标准时应遵守现行基础标准的有关条款。

（2）某些技术领域应遵守相应的现行基础标准。在某些技术领域，标准的编写还应遵守相应现行基础标准的有关条款。

（3）注重与统一领域内的标准的协调。制定标准时，除了与上述标准协调外，还要注重与同一领域的标准进行协调，注意采用已经发布的标准中做出的规定。

3．适用性

适用性是指所制定的标准便于实施，并且容易被其他标准或文件所引用的特性。标准的适用性是对标准本身质量的综合要求，制定标准必须结合实际，充分考虑标准使用和实施时的需要。标准的适用性主要体现在以下两方面：

（1）便于使用和实施。任何标准只有被广泛使用才能发挥其作用。因此，标准中的每个条款都应是可操作的，便于直接使用。

（2）便于被其他标准或文件引用。GB/T1.1—2009 规定的标准编写规则中的许多条款都是基于引用方便的需求而制定的。

4．一致性

一致性是指标准的起草应以对应的国际文件（如有）为基础并尽可能与国际文件保持一致。如果有相应的国际文件，起草标准时应考虑以这些国际文件为基础制定我国标准，并尽可能保持与国际文件相一致。如果所依据的国际文件为 ISO 或 IEC 标注，这类标准的起草除应符合 GB/T 1.1—2009 的规定外，还应符合 GB/T 20000.2—2009《标准化工作指南　第 2 部分：采用国际标准》的规定。

5．规范性

规范性是指起草标准时要遵守相关法律法规以及与标准制定有关的基础标准。我国已经建立了支撑标准制修订工作的基础性系列国家标准，如 GB/T 1.1—2009、GB/T 20000.1～20000.7《标准化工作指南》、GB/T 20001.1～20001.4《标准化编写规则》、GB/T 20002.1～20002.2《标准中特定内容的起草》，起草标准都应遵守这些基础标准的相关规定和要求，实现规范性要做到以下三个方面：①确定标准的预计结构和内容层次。②遵守标准的制定程序。③遵守标准的编写规则。

（一）制定标准的一般原则

《标准化法》中规定了六项制定标准的原则，分别是：

（1）国家鼓励积极采取国际标准。

(2) 制定标准应当有利于保障安全和人民的身体健康,保护消费者的利益,保护环境。

(3) 制定标准应当有利于合理利用国家资源,推广科学技术成果,提高经济效益,并符合使用要求,有利于产品的通用互换,做到技术上先进、经济上合理。

(4) 制定标准应当做到有关标准的协调配套。

(5) 制定标准应当有利于促进对外经济技术合作和对外贸易。

(6) 制定标准应当发挥行业协会、科学研究机构和学术团体的作用。

制定标准是一项政策性、技术性和经济性的工作。一个标准制定得是否先进合理、切实可行,直接影响该标准的实施效果,影响其社会效益和经济效益的大小。因此,制定标准时,必须认真遵循下列一般原则和程序:①

1. 实事求是原则

制订的标准,应该从我国的实际情况出发,就是要结合我国的自然资源条件,适应我国的气候、地理环境条件,适合我国生产、使用、流通等方面的实际情况,还要符合我国的政治、经济情况以及我国人民的生活习惯等。

2. 顾客为主原则

制定标准是一项涉及面较广、相关因素较多的工作,关系到国家、部门、企业和广大人民群众的利益。因此必须从全局出发,在做好全面技术经济分析基础上,充分考虑使用要求,根据不同需要做出合理的质量分级分等规定,使全社会和广大人民群众获益。在制定一项标准时,既要考虑标准制定部门的利益,更要考虑使用部门和使用者的利益。

3. 科学先进原则

努力发展拥有自主创新技术,拥有自主知识产权的标准或者积极采用国际标准和国外先进标准,做到技术先进、经济合理、安全可靠。国际标准主要是指国际标准化组织(ISO)、国际电工委员会(IEC)和国际电信联盟(ITU)三大国际标准化组织发布的标准,以及 ISO 认可并在 ISO 网站上公布的其他国际组织所制定的标准。国外先进标准是指未列入 ISO 认可的国际标准目录的其他国际组织的标准、国际上有权威的区域标准、独联体的跨国标准等;俄罗斯、美国、瑞士、英国、法国、日本和德国等工业发达国家的国家标准;世界上同行的团体标准以及美国波音公司、日本松下电器公司、德国西门子公司等著名企业的企业标准。

---

① 洪生伟. 标准化管理[M]. 北京:中国标准出版社,2012:159 - 163.

国际标准一般都经过科学论证和生产实践的检验,反映了世界上较先进的技术水平,并且是在协调各国标准的基础上制定的。因此世界上不仅一些发展中国家在积极采用,以引进先进技术,一些工业较发达国家也大量采用,以消除国际贸易中的技术壁垒,提高本国产品在国际市场上的竞争力。对于服务业特别是公共服务而言,制定相关标准,可以减小城乡差距,提高欠发达地区的服务水平,同时提高服务效率。

4. 和谐一致原则

和谐一致原则是指相互关联的标准要协调一致、衔接配套,并符合我国标准体系的需要。相互关联的标准之间的一致性和配套性是我们在制修订标准时必须认真注意的一项问题。

一致性主要表现在三个方面:①凡是需要而又可能在全国若干个专业范围内统一的标准化对象,应制定为国家标准,不能制定成行业标准;凡是需要在一个专业范围内统一的标准,则应制定为行业标准,而不应制定成地方标准或企业标准。②下层标准不能与上层标准相抵触,同一标准化对象,有了上层标准后,只能对上层标准做进一步具体补充,或制定质量指标更高、技术更先进的下层标准。③各类标准中对同一标准化对象的术语、符号、代号,对同类产品的抽样方法、实验或检测方法要一致,可以采取引用标准或引用条文的方法。

配套性主要表现在六个方面:①尺寸参数或性能参数之间要配套。②连接、安装尺寸之间要协调配套。③整机和零部件、元器件之间的协调配套。④同一产品的原材料、半成品、成品、检验方法等标准协调配套。⑤同一企业的企业标准协调配套。⑥各个行业、地方乃至全国各类各级的标准应协调配套。

5. 时机适宜原则

时机适宜原则就是指制修订标准的时机要适宜。任何事物都有一个产生、发展和消亡的过程,标准化对象也不例外。实践证明,标准制定得过早,由于客观上的矛盾还没有完全暴露,人们的实践经验也不丰富,制定出来的标准就容易缺乏充分的科学依据,其技术指标、参数也不能考虑得周全,因此就会约束甚至阻碍事物的正常发展。反之,如果标准制定得过迟,由于事物已向多元化的自由发展,又会出现许多不必要的不合理的品种、规格,给各种标准的协调统一工作带来许多困难,实施标准后,又要给一些部门和单位带来较大的经济损失,还会使一些已经发展成熟的先进技术、管理经验得不到及时的总结、推广和应用,得不到应得的经济利益。

6. 效益最佳原则

制定标准的根本目的是为了获取最佳秩序和社会效益。如何获取最佳效益就自然要成为制修订标准时必须考虑的一项原则。标准化效益是一个客观存在的量性对象，但它又往往和其他实践活动产生的效益相融合，存在着亦此亦彼的模糊性，尤其在制定标准前预测时，是一个“界线不分明的集合”，用经典数学难以计算出确切的结果，但是模糊数学可以对带有模糊性的量性对象给予科学的定量评价。模糊数学从美国自动化控制专家查德教授于1965年创立至今，仅20多年的时间，但它在经济预测、决策分析、气象预报等方面都已取得成功。同样，运用模糊数学中的综合评判法等数学方法，也可应用于制定多个标准方案，这样不具体计算每个方面所取得的经济效果，而是评价选择其中技术经济效果最佳的标准方案，完全是可行的。当然，用其他科学方法对标准方案进行预测分析、验证比较，并决定最好方案，也是可以的。

（二）服务标准制定原则

服务标准是获得服务行为的最佳秩序、实现产业发展最佳共同效益的得力工具。制定服务标准是服务标准化工作得以开展的基础。服务标准的制定是一项严肃的工作，标准的制定只有在一定的原则指引下，遵循既定的制定程序，对标准条款严格把关，才能保证制定出来的服务标准科学、适用，满足行业发展的实际需求。在苏州市城市综合服务标准化建设试点工作服务标准的研制过程中，除了遵循标准制定的一般原则外，根据城市服务的固有特性，还遵循了以下原则：

1. 兼顾公平

服务可获得性取决于市民对于他们需要或想要的服务的支付能力，以及服务对于所有市民的可用性，而不论地点、社会和经济因素以及身体或心理机能障碍。为维护公平，标准须确保服务不会歧视任何特殊市民群体，例如儿童和老年人、不同种族和文化背景的人以及不同能力的人。因此，在制定相关标准时尽可能地考虑到所有的利益相关方。

2. 促进竞争

根据多种选择，满足不同市民的多种需要是服务提供的宗旨。在标准化工作中，要做到标准既不偏袒任何特定服务接受者，也不受限于不必要的服务提供形式，尽可能给市民提供更多的可选种类、更大的可选空间，从而促进服务市场公平有序竞争，更好地保护市民的合法权益。

3. 保证安全

在制定标准中涉及安全的内容时要特别注意对弱势群体的保护，要考虑到儿童、老人、残疾人、生活条件差的人或因年老等原因丧失能力的人的安全需求，为他们提供相关帮助。

4. 提倡环保

环境问题越来越为市民所重视,包括通过减少消耗,降低气味、噪音、辐射、视觉等污染来促进自然与人文环境的和谐,加强对人类物质、文化遗产的保护。试点单位在制定服务标准时,基本上都提出环境要求,以尽可能地降低在服务提供过程中对环境造成的损害。

三、标准的公开

标准作为我国政府信息的一部分,在实践中做法是强制性标准文本免费在政府相关网站公开,推荐性标准属于依申请有偿使用的范围。标准的公开包括项目来源公开、立项公开、征求意见公开、审查公开、发布公开、复审公开等。强制性标准公开应遵循权利原则、透明原则、利益平衡原则、不收费原则、自由使用原则。①

1. 项目来源公开

标准化行政主管部门和相关部门每年应向社会公开征集标准需求。应通过政务网或其他社会容易获取信息的渠道发布征集标准需求的规范性文件,明确信息反馈的流程、方法等。

2. 立项公开

标准申请立项的主体应明确并公开;申请立项需提交的材料应当公开;立项申请材料可以公开向社会征求意见;立项申请时间与截止时间应明确公开;项目计划应通过公开的程序确定,即标准化行政主管部门组织标准审查机构、标准化专业技术委员会或者有关专家,根据情况邀请行业管理部门、科研院所、企业、用户、消费者等相关领域的代表参加,召开立项申请的、论证会,并提出书面审查意见;根据立项审查会或者专家论证会的意见,确定标准制定或研究项目,编制标准制定项目年度计划,并以书面或通过网站公开发布;应明确不予立项的情况。

3. 征求意见公开

标准草案在经起草单位审查通过后,应当公开征求相关方的意见。强制性标准应在标准化行政主管部门网站公开征求意见,并按照 WTO 的要求履行通报义务。标准征求意见应全面听取有关部门、企业、技术机构以及其他相关方的意见。涉及重大或者特殊专业技术问题的标准,应当召开会议,征求有关方面的专家或者其他专业人员的意见。征求意见期限明确公开。

---

① 黄恒学,张勇.政府基本公共服务标准化研究[M].北京:人民出版社,2011:224.

4. 审查公开

标准审查程序应当明确、公开;审查期限应明确公开;审查会议专家代表确定程序公开,代表来源于社会各相关方;审查内容应明确公开。

5. 发布公开

标准发布以后,按照政务公开的要求,强制性标准文本应免费通过网站向社会公开。

6. 复审公开

标准复审结果应对外公开,使利益相关方知悉标准变化情况。

第三节　公共服务标准的宣贯与实施

实施标准涉及生产、经营、管理等多个部门和产品设计、生产和销售等多个工作环节。因此,实施标准必须是一项有组织、有计划的标准化活动,标准的实施工作可大致分为实施准备和组织实施两部分。

一、准备工作

1. 制定实施标准计划

为保证标准的实施,可把实施标准的要求纳入各个部门的岗位责任中,并通过日常的检查和定期考核,增加实施标准的压力和动力。标准实施计划的内容主要包括实施标准的责任部门,标准实施的方式、内容、步骤、起止时间及达到的要求等。在制定实施标准计划时,应注意以下几个问题:

(1) 要从总体上设计实施标准计划,并将整体项目分解成若干具体项目和要求,明确相应的责任部门和工作进度要求。

(2) 要系统地分析实施标准的各种因素,在此基础上确定标准实施的先后顺序和应采取的对应措施。

(3) 制定标准计划应包括实施标准所需要的人力、经费等方面的保障条件。

2. 实施标准的准备

为保证标准的顺利实施,标准实施前应做好相应的准备工作,一般包括:

(1) 明确相应的机构,负责实施标准的组织协调。企业应明确企业标准实施的责任部门,牵头制定实施标准计划,负责实施标准的组织协调工作,推进标准的具体实施并对标准的实施效果进行监督检查。

(2) 做好宣贯培训。在标准实施之前，企业标准实施的责任部门编写标准宣传材料、组织多种形式的标准宣贯培训，使企业标准相关人员都能理解、掌握标准的内容及执行标准的注意事项。企业应系统地进行标准的培训，提升相关人员的标准意识、理论水平和执行能力；对于新制定或修订的标准进行宣贯，以确保实施者准确理解和把握标准的要求。

(3) 进行技术准备，必要时进行技术攻关或技术改造。标准实施的技术准备工作是标准实施的关键环节，包括在实施过程中涉及工艺方法的改进、工艺装备及设备的改造，以及某些关键技术所需要组织的专项攻关。

(4) 进行物质准备，为实施标准提供必要的资源。物质准备是标准实施前的一项重要工作。有些产品标准的实施，需要添置工艺装备、设备和检测仪器，进行厂房改扩建等。有些标准的实施涉及人力和财力资源，需要企业统筹资源的投入，做好相应的物质保障工作。①

二、组织实施

组织实施就是按规定的时间实施标准，实现综合标准化目标。这一阶段的工作内容与往常的标准实施工作有许多相同之处。② 标准的实施是标准化活动的关键环节之一，标准实施是一项有计划、有组织、有措施的贯彻执行标准的活动，是将标准贯彻到企业生产(服务)、技术、经营、管理工作中去的过程。标准只有在实施之后，其作用和效果才能产生和体现出来。③

(一) 实施标准的基本原则

实施标准必须符合国家法律、法规的有关规定。国家标准、行业标准、地方标准中的有关强制性标准，企业必须严格执行；不符合强制性标准的产品，禁止生产、销售或进出口；纳入企业标准体系的标准(包括推荐性标准)都应严格执行；出口产品的技术要求依照进口国(地区)的法律、法规、技术标准或合同约定执行。

---

① 上海市标准化研究院，中国标准化协会，上海信星认证培训中心. 标准化实用教程[M]. 北京：中国标准出版社，中国质检出版社，2011：128.

② 李春田. 现代标准化方法——综合标准化[M]. 北京：中国质检出版社、中国标准化方法，2011：45.

③ 上海市标准化研究院，中国标准化协会，上海信星认证培训中心. 标准化实用教程[M]. 北京：中国标准出版社，中国质检出版社. 2011：127.

（二）标准的实施过程

标准实施的各项准备工作就绪后，应进行标准的实施，由于标准本身的不同特点和实施要求，应分别组织实施。属于技术标准的，由企业技术部门负责实施，企业标准化机构或标准化专职与兼职人员在企业主管技术领导下进行组织协调；属于管理标准的，由各有关部门领导组织实施；属于工作标准的，由所属部门领导负责组织实施。企业有关部门必须严格实施各项标准，企业标准化机构及有关部门领导必须深入实际，给予指导、帮助、解决问题；对上级标准实施中遇到的问题，应及时与标准起草单位和发布部门进行反馈和沟通；对新标准实施给企业带来的经济效果，必须做好统计和计算。

实施标准的监督、检查是对标准贯彻执行情况进行督促、检查和处理的活动，是确保标准实施的重要措施。标准实施的监督、检查，主要包括企业自我监督和上级有关部门对企业的监督检查。通过监督、检查，可促进标准的有效执行，并发现标准本身的问题，以采取改进措施。

（三）标准的宣传培训与标准的推广

标准的宣传培训与推广有利于推进标准的实施。重点加强标准化试点、示范工作，选择标准化基础较好的区域，开展标准实施与推广的试点，总结试点经验，改进标准，创建服务品牌，在更大范围内推广，并在实践中提出新的标准化需求。应主要抓好如下几个方面的工作：①

1. 加强组织领导

标准实施涉及面广、工作量大，应切实加强组织保障，明确目标职责，成立政府部门和各方机构及有关人员组成的实施小组，负责组织协调和督促、检查。

2. 制定有效的推广计划，建立科学的运作模式

标准实施应制定适用的推广计划，建立一套“管理—指导—实施—监督”的运作模式。加强领导，配套推进；建立标准化运行机制，即由政府相关部门负责标准实施的组织管理，科研机构等负责标准化技术培训与指导，行业协会及生产经营者作为标准化生产的实施者，质检部门及标准组织实施的政府部门作为标准执行的监督者，推进运行机制与运行模式创新。充分发挥服务组织作为标准化工作的主力军的作用，进一步深化认证认可制度对标准实施的促进作用，为相关的激励政策和监督措施提供技术支

---

① 黄恒学，张勇. 政府基本公共服务标准化研究[M]. 北京：人民出版社，2011：229－230.

撑,把标准的宣贯、实施落到实处。

3. 加强宣贯、培训指导

围绕标准的推广实施,通过各种不同形式,加大对标准化试点、示范区成果的宣传;举办标准技术和知识培训班,加强标准化基础知识、标准体系建设、标准编写、标准体系实施的培训;加强重点标准、关键标准的宣传与培训;开展认证培训,向服务提供方发放相关标准文本和法规资料;派出标准化人员蹲点指导等。通过宣传培训,普及标准化知识,培养标准化意识,增强公众参与标准化工作的积极性和主动性,同时使标准化各相关方准确理解标准、掌握标准、重视标准、遵守标准、执行标准、监督标准,切实提高生产经营的标准质量意识和水平。加强部门、行业和地方之间的协调与配合,倡导政府部门和单位优先采用规划中的标准,并将其作为部门管理与服务工作的重要技术依据。

4. 加强保障服务

为确保标准实施的有效性,应通过标准化试点、示范建设,提高对服务提供组织的带动能力。服务人员应具备相应资质,要经过上岗培训考核;采取多渠道、多途径筹措资金,使标准化工作有财力保障;加大对设施设备、服务场所等硬件以及标准品牌、规章制度等软环境的配套投入,加强标准化建设;健全组织机构、管理制度,完善人员管理制度,加强贯彻、落实、督促、检查,促进标准的全面实施。

5. 加快标准化技术机构建设和人才培养

人才培养是标准化宣传培训、推广的主要目标之一。应进一步加强标准化技术机构的建设,按照懂专业、精技术、善管理、具有较强交流和协调能力的高级复合型人才的要求,加强服务标准化人才队伍培养。标准化人才培养可以采取专门培养、高等院校培养、标准化部门协同培训、专门培训并结合工作培养等多种方式。

利用专业技术机构研发基地的优势,建立专门培养高级人才的培养基地。利用高校优势,在高校设置标准化课程或标准化专业,培养标准化机构的硕士生、博士生。标准化协会培训或专门培训可以针对不同对象、不同内容,有目的地举办各类长期或短期培训班,并进行认真考核和评价。结合工作培养可以采取换岗、轮职的方式或者派往先进省市学习、交流或共同工作、项目合作等方式。在人才培养措施方面还应注意以下几点:根据工作需要和事业发展制定人才培养计划;根据不同类型培养方式,编写相应教材;建立人才培养基地和教师队伍;大力开展标准化普及教育,提高全民标准化意识;建立标准化人员职业资格制度,确立标准化技术职称系列;建立激励人才竞争机制,提倡人才流动。

第四节　公共服务标准体系的维护与改进

标准体系涉及服务业组织服务、经营和管理活动的方方面面，包括多项标准，其功能作用比较复杂，因此，对标准体系维护的难度和工作量也较大。同时由于人们需求的不断变化，会出现新的服务领域，而现有领域的各项标准也在不断更新，促使人们制定出更多先进标准。随着服务标准化相关理论的不断完善，标准体系的结构也可能会发生改变，以适应服务业组织的发展。

一、标准体系的维护

对企业综合标准体系表进行完善和优化。首先，应分析体系表构成的合理程度及系统协调配套状况。其次，分析体系表的功能是否达到企业标准化工作目标的要求。再次，分析体系表是否符合编制原则和编制要求。在分析的基础上对综合标准体系表进行调整、优化，以形成科学的有机整体。① 标准体系维护的一般流程包括：企业标准体系表的编制，企业标准的制定，企业标准的备案，企业标准的实施，企业标准的复审及修订，企业标准的废止，企业标准的评价与改进。②

（一）标准体系评价的依据和基本条件

1. 评价依据

服务业组织标准体系的评价是一项比较复杂的工作。目前，该项工作主要依据GB/T 24421《服务业组织标准化指南》国家标准和国家标准委，国家发改委等六部（委、局）发布的《关于推进服务标准化试点的意见》（国标委农联[2007]7 号）等文件，另外，还可参照GB/T 15496～GB/T 15498《企业标准体系》系列国家标准、GB/T 19273《企业标准体系　评价与改进》、GB/T 13016《标准体系表编制原则和要求》、GB/T 13017《企业标准体系表编制指南》以及GB/T1.1—2009《标准化工作导则》等国家标准。

2. 基本条件

被评价的服务行业组织应满足以下基本要求：

（1）建立满足本组织服务、经营、管理要求的标准体系，并在标准体系文件批准发

---

① 赵莉. 企业综合标准体系表的编制与维护[J]. 航空标准化与质量，2014(1)：10－12.

② 宋明顺，周立军. 标准化基础[M]. 北京：中国标准出版社，2013：140.

布后，进行有效实施。

（2）设有专门的标准化管理机构，配备专职或兼职人员，标准化职责明确。

（3）全体员工应经过标准化专业知识培训，熟悉企业方针和目标，熟悉本部门和本岗位的职责、权限，掌握本岗位工作所执行的各项标准要求。

（4）最高管理者、中层管理者以及关键部门和岗位的工作人员应熟悉国家有关的法律、法规和规章，掌握服务业组织标准体系文件的有关内容。

以上是对被评价服务业组织提出的基本要求，也是分别对标准体系的建立和运行、对标准化机构和标准化人员以及标准化管理者提出的要求。只有在达到这些要求后，服务业组织标准体系的建设工作才算是基本完成，才能进入标准体系的评价阶段。

（二）组织机构和人员

标准体系的评价涉及面广，内容复杂，应成立相应的评价组织，并由专业人员完成。标准体系评价一般分为两类：一类是外部评价，另一类是服务业组织开展的内部评价。外部评价由有关部门或委托相应机构成立评价组织；内部评价由服务业组织成立评价组织，并可聘请外单位专业人员参加做好评价工作。评价组织成员的多少，应根据评价工作量的大小和涉及的专业来确定，既要保证评价工作质量，又要尽量减轻被评价组织的经济负担。

1. 评价组织的责任和义务

严格按照评价依据对服务业组织建立并运行的标准体系进行评价；客观、公正地做好评价工作，如实反映评价活动中发现的问题；严格按照评价计划要求的时间、地点、范围和程序进行评价，对出具的评价报告负责；评价后，评价组对评价效果、问题、不合格项产生的原因及改进建议向被评价的服务业组织说明，以便进一步改进标准。

评价组织应设评价组长，全面负责评价工作，组织制定评价计划或方案，协调处理评价过程中出现的有关问题，组织全体评价人员研究确定评价结论，分析不合格原因及改进意见，主持编写评价报告等。

2. 评价人员至少应具备的条件

熟悉国家有关标准化方针、政策和法律、法规，并掌握服务业组织标准工作指南系列的国家标准和相关专业知识；熟悉被评价组织的行业特点，能识别和预见该组织在服务、经营、管理过程中存在的问题；具有大专以上学历和中级以上职称，具有一定工作经验，有组织管理和综合评审能力，能够解决评价过程中出现的实际问题；遵纪守法，坚持原则，实事求是，保守被评价组织的商业秘密。

标准体系的评价是一项专业性比较强的工作，特别是服务业组织标准体系的评价，在很大程度上依赖于评价人员的知识水平、技能和经验，因此，对评价人员的要求也较高。上述要求中的各项分别是对评价人员的标准化政策、法规和专业知识，资质、经验和评审技能，职业道德的要求。还要求评价人员对被评价组织所处行业有所了解，并熟悉被评价组织的服务、经营、管理过程，只有这样，才能准确识别有关问题。评价人员要求严格遵守评价纪律，参与制定评价计划或方案，按评价原则要求，认真进行各项检查、验证工作，详细填写记录表、评分表和不合格报告，对不合格的组织提出改进建议和意见。

（三）评价的程序和方法

1. 评价的程序

标准体系评价的基本程序为：成立评价组织；制订评价计划或方案，确定评定方法、指标体系和判定规则；评价准备；评价实施；编写评价报告；评价结果处置。标准体系评价工作应按标准条款要求有序进行。

要制订详细的评价计划或方案，一般包括评价目的、评价依据、评价方法、评价内容和要求、任务分工、时间、地点等。评价计划或方案一般应事先与被评价的服务组织进行沟通，必须在征得其同意后方可实施。

要结合被评价组织的实际，按照评价要求，建立科学的评价指标体系。标准体系的有关指标，在 GB/T 24421—2009 标准中已提出了相关要求，但应结合被评价组织的实际情况进行取舍或具体化。标准体系实施效果的指标确定，一般从服务质量、安全环保能力、经济社会效益等方面考虑。对于不能给出具体指标的项目，也应有明确的要求。建立指标体系后，应明确各项指标合格与否的判定规则。

根据评价项目的特点，选择合适的方法进行评价。要认真做好评价的准备工作。除确定评价人员、成立评价小组、制订评价方案或计划外，还应编制检查记录表，评分标准、调查表（问卷）汇总表、准备评价所需的工作文件（包括国家标准、行业标准的文本，标准目录，标准化方面的法律、法规、文件等）、必要的测量工具、验证方案等。评价人员在进行评价之前，要仔细阅读服务业组织提交的有关文件，特别是标准体系表和标准体系文件，了解服务业组织的服务、经营、管理状况。

评价实施要按照评价方案进行。第一，召开首次大会。首次大会由评价组全体成员、被评价服务业组织最高管理者及有关人员参加，由评价组组长主持。首次会议议题包括：介绍评价组成员及分工；说明评价的目的、范围、方法和程序；被评价服务业组织介绍其基本情况、标准体系的建立和运行情况；评价人员提出疑问，进一步了解服务业组织的有关情况；明确服务业组织保密和限制的区域，服务业组织领导部署评价配合工作;宣布工作开始。第二,评价人员按照分工分别进行评价工作。对照相关要求,结合服务业组织标准化工作的基本情况,对标准体系文件、标准体系实施过程、标准体系实施效果进行评价,做好评价记录,给出各单项的评价结果。第三,召开评价小组会议,对评价的全部内容进行全面分析、总结,经集体讨论,提出评价结论,对不合格项或严重缺陷提出改进的建议。第四,召开末次会议。末次会议有评价组成员、被评价组织最高管理者和有关人员参加。会上,简单介绍评价过程,宣布评价结论,通报评价过程中发现的有关问题并提出改进建议。对于评价结论、不合格项及有关问题,服务业组织提出异议时,可以进行复核和澄清。

按照标准要求编制评价报告。根据评价结果和评价组提出的改进建议,服务业组织要制定改进措施,进一步完善标准体系,提高实施效果。

2. 评价的方法

标准体系的评价一般采用下列方法:查看记录和报告;过程验证;观察、提问;满意度测评。上述方法中"查看记录和报告""观察""提问"是经常采用的评价方法。"过程验证"方法比较复杂,但往往能获得比较可靠的证据,必要时可以采用。"满意度测评"是考察服务质量的有效方法。当然,根据评价的需要,评价组也可以选用其他更有效的方法,无论采用什么方法,其目的都是要获得真实、可靠的数据。

(四) 评价的内容和要求

1. 标准体系文件的评价

标准体系文件评价包括以下内容:

(1) 体系完整性评价:主要经营活动的标准覆盖情况。主要通过分析服务业组织的服务、经营、管理等各个环节,对照标准明细表,检查该有的标准是否具备,并计算标准的覆盖率。对于涉及服务质量、安全环境保护等重要标准以及有关法律法规规定必须具备的标准,而体系中缺少的,一般应视为严重不合格项,其余应视为一般不合格项或缺陷。

(2) 体系规范性评价:标准体系框架、标准体系表、标准明细表、标准汇总表和标准文本。主要对照有关国家标准检查体系结构、标准文本编写质量等内容。

(3) 体系协调性评价:标准和相关法律之间的协调性,标准之间的协调性。主要是检查标准体系的外部协调性和内部协调性。外部协调性主要考虑体系文件与有关法律法规及国家有关政策、现行国家标准、行业标准、地方标准的协调性;内部协调性主要是考虑体系内各标准之间以及标准各项规定之间的协调性。

(4) 体系有效性评价:标准满足经营活动需要的情况,标准保证体系正常运行及持续改进的有关措施。主要是检查标准体系文件对服务业组织各项活动的支撑作用，包括保障安全、保护环境、保证服务质量、提高工作效率、降低成本等多个方面；同时，还要检查保证体系正常运行及持续改进的有关措施是否有效。

2. 标准实施评价

由于标准体系中的标准较多，可以抽取部分重要标准进行评价，并且可视情况简化评价程序，其中，单项标准的实施效果可与标准体系的实施效果评价结合进行。

3. 标准体系实施效果评价

标准体系实施效果评价主要包括效益评价和服务质量评价两部分：

（1）效益评价。应该对服务业组织通过建立和实施标准体系，提高服务效率、降低服务成本、增强市场竞争力、提高经济效益和社会效益等方面进行评价。要严格进行该项评价比较困难，宜根据事先确定的评价指标和有关数据，通过测算得出较为准确的结论。

（2）服务质量评价。服务质量评价包括服务质量特性评价和满意度测评两个方面。

① 服务质量特性评价。对服务质量的功能性、安全性、时间性、文明性、经济性进行评价。功能性是指对照标准规定的服务项目的功能，对每项服务通过检查、验证等方法，证明其是否达到预期的功能和顾客要求。安全性是指标准中应有明确的保证顾客人身和财产安全的设备、设施、人员及措施方面的要求。通过检查、验证等方法，证明其是否达到预期的安全效果。安全性一般包括文字或图形的安全提示；为顾客或财产提供运输、贮存、包装、交付和保护的有效控制；安全方面的应急预案或措施等。时间性是指对时间有要求的服务，标准中应规定等待和服务提供过程的时间。通过时间测量，证明其是否达到标准规定的时间要求。文明性是指应对各种文字、图示、影响的说明、指南或宣传广告以及服务员的服装、仪表与顾客接触、沟通的语言、动作做出规定，通过观察、考察等方法，证明其是否达到预期的文明程度。此外，文明性考察的因素还包括设计、产品说明书、广告、文明用语；企业文化、诚信；员工素质；等等。经济性是指标准应该对服务和经营活动的经济指标做出明确的规定，各项服务应明码标价。还要考察组织向顾客提供产品或服务的质量与顾客交付的费用是否对等，组织自身的各种能源、材料的消耗是否降至最低等方面，通过测算，综合分析其经济性状况。

② 满意度测评。满意度测评是评价服务质量高低的有效手段，通过发放调查问卷、电话访问或网上调查等方式进行顾客满意度测评。调查的内容应全面反映服务质量要求，调查的范围应尽可能广泛。通过对调查反馈的信息进行统计测算，给出满意

度测评结果。

（五）评价数据分析、处理和评价报告

对评价过程获得的数据进行分析、处理，给出各评价单项的评价结果，汇总各单项评价结果，给出标准体系评价结论，出具评价报告，这是评价工作的重要环节。

评价报告一般应包括以下内容：评价报告的名称、编号；评价的时间、地点、参加人员；评价的目的、范围；评价的简要过程；对评价组织的肯定、发现的问题及改进建议；评价结论。

评价结论要客观真实地反映被评价服务业组织的实际情况，评价报告内容要齐全，格式要规范，要体现评价工作的严肃性。

二、标准体系的改进

由于现代企业均处于动态的内、外部环境之中，技术进步和创新不断涌现，先进的管理理念和方法不断应用，企业应按照 PDCA（计划、实施、检查、改进）的思想，对标准体系的实施情况定期进行检查、评价和改进，以保证标准体系的持续改进，实现标准体系的先进性、适用性和有效性。企业标准体系评价分为两种形式：一种是自我评价，即企业自己组织的评价；另一种是外部评价与确认，即由标准化行政主管部门认可的评价机构，按照规定的组织程序和要求对企业进行的评价与确认。企业标准体系评价应以自我评价为主，在自我评价的基础上争取社会确认。只有自我评价和外部评价确认相结合，企业标准体系评价才会全面、完整①。对于服务组织而言，标准体系的改进工作又主要分为以下三个方面②：

1. 持续改进

服务组织应持续改进其质量管理体系的有效性。这就意味着要连续改进服务组织持续提供合格产品和服务的能力。通常情况下，系统的过程改进是通过全员参与，以识别改进的需求，并在其活动范围内制订改进方案。

在职责和权限发生变更的情况下，改进过程应考虑最初的情况和决定，以确保所提供服务的连续性、有效性和效率。在持续改进的过程应考虑任何来自公众的声音、质量管理体系的审核结果及其审核准则。它应考虑所能获得的必要资源，以使改进收到实效。

---

① 宋明顺，周立军. 标准化基础[M]. 北京：中国标准出版社，2013：140.

② 黄恒学，张勇. 政府基本公共服务标准化研究[M]. 北京：人民出版社，2011：239－240.

2. 纠正措施

服务组织应编制形成文件,以控制纠正措施,确保其有效性,并避免或最大限度地减少不合格的再次发生。在确定纠正措施以前,需要分析相关的不合格产生的主要原因。根据不合格再次发生的潜在风险,确定采取的纠正措施。纠正措施应形成文件,进行记录并适当沟通,以确保其有效实施。

3. 预防措施

预防措施可推动质量管理体系和服务过程的持续改进,服务组织应编制形成文件的程序,以控制其预防措施。这些措施通常产生于对潜在的不合格原因的风险的识别与分析。预防措施过程中的活动应予以记录,并在组织内部的适当范围内予以通报。组织应该对从预防措施的过程中得到的经验和教训加以评审,并告知整个组织中的所有相关和各级人员。①

第五节　公共服务标准化运行保障机制

一、标准化运行模式

(一) PDCA 循环

标准化体系的运行模式实际上是一个"PDCA 循环"过程,其中,从选择对象、建立协调机构、确定目标、目标分解,到编制标准综合体规划和制订工作计划,是 P(计划);建立标准综合体和组织实施,是 D(实施);从跟踪检查、记录到反馈信息,是 C(检查);从审查、评价到验收或再改进,是 A(处置)。这个"PDCA 循环"是全面质量管理的工作方式,在质量管理活动中取得了巨大成功,原因就在于它符合解决问题的逻辑规律,特别是形成了持续改进的机制。②

(二) 标准化三角形(ABCA 循环)

标准化的基本过程模型,反映的是标准化的基本过程。所谓基本过程是指标准从制定、实施到信息反馈的一次循环过程。标准化过程的三个环节,可以看作由一系列

---

① GB/Z19034－2008(ISO/IWA4:2005). 质量管理体系　地方政府应用指南[S]. 北京:中国标准出版社,2005.

② 李春田. 标准化概论[M]. 北京:中国人民大学出版社,2010:36－39.

活动组成的三个子过程。它们之间的关系以及它们的各自地位、作用可以用一个等边三角形来表示。

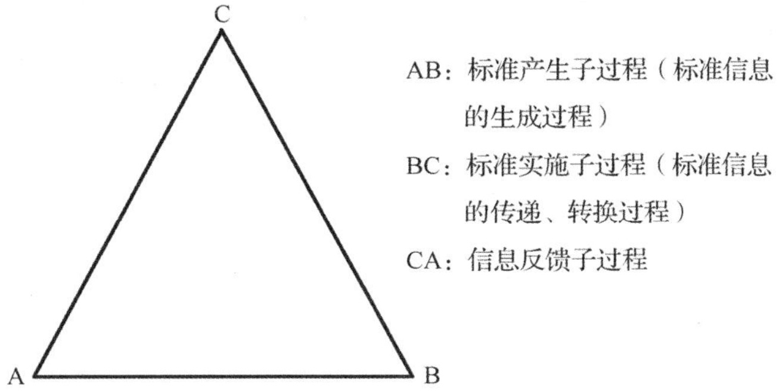

图 2-1　标准化过程模式(标准化三角)

标准化基本过程的三个子过程是同等重要的,不存在孰重孰轻的问题。三角形的三个边连接在一起,形成一个信息传递(转换)的封闭循环变通道。标准化过程实际上就是由标准信息的生成、传递、转化、反馈等环节组成的连续过程。其中的任何一个环节发生缺失或功能不足都会对整个过程的效果产生直接影响;如果个别环节发生中断(如缺少信息反馈),则整个过程便会中断,封闭循环变成开放循环,反馈过程变成无反馈的失控过程。标准化过程中发生的许多不良反应,都可以通过对这个三角形的解析找到原因。三角形的三个子过程,是标准化过程的基本要素,它们中的每一个都是由一系列更具体的活动组成的子过程。

(三) 标准化金字塔

标准化三角形反映的是标准化的基本过程,即"标准的产生——标准的实施——信息反馈"。但标准化活动并未到此终止。当基本过程结束时,第二次循环又开始了。第二次循环的终点又是第三次循环的起点,依次循环,永不止息。这个螺旋式上升的金字塔形才是标准化的全过程。标准化过程的 ABCA 循环,不是一次次的原地旋转,而是每循环一轮,都在原来的基础上有所创新、改进,即通过标准的重新修订,使标准向前发展一步。标准化就是在这种不断循环的过程中一步步向前发展的。它的发展轨迹是无数个不断"迁升"的三角形,它的发展模式就是构筑"标准化金字塔"。

标准化三角形从最初始的 ABCA 循环,向下一个以及以后的一系列循环的过渡的方式称为"迁升"。不论是标准还是标准系统,都必须处于稳态才能发挥其功能。因此,它的每一个 ABCA 循环都是处于稳态(静态)的。保持这种稳态是标准体统控制的重要任务。不仅要及时排除影响系统稳定和系统功能发挥的各种干扰,而且从着手建立系统时就力求稳定(如不制定短命标准)。标准系统持续稳定的时间越长,标准化成本越低,对相关系统的干扰越小,社会效益也就越好。但是标准系统不可能永远稳定,因为它的稳定性受诸多因素的影响。如果由于经济发展、技术进步、市场变化以及标准需求方的要求,使原有的标准或系统不能适用时,就应组织标准的修订或对标准系统进行调整,这个修订和调整的过程也就是“迁升”的过程。

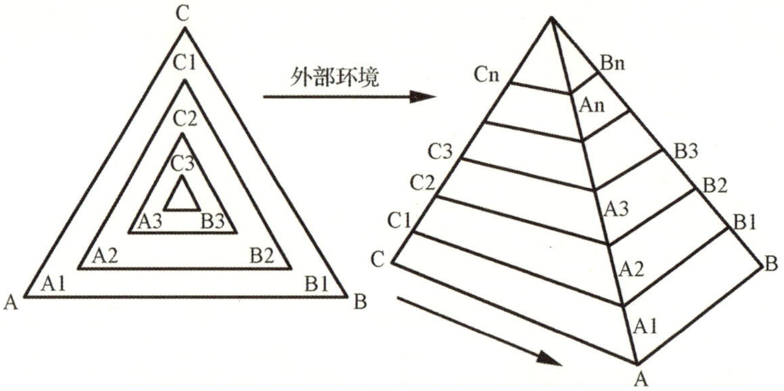

图 2-2　标准化三角形的迁升与标准化金字塔

二、服务标准化运行模式管理与保障①

一方面,由于标准化在我国处于发展初期阶段,标准化运行模式因政府机构改革而屡屡发生变动。另一方面,即使管理机构稳定不变,我国标准化模式也是不完善的,还带有很强的计划经济色彩,需要在发展中不断改进。

(一)标准化运行管理的总体思路

新时期对我国服务标准化工作提出了新的要求,我们应该厘清思路,创新思维,以市场为导向,保护消费者,遵循相关产业和标准化规律。在进行服务标准化工作时应遵循以下思路:①服务标准化工作要以本国、本地的政府、经济、文化以及自然禀赋为基础。②服务标准化要以相关产业发展为依托,以促进产业良性发展为出发点,服务标准的制定过程和实际内容要体现行业特点,满足行业发展需求,内容及时更新。③服务标准化工作应满足和引导消费者需求,保护消费者合法权益。④随着社会经济的发展,不断创新服务标准化工作意识、方法和手段,不断借鉴国外标准化工作的先进方法和经验。⑤应提出系统的中长期的发展规划,有步骤、有目的地推进服务标准化工

① 柳成洋,等. 服务标准化导论[M]. 北京:中国标准出版社,2009:179 - 185.

作。⑥服务产品的开放要有明确定位,以市场为导向,围绕目标市场开展标准化工作。⑦充分依靠行业协会,积极吸纳龙头企业参与服务标准化工作,形成政府、行业、企业和社会共同参与的局面。

(二)服务标准化运行模式

服务标准化工作中,由于服务对象是有感情的人,服务感受与人的精力、年龄、性别、民族、文化水平和个人爱好等因素密切相关,所以,服务标准化不仅要满足人的物质需求,还要满足人的精神需求。

因此,服务标准化与工业标准化有很大的区别,工作思路也不尽相同。从大的原则来说,服务标准化工作应注意以下几点:①服务标准化工作要从人员的基本因素出发,考虑服务标准化的基本要求、基本程序和基本方法。②服务标准化应保持适当的灵活性,使服务人员有充分发挥的余地。③服务标准化要很好地与技术因素(如网络技术等)相结合。④公众在服务标准化工作中起着非常重要的作用,除了提出服务标准化的要求以外,还要参与标准研究与制定、标准试点、标准实施评价等诸多环节的工作。

三、标准化运行保障措施①

为推动标准化工作目标和任务落到实处,就需要采取切实可行的措施,为标准化工作创造良好环境。

1. 组织保障体系

标准化工作的顺利开展首先要有组织保障,需要建立组织领导机构。标准化组织领导机构主要是对标准化战略实施过程中重大问题做出决策、部署和安排,并实现标准化与技术、资源、科技、管理、产业等相关工作的有效协调。2001 年 10 月,中国国家标准化管理委员会成立,这是国家积极应对加入 WTO 所带来的挑战,提高我国标准化工作水平,更好地发挥标准在我国经济和社会发展中的基础作用,促进我国质量整体水平的提高的重要举措。中国国家标准化管理委员会由国务院授权,履行统一管理全国标准化工作的职能。地方公共服务标准化实践中,主要领导需要参与标准工作。苏州市在 2012 年 9 月成立了试点工作领导小组,负责组织领导、协调管理等工作。领导小组在苏州质监局设立办公室,质监局抽调业务骨干组建了试点工作日常办事机构,29 个项目承担单位和 77 个项目示范单位确定联络员,进行标准化活动的策划、安排并

① 黄恒学,张勇. 政府基本公共服务标准化研究. 北京:人民出版社,2011:244 - 246.

加强对各环节的管理。同时,各项目承担单位和示范单位也先后成立了由一把手领导或主管领导负责的领导机构与工作机构,规定了领导机构的主要任务和工作机构的标准化工作职责。从市政府层面到29个项目承担单位、77个示范单位均建有工作机构,从而形成了覆盖九大公共服务领域和四大专业服务领域的工作网络,为试点工作的顺利进行提供了有力的组织保障。

2. 加强国家技术标准资源服务平台建设

以国家技术标准资源服务平台建设为主线,建设和完善标准化信息服务系统。①继续综合国内外标准化信息资源,搭建好服务平台。完善国家标准制修订、国际标准化、WTO/TBT-SPS、标准全文和标准文献咨询信息五大电子标准信息应用及服务系统,实现国家技术标准资源服务平台与国际和国内各行业、各地方的链接,解决标准信息资源分散、标准信息不畅的问题。②发挥国家技术标准资源服务平台的作用,形成全方位的互联互通的大平台,实现共享。③与美、日、韩、英等二十多个主要贸易国共建双边标准信息平台,促进我国对外贸易的发展。④加强标准知识产权保护工作,打击盗版。通过标准销售及咨询服务,逐步建立反哺标准制修订工作的机制。

3. 加强标准技术组织的建设和管理

加快技术委员会建设,有效增加技术委员会、分技术委员会和工作组的数量。从技术委员会的设立、委员组成和运行机制等方面着手,使龙头企业成为标准化工作的主体,加大企业参与标准化工作的力度。继续加强对技术委员会的管理,建立技术委员会网络管理平台和数据库,强化对技术委员会的年度等级与绩效的考评机制,建立技术委员会挂靠单位优胜劣汰的竞争机制,建立标准化管理人员参与标准制修订工作的淡出机制。吸纳外国技术专家参与标准制修订。建立标准化评估机构,加强对其管理与监督。还可以通过引入技术机构,构建政、学、研合作共建机制,建立高水准的服务标准研制平台、标准化信息服务平台、标准化监督平台,建立适应服务标准化工作需要的管理、实施和监督人才队伍,并在此基础上,打造培养出一支标准化专家队伍。

4. 加强标准化专业人才队伍建设

实施标准化人才培养工程,建立和完善标准化培训教育制度、标准化人才培养选拔制度。重点抓好技术委员会组成人员的培训工作,建立国家级专家人才库,建立标准化从业人员资质制度,设立标准化工程师。开创标准化学科建设,推动在高校开设标准化课程和专业,加大标准化相关专业研究生培养力度,或在高校建立标准化博士后流动工作站,培养复合型标准化人才。标准化研究院试行首席研究员制度,培养学术带头人,打造标准化学科的研究梯队。实施国际标准化人才培养计划,采取挖掘和选拔相结合的方法，以龙头企业为基础，在全社会范围内培养优秀中青年技术和管理人才，使其具有比较全面的国际标准化工作知识和较高的英语交流能力，能够独立参与国际标准化工作；研究和制定培养我国担任国际标准化组织高层领导职务人才的规划，有目的地培养并提供锻炼机会，选拔其中的优秀代表争取担任 ISO/IEC 等组织的高级领导职务。

5. 加强标准化法制建设

加快修订《标准化法》的工作步伐，逐步完善配套的法律法规和规章制度，围绕标准化改革创新和发展目标，重点完成《国家标准管理办法》《全国专业标准化技术委员化管理办法》等一系列规章制度的修订。为适应市场经济以及与国际惯例接轨的需要，加快建立和完善国家技术法规体系。

6. 建立标准化工作财政保障制度

加大标准化的投入力度，国家将农业、食品、安全、卫生、环保、资源节约、基础、通用、公益等国家标准的研究和制修订经费列入财政预算；争取申请国家标准复审专项经费，解决国家标准老化问题；争取设立国家标准补助专项经费；努力争取国家科技攻关计划对标准研究的支持；申请增设标准科研经费；争取财政资金，建设国家标准化信息网络共享平台；争取国家基本建设投入经费，建设国家标准网。推动国家标准制修订资金投入的多元化，在保证标准的科学性和公正性的前提下，鼓励和引导社会各界，特别是有条件的企业出资制修订国家标准。建立标准出版、发行的反哺机制，使标准销售价格与国际接轨。运用信息化手段，加强项目管理，建立项目经费使用跟踪制度，争取合理有效使用资金。例如，苏州市在公共服务标准化建设工作中，财政部门和有关单位对所需经费进行梳理，制订预算计划，财政保障的落实为试点工作的顺利开展和有序推进提供了必要的支撑。

7. 加大标准化宣传和推广力度

大力加强标准化知识的普及、宣传和重大标准的宣贯工作，充分利用电视、广播、报刊、网络、户外等各种媒体，多渠道宣传标准化知识，增进公众对标准化事业的了解，在全社会营造重视和自觉贯彻实施标准的良好氛围。提高企业以及全社会的标准化意识，特别是提高服务组织负责人和管理者对标准化重要作用的认识。苏州市在标准化建设实践中，通过建立简报制度和信息平台来增进各单位的信息交流和单位内部的信息传递。

第三章　公共服务标准化影响机制研究

我国是较早开展服务标准化工作的国家之一，但总体而言，我国服务标准化水平还比较低。国内外学者从标准化实践出发，对服务标准化进行了较深入的理论研究，具体可以参考本书导论部分以及公共服务与标准化的理论部分的介绍，在此就不再赘述。就我国学术界对服务标准化与城市综合竞争力的研究来看，目前研究还比较零散，缺乏系统性，主要从宏观经济学的视角探讨了标准与对外贸易，建立各种理论模型，阐述了标准与贸易之间的作用机理，并利用多种分析工具，引用标准建立计量模型做出实证研究，支撑了标准对贸易有巨大影响的论点（郭力生，2002；李春田，2003；于欣丽，2008；金雪军，2006；程鉴冰，2008；侯俊军、马喜燕2009；侯俊军、万欣，2009）。但也有研究认为标准阻碍国际贸易（周华、王卉、严科杰，2007；王耀中、贺蝉，2008），这些研究都偏重于技术标准，并且多以标准化的存量作为分析的起点，不能够反映标准化的水平。郭政、季丹（2013）基于微观经济学的观点通过建立计量模型对服务标准化的经济效益进行研究，从组织层面探讨了服务标准化对经济的重大贡献。①

基于宏观经济学的视角通常注重“结果上的影响效应”即服务标准化对经济的影响是积极的还是消极的探讨，但是并没有对其内在作用机理进行深入的理论探讨与实证研究，这就使得我国各地的服务组织在标准化建设中缺乏理论指导和经验借鉴。

另有学者从管理学的视角探讨了政府服务标准化建设在服务型政府建设中的价值与作用，并提出了政策建议（胡税根、徐元帅，2009；杨梅，2012；徐婷，2012）。这些研究通常是基于“过程上的影响效应”即如何发生影响的理论探讨，缺乏实证证明，并且从现有的研究可见，城市竞争力领域的研究中，标准化的研究并不多见，只是随着政府的标准化实践，学术界才开始探索标准化带来的效益，理论上认为服务标准化工作在提升城市竞争力上也起重要作用。随着我国服务型政府的建设，政府公共服务职能的

① 郭政，季丹. 服务标准化对经济增长的贡献研究[J]. 标准科学，2013(004)：20－24.

转变，标准化在服务领域发挥技术支撑作用越来越显现，服务标准化对于全面提升一个城市的公共服务能力具有非常重要的意义（徐朴，2006；张登国，2008；柳成洋、李涵，2012）。由此可见，标准化与城市竞争力的相关性研究是一个比较新的研究课题，探讨和分析政府服务标准化水平在城市竞争过程中的作用将有助于全面推动政府服务标准化的深入研究，有利于提升公共服务标准化水平，充分发挥服务标准化的支撑作用。因此，对服务标准化与城市竞争力之间的相关研究，无论在宏观层面还是在微观层面，都是有益的尝试。

鉴于此，本研究基于政府公共服务组织这一微观视角，尝试运用管理学的相关方法不仅从“结果效应”上论证服务标准化水平对城市综合竞争力有积极影响，而且从理论与实证方面系统地探讨服务标准化通过政府公共服务效能对城市综合竞争力影响机理即“过程上的影响效应”，以说明服务标准化建设是如何影响到一个城市的综合竞争力的。

结合选题背景和研究动机，本研究主要关注的基本问题为：服务标准化水平能否预测城市综合竞争力？若能，则是否需要通过公共服务效能（内部管理、服务效益、公众满意、组织发展）的中介作用？

第一节　理论研究进展与思考

本章虽然旨在通过实证研究的方法论证政府公共服务标准化水平对一个城市综合竞争力的重要作用，但从问题的提出到理论模型的构建以及问卷的设计和之后复杂的数据分析等都是在相关理论的支撑下完成的。因此为了理清脉络，首先就研究中所涉及的政府公共服务效能、政府公共服务标准化以及城市综合竞争力等关键概念和问题分别展开综述，对与之相关的研究现状与成果进行比较全面的评述，为后续的研究提供理论上的借鉴。

一、政府公共服务效能的相关研究

（一）政府公共服务效能的概念

在服务型政府建设中的中国，政府公共服务效能作为衡量国家综合实力、政府管理能力的核心指标，其重要性不言而喻，并且随着政府机构改革的深入，效能建设越来越多地受到各地方政府的重视，这使得政府效能问题在国内迅速成为一个新的研究热点。李军鹏(2004)界定了政府公共服务的概念,认为政府公共服务是政府满足社会公共需要、提供公共产品的服务行为的总称,它是由以政府机关为主的公共部门生产的、供全社会所有公民共同消费、所有消费者平等享受的社会产品。而政府提供公共产品的基本方式是服务,无论是公安、法律、政府行政管理,还是教育、卫生等都是服务,政府公共工程都是通过服务的形式为个人提供消费的。① 朱正威、杨晶晶(2007)在综述前人研究的基础上认为,我国学界对“政府效能”概念的解释主要可以划分为以下两种:第一种观点认为:政府效能是政府的工作效率和工作能力的统一,是政府机关运用其能力、能量,履行其职责,最终实现行政目标所达成的效率、效果和效益的综合体现。此定义包含两方面内容:其一,政府效能体现为政府机关实现行政目标、完成各项工作任务的能力。这些能力主要包括制定和执行公共政策的能力、整合行政资源的能力、维护社会秩序及社会公正的能力、自我更新与自我发展的能力等。其二,政府效能还体现为政府机关运用其能力、能量,履行其职责,以及最终实现行政目标所达成的效率、效果和效益。它主要表现为政府管理的经济效益与社会效益、投入产出比率等。第二种观点认为:政府效能着重体现政府活动的质,即政府行政管理目标达成的程度;而行政绩效体现政府管理活动的量,即投入与产出相比较的情况。② 值得注意的是,由于政府效能与政府绩效这两个概念存在较大交集,部分学者在研究中也未加区别,政府效能很大一部分研究都落到了绩效板块。对政府绩效管理较为系统的解释认为,政府绩效管理就是运用科学的方法、标准和程序,对政府机关的业绩、成就和实际工作做出尽可能准确的评价,在此基础上对政府绩效进行改善和提高。③ 但毕竟效能与绩效是两个不同的概念,绩效强调的是结果,效能却在强调结果的同时也强调能力这个过程变量。

(二)基于“平衡计分卡”分析框架的政府公共服务效能评价

当前,国际上还没有专门衡量政府公共服务的评估指标体系④,而对于政府公共服务效能评估多沿用政府绩效评估的指标以及评价框架。王慰(2003)认为政府绩效评估就是运用科学的方法、标准和程序对政府公共部门的工作效率、能力、服务质量、公共责任和公众满意程度等方面的分析与评价,对其管理过程中投入和产出所反映的绩

---

① 竺乾威.公共管理(MPA)简明读本[M].上海:复旦大学出版社,2004,39.

② 朱正威,杨晶晶.国内政府职能问题研究综述[J].特区经济,2007(4):271－272.

③ 中国行政管理学会联合课题组.关于政府机关工作效率标准的研究报告[J].中国行政管理,2003,(3).

④ 李军鹏.公共服务型政府[M].北京:北京大学出版社,2004:57.

效进行评定与划分等级。① 哈里(Harry P. Hatry)认为,绩效评估的目的就是为了提高公共服务的质量。②

在政府公共服务效能评估时,需要注意的是,政府公共服务效能评估指标体系设计不是若干指标的随意堆砌或简单罗列,一套科学的政府公共服务效能评估指标体系的设计必须具备一个具体指标所赖以附着的逻辑框架。美国的“3E”评价指标体系和注重经济、效率、效果、公平的“4E”评价指标体系在世界范围内应用广泛。李剑(2001)将公共服务评价指标具体分为投入类、能力类和效果类,并综合运用三类指标进行整体评价。③ 臧乃康(2004)将政府绩效主要分为经济绩效、政治绩效、社会绩效三个维度,从政治、经济、社会三方面入手,构建政府绩效评估指标体系的“政治—经济—社会”的逻辑框架。④ 吴建南、杨宇谦、阎波(2007)从绩效逻辑模型角度入手,将政府绩效分解为政府的内部管理状况、重大关键问题和外部顾客满意三个维度,并按照这三个维度共设计出七种不同组合的指标体系。⑤ 彭国甫、盛明科(2007)认为现有的政府绩效评估指标体系的逻辑框架,没能有效解决指标体系设计框架的自适应问题,不能为政府绩效评估指标体系设计提供一个强有力的指导框架,基于已有的研究成果,提出了一个基于“绩效维度—层级特征—样本属性”三维立体的绩效评估指标体系设计逻辑框架。⑥ 本研究借鉴平衡计分卡的分析框架,对政府公共服务效能设计评价问卷并进行测量。

1. 平衡计分卡简介

平衡计分卡(The Balanced Score Card,简称 BSC)是绩效管理中的一种新思路,是20 世纪 90 年代初由哈佛商学院的罗伯特·卡普兰(Robert KaPlan)教授和美国复兴全球战略集团创始人兼总裁戴维·诺顿(David Norton)发明出的一种全新的组织绩效管理方法。它提供了一种全面的评价体系,打破了传统单一使用财务指标衡量业绩的方法,在财务指标的基础上加入了未来驱动因素,即客户因素、内部经营管理过程和员工

① 王慰. 论我国政府绩效评估的实践途径[J]. 重庆工商大学学报:社会科学版,2003,20(4):45-46.

② Harry P. Hatry . Tracking The Quality of Services[M]//蔡立辉:政府绩效评估的理念与方法分析[J]. 中国人民大学学报,2002(5).

③ 李剑. 基本公共服务评价指标体系研究[J]. 商业研究,2011(5):48-56.

④ 臧乃康. 政府绩效评估及其系统分析[J]. 江苏社会科学,2004(2):141-147.

⑤ 吴建南,杨宇谦,阎波. 政府绩效评价:指标设计与模式构建[J]. 西安交通大学学报(社会科学版),2007,27(5):79-85.

⑥ 彭国甫,盛明科. 政府绩效评估指标体系三维立体逻辑框架的结构与运用研究[J]. 兰州大学学报(社会科学版),2007,35(1):40-46.

的学习成长,通过四个维度来管理组织的绩效,并要求各指标之间保持适度的平衡,综合了组织的各个方面,从整体上对组织进行全面评价,既有整体思维,又有局部概念,发挥了传统评估方法所不具备的平衡作用。平衡计分卡中的各个维度和指标都来源于组织战略,它把组织的战略转化为有形的目标和指标。①

具体地讲,平衡计分卡从财务、客户、内部经营管理流程和员工的学习成长四个视角向组织内部各层次的人员传递组织的战略及在每一步骤中他们各自的使命,最终帮助组织达成其目标,其精髓是追求在组织长期目标和短期目标、结果目标和过程目标、组织绩效和个人绩效、外部关注和内部诉求等重要管理变量之间的微妙平衡;追求过去的经营结果考核与未来业绩评价之间的平衡;追求外部组织满意程度和客户满意程度之间的平衡;追求内部的经营过程、激励机制、职员知识的学习和产品服务增长之间的平衡。平衡计分卡的框架如图3-1所示。

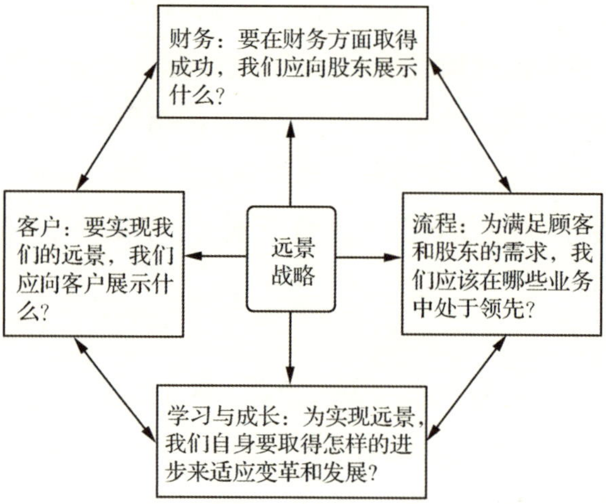

图3-1　平衡计分卡的框架

2. 基于平衡计分卡的政府公共服务效能测量与评价

基于平衡计分卡的分析框架,政府公共服务效能的内部经营过程维度可以调整为内部管理维度,包括工作效率、依法行政、政务公开和成本控制四个方面,具体指标又可分解为事项落实、行政审批限时办结、行政投诉办理、行政执法评议考核、员工违法违纪情况、员工行政效能投诉、政务公开实施情况、政务网及行政办公网络化建设、行

① Robert KaPlan, David Norton. 平衡计分卡——化战略为行动[M]. 刘俊勇,孙薇,译. 广州:广东经济出版社,2004(6):20-23.

政费用控制和专项资金审计监督。①

根据研究实际,将财务维度调整为服务效益维度,帮助政府思考如何在有限的财务目标的基础上,最大限度地满足人民群众物质生活和精神文明的需要,即创造经济效益和社会效益。经济效益围绕关键业绩目标实现情况、年度重点工作、行政效率、办公成本;社会效益包括惠民政策、公益活动、公众参与、公众信赖。

客户维度可以调整为公众维度,即公众对政府服务组织工作的满意程度。公众满意维度指公众对组织所提供的产品或服务的评价,是组织的产品或服务的特征、组织与公众的关系、组织的形象与信誉等方面情况的综合反馈,是评价组织综合业绩的重要指标。组织发展指政府不断提升学习能力,吸纳新事物实现组织创新发展。指标从员工自身发展、人才引进、工作作风等角度来设立。研究依据平衡计分卡分析框架,在广泛收集指标,并深入讨论的基础上,编制了《政府公共服务效能问卷》。

二、服务标准化水平测量的相关研究

目前,对标准化评价体系的研究都或多或少地存在一定的缺陷,尤其是指标体系的设定具有很强的片面性,所选取的指标可操作性不强,未能全面反映出标准化的发展情况②,且在为数不多的标准化实证研究文献中,学者们在研究标准与贸易之间的关系时,大多采用某地区或某国参与制修订的国家标准、国际标准数量作为标准的指标。但是,一国或一地区的标准化水平不能仅用参与制修订的国家标准、国际标准的数量来衡量。

任子平等(2004)认为标准化水平的定量分析是认识一个国家标准化水平的基本途径。在设计标准化水平定量评价的指标体系时考虑了标准本身情况(如数量、行业分布、修订情况等)、标准化投入情况(人力、物力和财力)、标准化效益、标准的适用性,以及标准或标准化水平与一个国家的科技水平的匹配情况,并设计6个一级指标组成的标准化水平定量评价指标体系。③ 赵景柱等(2004)从实证的角度考察了技术标准对我国综合国力的贡献率,技术标准水平定量评价指标体系的建立考虑了标准人员、

① 赵瑞美.平衡记分卡在我国政府部门绩效考核中的应用——以我国某保税区管委会绩效示标体系设计为例[J].中国人力资源开发,2006(1):87-91.

② 杨锋,王金玉.标准化评价研究综述[J].商场现代化,2008(30):36-37.

③ 任子平,赵景柱,邓红兵,等.标准化水平定量评价及其指标体系[J].武汉科技大学学报(自然科学版),2004,27(2):214-216.

标准经费、标准活动、标准成果等因素。[1] 李林杰、梁婉君(2006)从理论层面出发,设计了农业标准化评价指标体系,该体系由5个一级指标、15个二级指标构成,从农业标准化基础水平、建设水平、实施程度、经济效益、生态效益等方面对我国农业标准化水平做出了评价。[2] 该指标体系较为全面地反映了标准化水平的发展情况,但没有在现实中使用。刘倩华(2011)考虑到地方标准、企业标准、所申请成立的标准化技术委员会和用于标准研究专项经费的数目,以及技术创新水平等因素探讨了标准化水平对经济贸易的影响。[3]

本研究基于管理学的视角,结合政府公共服务标准化建设的实践,从政府服务标准化建设的整个过程出发,从服务标准化组织的微观角度对影响政府公共服务标准化水平的因素进行深入分析,用标准化工作机制、标准体系建设、标准实施、标准实施的监督与改进、标准化工作成果五个因素建立政府公共服务标准化水平的评价指标体系,并通过评价指标体系质量分析验证评价指标体系的科学性与合理性。

三、城市综合竞争力的相关研究

(一) 城市竞争力的概念

对于城市竞争力(Urban Competitiveness)的研究是近几年兴起的一个新的领域,这一提法出现于20世纪80年代中后期,它是一个具有明确直观含义却又不易精确把握的概念,国内外学者从不同的角度给出了不同的定义。由于城市竞争力与城市综合竞争力有着相同的内涵,二者没有实质的区别,因此大多数研究将城市综合竞争力简称为城市竞争力。关于城市竞争力的阐述都是从对国家竞争力概念的理解和修正中引申而来的。

Michael E. Porter 通过产业的角度来分析一个城市的国家竞争力,但他同时说明他的国家竞争力理论同样适合次级经济存在(如城市或区域)。Michael E. Porter(1990)在《国家的竞争优势》一书中指出:"竞争力在国家水平上仅仅有意义的概念是国家的生产率。"[4]那么推及城市,一个城市的竞争力是指城市的生产率。他认为,城市竞争力是指城市创造财富、提高收入的能力。

---

① 赵景柱,董仁才,邓红兵,等.技术标准对我国综合国力贡献率的初步研究[J].科技进步与对策,2005,22(2):5-7.

② 李林杰,梁婉君.农业标准化评价指标体系的理论设计[J].统计与决策,2006(7):45-47.

③ 刘倩华.标准化对湖南省对外贸易影响的实证研究[D].湖南大学,2011.

④ Michael E. Porter. The Competitive Advantage of Notions[J]. *Harvard Business Review*, 1990.

Paul Cheshire(1998)认为城市竞争力就是指一个城市相对于其他城市而言,能够给人们创造更多的就业机会并提高其收入水平的能力。① 他认为在市场完善的前提下,城市间的比较优势决定它们之间的分工格局,而比较优势又会通过城市之间的成本差异表现出来。因此,如果一个城市有竞争力,就表明其在一些关键性的经济指数上持续存在不均衡,这种不均衡作为一种系统性差异使得一个城市相对于其他城市而言具有更强的吸引力。

Lain Begg(1999)认为城市竞争力就是城市提升居民生活水平、为居民创造最大化福利的能力。城市竞争力系统是一种复杂的"网络",可以将城市竞争力系统看作投入产出链。城市竞争力的最终产出是城市居民生活水平的提高,城市就业率和城市生产率是支持性指标,三者共同构成了城市竞争力的产出系统。②

国内许多学者都从不同侧面提出了自己对城市竞争力的理解,郝寿义(1998)认为城市竞争力是一个城市在国内外市场上与其他城市相比所具有的自身创造财富及推动地区、国家或世界创造更多社会财富的现实的和潜在的能力。③ 徐康宁(2001)认为城市竞争力就是一个城市在充分利用自身的要素优势的基础上,进一步通过集聚、吸引、控制和利用其他城市资源,最终所表现出来的比其他城市具有的更强、更为持续发展的能力及趋势。④ 宁越敏、唐礼智(2001)等人认为,城市竞争力是在社会、经济结构、价值观、文化、制度政策等多个因素综合作用下创造和维持的,是一个城市为其自身发展在其所属的大区域中进行资源优化配置,从而获得城市经济的持续增长的能力。⑤ 倪鹏飞(2002)认为,城市竞争力主要是指一个城市在竞争和发展过程中与其他城市相比所具有的吸引、争夺、拥有、控制与转化资源和争夺、占领、控制市场,以创造价值,为其居民提供福利的能力。⑥ 于涛方等(2004)认为,城市竞争力是在一定的外部发展条件下,一个城市所具有的吸引、争夺、拥有、控制和转化资源,以创造价值、财富,提高居民生活水平与城市可持续发展的能力。该定义强调了城市竞争的最终目的,即提高城市居民生活水平和城市的可持续发展,但没有强化城市资源优化配置的能力。⑦ 连玉

---

① Paul Cheshire, Gianni Carbonaro & Dennis Hay. Problems of Urban Declineand Growth in EEC Countries; or Measuring Degrees of Elephantness[J]. Urban Studies,1998(2).

② Lain Begg. Cities and Competitiveness[J]. Urban Studies,1999,36(5/6):795 - 809.

③ 郝寿义,倪鹏飞. 中国城市竞争力研究——以若干城市为案例[J]. 经济科学,1998(3):50 - 56.

④ 徐康宁. 开放经济中的产业集群与竞争力[J]. 中国工业经济,2001(11):22 - 27.

⑤ 宁越敏,唐礼智. 城市竞争力的概念和指标体系[J]. 现代城市研究,2001(3):19 - 22.

⑥ 倪鹏飞. 城市人才竞争力与城市综合竞争力[J]. 中国人才,2002,10:14 - 18.

⑦ 于涛方. 国外城市竞争力研究综述[J]. 国外城市规划,2004(1):28 - 34.

明(2003)认为:城市竞争力是指一个国家的城市在全球经济一体化背景下,与其他城市比较,在要素流动过程中抗衡甚至超越现实和潜在的竞争对手,以实现城市价值时所具有的各种竞争优势的系统合力。① 朱铁臻(2001)认为城市竞争力更主要的是指经济竞争力和城市资源有效利用率,是一种比较优势,也可说是城市的凝聚力和吸引力。② 如果用公式来概括,可以表述为:

城市竞争力 = 生产要素成本 + 交易成本。

刘鸿钧、李怀建(2003)利用城市拥有的要素票赋、市场需求、城市相互间竞争激烈程度、城市的发展战略四个方面来评价一个城市的竞争力状况。他们认为,城市竞争力就是指一个城市相对于其他城市,能够聚集更多的人才、物流的能力,以及自身对其他区域的辐射能力。③

总结上述定义可以发现,城市竞争的最终目的是城市的可持续发展和城市居民生活水平的逐步提高。而财富和价值的创造是实现这个目标的途径或过程,资源的吸引、拥有、争夺、控制、转化和最终的优化配置能力是城市竞争力最根本的因素。

(二)城市综合竞争力理论模型

1. Peter Karl Kresl 多变量模型

Peter Karl Kresl 认为城市竞争力不是一种可以直接测度的对象,人们只能通过它投下的影子来估计其质和量,并提出城市竞争力的评价模型是显示性框架和解释性框架的结合。

在显示性框架之中,Peter Karl Kresl 采用了一个由制造业增加值的变动、零售额的变动以及专业和商业服务的变动这 3 个变量组成的复合变量,来反映一个城市的竞争力。每一个变量的权重为其产值在三者总产值中所占的比重,然后加权平均为一个复合变量。表示为:城市竞争力 =(△制造业增加值,△商品零售额,△商业服务收入)。

而在解释性框架中,他参考了现代增长理论,将决定因素分为两类,即经济决定要素与战略决定要素。表示为:城市竞争力(UC)= F(经济因素、战略因素)。其中:经济因素 = 生产要素 + 基础设施 + 区位 + 经济结构 + 城市环境;战略因素 = 政府效率 + 城市战略 + 公私部门合作 + 制度灵活性。

Peter Karl Kresl 将城市竞争力目标归纳为六点:创造高技能、高收入的工作机会;

---

① 连玉明. 中国城市蓝皮书[M]. 北京:中国时代经济出版社,2003.

② 朱铁臻. 经济全球化与提高城市竞争力现代经济探讨[J]. 现代经济探讨,2001(4):3 – 7.

③ 李怀建,刘鸿钧. 城市竞争力的结构与内涵[J]. 城市问题,2003(2):14 – 15.

提供绿色环保型产品和服务；提高收入弹性的产品和服务；城市经济增长率与就业率相匹配；树立城市形象，形成特有的城市特色（文化，产业）；提升城市在特定区域中的地位，成为区域核心城市。

2. Michael E. Porter 的钻石模型

美国哈佛大学商学院的教授 Michael E. Porter 认为一个国家的竞争力集中体现在其产业在国际中的竞争表现，而一国的特定产业是否具有竞争优势取决于国内四个关键要素，即生产要素、需求条件、相关产业和支持性产业的表现、企业的战略、结构和竞争对手。此外，政府的作用以及机遇因素也具有相当的影响力。这六大要素构成了著名的"钻石模型"（如图 3-2）。Michael E. Porter 强调，产业若要建立国家竞争优势，必须善于利用四大关键要素，加上政府的作用和机遇要素，彼此互动。通过这些关键要素，可以评价国家环境对产业竞争的可能效果，它们也会引导企业创造并保持本身的竞争优势。

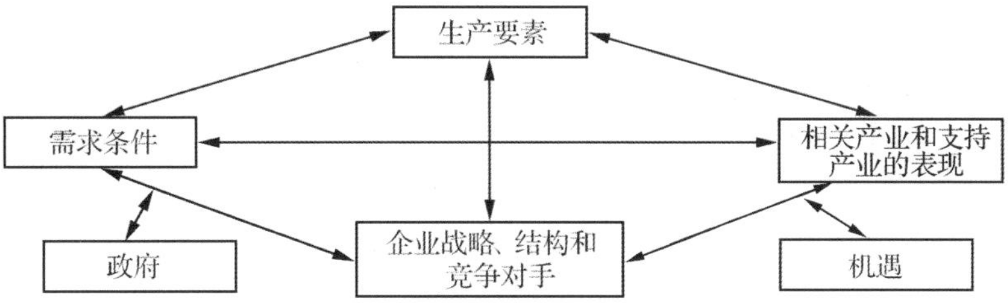

图 3-2 Michael E. Porter **钻石模型**

3. Rejia Linnamaa 的网络模型

Bejia Linnamaa 的城市竞争力模型（如图 3-3）指出，在经济全球化和国内经济政治管理变化的推动下，网络管理越来越成为城市竞争力的一个要素。由于现代网络技术的高速发展，以网络的形式来组织城市的各种活动与功能，从而会使城市的整体运行更加高效、便捷，因此，网络管理会大大提高一个城市的竞争力水平。而各个城市在激烈竞争的同时，网络资源、信息等共享的意识应该逐步提升，即城市相互间既要重视竞争也要重视合作。

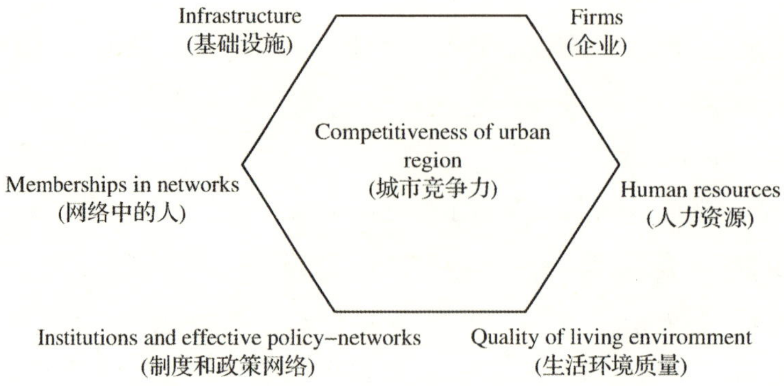

图 3-3　Linnamaa 的城市竞争力网络模型

4. 宁越敏和唐礼智的城市竞争力模型

宁越敏和唐礼智根据中国城市发展的特点，在借鉴 Porter 和 IMD 两种国家竞争力模型的基础上，构建了具有自身特色的城市竞争力模型（如图 3-4）。他们认为经济综合实力、产业竞争力、企业竞争力、科技实力是构成城市竞争力模型的核心因素，同时受金融环境、政府作用、基础设施、国民素质、对外开放程度、城市环境质量等基础和环境因素的支撑。

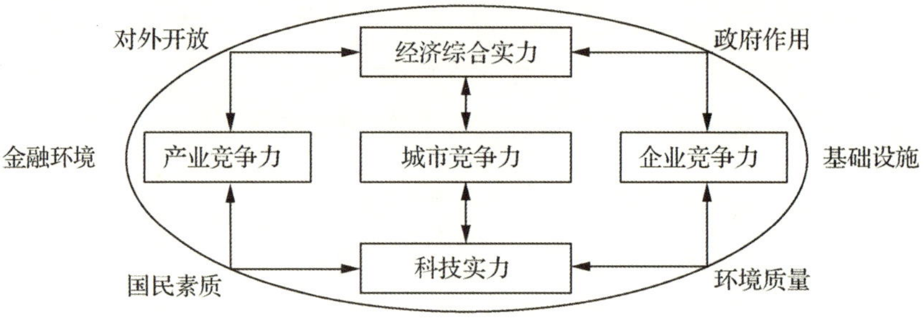

图 3-4　宁越敏、唐礼智城市竞争力模型

5. 倪鹏飞的弓弦模型

倪鹏飞在 2001 年出版的专著《中国城市竞争力理论研究与实证分析》中首先提出了城市竞争力的弓弦模型，他在假定城市竞争力与城市价值收益完全正相关后，将城市竞争力归结为城市产业竞争力，具体表现为创造有价值产品的产业增加值。而产业增加值的约束条件有两类：硬分力和软分力。其城市竞争力的解释框架如下：

城市竞争力（UC）＝F（硬竞争力、软竞争力）；

硬分力（HC）＝人力资本竞争力＋资本竞争力＋科技竞争力＋环境竞争力＋区位竞争力＋设施竞争力＋结构竞争力＋聚集力；

软分力(SC) = 文化竞争力 + 制度竞争力 + 管理竞争力 + 秩序竞争力 + 开放竞争力;

他把硬分力比作弓,软分力比作弦,城市综合竞争力比作箭,它们相互作用就形成城市竞争力,即构成了城市竞争力的弓弦箭模型(如图 3-5)。

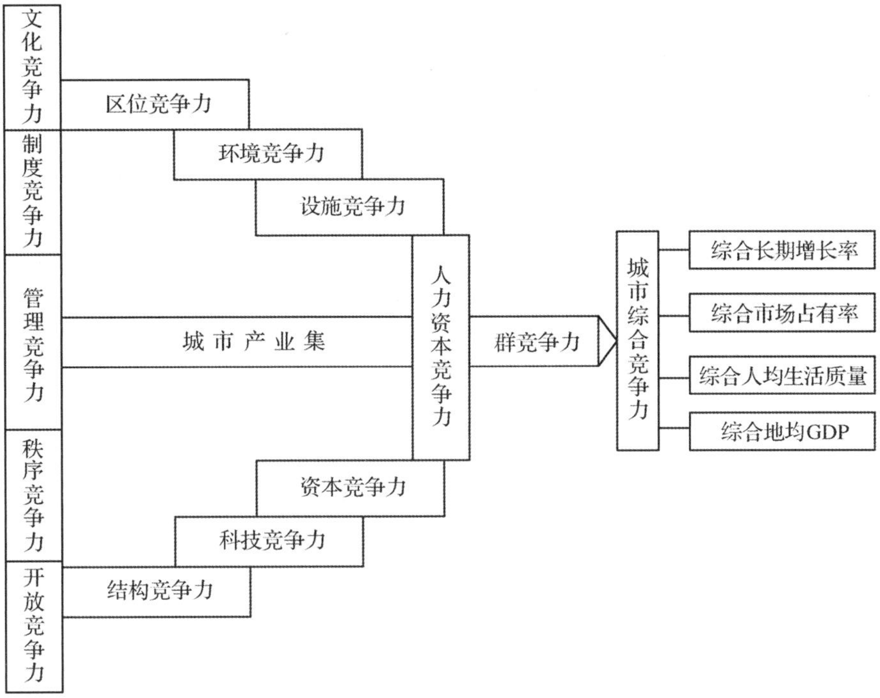

图 3-5 倪鹏飞的“弓弦”模型

(三) 城市竞争力评价指标体系的构建

Porter(1999)采用微观经济竞争力指数来反映作为一国竞争力。Porter 的微观经济竞争力指标体系由企业经营与战略、微观经济环境两大类,共 46 个指标构成。企业经营与战略包括竞争优势、价值链特性、国际营销渠道、国际名牌、创新能力、区域贸易、员工培训及国际经营战略 8 个指标。微观经济环境包括:①反映物质基础设施、管理基础设施、信息基础设施、资本可获得性、人力资本以及科学技术等投入因素的 25 项指标。②反映顾客偏好、需求规范及公共部门合约开放程度等需求环境的 3 项指标。③反映国内供应商数量和质量的相支持产业状况的两项指标。④反映知识产权保护、反行贿受贿、对国外投资的开放程度、国内主要竞争者、关税对进口的限制程度、隐蔽的进口程度、国内竞争强度、反垄断政府的有效性等与企业战略和竞争环境有关的 8 项指标。根据其理论,关于国家竞争力的评价方法也适用于城市竞争力评价。

Peter Karl Kresl(1999)认为在评估城市竞争力时,指标的选择至关重要,并且对城市竞争力与国家竞争力加以区别是评价城市竞争力的关键,其城市竞争力及评价框架是显示性框架和解释性框架的结合,根据城市竞争力的分析框架,选取了3个指标即零售额、制造增加值、商业增加值,建立一个城市竞争力对3个独立变量的判别方程,得出各城市竞争力得分。①

世界经济论坛(WEF)、瑞士洛桑管理学院(IMD)对国家竞争力的评价角度包括国内经济实力、国际化、政府管理能力、金融、基础设施、企业管理水平、科技含量、国民素质状况这8个方面。采用加权平均的方法来计算各个国家的国际竞争力得分,进而对各个国家的竞争力进行综合评价。

倪鹏飞(2001)设计了两套指标体系,即显示性城市竞争力指标体系和解释性城市竞争力指标体系。显示性城市竞争力指标体系包括市场占有率、GDP增长率、劳动生产率、居民人均收入共4个关键指标。解释性城市竞争力指标体系包括劳动力、资本力、科技力、结构力、设施力、区位力、环境力、聚集力、秩序力、文化力、制度力、管理力、开放力共13个指标。郝寿义(1998)从综合实力、资金实力、开放程度、人才及科技水平、管理水平、基础设施6个方面出发,选择了21个原始指标或生成统计指标组成了城市竞争力评价指标体系。连玉明(2003)特别强调研究城市竞争力的核心是指标体系的构建,并构建了由城市实力、城市能力、城市活力、城市魅力、城市潜力5个一级指标、23个二级指标以及140个三级指标组成的指标体系来分析城市竞争力。于涛方(2004)等人将城市竞争力看作是城市竞争资本和竞争过程的统一。竞争资本是指城市的经济、社会、环境资本,竞争过程是指城市资本创造增加值的过程,城市竞争资本积累与竞争过程密切相关。影响城市竞争力的因素有城市管治、创新和学习、贸易环境、制度和政策。②

王桂新,魏星,沈建法(2005)认为,城市综合竞争力主要包括城市的经济发展竞争力、社会发展竞争力和环境发展竞争力,简称为城市发展三维竞争力。③ 经济发展竞争力是城市竞争力的主要方面。社会发展竞争力是经济发展竞争力的前提,因为它可以为城市维持及增强经济发展竞争力提供良好的社会环境和原动力。环境发展竞争力

---

① Peter Karl Kresl, Balwant Singh. Competitiveness and The Urban Economy: Twenty-four Large US Metropolitan Areas[J]. Urban studies,1999(36):1017－1028.

② 于涛方. 国外城市竞争力研究综述[J]. 国外城市规划,2004(1):28－34.

③ 王桂新,魏星,沈建法. 中国省际人口迁移对区域经济发展作用关系之研究[J]. 复旦大学学报(社会科学版),2005(3):148－161.

是社会发展竞争力的重要条件。三维竞争力的有机结合才能形成和增强城市发展的综合竞争力。

上海社会科学院在评价上海的综合竞争力时，认为以聚集和辐射为核心的城市综合服务功能是城市综合竞争力的本质特征，由此出发，在建立指标体系时把城市综合竞争力划分为总量、质量和流量三个一级指标，下设14个二级指标和79个三级指标，通过定量分析包括上海在内的10个中心城市在经济发展中的集聚和扩散功能的强弱来体现每个城市的综合实力。

城市竞争力的测度是相当困难的，到目前为止，国际上尚无一个成熟的并被广泛接受的测度城市竞争力的方法及其指标体系。

从城市竞争力的内涵来看，它主要涉及两方面的内容，一是如GDP、城市规模、城市产品在国内或国际市场上的占有率、利用外资规模等与其他城市相比可以精确测量的因素；二是如城市的可持续发展、管理能力、知名度、影响力、创新能力等无法精确测量但确实构成城市竞争优势的一些不可舍弃的重要因素。

由于国内各个城市统计一些重要数据的口径还有差异，许多关键资料的准确性乃至真实性有所欠缺，再加上城市竞争力涉及大量的非显性指标，因此，目前采用统一的指标体系来测量国内城市竞争力的方法还不成熟，也不可靠，主要还是依据专家调查、打分的方法来确定。

城市综合竞争力应该是可把握、可测量和可比较的，本文在参考借鉴国内外已有的城市竞争力评价指标体系的基础上，从城市竞争力丰富的内涵出发，遵循针对性、可比性、可操作性和实用性等原则，从城市社会发展、城市环境、城市管理、城市经济四方面选取评价指标，通过科学的评价方法，进行问卷质量分析，形成了科学合理的《城市综合竞争力问卷》。

第二节　研究假设与理论模型

本研究的目的在于探讨政府公共服务标准化水平与政府公共服务效能之间的关系、政府公共服务效能与城市综合竞争力之间的关系、政府公共服务标准化水平与城市综合竞争力之间的关系，以进一步探讨政府公共服务效能在政府公共服务标准化水平与城市综合竞争力之间的中介效应。

研究采用问卷调查的方法，选取苏州市内的公共服务单位与组织，调查对象涉及公共安全、公共教育、公共卫生与基本医疗、社会保障、公共基础设施与公共事业、环境保护公共服务、公共信息服务、公共文化和体育服务、公共科技服务9大公共服务领域及旅游、金融、物流和服务外包4大现代专业服务领域。

本次研究共发放问卷1800份，回收1800份，回收率100%，其中有效问卷850份，回收问卷的有效率为47.2%。

一、研究假设的提出

（一）政府公共服务标准化水平与政府公共服务效能

政府公共服务标准化水平对政府公共服务效能的影响不言而喻。标准化在社会管理和公共服务领域的技术支撑作用越来越突出，美国的“文官制度改革法案”，英国的“公民宪章运动”极大地改善了政府公共服务绩效，促进了社会管理和公共服务行为的规范化与服务质量的不断提升（侯非，2012）。[①] 随着我国服务型政府的建设和政府公共服务职能的转变，标准化在服务领域发挥技术支撑的作用越来越显现，服务标准化对于全面提升一个城市的公共服务能力具有非常重要的意义（徐朴，2006；张登国，2008；柳成洋、李涵，2012）。胡税根、徐元帅（2009）也认为政府公共服务标准化建设能够使政府减少其随意性，促进政府推进自身改革，不断满足社会的公共需求。通过在政府公共服务中建立标准化的秩序，从而实现公众公共需求的不断满足和基本公共服务的均等化。

综上所述提出假设H1：

政府公共服务标准化水平对政府公共服务效能具有显著的正向影响作用。

（二）政府公共服务标准化水平与城市综合竞争力

城市竞争力是指一个城市在竞争和发展过程中所具有的吸引、争夺、拥有、控制与转化资源并实现资源优化配置，以创造价值和财富，提高城市居民生活水平和可持续发展的能力。城市竞争力是一个综合的概念，是政治、经济、文化等各要素的集合体。经济因素一直以来就是表示城市综合竞争力的重要指标。标准化对经济贸易的促进作用已经为许多学者所验证（郭力生，2002；李春田，2003；于欣丽，2008；段琼、姜太平，2002；金雪军，2006；程鉴冰，2008）。同时政府公共服务标准化对提升城市竞争力的软件要素具有重要作用。良好的公共服务是实现社会基本平等与和谐稳定的基础，它经

---

① 侯非.国外社会管理和公共服务标准化现状与趋势[J].中国标准化，2012(11)：60－63.

常性地发挥着社会矛盾的"缓冲器"作用。由公共产品组成的基础设施是市场经济得以良好运转的物质基础;公共产品通过良好的教育、更好的健康、增长的知识、清洁的环境提升经济效率和增长质量;良好的安全和治安环境,可以吸引更多的国外直接投资以及国内居民储蓄以转化为投资进而促进经济发展;制度和法律稳定健全,可以形成良好的预期促进市场交易和国际贸易。

综上所述提出以下假设 H2:

政府公共服务标准化水平对城市综合竞争力具有显著的正向影响作用。

(三)政府公共服务效能的中介作用

随着我国服务型政府的构建,政府在提升城市竞争力方面是大有作为的(徐朴,2006)。[①] 王艳、杨静(2008)认为政府在推动城市竞争力提升方面有着十分重要的作用。[②] 政府公共服务效能和质量的高低将成为影响国家与城市竞争力的重要因素,因此提升政府的公共服务效能是提升城市竞争力和政府形象的有效途径(张登国,2008)。[③]

综上所述提出如下假设 H3:

政府公共服务效能在政府公共服务标准化水平和城市综合竞争力之间起着中介作用;公共服务效能的不同维度所起的中介作用不同。

上述 3 个假设包含了政府公共服务标准化水平与城市综合竞争力之间的内在关系链和作用因素。

二、理论模型的构建

根据前人的研究成果,本研究初步构建了政府公共服务标准化水平、政府公共服务效能、城市综合竞争力三个变量的假设模型,如图 3-6 所示。

---

① 徐朴. 构建服务型政府提升城市竞争力[J]. 成都行政学院学报,2006(6):20-21.

② 王艳,杨静. 政府在城市竞争力提升中的职能分析[J]. 产业与科技论坛,2008,7(10).

③ 张登国. 政府公共服务效能提升的对策研究[J]. 四川行政学院学报,2008(1):3.

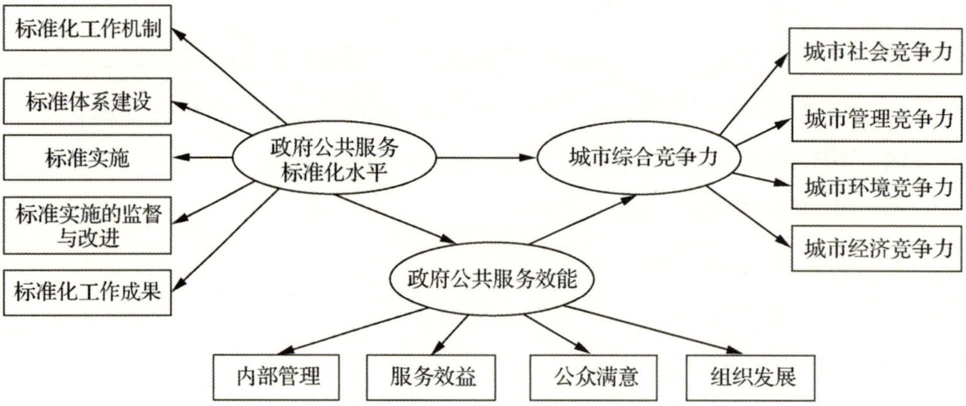

图 3-6　研究的假设模型

第三节　实证研究

一、问卷质量分析

（一）政府公共服务标准化水平问卷质量分析

1．政府公共服务标准化水平问卷的项目分析

（1）区分度分析。采用求出各个项目临界比率值（CR 值）的方法，将未达到显著水平的项目予以删除。即把被试总分按从高到低的顺序进行排列，得分位于前 27% 的为高分组，得分位于后 27% 的为低分组，进行高低两个组在每项得分平均数上的差异显著性检验，以检验每个项目的鉴别力。如果统计结论为差异显著，说明该题目的鉴别力高；如果差异不显著，那么该题目的鉴别度低，应该删除。结果见表 3-1。结果显示，29 个项目的区分度均达到了非常显著的水平（$P<0.001$），说明区分度良好，无须删除题目。

表 3-1 高分组与低分组均值方程的 t 检验

题项	t	题项	t	题项	t
A1	-6.377***	A11	-14.260***	A21	-20.403***
A2	-10.741***	A12	-15.757***	A22	-18.792***
A3	-11.506***	A13	-12.537***	A23	-14.065***
A4	-9.644***	A14	-8.907***	A24	-15.750***
A5	-9.196***	A15	-11.808***	A25	-15.954***
A6	-14.884***	A16	-12.980***	A26	-15.232***
A7	-13.072***	A17	-20.287***	A27	-13.172***
A8	-8.322***	A18	-13.853***	A28	-15.009***
A9	-10.165***	A19	-15.169***	A29	-16.067***
A10	-9.812***	A20	-14.598***		

（注：* 表示 $P<0.05$，** 表示 $P<0.01$，*** 表示 $P<0.001$，下同）

（2）与总分的相关分析。接着将具有良好区分度的29个项目与总分做相关分析，结果见表3-2。结果显示，每个题项与总分的相关系数都在0.380到0.696之间，且都达到了显著相关水平，故将29个项目保留。

表 3-2 各题项与总分的相关

题项	r	题项	r	题项	r
A1	.380**	A11	.669**	A21	.644**
A2	.441**	A12	.608**	A22	.616**
A3	.514**	A13	.597**	A23	.623**
A4	.582**	A14	.575**	A24	.681**
A5	.561**	A15	.529**	A25	.644**
A6	.652**	A16	.455**	A26	.528**
A7	.547**	A17	.696**	A27	.583**
A8	.476**	A18	.629**	A28	.532**
A9	.552**	A19	.609**	A29	.543**
A10	.607**	A20	.587**		

2. 政府公共服务标准化水平问卷的因素分析

政府公共服务标准化水平问卷五个维度的划分是在开放式问卷调查以及专家学者讨论概括、归纳的基础上构想出来的。为了检验此理论构想是否符合实际情况，本研究进行了探索性因素分析。

首先是样本适应性分析。变量间的相关性是进行因素分析的先决条件，本研究中参与因素分析的变量为29个，变量间的相关特点用Bartlett球型检验，Bartlett球型检验$P=0.000$，小于0.001，说明各变量间不是独立的，变量内部存在共享因素。KMO统计量为0.907，大于0.90，说明样本的充足度很好。由此可见，样本非常适合做因素分析。结果见表3-3。

表3-3　KMO和Bartlett的检验

KMO 和 Bartlett 的检验		
Kaiser-Meyer-Olkin 取样适当性度量		.907
Bartlett 球形度检验	近似卡方	9580.046
	自由度	406
	P	.000

利用主成分分析法(Principal Component Analysis)抽取共同因素，再以最大方差法(varimax)进行因素旋转，以使每个项目在尽可能少的因子上有较高的负载。参考以下标准删除不符合要求的题项：①题项最大的两个因子负荷之差小于0.14。②在多个因子上负荷高于0.44。经过数次方差分析，共淘汰11个题项：A4、A5、A6、A7、A12、A13、A14、A16、A18、A19、A26，共保留18个题项。

首次因素分析，得到特征根大于1的因子6个，累计方差解释率为66.708%。最后一次因素分析，得到特征根大于1的因子5个，累计方差解释率为71.492%，结果见表3-4。并且从碎石图可以看出，在第5个因素附近，曲线逐渐变得平缓，因而选5个因素比较合适，结果见图3-7。

表3-4　各因素特征根及累计解释率

因子序号	未经旋转提取因子的载荷平方和			旋转提取因子的载荷平方和		
	特征值	方差贡献率(%)	累计方差贡献率(%)	特征值	方差贡献率(%)	累计方差贡献率(%)
1	6.299	34.994	34.994	3.108	17.264	17.264
2	2.586	14.364	49.358	2.754	15.302	32.566
3	1.578	8.766	58.124	2.544	14.136	46.702
4	1.276	7.086	65.210	2.293	12.737	59.439
5	1.131	6.282	71.492	2.170	12.053	71.492

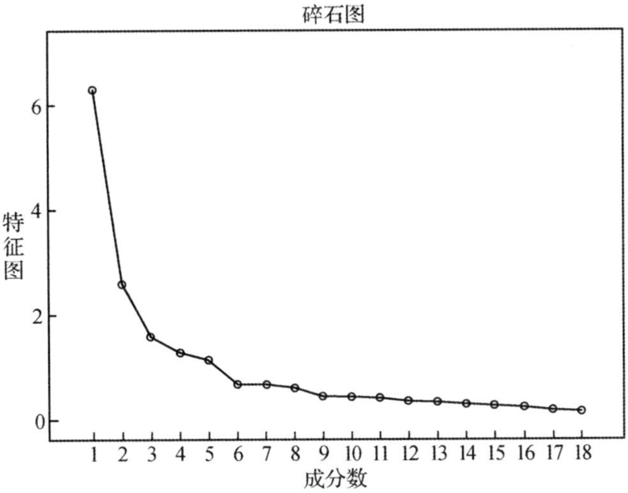

图 3-7 因子分析特征根碎石图

通过 Kaiser 标准化的正交旋转法,各因子载荷值如表 3-5 所示。其中因子 1 包括“A15 我们单位进行标准实施前的宣贯和培训”,“A20 我们单位制订了开展标准实施检查工作计划”,“A23 我们单位积极开展标准实施的社会评价,并将问题及时处理”,“A24 我们单位注重持续改进,并记录完整”,“A25 我们单位对标准实施检查,对自我评价和社会评价中发现的问题持续改进,及时提出修订标准的建议”等题项,涉及政府公共服务标准化水平的实施监督与持续改进,因此命名为“标准实施的监督与改进”。

因子 2 包括“A17 我们单位标准实施记录完备,并将各环节形成的数据和有关情况及时反馈”,“A21 我们单位定期组织检查,实施的检查记录和问题处理记录保持完整”,“A22 我们单位积极开展内部评估,对标准实施的可行性和实施效果进行评价,形成了评价报告”等题项,涉及政府公共服务标准化水平的实施过程,因此命名为“标准实施”。

因子 3 包括“A8 我们单位标准体系构成合理、结构完整,包括基础通用、服务保障和服务提供三大子体系”,“A9 我们单位标准体系结构图、标准明细表、标准统计汇总表和标准文本符合 GB/T 24421.2 和 GB/T 13016、GB/T 13017 的规定”,“A10 标准文本结构合理、层次分明、内容具体,文字表达准确、严谨、简明、易懂,术语、符号统一”,“A11 我们单位标准覆盖率达到 80% 以上”等题项,涉及政府公共服务标准化水平的标准体系建设情况,因此命名为“标准体系建设”。

因子 4 包括“A1 我们单位已经成立了由主管领导负责的标准化领导机构和工作小组”,“A2 我们单位制定与本组织相适应的标准化工作制度,并形成规范性文件”,

“A3 我们单位制定试点实施方案，明确工作规划，按照工作计划保证标准化工作有序展开”等题项，涉及政府公共服务标准化水平的基础方面，包括标准化的制度与准备，因此命名为“标准化工作机制”。

因子5包括“A27 我们单位积极与科研单位、高等院校合作提炼标准化理论成果”，“A28 我们单位获市级以上标准化工作表彰”，“A29 我们单位积极参与了省级以上标准制定”等题项，涉及标准化工作的成果，因此命名为“标准化工作成果”。

表3-5　旋转的因子载荷矩阵

题　项	因子1	因子2	因子3	因子4	因子5
A24	.763	.243	.214	.045	.153
A25	.721	.139	.188	.167	.119
A23	.709	.056	.196	.021	.310
A20	.662	.217	.143	.201	-.051
A15	.610	.144	-.007	.428	-.040
A21	.215	.879	.101	.110	.124
A22	.263	.845	.070	-.011	.186
A17	.133	.827	.192	.156	.220
A10	.253	.141	.830	.035	.03
A9	.146	.106	.739	.317	.047
A8	.054	.027	.724	.351	-.030
A11	.419	.137	.604	.041	.200
A2	.158	.048	.138	.831	.051
A3	.281	.055	.140	.740	.119
A1	.019	.099	.305	.731	-.118
A28	.065	.416	-.030	.016	.832
A29	.080	.410	-.018	.042	.827
A27	.425	-.166	.308	-.019	.694

3. 政府公共服务标准化水平问卷信度与效度分析

（1）内部一致性信度。政府公共服务标准化水平问卷总量表的克隆巴赫α系数为0.882，总量表的信度较好。问卷中标准实施的监督与改进、标准实施、标准体系建设、标准化工作机制、标准化工作成果五个维度的克隆巴赫α系数分别为0.817、0.627、0.802、0.765、0.812（见表3-6）。

表 3-6 内部一致性信度指标

信　度	维度 1	维度 2	维度 3	维度 4	维度 5	总量表
α 系数	0.817	0.627	0.802	0.765	0.812	0.882

（2）折半信度。政府公共服务标准化水平问卷总量表的 Spearman-Brown 系数为 0.722，总量表的信度较好。问卷中标准实施的监督与改进、标准实施、标准体系建设、标准化工作机制、标准化工作成果五个维度的 Spearman-Brown 系数分别为 0.830、0.900、0.750、0.746、0.871（见表 3-7）。

表 3-7 折半信度指标

信度	维度 1	维度 2	维度 3	维度 4	维度 5	总量表
SPearman-Brown 系数	0.830	0.900	0.750	0.746	0.871	0.722

这些信度系数表明量表具有较高的同质性，各个因子中的项目趋于一致，因而是比较可靠的。

（3）效度分析。探索性因素分析中各因子累计方差解释率达到 50% 以上，表明量表具有良好的结构效度。本次数据分析中因子累计方差解释率为 71.492%，达到了这一标准，表明本问卷的结构效度较好。

（二）政府公共服务效能问卷质量分析

1. 政府公共服务效能问卷的项目分析

（1）区分度分析。政府公共服务效能问卷也采用求出各个项目临界比率值（CR 值）的方法，将未达到显著水平的项目予以删除，即把被试总分按从高到低的顺序进行排列，得分位于前 27% 的为高分组，得分位于后 27% 的为低分组，进行高低两个组在每项得分平均数上的差异显著性检验，以检验每个项目的鉴别力。如果统计结论为差异显著，说明该题目的鉴别力是高的，无须删除；如果差异不显著，那么该题目的鉴别度不高，应该删除。结果见表 3-8。结果显示，24 个项目的区分度达到了非常显著的水平（$P<0.001$），说明区分度良好，无须删除题目。

表 3-8　高分组与低分组均值方程的 t 检验

题项	t	题项	t	题项	t
B1	-16.146***	B9	-17.244***	B17	-20.585***
B2	-15.816***	B10	-20.043***	B18	-16.574***
B3	-17.576***	B11	-25.607***	B19	-18.719***
B4	-18.436***	B12	-19.639***	B20	-14.824***
B5	-17.227***	B13	-20.677***	B21	-14.576***
B6	-21.952***	B14	-19.831***	B22	-18.465***
B7	-18.363***	B15	-13.386***	B23	-20.731***
B8	-16.621***	B16	-22.194***	B24	-16.835***

（2）与总分的相关分析。接着将具有良好区分度的 24 个项目与总分作相关分析，结果见表 3-9。结果显示，每个题项与总分的相关系数在 0.572 到 0.843 之间，且都达到了显著地相关水平，故将 24 个项目保留。

表 3-9　各题项与总分的相关

题项	r	题项	r	题项	r
B1	.783**	B9	.800**	B17	.790**
B2	.798**	B10	.843**	B18	.768**
B3	.804**	B11	.826**	B19	.797**
B4	.795**	B12	.817**	B20	.603**
B5	.787**	B13	.762**	B21	.572**
B6	.825**	B14	.764**	B22	.792**
B7	.823**	B15	.624**	B23	.785**
B8	.773**	B16	.842**	B24	.698**

2. 政府公共服务效能问卷的因素分析

政府公共服务效能问卷四个维度的划分是在平衡计分卡理论的基础之上构建的，各题项参考前人研究以及在请教专家与学者讨论、概括、归纳的基础上构想出来的。为了检验此理论构想是否符合实际情况，进行探索性因素分析。

首先，样本适应性分析。变量间的相关性是进行因素分析的先决条件，本研究中参与因素分析的变量为 24 个，变量间的相关特点用 Bartlett 球型检验，Bartlett 球型检验 $P=0.000$，小于 0.001，说明各变量间不是独立的，变量内部存在共享因素。KMO 统计量为 0.958，大于 0.90，说明样本的充足度很好。由此可见，样本非常适合作因素分析。结果见表3-10。

表3-10 KMO和Bartlett的检验

KMO 和 Bartlett 的检验		
Kaiser-Meyer-Olkin 取样适当性度量		.958
Bartlett 球形度检验	近似卡方	8120.460
	自由度	153
	P	.000

利用主成分分析法抽取共同因素，再以最大方差法（varimax）进行因素旋转，以使每个项目在尽可能少的因子上有较高的负载。参考以下标准删除不符合要求的题项：①题项在多个因子上的负荷大于0.52。②题项最大的两个因子负荷之差小于0.02。经过数次方差分析，共剔除6个题项：B7、B8、B10、B14、B15、B23，共保留18个题项。

首次因素分析，得到特征根大于1的因子2个，累计方差解释率为65.519%。最后一次因素分析，根据我们的理论构想，同时为了方便解释的原则，提取4个因子进行解释，累计方差解释率为75.313%（见表3-11）。并且从碎石图可以看出，在第4个因素附近，曲线逐渐变得平缓，因而选4个因素比较合适，结果见图3-8。

表3-11 各因素特征根及累计解释率

因子序号	未经旋转提取因子的载荷平方和			旋转提取因子的载荷平方和		
	特征值	方差贡献率（%）	累计方差贡献率（%）	特征值	方差贡献率（%）	累计方差贡献率（%）
1	10.874	60.413	60.413	4.520	25.111	25.111
2	1.247	6.926	67.339	3.198	17.767	42.877
3	.798	4.434	71.773	3.067	17.037	59.914
4	.637	3.539	75.313	2.772	15.398	75.313

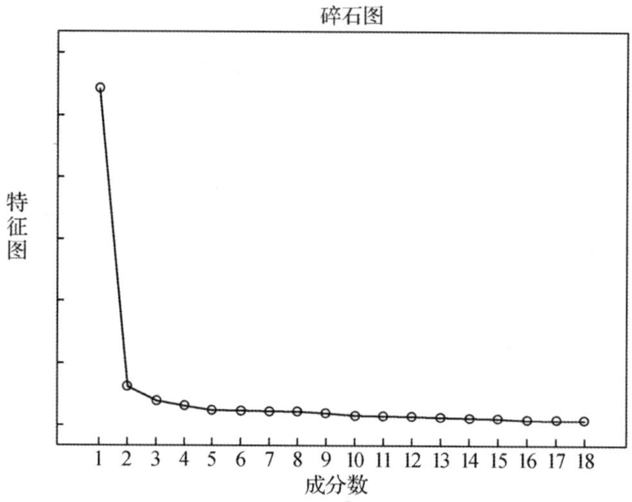

图 3-8　因子分析特征根碎石图

通过 Kaiser 标准化的正交旋转法,各因子载荷值如表 3-12 所示。因子 1 包括“B1 单位能高效率落实各项工作”,“B3 单位依法处理员工违法违纪情况”,“B2 单位对投诉的办理效率较高”,“B4 单位依法进行员工各项评议考核”,“B5 单位能依法公开政务实施情况”,“B9 单位能高质量地完成年度重点工作”,“B22 单位沟通渠道畅通而健全”7 个题项,反映了服务组织公共服务效能中的内部管理情况,因此命名为“内部管理”。

因子 2 包括“B6 单位能很好地控制行政费用”,“B11 单位能很好地降低办公成本”,“B12 单位结合工作实际推行了更多的惠民政策”,“B13 单位举办了更多的公益活动”4 个题项,反映了服务组织的社会效益和经济效益,因此命名为“服务效益”。

因子 3 包括“B16 社会公众认为我们的服务效率很高”,“B17 社会公众对我们的服务态度很满意”,“B18 社会公众对我们的服务环境很满意”,“B19 社会公众对我们的服务人员素质很满意”4 个题项,涉及公众对服务组织的满意情况,因此命名为“公众满意”。

因子 4 包括“B21 单位重视人才的引进”,“B20 单位为员工的发展创造机会”,“B24 单位重视文化建设”3 个题项,涉及服务组织的发展,因此命名为“组织发展”。

表 3-12 旋转的因子载荷矩阵

题项	因子1	因子2	因子3	因子4
B2	.802	.245	.232	.223
B1	.800	.214	.277	.174
B3	.683	.337	.283	.246
B4	.648	.500	.189	.193
B9	.612	.306	.376	.252
B5	.597	.465	.307	.133
B22	.590	.214	.413	.339
B13	.269	.715	.265	.320
B12	.323	.704	.357	.270
B6	.497	.658	.272	.162
B11	.367	.610	.395	.274
B18	.398	.251	.751	.101
B17	.228	.412	.730	.247
B16	.383	.390	.652	.252
B19	.404	.224	.580	.405
B21	.215	.169	.087	.837
B20	.090	.282	.193	.821
B24	.373	.136	.287	.670

3. 政府公共服务效能问卷信度与效度分析

（1）内部一致性信度。政府公共服务效能问卷总量表的克隆巴赫 α 系数为 0.961，总量表的信度较好。问卷的内部管理、服务效益、公众满意、组织发展四个维度的克隆巴赫 α 系数分别为 0.931、0.899、0.895、0.821。分量表与总量表克隆巴赫 α 系数均大于 0.8，说明问卷信度较好（见表 3-13）。

表 3-13 内部一致性信度指标

信度	维度1	维度2	维度3	维度4	总量表
α 系数	0.931	0.899	0.895	0.821	0.961

（2）折半信度。政府公共服务效能问卷总量表的 Spearman-Brown 系数（分半信度）为 0.928，总量表的信度较好（折半信度要求大于 0.7，说明问卷信度较好）。问卷的内部管理、服务效益、公众满意、组织发展 4 个维度的 Spearman-Brown 系数分别为

0.910、0.869、0.893、0.794，总量表与分量表的 Spearman-Brown 系数均大于 0.7，说明问卷信度良好(见表 3-14)。

表 3-14 折半信度指标

信度	维度 1	维度 2	维度 3	维度 4	总量表
Spearman-Brown 系数	0.910	0.869	0.893	0.794	0.928

(3) 效度分析。探索性因素分析中各因子累计方差解释率达到 50% 以上，表明量表具有良好的结构效度，本次数据分析中因子累计方差解释率为 75.313%，达到了这一标准，表明本问卷的结构效度较好。

(三) 城市综合竞争力问卷质量分析

1. 城市综合竞争力问卷的项目分析

(1) 区分度分析。城市综合竞争力问卷也采用求出各个项目临界比率值(CR 值)的方法，将未达到显著水平的项目予以删除。即把被试总分按从高到低的顺序进行排列，得分位于前27% 的为高分组，得分位于后27% 的为低分组，进行高低两个组在每项得分平均数上的差异显著性检验，以检验每个项目的鉴别力。如果统计结论为差异显著，那么说明该题目的鉴别力是高的；如果差异不显著，那么该题目的鉴别度不高，应该删除。结果见表 3-15。结果显示，21 个项目的区分度达到了非常显著的水平($P<0.001$)，说明区分度良好，无须删除题目。

表 3-15 高分组与低分组均值方程的 t 检验

题项	t	题项	t	题项	t
C1	−9.518***	C8	−16.564***	C15	−18.974***
C2	−15.727***	C9	−17.269***	C16	−18.549***
C3	−14.467***	C10	−15.862***	C17	−18.996***
C4	−13.244***	C11	−18.201***	C18	−17.756***
C5	−17.869***	C12	−14.529***	C19	−15.312***
C6	−16.803***	C13	−14.983***	C20	−12.742***
C7	−15.694***	C14	−17.933***	C21	−12.436***

(2) 与总分的相关分析。将具有良好区分度的 21 个项目与总分做相关分析，结果见表3-16。结果显示，每个题项与总分的相关系数在0.472 到0.687 之间，且都达到了显著相关水平，故将 21 个项目均予以保留。

表 3-16 各题项与总分的相关

题项	t	题项	t	题项	t
C1	.472**	C8	.674**	C15	.663**
C2	.622**	C9	.658**	C16	.678**
C3	.607**	C10	.669**	C17	.687**
C4	.577**	C11	.660**	C18	.675**
C5	.687**	C12	.624**	C19	.614**
C6	.685**	C13	.603**	C20	.596**
C7	.660**	C14	.641**	C21	.631**

2. 城市综合竞争力问卷的因素分析

首先进行样本适应性分析。变量间的相关性是进行因素分析的先决条件，本研究参与因素分析的变量为 21 个，变量间的相关特点用 Bartlett 球型检验，Bartlett 球型检验 $P=0.000$，小于 0.001，说明各变量间不是独立的，变量内部存在共享因素。KMO 统计量为 0.916，大于 0.90，说明样本的充足度很好。由此可见，样本非常适合做因素分析。结果见表 3-17。

表 3-17 KMO 和 Bartlett 的检验

KMO 和 Bartlett 的检验		
Kaiser-Meyer-Olkin 取样适当性度量		.916
Bartlett 球形度检验	近似卡方	6187.899
	自由度	210
	P	.000

利用主成分分析法（PrinciPal comPonents）抽取共同因素，再以最大方差法（varimax）进行因素旋转，使每个项目在尽可能少的因子上有较高的负载。参考以下标准，删除不符合要求的题项：题项最大的两个因子负荷之差小于 0.1。经过数次方差分析，剔除两个题项：C4、C5，共保留 19 个题项。

首次因素分析，得到特征根大于 1 的因子 4 个，累计方差解释率为 62.839%。最后一次因素分析，得到特征根大于 1 的因子 4 个，提取 4 个因子进行解释，累计方差解释率为 64.734%，结果见表 3-18。并且从碎石图可以看出，在第 4 个因素附近，曲线逐渐变得平缓，因而选 4 个因素比较合适，结果见图 3-9。

表 3-18　各因素特征根及累计解释率

因子序号	未经旋转提取因子的载荷平方和			旋转提取因子的载荷平方和		
	特征值	方差贡献率（%）	累计方差贡献率（%）	特征值	方差贡献率（%）	累计方差贡献率（%）
1	7.840	41.264	41.264	4.007	21.089	21.089
2	1.821	9.583	50.847	3.041	16.004	37.093
3	1.483	7.803	58.650	2.824	14.863	51.956
4	1.156	6.083	64.734	2.428	12.778	64.734

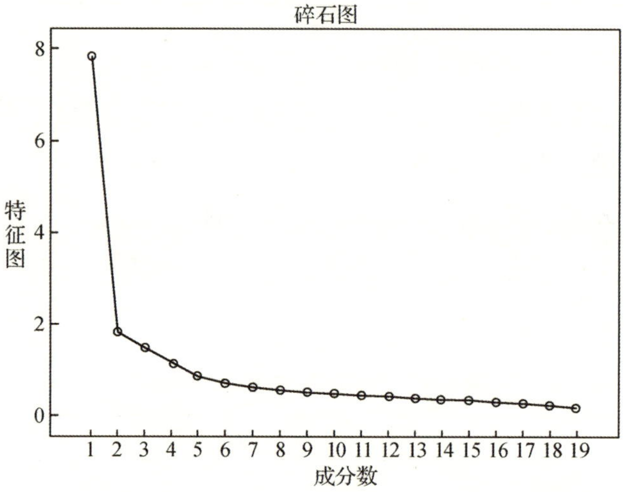

图 3-9　因子分析特征根碎石图

通过 Kaiser 标准化的正交旋转法，各因子载荷值如表 3-19 所示。因子 1 包括“C6 公共基础设施”，“C7 教育发展”，“C8 科技水平”，“C9 人力资源”，“C10 文化氛围”，“C12 区位优势”，“C20 国际旅游吸引力”，“C21 对外交通运输能力”，“C19 对外贸易与投资能力”9 个题项，反映了城市综合竞争力中的社会发展状况，遂命名为“城市社会竞争力”。

因子 2 包括“C16 环境质量”，“C17 环境保护”，“C18 工业污染防治”3 个题项，反映了城市竞争力中的环境质量，遂命名为“城市环境竞争力”。

因子 3 包括“C13 政府社会管理能力”，“C14 政府行政效率”，“C15 政府美誉度”，“C11 制度保障”4 个题项，反映了城市综合竞争力中的政府管理状况，遂命名为“城市管理竞争力”。

因子 4 包括“C1 经济实力”，“C2 经济结构”，“C3 经济效率”3 个题项，反映了城市的经济发展状况，遂命名为“城市经济竞争力”。

表 3-19 旋转的因子载荷矩阵

题项	因子 1	因子 2	因子 3	因子 4
C8	.784	.150	.157	.144
C10	.694	.063	.407	.070
C7	.687	.325	.048	.140
C9	.662	.111	.317	.131
C12	.655	.002	.269	.266
C6	.528	.380	.063	.339
C21	.522	.353	.069	.278
C20	.507	.388	-.117	.371
C19	.481	.292	.052	.386
C17	.215	.857	.206	.067
C16	.144	.832	.270	.103
C18	.261	.793	.282	-.028
C13	.182	.122	.800	.168
C14	.126	.309	.746	.187
C15	.102	.428	.639	.243
C11	.454	.160	.639	.038
C1	.221	.004	.016	.803
C2	.200	.112	.310	.727
C3	.203	.061	.359	.709

3. 城市综合竞争力问卷信度与效度分析

（1）内部一致性信度。城市综合竞争力问卷总量表的克隆巴赫 α 系数为 0.919，总量表的信度较好。问卷的城市社会竞争力、城市环境竞争力、城市管理竞争力、城市经济竞争力 4 个维度的克隆巴赫 α 系数分别为 0.879、0.902、0.831、0.780。除维度 4 分量表之外，其余分量表与总量表克隆巴赫 α 系数均大于 0.8，说明问卷信度较好（见表 3-20）。

表 3-20 内部一致性信度指标

信度	维度 1	维度 2	维度 3	维度 4	总量表
α 系数	0.879	0.902	0.831	0.780	0.919

（2）折半信度。城市综合竞争力问卷总量表的 Spearman-Brown 系数为 0.826，总

量表的信度较好。问卷的城市社会竞争力、城市环境竞争力、城市管理竞争力、城市经济竞争力4个维度的 Spearman-Brown 系数分别为0.823、0.888、0.807、0.806,总量表与分量表的 Spearman-Brown 系数均大于0.7,说明问卷信度良好(见表3-21)。

表3-21　折半信度指标

信度	维度1	维度2	维度3	维度4	总量表
Spearman-Brown 系数	0.823	0.888	0.807	0.806	0.826

(3) 效度分析。探索性因素分析中各因子累计方差解释率达到50%以上,表明量表具有良好的结构效度,本次数据分析中因子累计方差解释率为64.734%,达到了这一标准,表明本问卷的结构效度较好。

二、相关分析

(一) 政府公共服务标准化水平与政府公共服务效能的关系

表3-22　公共服务标准化水平及其各维度与政府公共服务效能及其各维度的相关分析

	公共服务标准化水平总分	标准实施的监督与改进	标准实施	标准体系建设	标准化工作机制	标准化工作成果
公共服务效能总分	.585**	.328**	.748**	.275**	.287**	.383**
内部管理	.485**	.231**	.687**	.186**	.278**	.311**
服务效益	.561**	.322**	.715**	.254**	.250**	.386**
公众满意	.552**	.315**	.720**	.236**	.218**	.392**
组织发展	.546**	.387**	.528**	.408**	.289**	.305**

由表中数据可知,政府公共服务标准化水平各维度和公共服务效能及其各维度之间分别存在显著正相关($P<0.01$)。也就是说,政府公共服务标准化水平越高,公共服务效能就越高。

(二) 政府公共服务效能与城市综合竞争力的关系

表3-23　公共服务效能及其各维度与城市综合竞争力及其各维度的相关分析

	公共服务效能总分	内部管理	服务效益	公众满意	组织发展
城市综合竞争力总分	.493**	.391**	.458**	.471**	.522**
城市社会竞争力	.384**	.276**	.356**	.357**	.487**
城市管理竞争力	.519**	.473**	.466**	.506**	.410**

续表

	公共服务效能总分	内部管理	服务效益	公众满意	组织发展
城市环境竞争力	.372**	.275**	.358**	.371**	.400**
城市经济竞争力	.323**	.275**	.303**	.295**	.312**

由表中的数据结果可知,公共服务效能及其各维度和城市综合竞争力各个维度之间均存在显著正相关($P<0.01$)。也就是说,政府公共服务效能越好,城市的综合竞争力越强。

(三) 政府公共服务标准化水平与城市综合竞争力的关系

表 3-24 公共服务标准化水平及其各维度与城市综合竞争力及其各维度的相关分析

	公共服务标准化水平总分	标准实施的监督与改进	标准实施	标准体系建设	标准化工作机制	标准化工作成果
城市综合竞争力总分	.468**	.346**	.442**	.388**	.138**	.281**
城市社会竞争力	.428**	.343**	.354**	.426**	.131**	.221**
城市管理竞争力	.342**	.197**	.451**	.188**	.078	.229**
城市环境竞争力	.379**	.303**	.336**	.250**	.055	.309**
城市经济竞争力	.303**	.200**	.276**	.294**	.197**	.126**

由表中数据可以看出,公共服务标准化水平中的各维度除了标准化工作机制与城市综合竞争力中的城市管理竞争力以及城市环境竞争力相关性不大($P>0.05$)之外,其余各维度分别存在显著正相关($P<0.01$)。也就是说,城市标准化水平越高,城市综合竞争力就越强。

三、多元逐步回归分析

本研究的主要目的在于对政府服务标准化水平、公共服务效能和城市综合竞争力三者的关系及相互作用机制进行研究。通过上述对三变量之间的相关研究可知,这三个变量两两之间的相关均达到了显著性水平。具体来说,政府公共服务标准化水平与公共服务效能之间存在显著正相关关系;政府公共服务效能和城市综合竞争力之间存在显著正相关;政府公共服务标准化水平和城市综合竞争力存在显著正相关。以上这一研究结果表明,我们可以对三个变量之间的关系做进一步的分析和探讨。所以,为了能够更为清晰地了解三个变量之间的关系,了解公共服务效能及城市综合竞争力分别受城市服务标准化水平的哪些维度的影响;城市服务标准化水平和公共服务效能的哪些因子共同预测城市综合竞争力,本研究分别作了回归分析。

(一) 多重共线性诊断

多元回归分析中,变量间的最佳关系是自变量和因变量之间存在高相关,而各个自变量之间存在低等和中等程度的相关。本研究的相关分析结果显示,政府公共服务标准化水平及其各维度与公共服务效能及其各维度的相关系数在0.186到0.748之间,可能存在共线性问题,所以有必要对政府公共服务标准化水平及其各维度与政府公共服务效能及其各维度的共线性问题进行诊断。

对共线性进行诊断时通常有4个指标:容忍度(TOL)、方差膨胀系数(VIF)、特征值(EIG)、条件指标(CI)。回归分析时,当容忍度值小于0.01、方差膨胀系数大于10、特征值小于0.01、条件指标大于30时都能预测在这个回归分析中存在共线性的问题(张红坡、张海锋,2012)。此外方差比例也可以预测共线性问题的严重性,其效果与通过特征值、条件指标等得出的判断一致。

本研究中城市公共服务标准化水平与公共服务效能的共线性诊断指标佳值见表3-25。结果显示,只有公共服务效能的 EIG = 0.009 < 0.01,其他指标都在正常范围内,所以城市公共服务标准化水平与公共服务效能的回归分析存在的共线性问题不严重。

表 3-25　共线性诊断指标

指标	公共服务标准化水平总分	公共服务效能总分	指标佳值
TOL	.658	.658	>0.01
VIF	1.519	1.519	<10
EIG	.018	.009	>0.01
CI	12.727	18.539	<30

本研究自变量各维度之间的共线性诊断指标值见表3-26。结果显示,只有公共服务效能各维度指标都在正常范围内,公共服务效能的内部管理、服务效益、公众满意、组织发展各维度的EIG并不满足大于0.01的条件,并且CI都大于30,也不满足指标值的条件,说明公共服务效能的各维度间存在共线性的问题。

表3-26 共线性诊断指标

指标	标准实施的监督与改进	标准实施	标准体系建设	标准化工作机制	标准化工作成果	内部管理	服务效益	公众满意	组织发展	指标佳值
TOL	.548	.347	.587	.674	.699	.219	.232	.247	.488	>0.01
VIF	1.825	2.879	1.702	1.484	1.431	4.557	4.309	4.053	2.050	<10
EIG	.086	.071	.025	.020	.012	.010	.009	.007	.006	>0.01
CI	10.639	11.731	19.665	22.203	28.131	31.368	32.442	36.651	40.746	<30

消除多重共线性的发法主要包括:(1)删除不重要的自变量。自变量之间存在共线性,说明自变量所提供的信息是重叠的,可以删除不重要的自变量以减少重复信息。但从模型中删去自变量时应该注意:从实际分析确定为相对不重要并从偏相关系数检验证实为共线性原因的那些变量中删除,如果删除不当,会产生模型设定误差,造成参数估计严重偏差的后果。(2)追加样本信息。多重共线性问题的实质是样本信息的不充分而导致模型参数不能精确估计,因此追加样本信息是解决该问题的一条有效途径。(3)利用非样本先验信息。非样本先验信息主要来自理论分析和经验认识,充分利用这些先验的信息,往往有助于解决多重共线性问题。(4)改变解释变量的形式。改变解释变量的形式是解决多重共线性的一种简易方法,例如对于横截面数据采用相对数变量,对于时间序列数据采用增量型变量。(5)逐步回归法。逐步回归(Stepwise Regression)是一种常用的消除多重共线性、选取最优回归方程的方法。其做法是逐个引入自变量,引入的条件是该自变量经F检验是显著的,每引入一个自变量后,对已选入的变量进行逐个检验,如果原来引入的变量由于后面变量的引入而变得不再显著,那么就将其剔除。引入一个变量或从回归方程中剔除一个变量,每一步都要进行 F 检验,以确保每次引入新变量之前回归方程中只包含显著的变量。这个过程反复进行,直到既没有不显著的自变量选入回归方程,也没有显著自变量从回归方程中剔除为止。

本研究采用逐步回归的方法消除多重共线性问题,将变量间的关系进一步细化,采用建立在多元回归模型基础上的路径分析。

(二)政府公共服务标准化水平对政府公共服务效能的多元逐步回归分析

相关研究结果表明,政府公共服务标准化水平和政府公共服务效能两者之间具有显著性正相关。为了进一步检验政府公共服务标准化水平各维度能否显著预测政府公共服务效能及其各维度、其预测力如何,所以,本研究以政府公共服务标准化水平的各维度为自变量,以政府公共服务效能及其各维度分别为因变量,进行回归分析,汇总结果见表3-27。

表 3-27　政府公共服务标准化水平各维度对政府公共服务效能的回归方程模型

因变量	自变量	B	$Beta$	T	R^2	$\triangle R^2$	F
政府公共服务效能	回归模型				.575	.573	246.259***
	标准实施	3.307	.749	23.794***			
	标准化工作机制	1.108	.136	4.403***			
	标准实施的监督与改进	-.333	-.074	-2.200*			
内部管理	回归模型				.511	.507	142.226***
	标准实施	1.346	.734	21.569***			
	标准化工作机制	.681	.201	5.736***			
	标准实施的监督与改进	-.280	-.150	-3.902***			
	标准体系建设	-.163	-.080	-2.145*			
服务效益	回归模型				.517	.515	292.788***
	标准实施	.818	.695	22.686***			
	标准化工作机制	.175	.081	2.630**			
公众满意	回归模型				.519	.518	590.716***
	标准实施	.794	.720	24.305***			
组织发展	回归模型				.338	.336	139.728***
	标准实施	.340	.440	11.908***			
	标准体系建设	.221	.259	6.998***			

由表3-27我们可以知道，政府公共服务标准化水平对政府公共服务效能的回归方程总体上是显著的（$F=246.259, P<0.001$）；以政府公共服务标准化水平的5个维度作为自变量预测总体政府公共服务效能时，进入回归方程的变量共3个，分别是标准实施、标准化工作机制、标准实施的监督与改进，其联合解释变异量为0.573，解释率达到57.3%，也就是说，城市标准化水平的标准实施、标准化工作机制、标准实施的监督与改进3个维度能联合预测政府公共服务效能的57.3%的变异量。

其标准化回归方程为：

$$政府公共服务效能=0.749\times 标准实施+0.136\times 标准化工作机制 -0.074\times 标准实施的监督与改进$$

即当其他自变量不变时，标准实施因子每增加一个单位，政府公共服务效能就会增加0.749个单位；标准化工作机制因子每增加一个单位，政府公共服务效能就会增加0.136个单位；标准实施的监督与改进因子每增加一个单位，政府公共服务效能就减少0.074个单位。

把内部管理维度作为因变量，政府公共服务标准化水平的5个维度作为自变量，进行标准化回归分析。结果显示，此回归方程总体上达到了显著性水平（$F=142.226$，$P<0.001$）。政府公共服务标准化水平的5个维度中，进入回归方程的有标准实施、标准化工作机制、标准实施的监督与改进、标准体系建设4个变量，这4个变量的联合解释变异量为0.507，解释率达到50.7%。

其标准化回归方程为：

内部管理＝0.734×标准实施＋0.201×标准化工作机制
－0.150×标准实施的监督与改进－0.080×标准体系建设

把服务效益维度作为因变量，政府公共服务标准化水平的5个维度作为自变量，进行标准化回归分析。结果显示，此回归方程总体上达到了显著性水平（$F=292.788$，$P<0.001$）。政府公共服务标准化水平的5个维度中，进入回归方程的有标准实施、标准化工作机制两个变量，这两个变量的联合解释变异量为0.515，解释率达到51.5%。

其标准化回归方程为：

服务效益＝0.695×标准实施＋0.081×标准化工作机制

把公众满意维度作为因变量，政府公共服务标准化水平的5个维度作为自变量，进行标准化回归分析。结果显示，此回归方程总体上达到了显著性水平（$F=590.716$，$P<0.001$）。政府公共服务标准化水平的5个维度中，进入回归方程的有标准实施1个维度，这1个维度解释变异量为0.518，解释率达到51.8%。

其标准化回归方程为：

公众满意＝0.720×标准实施

把组织发展维度作为因变量，政府公共服务标准化水平的5个维度作为自变量，进行标准化回归分析。结果显示，此回归方程总体上达到了显著性水平（$F=139.728$，$P<0.001$）。政府公共服务标准化水平的5个维度中，进入回归方程的有标准实施、标准体系建设两个维度，这两个维度的联合解释变异量为0.336，解释率达到33.6%。其标准化回归方程为：

组织发展＝0.440×标准实施＋0.259×标准体系建设

（三）政府公共服务效能对城市综合竞争力的多元逐步回归分析

相关研究结果表明，政府公共服务效能各维度和城市综合竞争力两者之间具有显著性相关。为了进一步检验政府公共服务效能及其各维度能否显著预测城市综合竞争力，并检验其预测力，本研究以政府公共服务效能的各维度为自变量，城市综合竞争力为因变量，进行回归分析。统计分析结果见表3-28。

表 3-28　政府公共服务效能各维度对城市综合竞争力回归方程模型

因变量	自变量	B	$Beta$	T	R^2	$\triangle R^2$	F
城市综合竞争力	回归模型				.308	.305	121.539***
	公众满意	.722	.238	5.250***			
	组织发展	3.307	.374	8.236***			

由表 3-28 我们可以知道，政府公共服务效能对城市综合竞争力的回归方程整体上是显著的（$F = 121.539, P < 0.001$）。以政府公共服务效能的 4 个维度作为自变量预测总体城市综合竞争力时，进入回归方程的变量共两个，分别是组织发展、公众满意，其联合解释变异量为 0.305，解释率达到 30.5%，也就是说，政府公共服务效能的组织发展、公众满意两个维度能联合预测公共服务效能的 30.5% 的变异量。

其标准化回归方程为：

城市综合竞争力 = 0.238 × 公众满意 + 0.374 × 组织发展

即当其他自变量不变时，公众满意因子每增加一个单位，城市综合竞争力就会增加 0.238 个单位；组织发展因子每增加一个单位，城市综合竞争力就会增加 0.374 个单位。

（四）政府公共服务标准化水平对城市综合竞争力的多元逐步回归方程分析

相关研究结果表明，政府公共服务标准化水平和城市综合竞争力两者之间具有显著性相关。为了进一步检验政府公共服务标准化水平各维度能否显著预测城市综合竞争力、其预测力如何，本研究以政府公共服务标准化水平的各维度为自变量、城市综合竞争力为因变量，进行回归分析。统计分析结果如表 3-29。

表 3-29　政府公共服务标准化水平对城市综合竞争力的回归方程模型

因变量	自变量	B	$Beta$	T	R^2	$\triangle R^2$	F
城市综合竞争力	回归模型				.272	.267	51.029***
	标准实施	1.103	.331	7.963***			
	标准体系建设	1.035	.281	6.152***			
	标准化工作机制	-.723	-.117	-2.746**			
	标准实施的监督与改进	.328	.259	2.060*			

由表 3-29 我们可以知道，政府公共服务标准化水平对城市综合竞争力的回归方程总体上是显著的（$F = 51.029, P < 0.001$）。以政府公共服务标准化水平的 5 个维度作

为自变量预测总体城市综合竞争力时，进入回归方程的变量共4个，分别是标准实施、标准体系建设、标准化工作机制、标准实施的监督与改进，这4个变量的联合解释变异量为0.267，解释率达到26.7%，也就是说，标准实施、标准体系建设、标准化工作机制、标准实施的监督与改进这4个维度能联合预测公共服务效能的26.7%的变异量。

其标准化回归方程为：

城市综合竞争力＝0.331×标准实施＋0.281×标准体系建设
－0.117×标准化工作机制＋0.259×标准实施的监督与改进

即当其他自变量不变时，标准实施因子每增加一个单位，城市综合竞争力就会增加0.331个单位；标准体系建设因子每增加一个单位，城市综合竞争力就会增加0.281个单位；标准化工作机制因子每增加一个单位，城市综合竞争力就会减少0.117个单位；标准实施的监督与改进因子每增加一个单位，城市综合竞争力就会增加0.259个单位。

四、中介效应分析

目前，有许多方法用于检验中介效应，但使用最普遍的方法是Baron和Kenny在1986年提出的三步骤中介效应检验方法。该方法指出要进行中介效应检验必须满足以下三个条件：①自变量（X）对中介变量（M）进行回归分析时的回归系数（a）应达到显著性水平；②中介变量（M）对因变量（Y）进行回归分析时的回归系数（b_1）也应达到显著性水平；③自变量（X）对因变量（Y）的回归分析，回归系数（c_1）达到显著；当自变量（X）与中介变量（M）一同进入回归方程时，中介变量的回归系数（b_2）仍然处于显著性水平，但自变量（X）的回归系数比其单独进入回归方程时有所改变，若回归系数（c_2）变得不显著，则说明中介变量（M）起到完全中介的作用；若自变量（X）的回归系数（c_2）仍然显著，只是比之前单独进入方程时有所下降，则中介变量（M）只起部分中介的作用。具体中介关系如图3-10所示。

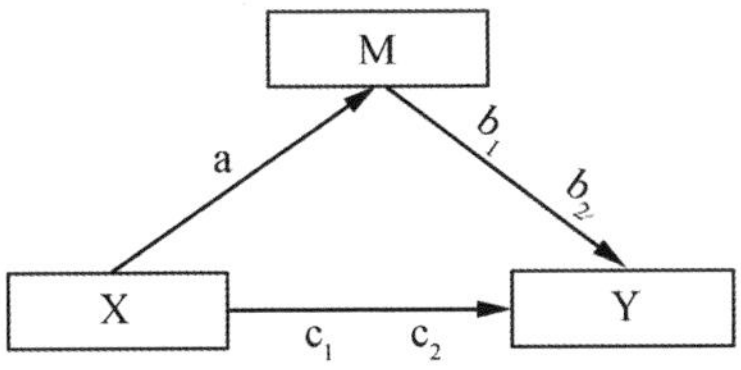

图3-10 中介关系

（一）政府公共服务效能总分在政府公共服务标准化水平和城市综合竞争力之间的中介效应

第一步：以政府公共服务标准化水平为自变量，政府公共服务效能总分为因变量，进行回归分析（方程1）。

第二步，以政府公共服务效能总分为自变量，城市综合竞争力为因变量，进行回归分析（方程2）。

第三步，先以政府公共服务标准化水平为自变量，城市综合竞争力为因变量进行回归；再同时以政府公共服务标准化水平与政府公共服务效能为自变量，以城市综合竞争力为因变量进行回归分析（方程3）。

表3-30　公共服务效能总分的中介效应检验

自变量	因变量（标准回归系数 Beta 值）			
	方程1 公共服务效能	方程2 城市综合竞争力	方程3 城市综合竞争力	
			第一步	第二步
政府公共服务标准化水平	.585***（a）		.468***（c_1）	.273***（c_2）
公共服务效能		.493***（b_1）		.334***（b_2）
F	284.514***	176.420***	153.594***	176.420***
R^2	.342	.244	.219	.292
$\triangle R^2$	.341	.242	.219	.290

由表3-30中的数据可知，方程1中，政府公共服务标准化水平对公共服务效能的标准回归系数是显著的（$\beta=0.585, P<0.001$），政府公共服务标准化水平能够预测公共服务效能的变异量为34.1%；在方程2中，公共服务效能对城市综合竞争力的回归系数也达到了显著水平（$\beta=0.493, P<0.001$），公共服务效能可以解释城市综合竞争力24.2%的变异量；方程3中，单独以政府公共服务标准化水平为自变量时，回归系数很显著（$\beta=0.468, P<0.001$），同时以政府公共服务标准化水平、公共服务效能为自变量时，政府公共服务标准化水平对城市综合竞争力的回归系数依旧显著（$\beta=0.273, P<0.001$），只是较单独作为自变量时变小，即 $c_2<c_1$。公共服务效能对城市综合竞争力的回归系数也依然显著（$\beta=0.334, P<0.001$）。两者能共同解释29%的变异，比单独以政府公共服务标准化水平为自变量时解释率提高了7.1%，根据中介效应的条件，这一结果表明了政府公共服务效能在政府公共服务标准化水平和城市综合竞争力两者之间起着部分中介的作用。

表 3-31 中介效应的分解

中介路径	直接效应 c_2	中介效应 $a \times b_2$	总效应 $c_2 + a \times b_2$
X→M→Y	0.273	0.585 × 0.334 = 0.200	0.473

（X 代表政府公共服务标准化水平，M 代表政府公共服务效能，Y 代表城市综合竞争力）

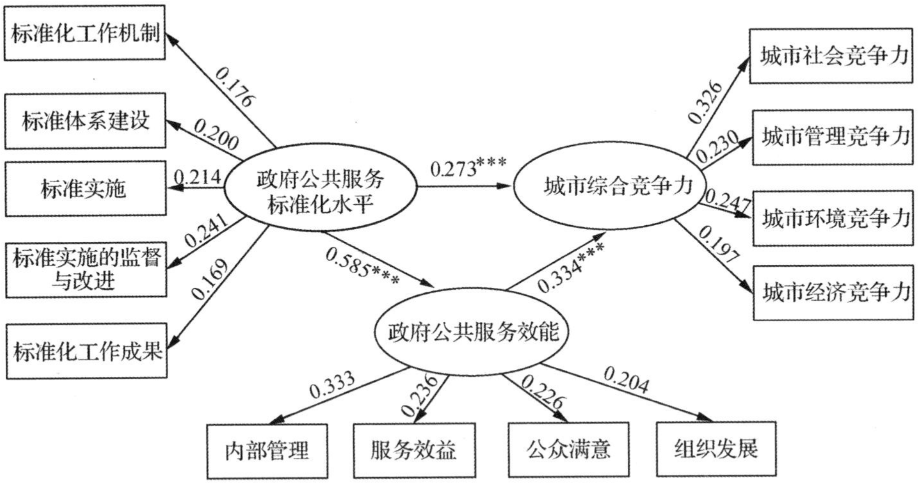

图 3-11 公共服务效能中介效应路径图

从表 3-31 和图 3-11 可以看出政府公共服务标准化水平对城市综合竞争力影响的总效应量为 0.473，即 47.3%，其中政府公共服务标准化水平对城市综合竞争力影响的直接效应为 0.273，间接效应为 0.200。

（二）政府公共服务效能各维度在政府公共服务标准化水平和城市综合竞争力之间的中介效应

政府公共服务效能包含 4 个维度，每一个维度的作用孰轻孰重，接下来分别检验公共服务效能各维度在政府公共服务标准化水平与城市综合竞争力之间的作用。

1. 内部管理维度的中介效应检验

采用中介效应的检验程序对内部管理维度的中介效应进行检验步骤如下：

第一步：以政府公共服务标准化水平为自变量，内部管理为因变量，进行回归分析（方程 1）。

第二步：以内部管理为自变量，城市综合竞争力为因变量，进行回归分析（方程 2）。

第三步：先以政府公共服务标准化水平为自变量，城市综合竞争力为因变量进行回归；再同时以政府公共服务标准化水平与内部管理为自变量，以城市综合竞争力为因变量进行回归分析(方程3)。

表3-32　内部管理的中介效应检验

自变量	因变量(标准回归系数 Beta 值)			
	方程1 公共服务效能	方程2 城市综合竞争力	方程3 城市综合竞争力	
			第一步	第二步
政府公共服务标准化水平	.485*** (a)		.468*** (c_1)	.364*** (c_2)
内部管理		.391*** (b_1)		.215*** (b_2)
F	168.716***	99.023***	153.594***	93.212***
R^2	.235	.153	.219	.254
$\triangle R^2$	.234	.151	.217	.251

由表3-32中的数据可知,方程1中,政府公共服务标准化水平对内部管理的标准回归系数是显著的($\beta=0.485,P<0.001$),城市标准化水平能够预测内部管理的变异量为23.4%;在方程2中,内部管理对城市综合竞争力回归系数也达到了显著水平($\beta=0.391,P<0.001$),内部管理可以解释城市综合竞争力15.1%的变异量;方程3中,单独以政府公共服务标准化水平为自变量时,回归系数很显著($\beta=0.468$,$P<0.001$),同时以政府公共服务标准化水平、内部管理为自变量时,政府公共服务标准化水平对城市综合竞争力的回归系数依旧显著($\beta=0.364,P<0.001$),只是较单独作为自变量时变小,即 $c_2<c_1$。内部管理对城市综合竞争力的回归系数也依然显著($\beta=0.215,P<0.001$)。两者能共同解释城市综合竞争力25.1%的变异,比单独以政府公共服务标准化水平为自变量时,解释率提高了3.4%,根据中介效应的条件,这一结果表明了内部管理在政府公共服务标准化水平和城市综合竞争力两者之间起着部分中介的作用。

表3-33　中介效应的分解

中介路径	直接效应 c_2	中介效应 $a\times b_2$	总效应 $c_2+a\times b_2$	中介率 中介效应/总效应
$X\rightarrow M_1\rightarrow Y$	0.364	$0.485\times0.215=0.104$	0.468	0.222

(X代表政府公共服务标准化水平,M_1代表内部管理,Y代表城市综合竞争力)

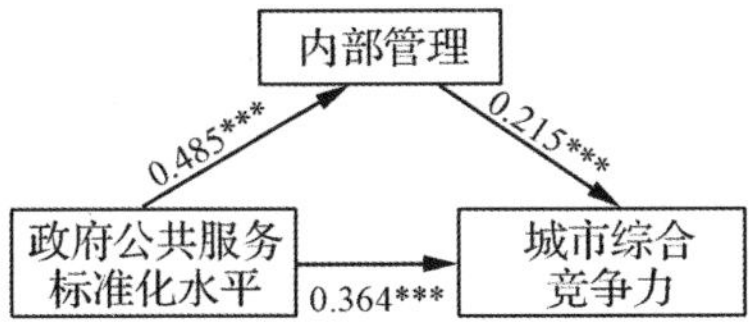

图 3-12 内部管理在政府公共服务标准化水平和城市综合竞争力之间的中介效应

2. 服务效益维度的中介效应检验

采用中介效应的检验程序对内部管理维度的中介效应进行检验步骤如下：

第一步：以政府公共服务标准化水平为自变量，服务效益为因变量，进行回归分析（方程 1）。

第二步：以服务效益为自变量，城市综合竞争力为因变量，进行回归分析（方程 2）。

第三步：先以政府公共服务标准化水平为自变量，城市综合竞争力为因变量进行回归；再同时以政府公共服务标准化水平与服务效益为自变量，以城市综合竞争力为因变量进行回归分析（方程 3）。

表 3-34 服务效益的中介效应检验

自变量	因变量（标准回归系数 Beta 值）			
	方程 1 公共服务效能	方程 2 城市综合竞争力	方程 3 城市综合竞争力	
			第一步	第二步
政府公共服务标准化水平	.561***（a）		.468***（c_1）	.308***（c_2）
服务效益		.458***（b_1）		.285***（b_2）
F	252.125***	145.303***	153.594***	103.496***
R^2	.315	.210	.219	.275
$\triangle R^2$	.314	.208	.217	.272

由表 3-34 中的数据可知，方程 1 中，政府公共服务标准化水平对服务效益的标准回归系数是显著的（$\beta=0.561, P<0.001$），城市标准化水平能够预测服务效益的变异量为 31.4%；在方程 2 中，服务效益对城市综合竞争力回归系数也达到了显著水平（$\beta=0.458, P<0.001$），服务效益可以解释城市综合竞争力 20.8% 的变异量；方程 3 中，单独以政府公共服务标准化水平为自变量时，回归系数很显著（$\beta=0.468$, $P<0.001$），同时以政府公共服务标准化水平、服务效益为自变量时，政府公共服务标准化水平对城市综合竞争力的回归系数依旧显著（$\beta=0.308, P<0.001$），只是较单独作为自变量时变小，即 $c_2<c_1$。服务效益对城市综合竞争力的回归系数也依然显著

($\beta=0.285, P<0.001$)。两者能共同解释城市综合竞争力27.2%的变异,比单独以政府公共服务标准化水平为自变量时解释率提高了5.5%。根据中介效应的条件,这一结果表明了服务效益在政府公共服务标准化水平和城市综合竞争力两者之间起着部分中介的作用。

表3-35　中介效应的分解

中介路径	直接效应 c_2	中介效应 $a\times b_2$	总效应 $c_2+a\times b_2$	中介率 中介效应/总效应
$X\rightarrow M_2\rightarrow Y$	0.308	$0.561\times0.285=0.160$	0.468	0.342

(X代表政府公共服务标准化水平,M_2代表服务效益,Y代表城市综合竞争力)

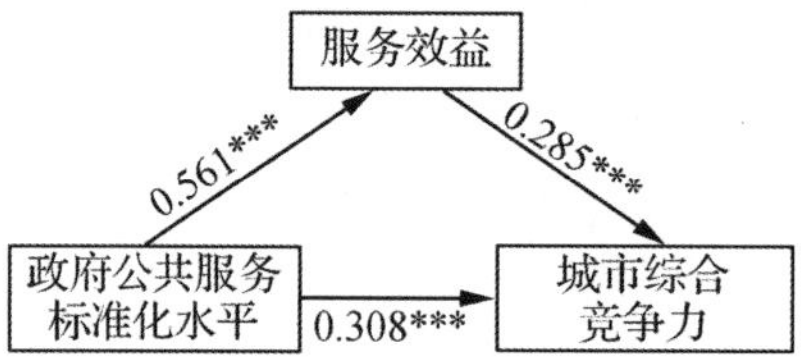

图3-13　服务效益在政府公共服务标准化水平和城市综合竞争力之间的中介效应

3. 公众满意维度的中介效应检验

采用中介效应的检验程序对公众满意维度的中介效应进行检验,步骤如下:

第一步:以政府公共服务标准化水平为自变量,公众满意为因变量,进行回归分析(方程1)。

第二步:以公众满意为自变量,城市综合竞争力为因变量,进行回归分析(方程2)。

第三步:先以政府公共服务标准化水平为自变量,城市综合竞争力为因变量进行回归;再同时以政府公共服务标准化水平与公众满意为自变量,以城市综合竞争力为因变量进行回归分析(方程3)。

表 3-36 公众满意的中介效应检验

自变量	因变量(标准回归系数 Beta 值)			
	方程 1 公共服务效能	方程 2 城市综合竞争力	方程 3 城市综合竞争力	
			第一步	第二步
政府公共服务标准化水平	.552***(a)		.468***(c_1)	.299***(c_2)
公众满意		.471***(b_1)		.306***(b_2)
F	240.710***	156.195***	153.594***	108.430***
R^2	.305	.222	.219	.284
$\triangle R^2$	.304	.220	.217	.281

由表 3-36 中的数据可知,方程 1 中,政府公共服务标准化水平对公众满意的标准回归系数是显著的($\beta=0.552,P<0.001$),城市标准化水平能够预测公众满意的变异量为 30.4%;在方程 2 中,公众满意对城市综合竞争力回归系数也达到了显著水平($\beta=0.471,P<0.001$),公众满意可以解释城市综合竞争力 22% 的变异量;方程 3 中,单独以政府公共服务标准化水平为自变量时,回归系数很显著($\beta=0.468,P<0.001$),同时以政府公共服务标准化水平、公众满意为自变量时,政府公共服务标准化水平对城市综合竞争力的回归系数依旧显著($\beta=0.299,P<0.001$),只是较单独作为自变量时变小,即 $c_2<c_1$。公众满意对城市综合竞争力的回归系数也依然显著($\beta=0.306,P<0.001$)。两者能共同解释城市综合竞争力 28.1% 的变异,比单独以政府公共服务标准化水平为自变量时解释率提高了 6.4%。根据中介效应的条件,表明了公众满意在政府公共服务标准化水平和城市综合竞争力两者之间起着部分中介的作用。

表 3-37 中介效应的分解

中介路径	直接效应 c_2	中介效应 $a\times b_2$	总效应 $c_2+a\times b_2$	中介率 中介效应/总效应
$X\rightarrow M_3\rightarrow Y$	0.299	$0.552\times0.306=0.160$	0.459	0.349

(X 代表政府公共服务标准化水平,M_3代表公众满意,Y 代表城市综合竞争力)

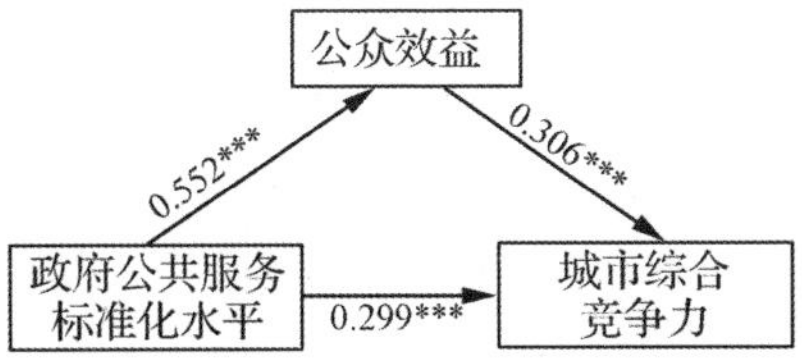

图 3-14 公众满意在政府公共服务标准化水平和城市综合竞争力之间的中介效应

4. 组织发展维度的中介效应检验

采用中介效应检验程序对组织发展维度的中介效应进行检验，步骤如下：

第一步：以政府公共服务标准化水平为自变量，组织发展为因变量，进行回归分析（方程1）。

第二步：以组织发展为自变量，城市综合竞争力为因变量，进行回归分析（方程2）。

第三步：先以政府公共服务标准化水平为自变量，城市综合竞争力为因变量进行回归；再同时以政府公共服务标准化水平与组织发展为自变量，以城市综合竞争力为因变量进行回归分析（方程3）。

表3-38　组织发展的中介效应检验

自变量	因变量（标准回归系数 Beta 值）			
	方程1 公共服务效能	方程2 城市综合竞争力	方程3 城市综合竞争力	
			第一步	第二步
政府公共服务标准化水平	.546*** (a)		.468*** (c_1)	.260*** (c_2)
组织发展		.522*** (b_1)		.380*** (b_2)
F	232.639***	205.546***	153.594***	128.920***
R^2	.298	.273	.219	.320
$\triangle R^2$	.297	.271	.217	.318

由表3-38中的数据可知，方程1中，政府公共服务标准化水平对组织发展的标准回归系数是显著的（$\beta=0.546, P<0.001$），政府公共服务标准化水平能够预测组织发展的变异量为29.7%；在方程2中，组织发展对城市综合竞争力标准回归系数也达到了显著水平（$\beta=0.522, P<0.001$），组织发展可以解释城市综合竞争力27.1%的变异量；方程3中，单独以政府公共服务标准化水平为自变量时，回归系数很显著（$\beta=0.468, P<0.001$），同时以政府公共服务标准化水平、组织发展为自变量时，政府公共服务标准化水平对城市综合竞争力的回归系数依旧显著（$\beta=0.260, P<0.001$），只是较单独作为自变量时变小，即$c_2<c_1$。组织发展对城市综合竞争力的回归系数也依然显著（$\beta=0.380, P<0.001$）。两者能共同解释城市综合竞争力31.8%的变异，比单独以政府公共服务标准化水平为自变量时解释率提高了10.1%。根据中介效应的条件，表明了组织发展在政府公共服务标准化水平和城市综合竞争力两者之间起着部分中介的作用。

表 3-39 中介效应的分解

中介路径	直接效应 c_2	中介效应 $a \times b_2$	总效应 $c_2 + a \times b_2$	中介率 中介效应/总效应
$X \rightarrow M_4 \rightarrow Y$	0.260	0.546 × 0.38 = 0.207	0.467	0.443

（X 代表政府公共服务标准化水平，M_4代表公组织发展，Y 代表城市综合竞争力）

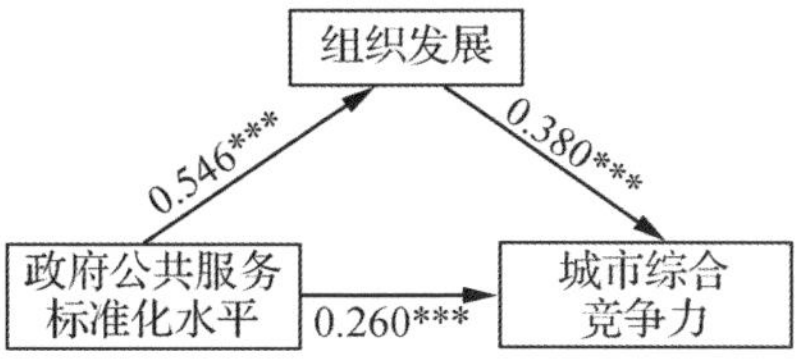

图 3-15 组织发展在政府公共服务标准化水平和城市综合竞争力之间的中介效应

通过检验公共服务效能内部管理、服务效益、公众满意、组织发展 4 个维度在政府公共服务标准化水平和城市综合竞争力之间的影响作用，发现 4 个维度均起正向影响作用，并且在政府公共服务标准化水平对城市综合竞争力之间具有部分中介作用。从中介效应的分解表中可以看出组织发展的中介率最大，为 44.3%；公众满意为 34.9%，居第二位；服务效益为 34.2%，居第三位；内部管理中介率为 22.2%，居第四位。也就是说，在政府公共服务标准化水平对城市综合竞争力的间接影响路径中，组织发展的影响较其余三者（内部管理、服务效益、公众满意）的作用大。

第四节 思考与展望

一、结论与思考

研究中采用的三份自编问卷的信度、效度都较好。问卷信度在 0.7 以上；问卷探索性因素分析中各因子累计方差解释率达到 50% 以上，结构效度良好。

政府公共服务标准化水平的各维度与政府公共服务效能总分及其 4 个维度均呈显著正相关。本研究的结果表明，服务组织公共服务标准化水平越高，其政府公共服务效能就会越好。这与胡税根、徐元帅（2009）对政府公共服务标准化建设对服务型政府建设的分析结论一致。本研究进一步把政府公共服务标准化水平的各维度作为自变量，政府公共服务效能作为因变量，进行回归分析，结果表明，政府公共服务标准化水平的标准实施记录、标准化工作机制、标准实施与改进3个维度依次进入了回归方程，这说明政府公共服务标准化水平的标准实施记录、标准化工作机制、标准实施与改进3个维度能够联合预测政府公共服务效能，且研究表明其联合解释政府公共服务效能的变异率为57.3%。

具体来讲，首先，标准化工作中领导重视，对服务组织的公共服务效能的提升具有重要作用。在标准化工作中成立了由主管领导负责的标准化领导机构和工作小组；制定与本组织相适应的标准化工作制度，形成规范性文件；制订试点实施方案，明确工作规划等标准化工作机制作用重大。其次，标准实施前进行的宣贯和培训；标准实施检查工作的计划制订；标准实施的社会评价等标准体系的实施与改进措施也可以整体提升服务效能。再次，完备的标准实施记录影响着服务效益维度，将各环节形成的数据和有关情况及时反馈；定期组织检查；实施的检查记录和问题处理记录保持完整；积极开展内部评估，对标准实施的符合性和实施效果进行评价，形成评价报告；等等，这些举措影响着服务组织服务效益与质量的方方面面。

政府公共服务效能及其各维度与城市综合竞争力总分及其4个维度均呈显著正相关。也就是说，政府公共服务效能越好，城市的综合竞争力越强。本研究进一步把政府公共服务效能的各维度作为自变量，城市综合竞争力作为因变量，进行回归分析，结果表明，以政府公共服务效能的四个维度作为自变量预测总体城市综合竞争力时，进入回归方程的变量共两个，分别是组织发展和公众满意。这说明，政府公共服务效能的组织发展、公众满意两个维度能够联合预测城市综合竞争力，且研究表明其联合解释城市综合竞争力的变异率为30.5%。

具体来说，服务组织未来的发展，即对人才、文化、员工的发展的重视以及对公众满意度的提升都将影响到一个城市的竞争力。

除公共服务标准化水平的标准化工作机制维度与城市综合竞争力的城市管理竞争力维度及城市环境竞争力维度相关性不大之外，其余各维度分别存在显著正相关。结果表明，城市标准化水平越高，城市综合竞争力就越强。进一步把政府公共服务标准化水平各维度作为自变量，城市综合竞争力作为因变量，进行回归分析，结果表明，以政府公共服务标准化水平的5个维度作为自变量预测总体城市综合竞争力时，进入回归方程的变量共4个，分别是标准化实施记录、标准体系建设、标准化工作机制、标准实施与改进。结果说明，其联合解释变异量为0.267，解释率达到26.7%。

也就是说，标准化的整个过程都会影响城市综合竞争力，从领导的重视到工作的计划与安排，从标准体系的建设到标准体系的实施与改进以及记录的完备性，都体现了一个城市的治理能力。

在政府公共服务效能对政府公共服务标准化水平和城市综合竞争力的中介作用分析中，首先采用了回归的方法对政府公共服务效能在政府公共服务标准化水平和城市综合竞争力之间是否起中介的作用进行了验证；接着对政府公共服务效能4个维度在政府公共服务标准化水平和城市综合竞争力之间是否起中介作用进行了验证。

具体来说，服务标准化通过确定服务组织内部各机构在提供公共服务过程中的职能和岗位职责，明确服务工作的具体标准，使得各机构、各部门的工作更加清晰，工作标准更加明确，一些具有重复性的常态性工作，都落实到具体的机构和人员，有效地减少工作脱节和相互推诿的现象，提升了服务组织的内部管理。作为城市竞争力的主体，服务组织内部管理尤其是组织内部的人力资源管理、服务效率、信息公开透明程度是影响城市竞争力的重要因素。通过公共服务的标准化，无论组织人员如何变动，其提供公共服务的方式都会有一个规范的标准，从而极大地节约了资源，提高了效率。

此外，在服务标准化建设的过程中，服务组织结合服务标准化的工作目标，依据相关法律、法规、政策，收集和整理相关制度和标准，在梳理、收集相关法律、法规、管理制度、工作流程等基础上，确定服务提供及管理过程中需要进行标准化的环节和对象，通过设立标准流程、操作规程、分工协作等规范化体系，使城市服务提供的各个环节有标可依、标准齐全，实现管理系统的良性运作，提升服务效率。

在服务标准化建设的过程中，服务组织通过积极采纳先进的地方标准、行业标准、国家标准、国际标准以及自己制定的具有前瞻性的标准，在各自的行业领域内取得发言权，提升了自身竞争的优势，带动了整个城市经济水平的发展。同时，通过积极参与国际、国内服务标准化活动，争取在更高的起点上增强自己的竞争优势，带动城市竞争力的提升。通过服务组织的“走出去”与“引进来”，标准化建设中的培训学习和交流探讨都为组织的可持续发展注入了活力，培育了人才，为提升城市可持续发展提供了人才智力的支持，促进了城市之间的多方面、多领域合作，提高了城市的辐射力和吸引力。

通过对以上变量之间关系的分析，本研究得出如下结论：

1. 苏州市政府公共服务标准化水平和政府公共服务效能之间呈显著正相关；政府公共服务效能和城市综合竞争力之间呈显著正相关；政府公共服务标准化水平的标准化工作机制维度与城市综合竞争力的城市管理竞争力维度及城市环境竞争力维度相关不显著之外，其余维度均呈显著正相关。

2. 政府公共服务标准化水平能显著地正向预测政府公共服务效能；政府公共服务

效能能够显著地正向预测城市综合竞争力；政府公共服务标准化水平能显著地正向预测城市综合竞争力。

3. 政府公共服务效能在政府公共服务标准化水平和城市综合竞争力之间起着部分中介的作用，中介效应占总效应的比率为42.3%。内部管理在政府公共服务标准化水平和城市综合竞争力之间起着部分中介的作用，中介率为22.2%。服务效益在政府公共服务标准化水平和城市综合竞争力之间起着部分中介的作用，中介率为34.2%。公众满意在政府公共服务标准化水平和城市综合竞争力之间起着部分中介的作用，中介率为34.9%。组织发展在政府公共服务标准化水平和城市综合竞争力之间起着部分中介的作用，中介率为44.3%。所以在政府公共服务标准化水平影响城市综合竞争力的4条中介路径中，组织发展最为重要，公众满意次之。

二、启示与展望

由上一节的研究结果可知，政府公共服务标准化水平和政府公共服务效能都对城市综合竞争力产生影响，政府公共服务标准化水平不但能够直接作用于城市综合竞争力，还可以通过政府公共服务效能间接作用于城市综合竞争力。所以，为了提升城市综合竞争力，在城市治理的过程中，不仅要重视标准化的重要作用，还要通过各种途径来提升城市综合竞争力。

1. 标准化手段对政府公共服务效能具有重要影响，本研究也证实了政府公共服务标准化的每个维度和政府公共服务效能之间存在显著的正相关。因此要想提高服务组织的公共服务效能，政府公共服务标准化手段就要发挥其重要的技术支撑作用。政府公共服务标准化是一个动态的过程，其中，完善的标准化工作机制、标准体系建设的质量、标准实施过程及标准的持续改进、对标准化过程经验的总结与提炼，都能对服务组织的内部管理、经济与社会效益、公众满意、组织的发展产生重要的影响。

2. 通过政府公共服务效能的中介作用研究发现，公共服务效能的中介作用较大，这里就提醒服务单位要注意运用标准化手段。服务组织的服务效能体现在多个方面，主要包括内部管理、服务效益、公众满意、组织发展。标准化过程要与服务组织的实际情况相适应，与行业特色相协调，与服务创新相结合，将标准化工作融于日常服务工作中，与日常工作相对接，从而最大限度地提升自己的服务质量，为城市竞争力的提升提供助力。

第四章 苏州市城市综合服务标准化总体设计与成效

第一节 苏州市城市综合服务标准化建设现状

一、苏州市经济社会发展概况

苏州物华天宝，人杰地灵，是闻名遐迩的鱼米之乡、丝绸之府，被誉为“人间天堂”，素来以山水秀丽、园林典雅而闻名天下，有“江南园林甲天下，苏州园林甲江南”的美称，又因小桥、流水、人家的水乡古城特色而有“东方威尼斯”美誉。

苏州城始建于公元前514年，距今已有2 500多年历史。作为历史名城，苏州基本保持着“水陆并行、河街相邻”的双棋盘格局，“三纵三横一环”的河道水系和“小桥流水、粉墙黛瓦、史迹名园”的独特风貌。

苏州市下辖张家港市、常熟市、太仓市、昆山市、吴江区、吴中区、相城区、姑苏区、工业园区和高新区（虎丘区）。

苏州市以科学发展观统领全局，紧紧围绕“两个率先”和“三区三城”以及富民强市的目标，全面实施科教兴市、新型工业化、经济国际化、城乡现代化、可持续发展五大战略，积极应对国内外宏观环境的变化，加快转变经济发展方式，更加重视文化建设、社会建设、生态文明建设和人民生活改善，经济社会保持又好又快发展。

2013年，苏州全市实现地区生产总值13 015.7亿元，比上年增长9.6%。其中，第一产业增加值214.5亿元，增长3.0%；第二产业增加值6 849.6亿元，增长7.5%；第三产业增加值5 951.6亿元，增长12.7%。人均地区生产总值（按常住人口计算）12.32万元，按年平均汇率计算近2万美元。

2013年全年，苏州全市实现地方公共财政预算收入1 331亿元，比上年增长

10.5%。其中各项税收收入1 138.3 亿元,增长11.2%;税收收入占公共预算收入的比重达到85.5%。全年地方公共财政预算支出1 212.7 亿元,比上年增长8.9%,其中用于民生方面的支出673.1 亿元,增长13.8%,占公共财政预算支出的55.8%。①

但同时苏州在城市服务方面也面临着一些问题。首先,苏州已成为我国第二大移民城市(从人口比例角度来看),人口众多、结构复杂,人们对公共服务的需求各不相同。服务主体的多元化、服务功能的复杂化,使提供者必须统筹考虑各方面关系,以实现服务的整体提升。其次,在苏州经济高速发展过程中,各种公共服务之间密切相关,作为一个整体,共同促进城市发展,其中任何一环断裂,都将导致短板效应,因此需要更好地协调公共服务水平与社会经济在高台阶上发展。最后,现代化的服务不再仅限于通过传统的面对面的方式进行,而是更多地借助网络、电话等信息化手段来开展,服务后台的作用日益凸显,如何提升服务满意度,是每一个服务组织要思考的问题。

城市公共服务标准化在城市治理现代化过程中发挥了重要的技术支撑作用:一方面,在苏州经济发展水平较高的情况下,服务性组织应该有兜底的标准为社会公众提供服务,这些兜底标准也会成为服务质量提升的动力;另一方面,引入市场机制的公共服务需要标准解决其外部性问题。

二、苏州市城市综合服务标准化建设概况

为了践行服务型政府建设,更好地履行政府社会管理和公共服务职能,推动公共服务体系建设和基本公共服务均等化,加快服务标准化进程,进一步发挥标准化在城市服务领域中的技术支撑作用,贯彻落实国务院《关于加快发展服务业若干政策措施的实施意见》(国办发[2008]11 号)中"推进服务业标准化试点"的要求和国家标准委、国家发展改革委等六部委《关于推进服务标准化试点工作的意见》(国标委农联[2007]7 号)以及《关于下达2011 年度国家级服务业标准化试点项目的通知》的精神,苏州市人民政府承担建设江苏省苏州市城市综合服务标准化试点项目任务。

苏州市于2012 年9 月7 日正式启动了城市综合服务标准化试点工作,苏州也因此成为全国首个开展此项工作的地级市。试点工作范围涵盖了同群众生活和个人发展密切相关或普遍相关的9 大公共服务领域,包括公共安全、公共教育、公共卫生与基本医疗、社会保障、公共基础设施与公共事业、环境保护公共服务、公共信息服务、公共文化和体育服务、公共科技服务,以及具有苏州特色且发展较为成熟的4 大专业服务领

① 资料来源:2013 年苏州市国民经济和社会发展统计公报.

域，包括旅游、服务外包、金融和物流。

由于面广量大，在充分调研和征求意见的基础上，在13个服务领域中重点选择了60个市民生存、生活与发展直接需求的或服务频次相对较高的服务项目。根据试点工作需要，将项目实施主体划分为以下两类：(1)项目承担单位，即根据各自职能承担相关项目的市级单位。(2)示范单位，由各项目承担单位根据各自项目选取行业内示范单位先行开展标准化工作。苏州市城市综合服务标准化试点工作共有29个项目承担单位和77个项目示范单位。

（一）总体要求

通过开展城市综合服务标准化试点工作，在苏州市区范围内建立和健全公共服务标准体系并逐步实施相关标准，规范服务提供和管理行为，提高公共服务水平，促进基本公共服务均等化的实现。通过在专业服务领域建立健全相关标准，形成基本覆盖服务业的、满足现代服务业发展需要的服务标准体系，实施贯穿服务业全过程的相关标准，提升服务质量，促进服务业健康而快速发展。鼓励有条件的单位和组织积极参与国家、行业、地方标准的制定修订工作。通过标准的有效实施和持续改进，并将实施与评价、效果与展示相结合，塑造“苏州服务”品牌，树立苏州公共服务和专业服务的标杆形象，全面提升苏州的综合服务水平。

（二）工作任务

苏州市城市综合服务标准化建设的工作任务主要包括①：

1. 建立并逐步完善标准体系

围绕苏州市城市综合服务标准化试点建设目标，各部门、各行业根据各自具体的服务职能，依据相关法律法规、政策，收集和整理相关标准，在协调服务提供者和服务对象等各方关系的基础上，制定苏州市服务业组织标准，标准覆盖率达到80%，建立并逐步完善公共服务领域标准体系及专业服务领域标准体系，发挥苏州综合服务标准化工作在全国的示范作用，争取相关的服务业标准化技术机构落户苏州。

2. 组织实施标准

在各行业、各单位进行贯标工作，通过培训指导等形式，推进标准的实施，标准实施率达到90%。各单位首先要选取基础较好、条件较为成熟的领域建立一批示范点，先行先试，充分发挥引领作用，建立有效的工作机制，由点到面、由浅入深地推进试点

---

① 苏州市人民政府. 关于开展苏州市城市综合服务标准化试点工作的实施方案. 苏府(2012)40号.

工作。公众、媒体和政府有关单位组织对标准的实施情况进行监督与检查，督促改进，逐步完善已经建立的相关服务标准体系。

3. 开展标准实施评价

根据标准体系运行有效性的要求，建立评价细则，实现标准的持续改进和标准体系的逐步完善，促进服务品质的不断提升。积极探索建立标准化工作效果的评价机制，将制定标准和效果评定结合起来，采取持续改进措施，促进标准实施、服务质量提高和综合效益增长的有机统一。

4. 建立综合服务标准化的长效机制

各地、各单位要建立标准化工作的领导机构和办事机构，落实人员配备，构建起覆盖苏州市区的标准化工作网络。标准化行政主管部门要加强对这项工作的指导和协调，引导服务业组织根据发展需求和行业特点制定服务业组织标准，探索将服务业组织标准上升到苏州市级规范并在全市同类组织推广的机制。要将这项工作纳入城市文明创建和社会管理的大局之中，实现标准的持续改进和标准体系的不断完善。

5. 创建服务品牌

进一步加强服务效能建设，结合标准体系的建立和实施，积极鼓励引导有关单位创建服务品牌，继而上升为相关行业内的服务名牌。在此基础上，着力培育一批具有苏州特色的、有一定影响力的综合服务品牌。

三、苏州市城市综合服务标准化初期整体现状调查

为了深入了解苏州市城市综合服务标准化建设的初期状况，2013 年 2 月，苏州市城市综合服务标准化研究课题组对首期“20—40”各项目相关人员进行“苏州市城市综合服务标准化工作现状”问卷调查。

（一）问卷因素分析

通过正交旋转法对 21 个项目之间的关系和结构进行了因子分析，因子的确定根据特征根大于 1 的原则，因子分析模式为主成分分析法（Principal Components）。正交旋转采用变值尽简法（Varimax Solution），这一方法的准则是尽量使得所有变量在每一因子上负荷量上的平方和达到最大值。因子分析中去除所有缺失值的个案（Exclude Cases Listwise）。

1. 数据适应性分析

因素分析结果显示（见表 4-1），样本适当性系数 KMO 的指标为 0.63，大于临界值 0.6，表明问卷各项目间的相关程度无太大差异，数据非常适合做因素分析。Bartlett 球

形检验显著性水平为0.000,球形假设被拒绝,表明问卷项目间并非独立,取值是有效的。两个指标的结果都说明数据适合进行因素分析。

表4-1　KMO 和 Bartlett 的检验

KMO 和 Bartlett 的检验		
Kaiser-Meyer-Olkin 取样适当性度量	0.63	
Bartlett 球形检验	近似卡方分布	706.87
	自由度	210
	P	0.00

2. 探索性因素分析

采用主成分分析法进行因素抽取,并运用正交旋转的方法进行因子旋转。综合运用 Kaiser 法("特征根 >1"法)(见表4-2)和 Scree Test(碎石检验)(见图4-1),因子分析中去除所有缺失值的个案。

表4-2　各因素特征根及累计解释率

因子序号	未经旋转提取因子的载荷平方和			旋转提取因子的载荷平方和		
	特征值	方差贡献率(%)	累计方差贡献率(%)	特征值	方差贡献率(%)	累计方差贡献率(%)
1	5.56	26.47	26.47	3.44	16.36	16.36
2	2.96	14.09	40.56	3.03	14.41	30.77
3	2.18	10.38	50.94	2.97	14.12	44.89
4	1.76	8.38	59.32	2.59	12.31	57.20
5	1.44	6.84	66.16	1.88	8.96	66.16

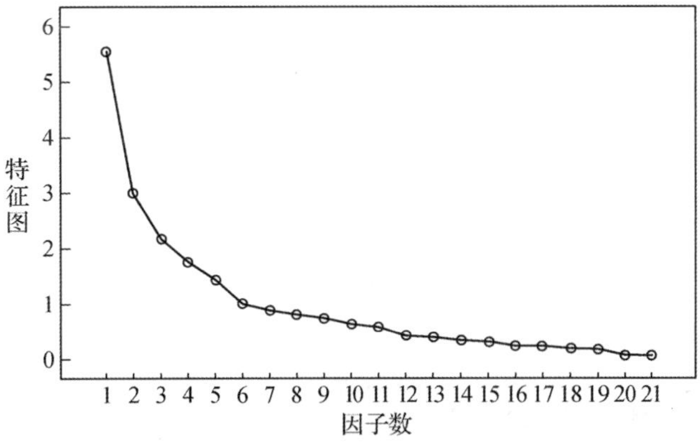

图4-1　因素分析特征根碎石图

据表4-2可知,从21个项目中提取5个因素,累计贡献率为66.16%,即5个因素能解释总体数据变异的66.16%,可以解释变量特征大部分的变异,是一个比较好的指标。并且从碎石图可以看出,在第5个因素附近,曲线逐渐变得平缓,因而选5个因素比较合适。

表4-3 旋转后的因素负荷矩阵

题项	因素1	因素2	因素3	因素4	因素5
我们单位相关的工作人员具备标准化的相关知识。	0.80	-0.06	0.07	0.04	-0.11
我们已经梳理了相关的法律、法规、制度,已经可以将相关的规范性文件转化成标准。	0.74	0.34	0.02	0.17	-0.05
我们清楚了各种标准之间的相互联系、分类关系,可以搭建标准体系框架。	0.70	0.58	0.02	0.08	-0.01
我们单位非常重视此次标准化建设工作。	0.68	0.05	0.05	-0.35	0.03
我们单位在标准的编制能力方面还有欠缺。	0.57	-0.22	0.11	0.34	0.37
我们行业标准化建设程度比较低。	0.45	0.25	0.02	0.26	0.39
我们单位已经制订了标准化工作的方案和时间表,标准化工作有序进行。	0.03	0.84	0.10	0.29	0.06
我们单位已经成立了相应的标准化建设领导小组。	-0.07	0.75	0.07	0.10	0.27
我们单位在标准化建设中始终积极与相关部门广泛讨论、协调。	0.36	0.61	0.10	0.14	-0.29
我们单位已经成立了标准化研究机构,且聘请专家、专业机构给予针对性的理论支持和技术支撑。	0.55	0.56	0.09	0.001	0.12
我们已经梳理了现行有效的国家标准、行业标准、地方标准。	0.48	0.55	-0.08	0.03	-0.01
我们认为标准化工作提升公务人员服务意识。	0.07	-0.11	0.90	0.01	0.12
我认为标准化工作对苏州市今后的发展具有重要意义。	-0.08	0.04	0.86	-0.10	0.14
我认为此次标准化工作对于我们提升单位的服务质量作用很大。	0.18	0.22	0.72	0.25	-0.27
我认为标准化工作会提升苏州的城市核心竞争力。	0.05	0.04	0.62	0.32	0.07
我认为标准化工作将令我们的服务规范化。	0.09	0.25	0.59	0.30	-0.39

续表

题项	因素 1	因素 2	因素 3	因素 4	因素 5
我们单位的资金可以在短时间内保证标准化建设项目的推进。	0.15	0.15	0.09	0.77	-0.16
我们单位标准化建设资金保障还不充分。	-0.12	0.12	0.06	0.73	0.12
我们单位对于长期推进标准化建设工作有资金保证。	0.09	0.15	0.27	0.72	0.11
我认为现在培训的覆盖范围太小。	-0.02	0.11	0.04	-0.04	0.88
我认为现在(标准化的)培训还不能充分满足我们部门的要求。	0.03	0.11	0.04	0.48	0.55

如表4-3 所示,因素 1 包括“工作人员已具备标准化的相关知识”,“将相关的规范性文件转化成标准的能力”,“搭建标准体系框架的能力”,“单位编制标准的能力”,“行业标准化建设的程度”等,这些变量反映了标准化建设内容的现状,遂命名为“标准化建设内容”。

因素 2 包括“标准化工作有序进行”,“成立了标准化建设领导小组”,“标准化建设中始终积极与相关部门广泛讨论、协调”,“成立了标准化研究机构”等,这些变量反映了标准化建设制度保障的现状,所以命名为“标准化建设制度保障”。

因素 3 包括“标准化工作提升公务人员服务意识”,“标准化工作对苏州市今后的发展具有重要意义”,“标准化工作对于我们提升单位的服务质量作用很大”,“标准化工作会提升苏州的城市核心竞争力”,“标准化工作将令我们的服务规范化”,反映了对标准化建设的认识,命名为“服务人员意识”。

因素 4 包括“资金可以在短时间内保证标准化建设项目的推进”,“对于长期推进标准化建设工作有资金保证”,“标准化建设资金保障还不充分”,反映了标准化建设资金保障的现状,命名为“标准化建设资金保障”。

因素 5 包括“培训的覆盖范围小”,“培训还不能充分满足部门要求”反映了标准化建设培训保障的现状,命名为“标准化建设培训保障”。

(二)效度检验与信度检验

探索性因素分析中各因子累计方差解释率达到 50% 以上,表明量表具有良好的结构效度。本次数据分析中因子累计方差解释率为 66.16%,达到了这一标准,表明本问卷的结构效度较好。

本研究采用内部一致性和分半信度来检验量表的信度。总量表的克隆巴赫 α 系数为 0.85,分半系数为 0.84,总量表的信度较好。量表的克隆巴赫 α 系数及分半系数都在 0.8 以上,信度较好。

(三) 苏州市城市综合服务标准化工作现状分析

1. 标准化建设内容的现状

如图 4-2 所示,约 40.6% 的单位标准化建设工作情况是比较好的,10.9% 的单位在标准化内容建设上不理想。具体存在标准化转化的问题、标准编制的问题、标准化体系建设的问题。

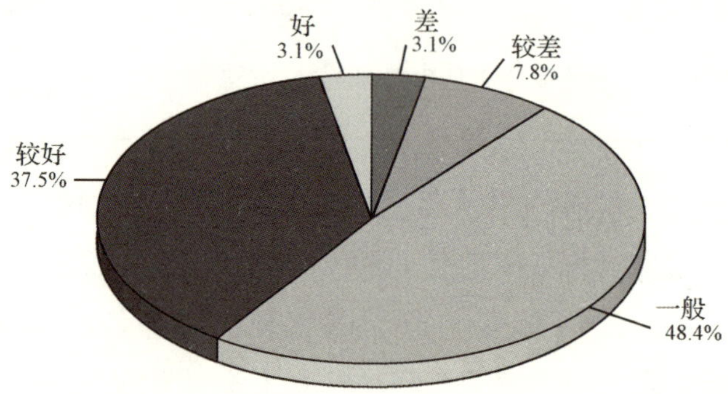

图 4-2　标准化建设内容现状图

(1) 标准转化的情况。随着标准化建设工作的推进,约 65.6% 的承担单位经过对现有法律、法规、制度的梳理,已经形成了规范化的工作流程和运行体系(见表 4-4)。但约有 54.7% 的单位在如何将规章制度和工作流程转化成为标准上遇到了困难(见表 4-5),一方面,欠缺将规范性文件转化成相应的标准技术;另一方面,在标准转化的度上把握不到位,分不清整体转化还是部分转化成相应的标准。

表 4-4　对已有法律、法规、制度的梳理情况统计表

选择项	频数	百分比(%)	累计百分比(%)
不同意	4	6.3	6.3
不太同意	5	7.8	14.1
不确定	13	20.3	34.4
比较同意	19	29.7	64.1
同意	23	35.9	100.0
总计	64	100.0	

表 4-5 标准转化情况统计表

选择项	频数	百分比(%)	累计百分比(%)
不同意	1	1.6	1.6
不太同意	10	15.6	17.2
不确定	24	37.5	54.7
比较同意	17	26.6	81.3
同意	12	18.8	100.0
总计	64	100.0	

(2) 标准编写的情况。在本次调研中,约有 76.6% 的单位反映在标准的编制能力方面存在不足,只有 12.5% 的单位表示有一定的能力来编制相应的标准(见表 4-6)。首先,在标准内容的选定上,无论是承办单位还是示范单位,对于应该将哪些内容进行标准化,以及如何标准化,这些都需要将标准化理论和服务的实际情况结合起来,进行进一步的研究。其次,在标准的编写方面,除了几家单位聘请专家来制定标准外,大部分单位并不具备编制标准的能力。因此,如何编制标准成为制约标准化进程的另一个重要原因。

表 4-6 标准编制情况统计表

选择项	频数	百分比(%)	累计百分比(%)
不同意	14	21.9	21.9
不太同意	35	54.7	76.6
不确定	7	10.9	87.5
比较同意	8	12.5	100.0
同意	0	0	100.0
总计	64	100.0	

(3) 标准体系构建情况。约有 18.8% 的单位对各种标准之间的相互联系、分类关系有清晰的理解,对于哪些标准应进入标准化体系也很明确;约有 26.6% 对各种标准之间的相互联系、分类关系有一定的了解,对于哪些标准应进入标准化体系有一定的把握;另外的 54.7% 的单位在标准化体系的建设上存在较大的困难(见表 4-7)。

表 4-7　标准化体系建设情况统计表

选择项	频数	百分比(%)	累计百分比(%)
不同意	5	7.8	7.8
不太同意	8	12.5	20.3
不确定	22	34.4	54.7
比较同意	17	26.6	81.3
同意	12	18.8	100.0
总计	64	100.0	

2. 标准化建设保障的现状

(1)制度保障。总的来说,标准化建设制度保障的情况还是较好的,各单位基本建立了标准化建设小组,工作也具有一定的计划性,部门之间的协调机制也相对较好。32.8%的单位有很好的制度保障,43.8%的单位的制度保障较好,7.8%的单位没有很好的制度保障(见图 4-3)。具体情况如下:

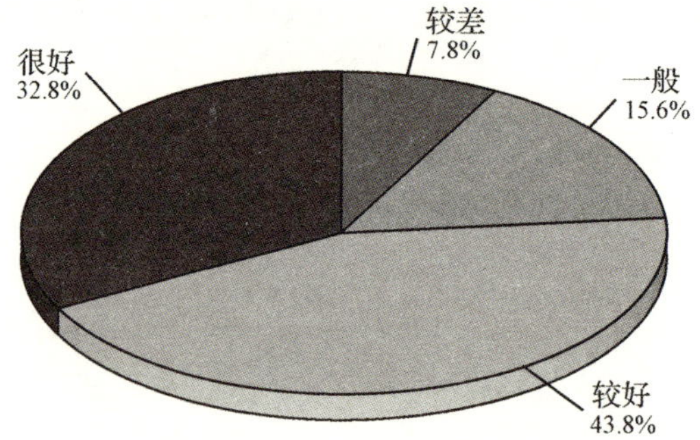

图 4-3　标准化建设制度保障现状图

90.7%的单位已经成立了相应的标准化建设领导机构或者小组;约 81.3%的单位已根据实际情况制订了服务标准化建设的方案和时间表;79.7%的单位表示,在标准化建设过程中积极与相关部门进行协调。

(2)资金保障。目前在标准的编制过程中资金保障还不是很充分,约 17.2%的单位表示标准化资金很少,专项资金对项目的支撑没有到位;39.1%的单位表示标准化建设的资金投入还是较充裕的(见图 4-4)。

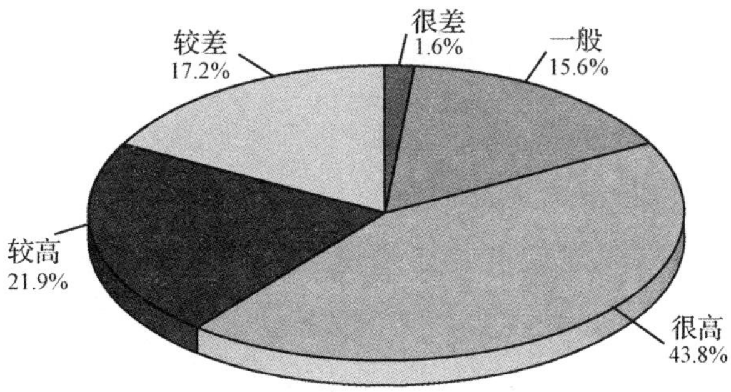

图 4-4　标准化建设资金保障现状图

从短期资金投入上来看,62.5%的单位在短期内资金可以保证标准化建设项目的推进,34.4%的单位表示不确定,3.1%的单位在短期内不能有充足的资金保障(见表4-8)。

表 4-8　标准化建设短期资金保障情况统计表

选择项	频数	百分比(%)	累计百分比(%)
不同意	1	1.6	1.6
不太同意	1	1.6	3.1
不确定	22	34.4	37.5
比较同意	23	35.9	73.4
同意	17	26.6	100.0
总计	64	100.0	

但是,标准化建设的资金在长期范围内的保障就略差。45.4%的单位有长期的资金保证,39.1%的单位对于长期的资金投入表示不确定,15.6%的单位表示对于长期推进标准化建设工作没有资金保障(见表4-9)。

表 4-9　标准化建设长期资金保障情况统计表

选择项	频数	百分比(%)	累计百分比(%)
不同意	4	6.3	6.3
不太同意	6	9.4	15.6
不确定	25	39.1	54.7
比较同意	12	18.8	73.4
同意	17	26.6	100.0
总计	64	100.0	

总的来说,目前有些单位的标准化研究经费较少,研究条件不是特别优越。虽然在短期内能够保证项目的推进,但长期来说,对于项目的发展十分不利。

（3）培训保障。标准化培训力度不够。31.3%的单位认为标准化培训保障很差，不能够满足本单位标准化工作的需求；50%的单位认为标准化培训保障较差；15.6%的单位认为标准化培训保障一般（见图4-5）。总体上说，培训的效果不理想，培训完后大部分人还是没有真正明白具体该如何制定标准。培训次数少，内容也多停留在标准化基本知识的普及上，缺乏针对性和专业性，且仅有的几次培训并不能帮助工作人员在标准化工作的具体实施上起到较大的作用；培训覆盖范围小，多是针对项目承担单位的工作人员，但是对于项目中涉及的单位其他人员没有进行培训，而这势必会影响到标准化建设项目实施的效果；培训效果较差，大家对于标准化只是初步了解，并未做到深刻理解，也未能指导具体的标准化建设工作。

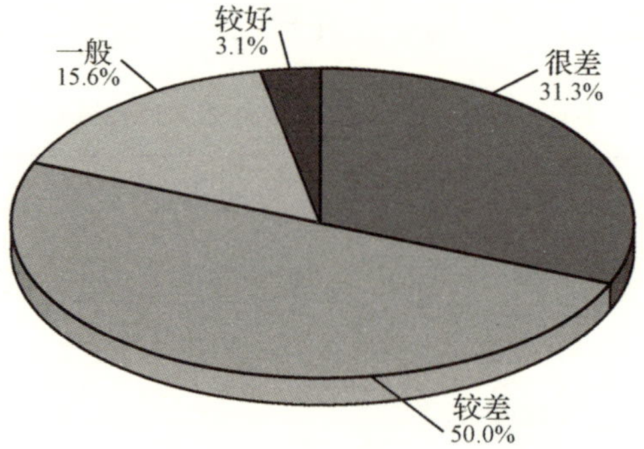

图4-5　标准化培训保障现状图

3. 服务人员意识

在服务人员的意识方面，70.3%的人认为标准化工作具有重要意义，28.1%的人认为标准化工作具有较大的意义（见图4-6）。具体体现为：可以借这次标准化建设的工作提升单位的服务质量，令服务更加规范化；可以提升公务人员的服务意识；并且会提升苏州的城市核心竞争力，对苏州市今后的发展具有重要意义。

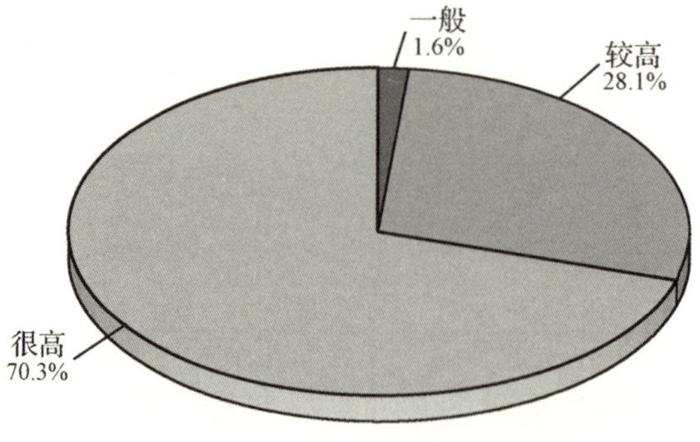

图4-6　服务人员对标准化工作意义重视程度的现状图

四、苏州市城市综合服务标准化建设的基础条件分析

1. 标准化基础较好,条件成熟

苏州市政府高瞻远瞩,积极推进服务标准化工作实践。此前苏州市共承担省级、国家级服务标准化项目45项,其中试点项目24项、标准项目21项。包括开展了汽车客运站建设、城市安全防范、社会保险管理、人力资源服务外包等服务标准化试点项目,全面开展了旅游标准化试点城市创建工作。通过这些项目的先行先试,苏州市已经建立、实施了一批标准,提高了政府公共事业管理、行政管理的效能和水平,实现了公共服务均等化和服务品质的不断提升,为开展城市综合服务标准化试点工作积累了一定的经验。与此同时,开展试点工作的项目承担单位和示范单位自身已经有一套成熟的业务流程规范,多数部门已经通过引进全面质量管理(TQM)、标杆管理(Benchmarking Management)以及平衡计分卡(Balanced Score Card)等定量化的管理方法来提升服务规范。

2. 加强组织领导,工作有序展开

为顺利推进苏州市城市综合服务标准化建设,成立了苏州市城市综合服务标准化试点工作领导小组。由苏州市政府主要领导任组长,分管领导任副组长,市各相关单位主要负责人、各区政府(管委会)分管负责人为成员,负责全市综合服务标准化试点工作的领导、组织、协调、实施、监督和检查工作。领导小组在苏州质监局下设办公室,负责日常工作和试点建设工作的具体事项,督促工作方案的落实。各项目承担单位与示范单位也相应成立了领导机构和办事机构,在市领导小组的领导下,具体负责本单位试点工作的开展。从市政府层面到29家项目承担单位、77家项目示范单位均建有工作机构,从而形成了覆盖9大公共服务领域和4大专业服务领域的工作网络,为试点工作的顺利进行提供了有力的组织保障。

3. 部门联动,形成整体合力

苏州市城市综合服务标准化各相关单位积极参与、主动配合,形成了整体合力,确保这项工作有序开展并取得了明显成效。按照市政府"关于开展苏州市城市综合服务标准化试点工作"的有关要求,为进一步做好苏州市城市综合服务标准化试点工作,各项目示范单位和承担单位紧密结合经营与管理的实际,制订了标准化工作计划和实施方案,并组织相关部门召开多次专题会议,部署了标准化工作,各部门之间按照实施方案和分工,协调一致,稳步推进。

4. 开展培训,提供技术支撑

城市综合服务标准化试点工作是一项跨部门、跨行业的系统工程,涉及诸多领域。

为做好苏州市城市综合服务标准化试点工作，苏州市城市综合服务标准化领导小组办公室聘请了标准化及相关公共服务领域的专家，通过系统性的培训使相关人员对标准、标准化和标准化体系以及与之相关的基础知识、基本原理有了了解，为标准化建设的顺利进行打下基础。

各项目承担单位和项目示范单位针对本单位的实际情况，从承担标准化建设工作之初，就积极与多家标准化单位取得联系，引入技术支撑和咨询单位；为了长期推进标准化建设工作，注重本单位标准化人才的培养；在成立标准化建设项目小组的基础上，组建了专职标准化部门，配以专职的或兼职的标准化管理和研究人员，负责标准的研究和标准化体系的搭建工作。

5. 政策扶植，提供资金保障

为推动试点工作顺利开展，领导小组办公室向市财政局提出了一揽子试点工作有关经费的申请（含各承担单位工作经费），市财政局以苏财预字[2012]59 号文件向市政府请示并经同意，对各承担单位的工作经费申请进行了明确，指出各项目承担单位负责具体项目的标准体系制定和组织实施工作，该部分经费由各项目承担单位根据各自承担的任务编入各单位部门预算，由项目承担单位分别向市财政部门提出经费申请。领导小组办公室在此基础上发文（苏综标办[2012]7 号），要求各项目承担单位根据市财政部门的要求梳理试点具体工作，并考虑所属示范单位的工作经费，制订经费预算计划，向市财政部门提出申请。资金保障的落实为试点工作的顺利开展和有序推进提供了必要的支撑。

第二节　苏州市城市综合服务标准体系总体设计

体系（System）是指相互关联或相互作用的一组要素，而标准体系（Standard System）是一定范围内的标准按其内在联系形成的科学的有机整体。[①] 建立和完善地方标准体系不仅能奠定标准化工作基础，描绘标准化工作蓝图，明确标准化建设的主要范围和工作重点，而且还可以作为编制国家标准、行业标准制修订计划的依据；不仅能有效整体识别标准化对象，保证各环节的有效衔接，降低组织的运行成本，实现全过程的质量控制，而且能深入挖掘和系统整理组织的内部经验，并予以梳理和固化。

① GB/T 13016－2009. 标准体系表编制原则和要求[S]. 北京：中国标准出版社，2009.

作为苏州市城市综合服务标准化工作的对象,城市综合服务涵盖城市系统的对内服务和对外发展,涉及领域多、覆盖范围广:既包括维持城市正常运转和满足城市居民基本生活需要的公共服务,又包括提升城市经济发展水平的专业服务;既包括各级政府对于城市服务的整体管理,又包括各服务业组织的具体实施,是一个极为复杂的综合体。因此,苏州市城市综合服务标准体系的建设工作从两个层面共同开展:对城市综合服务标准化工作进行的整体布局,面向各业务领域、各服务业组织开展具体的标准体系建设。其中,前者作为顶层设计,采用综合标准化理论与方法进行研究;后者作为具体操作层面的标准化建设,采用普遍适用的服务业组织标准体系构建理论开展建设。

综上所述,苏州市城市综合服务标准体系搭建是以综合标准化思想为指导,以服务业组织标准体系建设方法为依托,确保标准体系的科学性、先进性与针对性,从而实现"系统管理、重点突破、整体提升"的效果与目的。

一、标准体系构建原则

1. 全面系统、重点突出

体系的构建立足苏州市城市综合服务标准化试点工作的13大领域60个项目,把握当前与今后标准化工作的重点领域和重点任务,围绕苏州市城市综合服务标准化试点建设目标,使各部门、各行业根据各自具体服务职能,依据相关法律、法规、政策、制度,收集和整理相关标准,在协调服务提供者和服务对象等各方关系的基础上,制定苏州市服务业组织标准,建立并逐步完善公共服务领域标准体系及专业服务领域标准体系,确保苏州市城市综合服务标准体系的结构完整和重点突出。

2. 层次清晰、避免交叉

体系的构建基于对苏州市城市综合服务标准化试点工作13个领域、60个项目的科学分类从两个层面共同开展:对城市综合服务标准化工作进行的整体布局,面向各业务领域、各服务业组织开展具体的标准体系建设。要按照体系协调、职责明确、管理有序的原则编制苏州市城市综合服务标准体系,确保总体系与子体系之间、各子体系之间的相互协调,避免交叉、重复与冲突。

3. 开放兼容、动态优化

不同国家、地区间经济和社会等发展存在差异,其公共服务的内容也存在诸多不同。即使在同一地区,随着经济、社会发展阶段的变化,人们对公共服务的认识和需求也会有所改变。因此在苏州市城市综合服务标准体系框架搭建时,必须充分考虑到公共服务内容的弹性,保持苏州市城市综合服务标准的开放性和可扩充性,以便随着公共服务建设发展的需要,为新的标准项目预留空间。同时结合苏州市城市综合服务标准化试点工作的发展形势需求,定期对标准体系进行修改与完善,提高苏州市城市综合服务标准体系的适用性。

4. 基于现实、适度超前

苏州市城市综合服务标准体系的搭建应立足标准化试点工作的现实需求,分析未来发展趋势,可以保持适度超前的原则,紧跟公共服务标准化的国际发展趋势,通过转化引进国外先进经验,加快苏州与国际接轨步伐,建立适度超前、具有可操作性的苏州市城市综合服务标准体系。通过标准体系的编制,系统地了解和研究国际标准及其发展趋势,为采用国际标准和国外先进标准提供全面而准确的信息。

5. 与国家标准体系编制原则相一致

苏州市城市综合服务标准体系编制过程中遵循 GB/T 13016—2009《标准体系表编制原则和要求》中标准体系编制的四原则,即目标明确、全面成套、层次适当、划分清楚的原则。

二、标准体系构建方法

本项目基于综合标准化"战略思维、统筹兼顾"的系统论思想,按照服务业领域分布,采用分类法和过程法相结合的方法,将苏州市城市综合服务标准化试点工作这一标准化综合体分解为公共安全、公共教育、公共卫生与基本医疗等 13 个重点要素,每个重点要素均为试点建设工作的分目标,每个分目标下设数量不等的子目标,共同作用于城市综合服务标准化水平不断提升这一总目标,最终实现"重点突破、整体提升"。

在各子目标及试点单位层面,在综合标准化方法框架内,引入《服务业组织标准化工作指南 第 2 部分:标准体系》(GB/T 24421.2—2009)关于服务业组织标准体系的构建方法,将标准体系分为基础通用、服务保障、服务提供 3 大板块,同样综合使用分类法与过程法,对标准化对象进行分析研究,最终形成一整套苏州市城市综合服务标准体系的开发方法,以此构建苏州市城市综合服务标准体系。

三、标准体系框架设计

标准体系是一定范围内的一系列标准按其内在联系而形成的科学有机整体。作为苏州市城市综合服务业标准的系统集成,苏州市城市综合服务标准体系应布局合理、领域完整、逻辑明确、功能完善,体现"目的性、全局性、长远性、重点性、统筹兼顾"的战略思维和"整体性、动态性、结构性、普遍联系"的系统思想,满足苏州市城市综合服务建设发展对于标准化工作的总体需求。

基于上面的理论分析，从综合标准化“系统管理、重点突破”的思想出发，同时借鉴GB/T24421.2—2009《服务业组织标准化工作指南　第2部分：标准体系》关于服务标准体系的构建思路，绘制出苏州市城市综合服务标准体系逻辑图（见图4-7）。

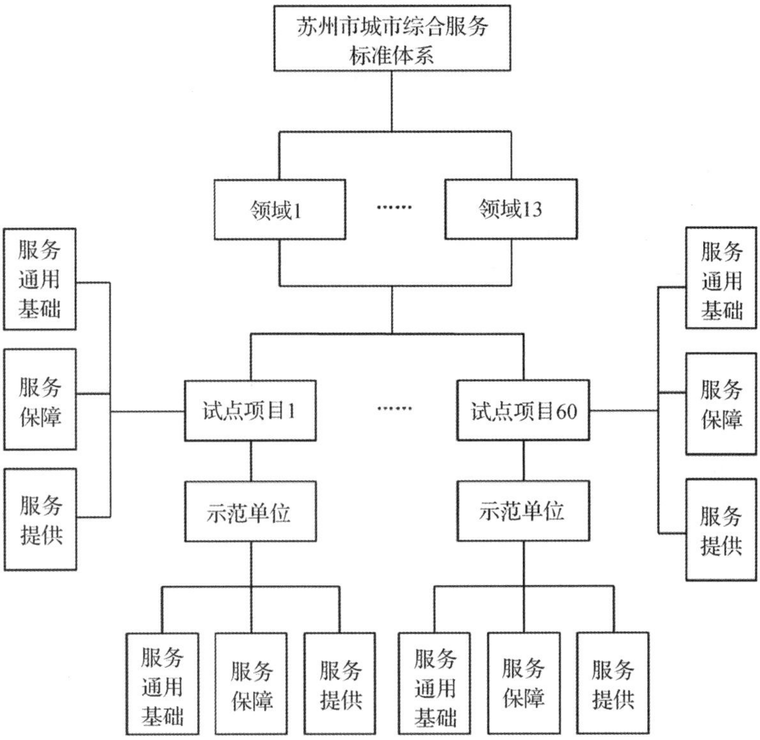

图4-7　苏州市城市综合服务标准体系逻辑图

如图所示，根据前文论述，苏州市城市综合服务标准体系构建的整体思路是综合标准化思想与服务业组织标准体系构建理论的有机结合，在此指引下选择了公共安全、公共教育、服务外包、金融、物流等苏州市城市综合服务标准化工作的13个重点领域，形成第一层级；在此基础上，按照“急用先立、逐步推进”的原则，分别在以上重点领域中选取数量不等的试点项目，共60个（见本书附录三：苏州市城市综合服务标准总体系框架图），开展标准化试点工作，形成第二层级；每个试点项目选择1到3个示范单位先行试点，共77个，形成第三层级，采用服务业组织标准体系的构建方法，将各试点项目标准体系分为基础通用、服务保障和服务提供3个板块，每个板块分别包含若干标准。在各示范单位标准体系的基础上，通过提炼优化、广泛征求意见，形成苏州市通用标准体系，并在全行业推广试行。图4-8展示了各领域的项目分布情况。

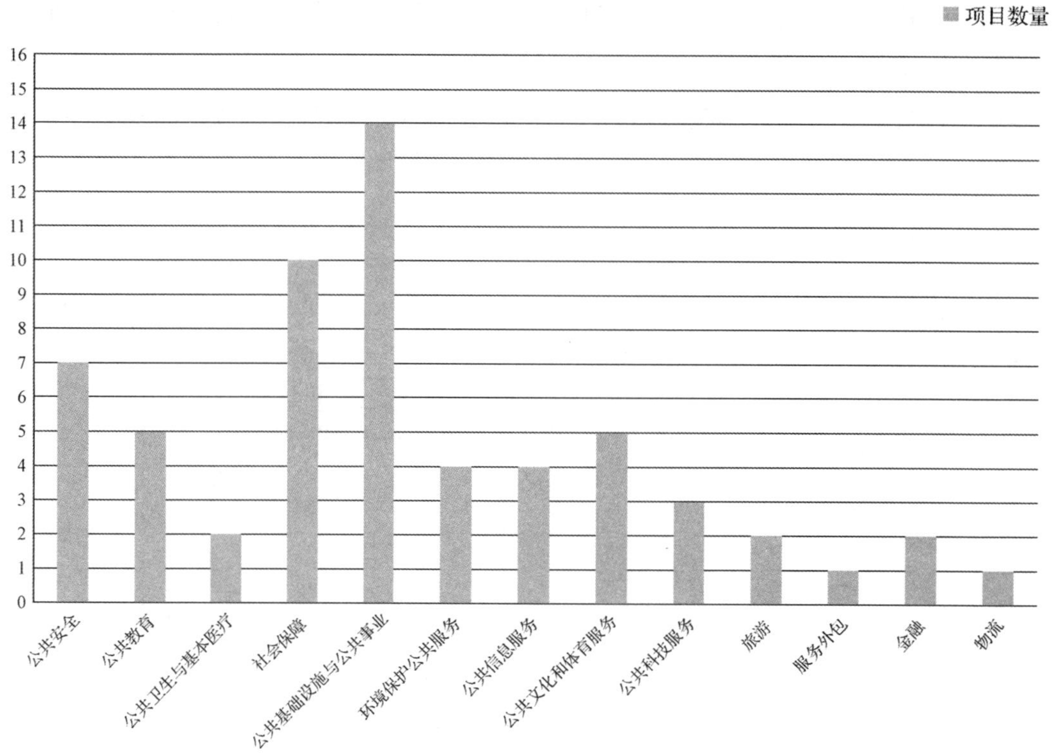

图4-8　各领域的项目分布情况图

苏州市城市综合服务标准体系构建的整体思路是综合标准化思想与服务业组织标准体系构建理论的有机结合，在此指引下，在颗粒度较大、覆盖面较广的体系层次中(即在子体系以上层面)，采用了综合标准化分析方法，按照业务领域对标准体系进行划分与搭建。

在支体系以下层级，由于《服务业组织标准化工作指南　第2部分：标准体系》(GB/T 24421.2—2009)关于标准体系的构建方法更适用于服务业组织和颗粒度较小的服务业领域，因此在子体系以下层面采用服务业组织标准体系的构建方法。

四、服务业组织标准体系构建方法

开展综合标准化工作的目的是解决具体问题，标准体系的构建也具有明确的目的性。作为全国首个城市综合服务标准化试点的核心内容，苏州市城市综合服务标准体系建设的总目标是通过标准的有效实施和持续改进，塑造“苏州服务”品牌，树立苏州公共服务和专业服务的标杆形象，全面提升整个苏州市城市综合服务的整体水平，促进服务业健康快速发展。在标准体系建立实施的过程中，苏州市城市综合服务标准体系建设的总体目标将分解为诸多分目标，由各分体系分别落实，共同实现。

子体系以下层面采用服务业组织标准体系的构建方法，即分为服务通用基础、服务保障和服务提供3个板块。服务通用基础标准体系是服务保障标准体系、服务提供标准体系的基础，服务保障标准体系和服务提供标准体系是服务业组织标准体系的核心。服务保障标准体系对服务提供标准体系起着保驾护航的作用；服务提供标准体系对服务保障标准体系起着检验、验证的作用。服务业组织标准体系是服务业组织其他体系，如质量管理体系、环境管理体系等的基础和融合体，服务业组织应根据自身的特点，研究建立协调配合、科学合理的标准体系，并有效运行。① 其体系关系如图4-9所示。

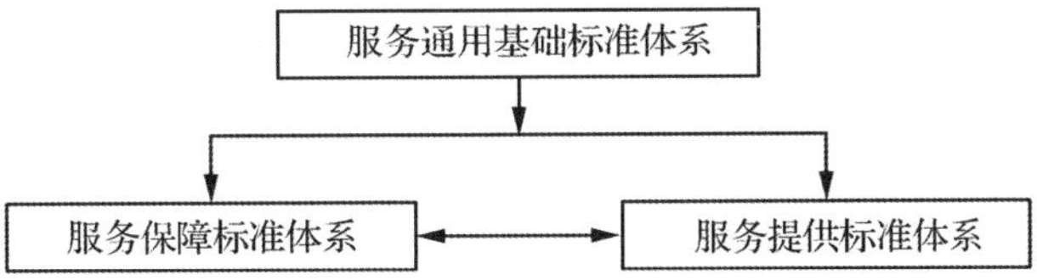

图4-9 标准体系关系图

服务通用基础标准体系是由在服务业组织内被普遍使用，具有广泛指导意义的规范性文件构成的具有内在联系的有机整体。服务通用基础标准是其他标准制定和实施的基础，不受服务业组织的行业类型、运行模式、技术水平等因素的限制。服务通用基础标准体系一般包括标准化导则、术语与缩略语标准、符号与标志标准、数值与数据标准、量和单位标准以及测量标准等6个子体系。其结构如图4-10所示。

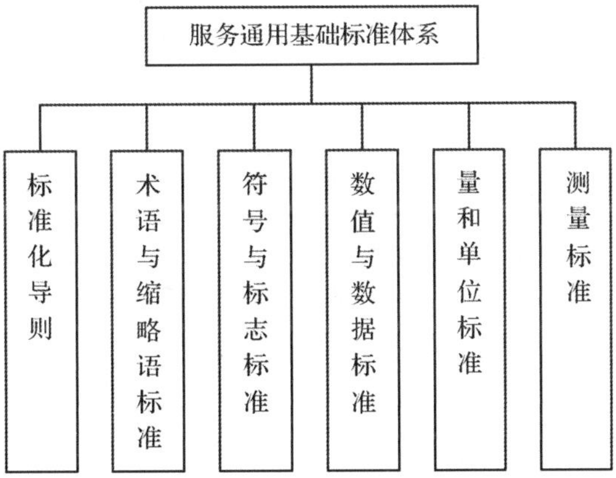

图4-10 服务通用基础标准体系结构图

① GB/T 24421.2—2009，服务业组织标准化工作指南 第2部分：标准体系[S]．北京：中国标准出版社，2009．

服务保障标准体系是由服务业组织为支撑服务有效提供而制定的规范性文件构成，按其内在联系而形成的科学有机整体。服务保障标准体系是以安全、环保、健康、节约能源为主，以人力资源、设备、财务、信息为辅的完整的，为服务提供的有效开展提供必要的资源。服务保障标准体系包括：环境标准、能源标准、安全与应急标准、职业健康标准、信息标准、财务管理标准、设施与设备及用品标准、人力资源标准、合同管理标准等 9 个子体系。其结构如图 4-11 所示。

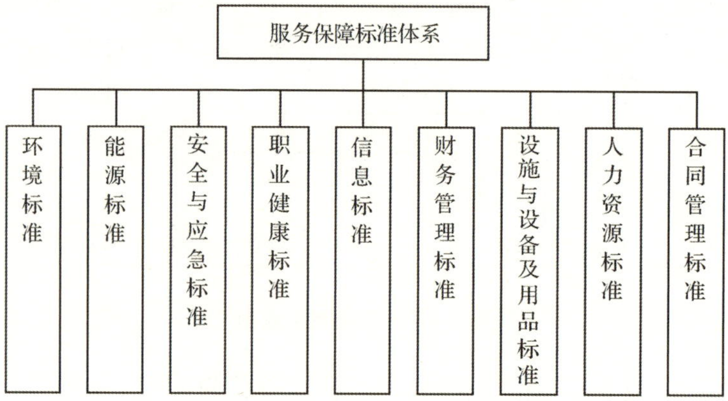

图 4-11　服务保障标准体系结构图

服务提供标准体系是为满足顾客需要，规范供方与顾客之间直接接触活动而建立的体系。服务提供标准体系一般包括：服务规范、服务提供规范、服务质量控制规范、运营管理规范、服务评价与改进标准 5 个子体系。服务业组织根据 5 个子体系的不同特点，在编制服务提供标准体系时，不一定完全局限于 5 个子体系，可以根据本服务业的特点对子体系适当裁剪，对子体系内的内容进行增删。其结构如图 4-12 所示。

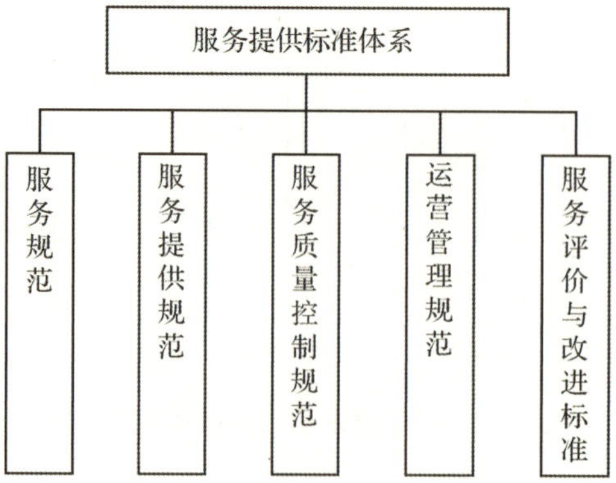

图 4-12　服务提供标准体系图

图4-13与图4-14分别为苏州供电公司劳动路营业厅与苏州供电公司配电运检室搭建的标准体系。

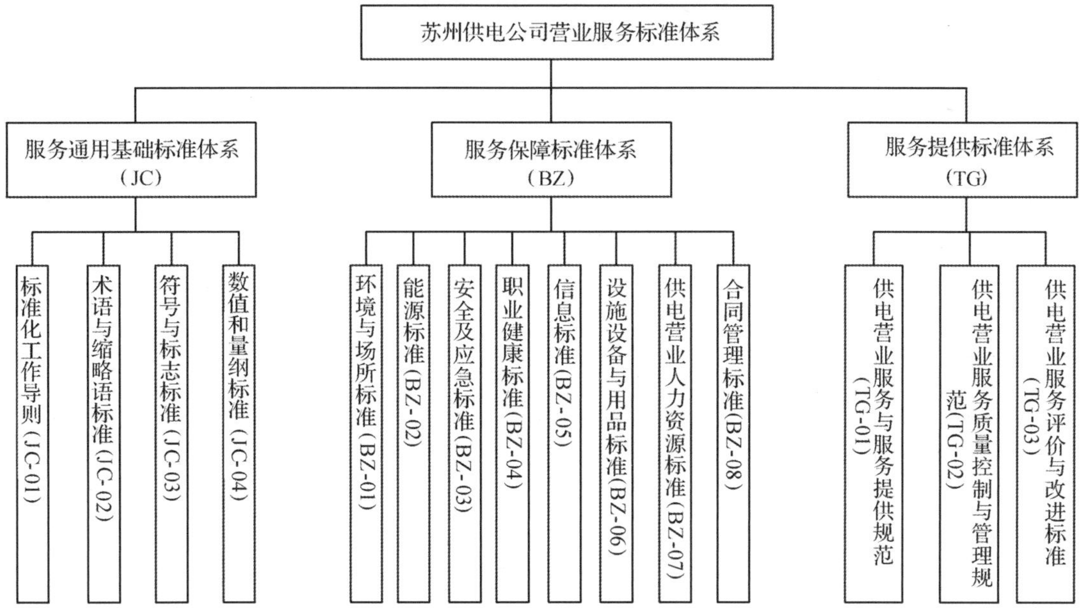

图4-13 苏州市供电公司营业服务标准体系图

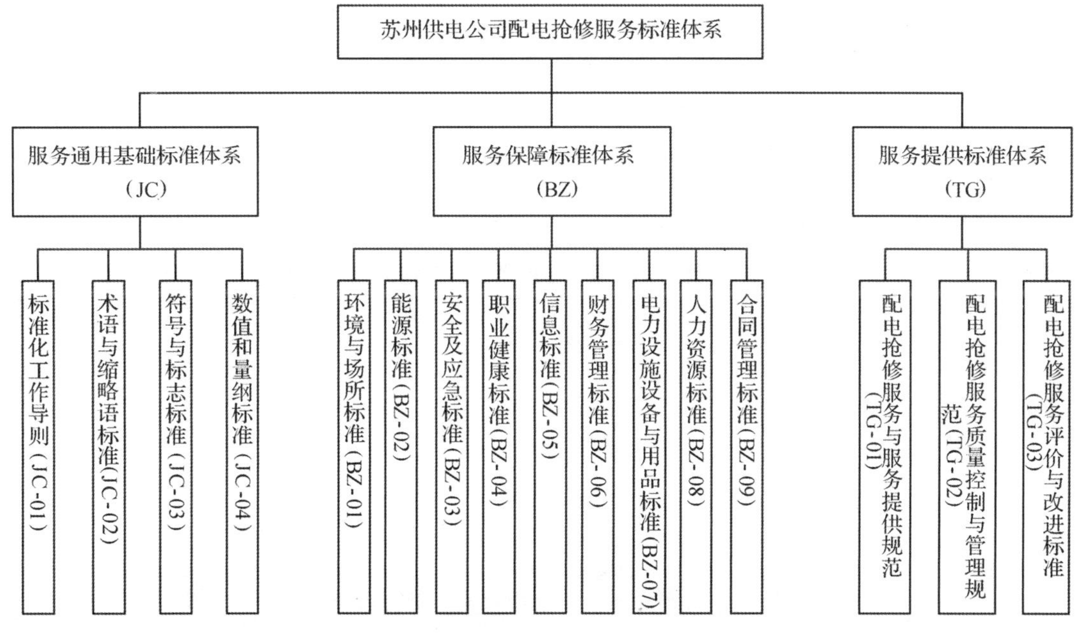

图4-14 苏州市供电公司配电抢修标准体系图

五、标准体系构建过程

为了指导和帮助各单位建立标准体系，苏州市城市综合服务标准化领导小组办公室在对项目承担单位和示范单位相关人员进行培训的基础上，按下列程序进行标准体系的编制：

（1）确定本部门或本单位服务提供及管理过程中需要进行标准化的环节和对象；

（2）划分标准体系的结构层次关系，制作标准体系结构图；

（3）收集、整理及制定相关标准和规范，按照标准体系结构图的分类层次，对上述标准和规范进行统一编码，制作标准体系明细表；

（4）制作本部门或本单位标准统计汇总表；

（5）将标准统计汇总表中的标准文本按序汇编成册；

（6）制作本部门标准体系编制说明。

六、标准体系编码规则

为规范苏州市城市综合服务标准化试点工作领导小组各成员单位和示范单位标准体系号与标准代号的编码，质监局会同中国标准化研究院、江苏省标准化研究院和上海市标准化研究院以及苏州大学的相关专家，结合苏州标准化建设的实际，确定了编码规则。

（一）体系号编码规则

1. 项目承担单位体系号编码规则

体系号编码规则为：XX-NNN-XX-NN，其中 X 代指字母，N 代指数字。

比如 JY-023-TG-04，该编码分别表示：公共教育类标准分体系；幼儿园教育和中小学教育类标准子体系，中学教育类标准支体系；服务提供类标准；第 4 个标准。具体为：

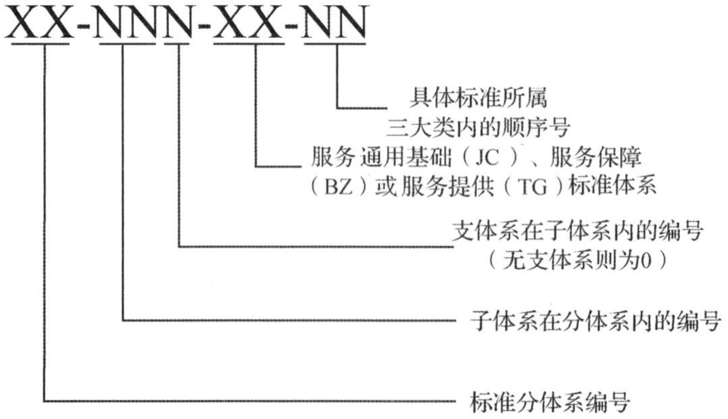

2. 项目示范单位体系号编码规则

体系号编码规则为:XXXX – XX – NNN – XX – NN,其中 X 代指字母,N 代指数字。具体为:

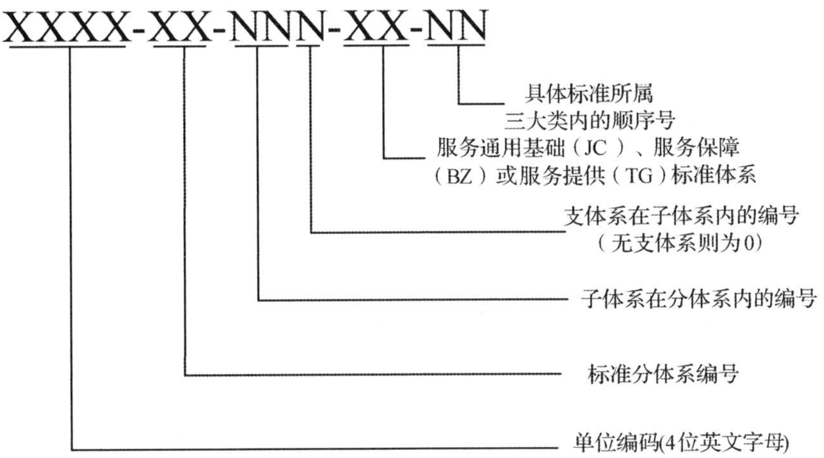

其中,单位编码的 4 位英文字母为本单位拼音缩写首字母,不与其他单位重复后即可生效使用。例如 SZSX-JY-023-TG-04,该编码分别表示:苏州实验小学;公共教育类标准分体系;幼儿园教育和中小学教育类标准子体系,中学教育类标准支体系;服务提供类标准;第 4 个标准。

(二)标准号编码规则

项目承担单位和示范单位发布的标准号格式全市统一,均为:Z/XXXX NN – NNNN,其中 X 代指字母,N 代指数字。具体为:

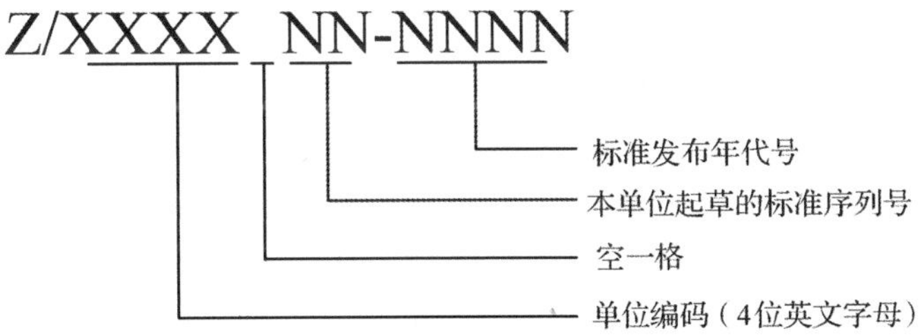

例如 Z/SZSX　24 – 2013,该编码表示:苏州市实验小学,第 24 个标准,此标准为 2013 年发布。

再如 Z/SZJT　05 – 2013,该编码表示:苏州市交通局,第 5 个标准,此标准为 2013 年发布。

七、苏州市城市综合服务标准体系构建中的关键问题

为了确保城市综合服务标准化试点建设的顺利推进，苏州市质监局在整体把握工作节奏的基础上，解决了各单位普遍存在的疑难问题与困惑，使得体系的搭建更加合理化、规范化。

（一）标准体系与其他管理体系的关系

ISO9000 等国际质量管理体系脱胎于工业企业，强调企业管理的全程记录、可追溯。对服务型企业来说相对烦琐，会增加企业运行成本，适用性不强。而针对服务组织的服务标准则是基于服务特性，强调服务过程与服务结果并重，关注企业与顾客在接触面上发生的活动，从全新视角系统提出的 13 大要素。

苏州城市综合服务标准化试点各成员单位在体系建立时参考的标准体系主要是 GB/T 24421.2—2009《服务业组织标准化工作指南　第 2 部分：标准体系》，服务业标准体系的实质是质量控制，而作为控制质量的 ISO9000、14000、18000 国际质量管理体系还不能够全面规范培训服务的各个环节，因而催生了个性化的服务业标准体系的建立。

综合服务标准体系与国际质量管理体系两者是内容与形式，实体与程序的关系，具有互补性。实践中将两者结合起来，以标准体系作为质量管理的实体支撑，以标准体系充实和完善质量认证体系；同时以质量认证的程序性要求来推动标准体系的有效实施、监督和改进。

按 GB/T 24421—2009 的标准要求可以将 ISO9000 体系文件以两种方式处理，一种是按 ISO9000 体系文件中涉及的内容分散到服务业标准体系中，第二种方式是将 ISO9000 体系不做任何拆散，而是将其作为一个整体文件纳入服务业标准体系的运行管理规范。苏州市城市综合服务标准化领导小组办公室从实用和适宜操作的角度出发按第二种方式，采用双编号的形式将 ISO9000 体系纳入各服务业标准体系中。

（二）标准体系与各项规范性文件的关系

在标准化试点建设中项目承担单位和示范单位紧密结合服务标准化试点工作目标，依据相关法律、法规、政策，收集和整理相关制度与标准，在收集和梳理相关法律、法规、制度、流程等基础上搭建了标准体系框架。由于涉及 77 家市级机关部门和单位，规范性文件庞杂。因此，苏州市城市综合服务标准化领导小组办公室结合服务业组织标准体系的构建要求以及工作实际，对纳入体系时各项规范性文件的处理做了统

一的规定。

1. 标准体系与法律法规的关系

法律法规作为标准体系的上层指导文件，不纳入标准体系；标准体系作为执行法律法规的细化要求，不得违反法律法规。

2. 标准体系与红头文件、内部规章制度的关系

首先，上级文件，如省环保厅、省公安厅下发的红头文件，可以不转，直接纳入标准体系。其次，内部规章制度如《苏州市城市照明管理处XXX管理制度》《苏州图书馆XXX制度》等，必须按照标准编写的格式要求，转化编写为规范的标准后纳入标准体系。

第三节 苏州市城市综合服务标准化建设的总体成效与经验总结

开展综合标准化工作的目的是解决具体问题，标准体系的构建亦具有明确的目的性。作为全国首个"城市综合服务标准化"试点城市，苏州市城市综合服务标准体系建设的总目标是通过标准的有效实施和持续改进，塑造"苏州服务"品牌，树立苏州公共服务和专业服务的标杆形象，全面提升苏州市综合服务的整体水平，促进服务业健康快速发展。试点工作开展以来，各试点部门和单位结合实际，努力实践，梳理标准规范，查漏补缺，标准体系建立已取得了阶段性成果。

一、总体成效

（一）建立了规范完整、协调有效的标准体系

1. 目标明确、协调有序

试点以明确的目标为导向开展工作，在苏州市区范围内建立并逐步完善城市综合服务标准体系，强化服务职能，规范服务行为，提升服务水平，优化服务质量，提高服务效率，进一步发挥标准化在城市服务领域中的技术支撑作用，全面促进城市综合服务质量水平的提升，着力推进城市治理体系和治理能力的现代化进程。

苏州市城市综合服务标准化建设工作以综合标准化思想为指导，以服务业组织标准体系建设方法为依托，构建了规范、完整、协调、有效的城市综合服务体系，选择60个具有示范效应的项目，通过制定标准，构建了基本覆盖并满足市民需要的服务标准体系，以提升服务质量和水平。标准体系以系统规划、目标导向、需求为先、以人为本为目标，基本实现了标准与法律法规之间、标准体系内各标准之间、各项目之间的协调有

序，标准体系科学合理、层次分明、满足需要，形成了相互配套、协调统一的有机整体。

2. 结构完整、规范严格

各项目承担单位和示范单位在完善管理制度、工作流程等基础上，确定服务提供及管理过程中需要进行标准化的环节和对象，搭建标准体系框架，使城市服务提供的各个环节有标准可依且标准齐全。经过各单位的共同努力，共梳理制定标准 8 255 项。包含国家标准 4 089 项，行业标准 707 项，省级地方标准 165 项，组织标准 3 294 项；其中基础通用标准 2 623 项，服务保障标准 3 718 项，服务提供标准 1 914 项。苏州市城市综合服务标准化 60 个项目标准统计表详见附录四。各领域的总标准与组织标准分布情况见图 4-15。

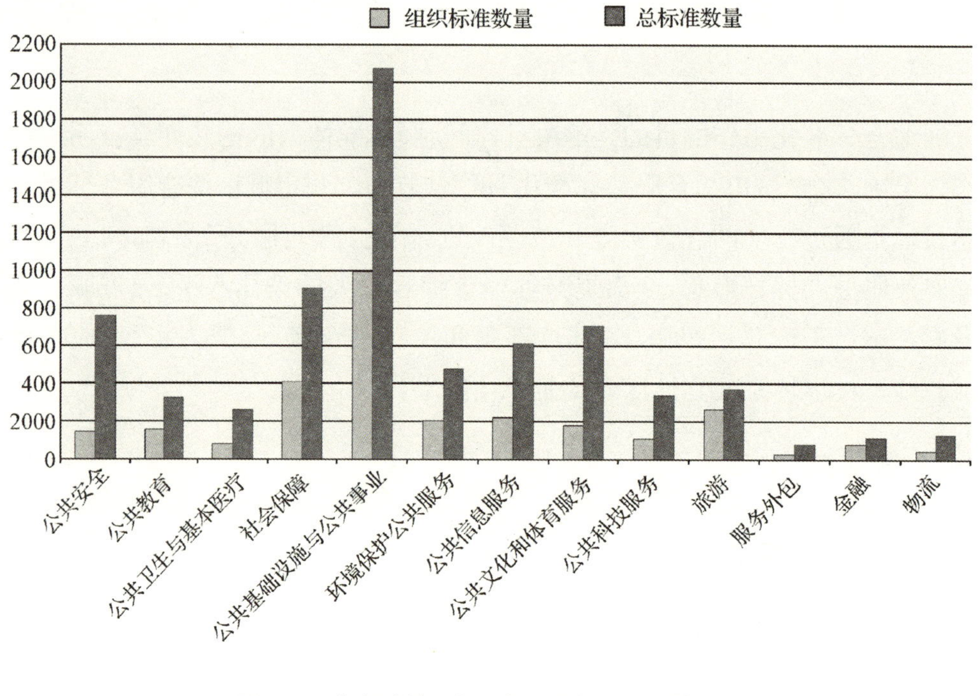

图 4-15 各领域的总标准与组织标准分布情况图

各项目承担单位和示范单位制定的标准基本满足工作要求，基本覆盖了服务的各个环节，标准实施也得到了严格落实。通过标准对服务内容予以明确和固化，对服务各个环节的操作执行标准化要求，及时预防和纠正了各类违规现象，使服务办理的质量和满意度获得了大幅度提高。各单位编制的标准体系框架图、标准明细表和标准文本严格按服务业标准化国家级试点的依据与管理要求规定（GB/T 24421、GB/T 13016、GB/T 13017、GB/T 1.1）进行编写，标准体系构建规范，并且实现了文本的标准化格式；

体系内标准覆盖了管理与服务的各环节和运行的全过程，包括了服务质量、安全、环境保护、能源等重要标准，标准的覆盖率均符合要求。

3. 适用有效、特色鲜明

各项目承担单位和示范单位全面梳理了相关的法律法规，邀请行业内专家进行论证，基本实现了标准的适用性和有效性。标准体系搭建注重体现公共服务行业特点，基本达到了可操作、可检查，对服务组织的各项活动起到有效的支撑作用。例如苏州司法局公证处全面收集与整理了目前公证行业领域的各项法律、法规、政策以及相关的各项标准，邀请标准化专家提供全方位的技术指导与专业培训，确保了标准体系的规范性、协调性与完整性。苏州公证处还深入结合自身行业领域特点，制定了《苏州市公证机构综合目标年度考核办法(试行)》《苏州市公证机构重大事项报告制度》《苏州市公证质量管理规定(试行)》《苏州市公证质量检验员工作规则》《苏州市公证服务惠民承诺》等一系列标准，充分体现了苏州公证法律的服务特色，也填补了行业空白。

(二) 实现了标准体系的有序运行

29 家项目承担单位和 77 家项目示范单位结合工作实际，通过形式多样的宣贯培训、严格落实的执行改进、全面推进的监督检查等，确保了标准体系高效、有序地运行，城市综合服务质量符合相关的标准要求，服务行为规范有序；各试点行业中超过 50% 以上的相关服务提供单位均按相应标准体系内的标准实施服务。

1. 强化宣贯，倡导人人是标准化的实践者

(1) 为顺利开展标准实施推广工作，各单位分别建立和完善了试点工作信息通报机制，充分发挥舆论宣传的导向作用，利用报纸、电视、广播、网络等宣传媒体和信息亭、显示屏、广告牌等宣传资源，全方位、多视角、深层次地进行宣传，营造标准化实施的氛围，扩大影响。苏州市交通部门为 2013 年 7 月 1 日实施的《苏州市城市客运出租汽车服务标准》专门召开宣传大会，《中国苏州》等媒体以《我市出租车行业正式迈入服务标准化时代》为题，进行了报道，取得了良好的社会效应。

(2) 各单位分别制定了标准实施的工作方案，组织召开标准实施的动员会议，使广大工作人员以标准宣传者、亲身实践者、完善和提高者的身份来开展标准的宣贯和实施工作，同时对所有执行标准的工作人员开展系列培训，明确工作要求，为标准的有效执行提供了相应的保障，带动效果明显。例如吴中区法律援助中心制订了完善的实施工作方案，并多次召开实施动员会议，对全体工作人员提出了“全员参与、全员宣传、全员实践”的要求，并针对法律援助标准化领域的空白，制定了 28 项组织标准，并及时发布实施，为法律援助标准化工作下一步的全市推广奠定了基础。

2. 强化落实，标准实施的有效性大幅提高

（1）把标准的实施与人员岗位职责紧密结合。为使相关标准能够切实有效地执行到位，各项目承担单位和示范单位均对在用的各项标准进行了认真的梳理，层层落实，使每一项标准的执行都落实到人，对标准实施过程中出现的问题，及时进行分析研究、认真解决、会办落实，并结合本单位工作实际，分别细化制定了相关作业规范，加强内控，保障各项标准执行到位。如苏州市环卫处针对一线的环卫作业人员普遍年龄偏大，文化层次参差不齐的特殊性，在对一线作业人员进行全方位培训的同时，还将相关的标准文本制作成图文并茂的小册子及视频光盘，发放到每一位环卫作业人员手中，方便大家随时学习，以保障标准能够切实有效地执行到位。

（2）把标准的实施与业务流程再造紧密结合。标准的制定与实施是为了更好地开展业务工作，各单位分别结合各自的业务特色，将标准实施紧密地融入业务工作中。如苏州轨交集团运营分公司对运营管理和业务进行了全面梳理，将企业标准化建设与信息系统有机结合，构建了现代意义上的企业标准化运作模式，通过标准化建设，统一了城市轨道交通运营工作标准，其标准体系内共有国家标准67项，行业标准8项，地方标准7项，组织标准375项，从服务标准、服务内容、服务能力三个方面实现服务、运营的和谐统一。

（3）把标准的实施与单位中心工作紧密结合。各单位都能注重把标准和标准体系的实施运行与阶段性重点工作紧密结合，以提高标准执行的有效性。如苏州市交运汽车出租公司在标准化试点中先后开展了“七个结合”，即开展标准化工作与创建文明城市相结合，与生产经营发展相结合，与争创服务品牌相结合，与实施出租车管理平台相结合，与争创健康出租车相结合，与落实便民利民措施相结合，与强化现场管理相结合，推进了标准体系的长效运行，促进了服务水平的提升。

3. 加强监督改进，标准化工作的自觉性有效提升

在标准实施的过程中，苏州市城市综合服务标准化领导小组办公室积极组织协调，指导工作人员定期开展标准实施情况的监督检查和考核改进工作。各项目承担单位和示范单位也通过抽查、暗访等方式组织开展监督检查，并做好标准实施的检查记录，使相关标准顺利实施。在标准体系运行的过程中，基本做到了“工作过程有记录，试点结束可回放”，形成了标准体系建设和实施的有效记录。

（三）标准化工作基础全面夯实

1. 各级领导标准化的思维模式和工作方法正逐步形成

苏州市城市综合服务标准化试点工作开展以来，各级领导非常重视，给予了积极

的指导与关心，提出要把城市综合服务标准化工作作为进一步深化改革、创新体制机制的重要举措抓好，要着力提升各单位、各部门的工作合力，不断提升苏州百姓的幸福感，改善和提高市民的生活质量，让弱势群体得到更多的帮扶与关心，要主动作为、创新思路，扎实推进苏州城市综合服务标准化试点的各项工作；提出要进一步理顺机制、明确目标、有序推进，不断提高政府公共事业管理、行政管理的效能和水平，把与人民群众生活密切相关的、人民群众需求最迫切的领域作为重点，以点带线、以线带面，逐步拓展城市综合服务标准化试点范围，扩大试点工作的成效。

苏州市各级领导不仅在城市综合服务标准化试点项目整体推进上予以支持和保障，还主动将标准化融入各项工作计划、实施、检查、改进的全过程，标准成为转变政府职能、推进服务型政府建设的有力工具，形成了“人人重视标准，人人执行标准”的良好局面。

2. 全社会的标准化意识显著增强

良好的标准化氛围营造与市民标准化意识的提高是试点工作的重要目标，试点工作通过多方面、多渠道、多层次的方式，采取了一系列的措施来营造良好的标准化氛围和提高市民的标准化意识，通过理念的导入和素养的培育，倡导人人是标准的实践者，也是标准的受益者，取得了显著的成效。通过电视、报纸、网络、杂志等渠道，全面开展有关苏州城市综合服务标准化方面的宣传和报道，《中国标准化》《中国质量报》《苏州日报》《姑苏晚报》《城市商报》等媒体先后报道了苏州城市综合服务标准化方面的信息；面向全国开展了苏州市城市综合服务标准化核心价值宣传用语有奖征集等活动，营造了良好的氛围，使广大市民通过各种渠道对城市综合服务标准化工作有了基本的了解。

交通、教育、司法、文广、民政、供电、环保等试点部门和单位根据自己的服务目标、行业特点，通过举办动员大会、专家授课、邀请服务对象座谈、创建服务品牌等方式，营造各自服务领域的氛围，同时通过服务标准化建设的推动，提高全员标准化的意识，使广大市民都能够意识到“标准就在身边”，苏州市民还可以通过拨打 12345 便民服务热线等渠道积极参与标准化。

3. 培育了一支过硬的标准化人员队伍

试点工作的开展中，在试点工作领导小组和各项目承担单位、示范单位的共同努力下组建并完善了城市综合服务标准化的管理、实施和监督三支队伍，而管理和研制队伍正在逐渐壮大并在实践工作中取得了实效。

(1) 管理和研制队伍。各相关单位整合各自曾经参加过各级标准起草与评审的专业人才及现有标准化人才，形成合力，逐渐打造出了一支在标准研制等方面有诸多建树的标准化管理队伍。苏州市环境监测站、苏州市社会福利总院、苏州市照明管理处、苏州公证处、苏州人社局等单位先后主导或参与起草了2项国家标准、9项行业标准、9项省级地方标准，并起草了数千项组织标准（详见表4-10）。

表4-10　各单位制定国家、行业、地方标准

标准编号	标准名称	标准级别	标准状态	参与单位
GB/T 27768-2011	社会保险服务　总则	国家标准	已发布	苏州市社会保险基金管理中心
	人力资源外包服务规范	国家标准	已立项	苏州工业园区人力资源外包协会
	养老机构设施设备标准	行业标准	已立项	苏州市社会福利总院
	养老机构康复服务规范	行业标准	已立项	苏州市社会福利总院
DB32/T 2661-2014	公证质量管理规范	地方标准	已发布	苏州司法局公证处
	社区（村）公共就业服务规范	地方标准	已通过评审	苏州市劳动就业管理服务中心
DB32/T 2675-2014	公共就业培训机构服务规范	地方标准	已发布	苏州市人力资源社会保障培训指导中心
	城市轨道交通试运营规范	地方标准	已通过评审	苏州市城市客运交通管理处、苏州市轨道交通集团有限公司
	商务旅游示范区建设规范	地方标准	已通过评审	苏州市旅游局
	商务旅游会展服务规范	地方标准	已通过评审	苏州市旅游局、苏州文化博览中心有限公司
	乡村旅游区（点）等级划分与评定	地方标准	已立项	苏州市旅游局
DGJ32/TC06-2011	江苏省城市道路照明技术规范	地方标准	已发布	苏州市城市照明管理处
	江苏省城市绿色照明评价标准（试行）	地方标准	已立项	苏州市城市照明管理处
HJ665-2013	水质　氨氮的测定　连续流动—水杨酸分光光度法	行业标准	已发布	苏州市环境监测中心
HJ666-2013	水质　氨氮的测定　流动注射—水杨酸分光光度法	行业标准	已发布	苏州市环境监测中心
HJ667-2013	水质　总氮的测定　连续流动—盐酸萘乙二胺分光光度法	行业标准	已发布	苏州市环境监测中心
HJ668-2013	水质　总氮的测定　流动注射—盐酸萘乙二胺分光光度法	行业标准	已发布	苏州市环境监测中心

续表

标准编号	标准名称	标准级别	标准状态	参与单位
HJ669-2013	水质　磷酸盐的测定　离子色谱法	行业标准	已发布	苏州市环境监测中心
HJ670-2013	水质　磷酸盐和总磷的测定　连续流动—钼酸铵分光光度法	行业标准	已发布	苏州市环境监测中心
HJ671-2013	水质　总磷的测定　流动注射—钼酸铵分光光度法	行业标准	已发布	苏州市环境监测中心

（2）实施队伍。标准化工作的核心是标准的实施，所以标准实施队伍的打造一直是此次试点工作的重中之重，标准能否得到切实有效的实施，关系到试点工作的最终效果。在领导小组办公室和各单位的共同努力下，已经建立起了一支具有较高业务素质和标准化水平的服务提供队伍，基本可以满足城市综合服务的各项需要。例如居家乐养老服务中心针对居家养老服务标准化的新挑战，积极应对，在梳理完善居家养老服务标准体系的同时，精心打造服务队伍，对一线服务提供人员进行了多次全员理论培训和专业技能培训，并向市民搜集反馈意见，以检验服务提供人员的标准实施效果，并及时改进，提高服务质量，从而锻炼出了一支过硬的、规范的、标准化的养老服务队伍。

（3）监督队伍。标准监督队伍的打造也是试点工作的重要组成部分，关系到标准实施的有效性和持续改进，经过各方努力，目前已经初步形成了一支行之有效的标准监督队伍。领导小组办公室与12345便民服务中心联合应用信息化手段，通过市民电话热线、电子邮件等形式来对城市综合服务各领域的标准化工作的开展情况进行监督与反馈；各相关单位也积极打造各自领域的标准监督队伍，通过内部监督，分层次对各自的标准实施等情况进行监督检查；通过邀请市民担任社会监督员等形式开展广泛的社会监督，从而使标准监督落到了实处，取得了积极的成效。

（四）重点领域标准化取得突破

苏州市城市综合服务标准化建设13大重点领域取得重大突破，在此不做赘述，详见第五章。

（五）标准化效应初步显现

随着苏州城市综合服务标准化试点工作的逐渐深入，市民对城市服务的满意度获得了大幅提高，众多服务品牌的创建也取得显著成效，苏州的一些好的服务标准化工作成果也走出了苏州，在行业内得到了充分认可，苏州城市综合服务标准化工作良好的效应初步显现。

1. 服务规范、效率提升

各项目承担单位和示范单位在紧密结合自身服务领域特点的过程中，对如何进一步规范服务内容、优化服务流程、提高服务效率都做了大量的工作，通过标准化工作的开展来全面优化与提高服务的整体质量。苏州供电公司在配电网抢修服务工作中，坚持“多布点、全覆盖、减环节、提效率、促规范、树形象”的原则，通过出台《苏州供电公司配电抢修点工作规范》《苏州供电公司配电网应急抢修工作基本要求》《苏州供电公司配电网应急抢修服务用语规范》等一系列服务标准，从规范服务内容、优化服务流程、提高服务效率等方面，全面进行了梳理固化与再优化，取得了显著的成效。苏州供电公司对抢修人员的岗位规范、工作要求等内容以“每天一题、每周一问、每月一测”的形式不断强化，确保了服务提供的规范与准确；同时在规范服务响应流程的基础上结合实际工作实际情况进行了再优化，制定了《苏州供电公司高低压一体化抢修工作规范》等3项高低压抢修一体化标准，建立了全省首个配电高低压一体化抢修点，实现了“五个一”的目标，即“一个用户报修、一张服务工单、一支抢修队伍、一次达到现场、一次完成故障处理”，通过标准化工作的开展，不仅规范了服务、优化了流程，同时也大大提高了工作效率，目前故障修复平均时间为28分钟，较之前快了近50%。

2. 市民满意、社会认可

随着试点工作的逐步深入，各项目承担单位和示范单位分别通过网络调查、发放调查问卷、服务窗口现场评价、电话回访、市民热线沟通等多渠道、多形式开展了满意度调查，通过调查发现，开展城市综合服务标准化试点工作以来，各单位的公众满意度均获得了显著的提升，均达到了95%以上。苏州司法局作为全国首家开展公证法律服务标准化的单位，在司法界权威期刊《中国司法》刊登了《公证法律服务标准化体系建设的苏州模式》，在国内司法和标准化领域引起了巨大反响，得到了广泛认可，获得了“苏州服务”品牌的荣誉称号，苏州市公证法律服务质量也获得了全面的提升，2013年全市办证总量同比增长20.3%，服务满意度达到了97%。苏州图书馆开创性地创建了在全国具有相当影响力的“总分馆模式”，为苏州图书馆服务标准化工作的开展提供了良好的平台，打造了“大篷车进社区”等一系列公益讲座品牌，建立了为孤寡老人、残障读者等特殊人群服务的长效机制，其全力打造的“苏州文化阅读服务品牌”获得了广大市民的认同，已成为苏州文化长廊里一道亮丽的风景。

3. 品牌集聚、标准融合

“好”品牌需要用标准去经营和维护，“严”标准有助于行业进步、品牌壮大。服务品牌的创建一直是试点工作开展中不可或缺的重要内容，经过多方的努力，一批苏州城市综合服务的精品品牌被逐步打造出来。①充分利用综合服务的优势，形成品牌集聚效应。试点工作基本涵盖了城市综合服务的各行各业，也初步形成了城市综合服务的品牌集聚。一批如12345“爱心，热心，诚心，耐心，精心”的“五心”便民服务、“你用电，我用心”的电力服务、“洁净家园、美化城市”的环卫服务、“真诚和温情”的民政服务等“苏州服务”品牌相继出现。②加强了品牌与标准的融合，将标准化工作与品牌创建紧密融合，将标准化融入“苏州服务”品牌的灵魂。苏州同里国际旅游开发有限公司在开展的同里古镇旅游服务标准化项目中，坚持“全面覆盖、具有特色、满足发展、游客满意”的原则，将标准化与品牌创建紧密融合，通过制定《同里景区旅游服务规范》《导游讲解服务规范》《咨询服务规范》《同里镇星级民居客栈评定标准》《旅游投诉服务规范》《服务质量控制规范》《同里景区评价与改进标准》等一系列标准，有效地提高了同里古镇的服务质量，为同里古镇品牌的创建提供了有效的支撑，同里古镇在2012年被苏州市政府授予苏州市首批旅游标准化示范单位之一，并荣获“2012年度最受网民欢迎的古城古镇”；2013年顺利通过国家5A级旅游景区复核和江苏省服务业名牌复评工作，并被授予2014年南京青奥会“青奥之旅”首批指定接待景区。

4. 行业领先、成果输出

苏州城市综合服务标准化试点工作开展以来，各项目承担单位和示范单位从各自服务领域的标准化基础抓起，稳固起步，逐步提升，打造特色，取得了不少突出的创新成果，很多成果不仅已经开始在全市推广，在行业内也得到了充分肯定。

苏州世纪飞越网络信息有限公司在无线苏州标准化项目开展中，构建了包含五大功能平台（新闻资讯传播平台、公共信息查询平台、市民生活服务平台、应急信息发布平台和移动电商互动平台）的城市信息云平台标准体系，利用移动互联网、物联网、云计算等信息技术手段，建立了广泛覆盖和深度互联的城市信息网络，为政府、企业和广大市民提供智能信息资源及开放式信息应用平台。截至2014年8月，无线苏州已经与江苏全省、贵州全省、安徽全省、山东全省，哈尔滨、石家庄、长春、兰州、成都等全国多个省份及20多个城市建立了合作关系，共同分享无线苏州的城市信息云平台标准体系与工作模式，下载量已达160万，日均访问量为2400万次，月流量使用达48T，安卓和IOS的月度活跃率分别达到了36%和42%，均大大高于App产品的平均活跃率，成功做到了苏州标准化成果“走出去”。

（六）标准化工作的长效机制初步建立

1. 建立组织领导机制，工作责任得到了有效落实

成立苏州市城市综合服务标准化试点工作领导小组，领导小组负责全市综合服务标准化工作的领导和协调，研究建立苏州市城市综合服务标准化工作的规章制度和重大事项，推动标准化法制化进程，负责对财政拨款经费的筹措。领导小组办公室负责统筹、组织、监督和检查标准化工作。各主管部门负责本行业标准化工作的实施，包括宣传、培训、标准编制及体系构建，组织标准实施、评价及改进等。各区政府按市领导小组的统一部署和市主管部门的要求组织开展本区域的标准化工作。市政府将标准化工作纳入各级政府的年度考核，对优秀地区和单位进行表彰，并对参与国内外标准化活动成绩突出者给予经费补助。苏州市教育局成立了全市教育行业标准化工作的领导小组以及幼儿、小学、中学、盲聋等项目的工作小组，制订了完善的工作方案并出台了实施细则，加强各级业务部门的协调、沟通，各级部门指定专门联络人员和监督检查人员，建立了从上到下的全市教育标准化工作网络，形成了以市教育局统筹协调、学校组织实施、相关部门共同参与保障的工作格局；同时出台了设立专项工作经费并将其列入部门预算、完善各项保障条件、奖励教育标准化工作中成绩突出人员等多项工作制度，从制度保障和操作层面确保了教育标准化工作的长效运行。

2. 构建了“六个一”的标准化工作模式

由于很多单位都是初次接触标准化工作，为了有效地推动试点工作的开展，根据苏州实际情况和验收细则的要求，构建了浅显易懂的“六个一”的标准化工作模式，即：一个机构（或人员体系）、一套方案、一次动员、一个体系、一个系列培训、一套台账，对试点项目的承担单位主要强调重在标准体系的建立和推广，对示范单位重在标准体系的实施和改进。各单位在“六个一”的标准化工作模式下，均建立了各自的工作机构、出台了工作方案、召开了动员会、构建了标准体系、开展了一系列培训、完成了台账，基本顺利完成了预订的各项工作目标，有力地推动了试点工作的顺利开展。

3. 构建了“人标机”一体的标准化机制

许多单位通过流程再造把服务标准嵌入服务信息系统，实现了“服务人员、服务标准、服务装备”的有机统一，保证了标准的有效实施。苏州供电公司通过对各项服务标准的提炼、制定和实施，进一步规范了服务流程，优化了供电运行管理，针对供电服务的各个环节和各个流程的独特性，将各项服务标准均嵌入供电服务信息系统中，使不同岗位的操作人员分别对应与自己工作岗位密切相关的工作标准，提高了标准的实施效率与准确性，同时也提高了供电服务的效能，提升了供电服务的水平，实现了服务质

量目标化、服务方法规范化、服务过程程序化。

4. 建立了市民参与的标准化共建机制

“12345”市民服务热线是市民反映诉求、倾吐心声的重要窗口，市民通过“12345”热线的投诉和抱怨大部分与城市服务有关，其中不少内容直接或间接属于标准化范畴。因此，“12345”热线既是城市标准化工作接受市民监督和检查的平台，还是持续改进的有力推手。试点工作领导小组办公室联合苏州市便民服务中心制订了“苏州市城市综合服务标准化监督平台工作方案”。通过广泛调研、提炼标准化关键词、固化系统等程序建立平台。在实际运行时，采用“添加标记，统计分析，信息反馈，提高完善”等实现标准化工作的持续改进。

5. 建立了技术支持和人才保障机制

为了保障试点工作的顺利开展，也为了给下一步推广实施奠定基础，建立了全面有效配套的技术支持和人才保障机制。

（1）技术支持保障机制。在全面推进的过程中，试点工作着力打造了公共服务标准的研发机制，苏州质监局与苏州大学合作，成立了“苏州市公共服务标准化研究中心”，为公共服务标准的研发提供足够的技术支撑与助力。同中国标准化研究院建立战略协作，开展相应的标准化研究工作，根据苏州社会管理和公共服务标准化的现状，研究标准化对苏州社会和经济发展的促进作用；开展重大急需标准的研制，推动有条件的单位积极争取国家标准、国际标准的制修订工作，做好技术服务工作；开展相应的标准化咨询服务工作，为苏州及其他地区的企事业单位提供技术咨询、培训等服务。开展了苏州市城市综合服务标准化信息平台的建设，发布相关信息，主要包括：苏州市城市综合服务标准化活动新闻；展现苏州市城市综合服务标准化的标准体系；显示苏州市城市综合服务标准化标准实施的文件、要求、过程、评价等内容及所有与服务业相关的标准；介绍与标准化相关的知识，对各单位和工作人员起到标准化信息分享的作用。

（2）人才保障机制。通过引进中国标准化研究院、上海标准化研究院、江苏省标准化研究院、苏州大学、厦门大学等各类标准化研究机构和高校的标准化专家，并筛选苏州市有关单位参与相关标准化项目经验的专家，组建苏州市城市综合服务标准化专家库，为全市标准化工作提供了有力的人才保障。

二、经验总结

苏州市城市综合服务标准化试点工作全面推进以来，在服务标准化领域取得了一定突破,也积累了很多经验,为推广应用好的“苏州经验”,提高城市综合服务水平,做出了积极的探索。

(一) 以综合标准化的系统思维指导城市综合服务标准化试点

在试点工作的推进过程中,苏州市城市综合服务标准化领导小组办公室按照综合标准化的思想开展城市综合服务标准化工作。

1. 全面统筹,体现整体性

工作围绕全面提升城市综合服务水平,塑造服务品牌的整体目标,按照统一规划,在9大公共服务领域和4大专业服务领域分别开展服务标准化工作,确定60个项目和77家示范单位作为载体而开展试点工作。在各项目开展的过程中,对各项目的工作内容、方法、目标等相关要素都进行了详细规划,通过全面系统的统筹与规划,充分体现了标准体系的整体性。

2. 互相协调,体现关联性

试点工作共有60个项目,为了使试点工作提高城市综合服务水平这个总目标实现,每个项目也都设置了各自的目标,试点工作总目标与各项目的分目标是互相协调和统一的有机整体。试点工作在开展的过程中也充分考虑了标准与标准之间、标准与体系之间统分结合的相互关系。目前,60个项目的预定目标都已经基本实现,有力地提高了苏州市的城市综合服务水平,充分体现了标准体系的关联性。

3. 各负其责,体现层次性

试点工作在推进的过程中,搭建了领导小组、项目承担单位和示范单位的三个工作层级各负其责、层层推进,体现了标准体系的层次性。

4. 系统规划,体现统一性

试点工作在服务标准的研制、实施、监督、持续改进等关键环节均制定和建立了相应的工作机制和保障措施,有力地促进了服务行为的统一规范。

(二) 以“三级联动”的试点工作机制实现了试点工作的“点、线、面”的同步推进

1. “三级联动”工作机制的保障

在试点工作的开展中,建立了“市试点工作领导小组—项目承担单位—示范单位”三个层级的工作层面,形成了“三级联动”的工作机制,有效保障了苏州市城市综合服务标准化试点工作的推进,市试点工作领导小组主要负责苏州市综合服务标准化试点工作的领导、组织、协调、监督与检查工作,研究建立苏州市城市综合服务标准化工作的长效机制,推进城市综合服务标准化工作法制化进程,负责对财政拨款经费的使用

情况进行监督。市试点工作领导小组办公室负责统筹、组织和协调试点工作的具体事项，主要包括组织调研与考察、培训与宣传、规划试点工作、对各单位标准化工作进行指导与监督、督促各单位标准的实施与评价、组织考核与协调等。各项目承担单位负责项目的具体实施工作，主要负责建立并完善本行业标准体系、组织标准体系的实施、对标准实施的评价和持续改进、开展宣传与培训、统筹协调行业的试点工作、指导各示范单位的试点工作等。各示范单位主要负责各单位自身的标准体系搭建、标准的实施与持续改进、宣传与培训、建立工作台账等。通过“三级联动”的工作机制，形成了以市政府统筹协调、项目承担单位牵头实施、示范单位主持实施的工作格局，对试点工作的开展起到了引领作用。

2. “1 + X”模式—“点、线、面”的同步推进

标准的实施是整个标准化试点的核心部分，为了保障标准的有效实施，在“三级联动”工作机制的引领下，试点工作构建了“点、线、面”有机结合的标准实施体系。“点”，即示范单位，各项目示范单位是城市综合服务标准化工作中具体操作和标准实施的直接责任人，也是问题发现与反馈、工作改进与再实施的结合体。“线”，即工作条线，由项目承担单位（一般为行业主管部门）负责，组织标准化工作在全行业的推广。“面”，即整个苏州城市的标准化工作。在“三级联动”的工作机制下，第一步，根据苏州市城市综合服务体系，选择业务优秀、标准化条件较好的服务组织为示范单位开始先行先试。77 家示范单位按照试点工作的统一要求，按照科学、适用、完整的原则，结合实际，建立包含主要服务工作的重要环节、重要程序和关键指标的服务标准体系，并对本单位的服务项目进行梳理和优化，按照“先优化后标准化”的要求组织标准编制。各示范单位采用多种有效方式开展标准化的培训和宣贯，保证标准体系的整体运行和持续改进，以此实现点的突破。第二步，项目承担单位在指导示范单位开展试点工作的同时，总结示范单位的成功经验，把适用于全市的示范单位标准体系和标准经过研究分析、征求意见和专家论证，转化为该行业苏州市通用标准体系和通用标准。行业通用标准体系和通用标准以法律、法规、政策和规则为指导，以执行国家、行业和地方标准为基础，以苏州市行业通用标准为特色，充分体现行业特色和苏州实际。在此基础上，全行业按“1 + X”模式全面推广，其中“1”是指行业通用标准体系及其标准；“X”是指各服务单位根据自身优势、特色和需要而制定的所有组织标准。第三步，在“点”和“线”推广实施的基础上，试点工作领导小组不断完善充实城市服务标准体系，加强工作指导，提高标准化工作水平，以点带线，以线传面，从而实现全市综合服务标准化工作的全覆盖。

（三）以信息化技术推动城市综合服务标准化工作

信息化时代下的城市服务已经有了很大的不同，许多服务已经不再是面对面的传统服务，取而代之的是互联网时代的新型服务，信息化技术的发展也为服务业的转型提供了必要条件。一方面在标准化试点中引入信息化技术，为标准的实施和推广提供科学、先进、高效的技术平台，利用信息化手段将标准的有关要求和内容进行固化，提高了标准执行的有效性和实用性。很多单位将信息化技术应用于实际的标准化工作中，实现了“人标机”的有机统一，取得了良好的效果。苏州市人力资源社会保障培训指导中心在工作中应用了“标准信息综合管理系统”，加强对服务标准信息的综合管理，通过其标准资源和系统功能，让标准信息得到及时更新，确保标准的准确性、时效性、完整性，使就业培训服务多样化的标准应用需求得到一站式解决，增加了培训指导中心标准化工作的有效性，提高了各个部门在标准应用方面的工作效率。另一方面大力推动以信息为主要载体的城市服务的标准化工作。信息化技术在目前全社会各个领域的重要性不言而喻，在服务领域的应用更是日益广泛，信息本身已成为重要服务内容，在试点工作开展的过程中，很多单位大力推动服务标准化建设。苏州气象局在气象信息公共服务标准化工作的开展中，结合承担的江苏省气象局《公共气象信息服务标准化框架体系研究》项目研究，以苏州气象信息服务为试点，构建以公共气象信息服务标准化体系、实施体系、评价体系为支撑的气象信息服务标准化工作平台，规范公共气象信息服务过程、服务产品和服务方式，提高服务质量和服务效益，全面提升气象灾害防御能力和气象服务标准化水平；在完善气象信息发布渠道建设的同时，对如何进一步规范气象信息服务发布，如何加强气象信息服务管理，建立公共气象信息服务标准体系等提高气象服务管理水平和服务质量的关键环节也开展了深入的研究与实践，通过融合传统媒体与微信、微博等新媒体信息渠道，提供全面的气象信息服务，为全省、全国气象信息服务标准化工作做出了有益的探索。

（四）以城市综合服务标准化助推服务创新

苏州市城市综合服务标准化试点项目充分体现各行业特色，加强标准化与服务创新的融合，以标准化推动和引领创新。

（1）标准化促进服务新理念的引入。随着全社会服务意识的提升，节能减排等服务新理念日益深入人心，试点工作通过标准化工作的开展，将服务新理念全面引入城市综合服务领域。金鸡湖大酒店在标准化建设过程中与节能降耗、争创绿色旅游饭店相结合，根据《绿色旅游饭店》及《旅游饭店节能减排指引》等标准，改进了酒店的能源使用现状，上半年能源费用占营业收入比为13.34%，比预算降低了2.5%，同时新增了雨水收集系统的应用，节能减排效能显著。

（2）标准化帮助服务新模式的固化。近年来，社会服务新模式层出不穷，如果不及时进行规范，不仅不会对服务水平提高有帮助，还会对整个服务行业产生负面影响。试点工作通过标准化工作的开展，对新模式的服务项目进行了固化，起到了引领行业发展的作用。苏州市盲聋学校在学校推行教育标准化，针对盲聋教育的特殊性，在标准体系中做适当调整来制定标准，制定了《视功能训练工作规范》《康复部语训工作规范》《感统训练室管理规范》《家长手语学校规范》等一系列创新性的教育服务标准，并在教育实践中寻找教育教学活动中的共性特征，增强标准的可重复性。

（3）标准化推动服务新领域的拓展。在服务业快速发展的同时，如何完善服务链条、提高服务质量已经成为服务业的核心问题，很多单位在现有服务的基础上做了扩展与延伸，完善服务链条，提高服务水平。苏新机动车检测站率先在江苏省内推出机动车尾气排放检测结果反馈项目，在提供检测结果的同时及时对不合格项提出维护建议，制定了《机动车环保检验服务规范》《检测结果的质量控制规范》《服务客户规范》《不符合项控制和纠正预防措施规范》等一系列标准，提高服务水平。

（4）标准化促进服务新形象的树立。服务形象的树立是服务品牌创建的重要内容，试点通过标准化工作的开展，固化工作流程、工作内容等服务行为，打造高质量、高效率、统一协调的服务规范，树立服务新形象。苏州市民卡公司开展的市民卡标准化工作，针对市民卡与广大市民生活日益密切相关，制定了《苏州市民卡窗口人员行为规范》《苏州市民卡投诉处理规范》《苏州市民卡网点设施管理规范》等一系列标准，全面提升了市民卡为广大市民服务的质量，树立了全新的服务形象。

（五）城市综合服务标准化始终贯彻符合苏州实际的以人为本的精神

1. 服务标准化要与现代移民城市的需求相适应

截至2013年年底，苏州全市人口已达1300万，其中常住外来人口超过本地户籍人口，苏州市也因此成为仅次于深圳的全国第二大移民城市，外来流动人口数量则占整个江苏省的1/3。在感受新市民带来活力和激情的同时，苏州在维护群众权益、服务保障新市民方面为江苏省乃至全国做出了不少示范，苏州已连续八年被评为“最受农民工欢迎的城市”。苏州市城市综合服务标准化试点工作非常重视在各领域的覆盖面，要力争涵盖全体市民；在标准化工作创建中，着力体现苏州作为一个移民城市高效为全体市民提供城市综合服务的特色；在运行标准化试点过程中，有关部门和单位积极构建基本公共服务在新老市民中的均等标准，以标准化推动基本公共服务的均等化。

苏州市社会保险基金管理中心对基层网点的社保服务做到了全覆盖，通过制定《社会保险经办大厅服务指南》《社会保险基层网点服务指南》《社会保险自助公共服务指南》等一系列标准，切实有效地提高了社保服务质量，为广大市民办理社保业务提供了便利。同时充分考虑到“新苏州人”在社保业务上的需求，在异地业务办理上实现“无障碍零距离”，特别是针对外地户籍人员参加基本养老保险、异地就医结算等关注度高的民生领域，制定了《社会保险异地协同服务指南》等相关标准，以标准化工作推动苏州社会保障服务水平的提高，为参保群众提供高效、便捷的优质服务。

苏州市人才服务中心针对苏州外来人口众多、招聘人才各层次需求有较大不同等特点，构建了苏州市人才服务标准化体系，充分考虑到各个不同层次人才服务的特点与需求，在梳理现有各项规章制度的基础上，制定了《人才招聘洽谈会服务规范》《高校毕业生就业指导服务规范》《人事档案管理服务规范》《人事代理服务规范》《中高级人才寻访服务规范》等一系列标准，基本满足了苏州人才服务的各种需求，充分体现了苏州人才服务的多元化特点。

2. 服务标准化要与较发达城市的需求相适应

苏州作为经济发达城市，本身又是较大型城市，市民成分多样，服务需求多元，尤其是随着经济社会的发展，市民的个性化需求日益凸现，城市服务功能日趋复杂，这对标准化工作带来极大的挑战。对此，一方面，在制定服务标准时对基本公共服务立足于兜底的和均等的要求；而面对改善生活质量的服务项目，标准能体现不同人群的服务需求，满足个性化要求的点餐式服务；此外，在构建体系和制定标准时充分考虑一些特殊人群需要的服务项目。另一方面，因为城市人口多，服务需求量大，必然会带来服务主体的多元化，这些服务主体包括私人企业及其他社会组织，政府购买服务也正在逐步推广，因此，在制定标准，尤其是行业通用标准时，要充分考虑不同类型服务组织的不同追求，协调不同类型服务组织和不同服务接受者的利益关系，实现“惠而不费”。

苏州市劳动就业管理服务中心通过打造“社区(村)—街道(乡镇)—区—市”四级管理的标准化工作管理“苏州模式”，对包括与城乡居民关系最为密切的就业失业登记、就业困难人员认定、灵活就业社会保险补贴资格认定、就业援助等在内的公共就业服务开展标准化建设，通过制定《失业登记流程规范》《就业困难人员认定流程规范》《就业失业登记证申领流程规范》《灵活就业社保补贴资格认定流程规范》《就业援助流程规范》《创业扶持流程规范》等一系列标准，全力打造了“15 分钟公共就业服务圈”，大大缩短了就业服务距离，使市民足不出社区、足不出村就能享受到便捷的公共就业服务，全力创建“苏州特色”的劳动就业服务。

苏州邮政速递物流公司针对苏州市民物流需求日益激增并要求多样化的局面，认真梳理归纳，构建了苏州物流服务的标准体系，通过制定《物流配送服务规范》《物流质押监管服务规范》《配送服务流程》《服务质量改进程序》《客服操作规范》等一系列标准，有效地满足了不同市民的多元化需求，提高了服务的质量和水平。

3. 服务标准化要与历史文化名城的需求相适应

苏州是一个传统文化名城，姑苏文化历史源远流长，建城已有两千五百多年，文化积淀十分深厚。苏州博物馆是苏州地方综合性博物馆，馆藏各种文物约 30 000 件，以出土文物、古代书画和古代工艺品见长，是姑苏文化最具代表性的文化场所。苏州博物馆根据自身特点和服务范围，制定了《民俗文化展示活动管理规范》《太平天国忠王府管理规范》《苏州博物馆文物科技保护管理办法》《苏州博物馆报关部藏品管理办法》《苏州博物馆综合服务标准化工作持续改进程序》等一系列标准，既体现了姑苏文化的源远流长，也充分体现了博物馆的文化特色，以服务标准化工作推进文化服务水平的全面提高，起到了文化宣传与推广的作用。

苏州市公共文化中心是集各类艺术场馆为一体的综合性文化机构，内设苏州市文化馆、苏州美术馆、苏州市名人馆、吴作人艺术馆（苏州书法篆刻艺术院）、颜文樑纪念馆（苏州油画院）、苏州版画院（苏州桃花坞年画博物馆）、杭鸣时粉画艺术馆（苏州粉画艺术院）、苏州公共艺术研究院等艺术场馆，在标准化工作开展中，制定了《苏州市公共文化中心重点美术馆管理规范》《苏州市公共文化中心美术馆馆藏管理规范》《苏州市公共文化中心剧院服务规范》《苏州市公共文化中心名人馆藏品征集管理规范》等一系列标准，不仅突出了姑苏文化的内涵与特点，也提高了文化服务的水平与品质，达到了文化与服务的完美融合。

（六）以创新性思维推动城市服务标准化理论研究

在苏州市城市综合服务标准化试点工作的开展过程中，注重加强理论研究，成果丰硕。

1. 标准化与城市治理研究相结合

试点领导小组办公室与苏州大学联合开展了关于标准化与城市治理理论相结合的研究，通过此次苏州城市综合服务标准化 13 个领域工作的实践，并全面结合党的十八届三中全会审议通过的《中共中央关于全面深化改革若干重大问题的决定》中“全面深化改革的总目标是完善和发展中国特色社会主义制度，推进国家治理体系和治理能力现代化”的精神，探讨了标准化工作在城市治理现代化过程中对服务型政府的建设、城市治理效率和质量的提高、促进社会公平正义、促进城市经济和社会发展等方面的重要意义，并以苏州城市综合服务标准化试点工作为例，论述了通过服务标准化的过程，加强理论研究、促进鼓励民众参与、严格贯彻落实标准实施、科学评价与管理等途径促进城市治理的民主化、规范化和程序化，提高城市治理的效率和质量，推进城市治理体系和治理能力现代化进程。

2. 政府公共服务标准化水平对城市综合竞争力的影响机制研究

在试点工作开展过程中，苏州大学课题组对苏州市多家服务组织展开问卷调查，根据问卷调查结果，课题组采用逐步回归分析的方法分析了政府公共服务标准化水平对城市综合竞争力的影响机制。通过实证分析发现：①政府公共服务标准化水平能够显著地正向预测一个城市的综合竞争力，对城市综合竞争力的总的影响效应量达到了47.3%。②政府公共服务效能在政府公共服务标准化水平和城市综合竞争力之间起部分中介作用；内部管理、服务效益、公众满意、组织发展四条中介路径对城市综合竞争力的影响作用不同。这提示服务单位既要注意标准化手段的运用，也要使标准化过程与服务组织的实际情况相适应，与行业特色相协调，与服务创新相结合，将标准化工作融于日常服务工作中，与日常工作相对接，从而最大限度地提升自己的服务质量，也可以为城市竞争力的提升提供助力。

3. 各成员单位也在各自领域进行了标准化的有益探索

苏州大学承担了教育部人文社科研究基地重点项目《城市综合服务标准化研究——以苏州市为例》和江苏省社科应用研究精品工程《政府公共服务标准化研究——以苏州市为例》；苏州市教育局在开展教育公共服务标准化项目过程中，利用自身人才智力优势，加强相关的教育标准化理论研究，目前已申报苏州市教育局重大战略性、政策性研究课题，系统研究苏州教育公共服务标准化指标体系，对各类教育服务标准进行全面评价，提供理论指导和学术支撑，其中苏州教育科学研究院承担了《苏州教育综合服务标准化建设》的课题研究，苏州市实验小学承担了《在大数据背景下小学教育服务标准化研究与实践》的课题研究，苏州市盲聋学校承担了《苏州市学前特殊儿童融合教育规范化管理》的课题研究，胥江中学承担了《教育标准化视域下的学校内部管理运行机制与内涵发展的实证研究》的课题项目。

苏州气象局也针对气象信息公共服务标准化等领域开展理论研究，并且获得了国家气象局和省气象局的立项支持，在完善了气象信息发布渠道建设的同时，对如何进一步规范气象信息服务发布，如何加强气象信息服务管理，建立公共气象信息服务标准体系等提高气象服务管理水平和服务质量的关键环节开展了深入的调查研究。苏州气象局还承担了国家气象局的《公共气象信息服务标准化框架体系研究》课题。

苏州市旅游局起草的《国家商务旅游示范区技术规范》《国家古城旅游示范区建设规范》等多项规范文件均被国家旅游局全面推广。

苏州市城市照明管理处参与了《半导体照明(LED)标准体系》《十二五城市绿色照明规划纲要》等国标委、住建部的多项标准化课题研究,全国领先。

苏州市社会福利总院参与了《养老设施建筑设计规范》《养老机构分类与命名》《居家养老服务规范》等多项国家标准和行业标准项目的研究与审查工作,在养老服务领域特色显著。

苏州市图书馆承担了中国图书馆学会的《书香城市、书香社区标准研究》课题和苏州市社会科学应用研究课题《公共图书馆服务标准化建设研究》等项目。

苏州市司法局也在积极探索公证服务、法律援助服务标准化的理论课题研究,尤其针对目前国内司法公证领域标准化工作的空白,申报了相关国家标准,希望能够成为中国司法领域标准化的“先行者”。

这些在不同领域对标准化的理论探索必将为标准化实践提供强大的理论保障,并实现理论与实践相结合,将标准化工作推上新台阶。

第五章　苏州市城市综合服务标准化创新实践

2012年9月，苏州市正式启动了苏州市城市综合服务标准化建设工作，作为苏州市城市综合服务标准化工作的对象，城市综合服务涵盖城市系统的对内服务和对外发展共13大领域在内的60个试点项目，试点覆盖范围涉及苏州市6城区的29家项目承担单位和77家项目示范单位。在试点工作的创建中，涌现出一大批优秀的标准化建设单位，本章重点介绍了城市综合服务13大领域内具有鲜明亮点的标准化建设实践，通过对服务组织基本概况的介绍、标准化建设推进过程以及标准化建设工作成效的分析，总结经验，树立标杆，为标准化建设提供借鉴。

第一节　公共安全标准化

一、出入境窗口服务标准化建设

（一）苏州市公安局出入境管理支队基本概况

苏州市公安局出入境管理支队是本次城市综合服务标准化试点项目的承担单位之一。支队下设办公室、受理大队、审批大队、制证大队、外管大队、业务指导大队、国际合作大队等7个队室。其中受理、审批、制证等3个大队入驻苏州市行政服务中心，组成了直接面向人民群众的公安出入境窗口，其职能主要是依法履行全市公民因私出国出境、来苏境外人员的签证（注）证件、停居留证件的办理和管理的职责。在维护国家主权、国家安全和社会秩序，促进改革开放和对外交往等方面发挥着重要作用。近年来，支队忠实践行执法为民总体要求，认真贯彻市局党委决策部署，不断加大改革创新力度，出入境服务水平得以明显提升，社会形象和满意度有了大幅改善。

2013年以来，苏州市公安局出入境管理支队认真按照国家标准委等部门印发的

《关于推进服务标准化试点工作的意见》《服务业标准化试点实施细则》以及相关国家标准,结合公共服务特点和出入境窗口服务实际,通过与标准化专业机构的紧密合作,认真筹划、全面推动、深入宣贯、注重实效,严格遵循标准化管理的原则与要求,着力推进服务标准化建设。出入境窗口服务实现了服务标准化全覆盖,给苏州出入境窗口服务带来了深刻变化并取得了显著成效。

(二)标准化建设推进过程

1. 领导重视,组织保障

在试点工作中,苏州市公安局和苏州市质量技术监督局对于城市综合服务标准化试点工作给予了高度关注和认真指导,试点工作得以有序推进。苏州市公安局成立了以分管局长为组长,各有关业务支队支队长为成员的苏州市公安局城市综合服务标准化试点工作领导小组,出台了《开展城市综合服务标准化试点工作实施方案》,并召开会议进行了动员部署。苏州市质量技术监督局也多次组织相关标准化业务培训,使试点工作在正确的轨道上顺利推进,并取得预期成效。

2. 健全机制,注重落实

苏州市公安局出入境管理支队把出入境服务标准化体系建设作为一项只有起点、没有终点的长期性工作,为此,建立了与出入境服务标准化体系建设相适应的长效管理机制,以确保标准化工作持久开展。

(1)建立标准化领导工作机构。根据市公安局的部署和要求,苏州市公安局出入境管理支队成立了以一把手支队长为组长,分管支队领导为副组长,有关业务骨干为成员的苏州市出入境管理服务窗口标准化试点工作领导小组,并专门抽出业务骨干作为兼职标准化人员专门负责标准化试点工作。

(2)制订工作规划与实施方案。苏州市公安局出入境管理支队将实现出入境服务标准化作为一项长期的工作任务和目标,把握全局、强化机制、系统规划、稳步推进。为此,苏州市公安局出入境管理支队认真研制了标准化工作规划和实施方案,同时还制定了《服务标准化管理办法》和《服务标准实施、监督和自评改进办法》两个组织标准,做到了组织、时间、内容、要求、责任人"五落实",力求在实施标准化建设的进程中不断更新观念、形成体系、完善标准、优化服务,确保试点任务的高效率推进、高标准保障和高质量完成。

(3)业务工作与标准化工作紧密结合。对出入境窗口服务而言,标准化工作只有与业务工作紧密结合,只有融汇于窗口服务的各个环节和全过程,方能显现标准体系对于出入境服务的支撑作用,全面发挥标准化工作的作用。为此,苏州市公安局出入境管理支队领导层在研究部署各项工作中，坚持与标准化工作同研究、同部署，既明确业务工作的要求，亦确定相关的标准化事项，从而形成业务工作与标准化工作的一体化管理、共同推进的格局。

3. 广泛宣贯，全员培训

在标准宣贯中，针对原来标准化基础较为薄弱、标准化管理较为陌生的现实状况采取多种形式开展宣贯活动。①通过发布《综合服务标准化试点工作简报》，广泛宣传标准化的工作经验及活动信息。②在网站上建立“城市综合服务标准化试点工作”专栏，发布相关信息、资料以及有关标准文档等。③以文件的形式发布通知，要求在苏州全市有出入境受理职能、直接面向社会的所有出入境服务窗口全部按照标准执行，并要求全市所有出入境服务窗口工作人员熟悉有关服务标准，将纳入标准体系的所有标准在日常工作中贯彻、实施，窗口服务活动涉及的设施、设备、用品等，确认其达到标准要求后投入使用，确认窗口工作人员达到岗位工作标准要求后准予上岗，标准中规定的服务质量要求和服务提供要求等应该在其转化为各岗位的具体工作要求后严格按照服务标准加以实施，对实施过程中遇到的各种问题必须采取有效措施加以解决，以保证标准的各项要求得到贯彻落实。④梳理了有关标准、法律、法规、文件、资料后编辑成册，编制了《服务标准体系》《法律法规》《文件选编》《资料选编》等4本服务手册，下发全市所有县级以上公安机关出入境管理部门，并做到人手一套，使苏州市范围所有窗口民警和工作人员通过培训和自学，按照标准及时养成服务定式、熟知业务规范、熟练录入规则、规范工作流程，有力地推动整体业务水平的提高。

4. 注重内涵，追求实效

苏州市公安局出入境管理支队在建立标准体系的过程中注重出入境服务水平的内涵发展，坚持“人本、专业、安全、便捷”的服务理念，努力实现“出入境服务政策科学合理，服务流程简便规范，服务方式多元便利，服务态度文明亲和，服务场所整洁统一，服务效果优质高效”的工作目标。

(1) 建立覆盖全面的标准体系。根据《服务业标准化试点实施细则》提出的“试点单位应根据服务提供的实际需要构建科学合理、层次分明、满足需要的标准体系框架，编制标准体系表”的要求，苏州市公安局出入境管理支队将标准化理念和方法广泛应用到出入境窗口的申请、受理、审批、制证各个方面，全方位实现出入境服务的标准化。支队按照标准化对象的属性对标准实施系统管理、科学搭建，形成了一个层次分明、满足需要的标准体系总体框架。出入境服务是一项政策性很强的公共服务，其服务活动开展的主要依据是《出境入境管理法》《护照法》等法律法规，以及公安部制定的规范性文件，标准则是其细化和支撑。出入境服务标准化体系的构建应当始终与相关的法律法规保持高度一致。三个标准分体系在吸收现有相关国家标准、行业标准和地方标准的基础上，结合苏州出入境窗口服务实际，制定了23项组织标准。在服务通用基础标准分体系方面，制定了《服务标准化管理办法》和《服务标准实施、监督和自评改进办法》两项基础性标准，明确了实施标准化的系统要求，制定标准的工作程序及管理机制，使标准的制修订工作成为常规工作的一部分；在服务保障标准分体系方面，全面制定了环境、能源、安全、职业健康、人力资源、设施设备等方面的“人、财、物”管理标准，为优化出入境服务提供良好的条件和保障；在服务提供标准分体系方面，制定了面向服务对象的服务统一规范及各服务项目的申请指南、录入规则等，实现了全市出入境窗口服务的高度规范统一。出入境窗口服务标准体系标准统计表见表5-1。

表5-1 标准体系标准统计表

子体系名称	标准类别名称	国家标准	行业标准	地方标准	组织标准	小计
子体系一：服务通用基础标准体系	JC101 标准化导则	14	–	–	2	16
	JC102 术语与缩略语标准	14	–	1	–	15
	JC103 符号与标志标准	14	–	–	–	14
	JC104 数值与数据标准	2	–	–	–	2
	JC105 量和单位标准	8	–	–	–	8
	JC106 测量标准	8	–	–	–	8
	小计	60	–	1	2	合计:63
子体系二：服务保障标准体系	BZ201 环境标准	3	–	–	–	3
	BZ202 能源标准	–	–	5	–	5
	BZ203 安全与应急标准	6	1	–	1	8
	BZ204 信息系统标准	16	19	–	–	35
	BZ205 设施设备及用品标准	–	–	1	–	1
	BZ206 人力资源标准	–	–	–	1	1
	小计	25	20	6	2	合计:53
子体系三：服务提供标准体系	TG301 服务规范	–	–	–	2	2
	TG302 服务提供规范	–	–	–	9	9
	TG303 服务质量控制规范	1	–	–	1	2
	TG304 标准运行管理规范	–	–	–	8	8
	TG305 服务评价与改进标准	1	–	–	1	2
	小计	2	–	–	21	合计:23
	合计(按标准级别)	87	20	7	25	标准总计:139

（2）苏州市公安局出入境管理支队将标准化延伸到出入境管理的各环节。出入境服务标准化，不仅仅只是服务流程的标准化，其他相关环节也应当相应实现标准化，乃至实现整个机构管理的标准化。这样，才能营造良好的标准化运作环境并起到整体效应。为此，支队以标准化建设为契机，在实现出入境服务项目标准化的同时，还实现了岗位工作标准化、窗口建设标准化、服务礼仪标准化、录入规则标准化、工作规程标准化、查询信息标准化、档案管理标准化、信息管理标准化和服务质量评价与改进管理标准化，实现了出入境服务标准化全覆盖，全面提升了出入境服务和管理的标准化水平。

在严格执行政策方面，出入境服务必须强调以法律、法规和中央政策为依据，不得突破法律、法规和政策界限，放宽条件或放弃必要的审查程序，例如认真查验申请人的各有关证件、资料，进行人证对比，查验单位证明函件、亲属关系证明等进行身份核实，落实有关管控措施，确保在管住少数人的基础上服务大多数人。同时，支队出入境窗口也尽最大可能提供人性化服务。在服务环境、服务设施、服务礼仪方面均以优质服务为前提建立相应的服务标准，并且丰富服务手段，进一步简化申请手续、申请表格，减少申请人窗口等候时间，缩短办证时限。充分利用现代科学技术和现代服务业，积极推广网上申请、自助受理、电子支付、快递发证等措施，让申请人少跑腿。完善急事急办、“绿色通道”、预约办证等制度，高效办理特殊紧急事项。支队不断完善出入境政府网站建设，设立出入境服务热线，提供24小时咨询、投诉、举报等服务，提供动态出入境风险提示，努力拓宽服务的广度和深度，满足人们的个性化需求。

（三）标准化建设工作成效

根据服务业标准化试点工作的基本要求，苏州市公安局出入境管理支队对照标准体系、标准实施和持续改进、绩效评估等各项评估标准，自我评分为99分。

苏州市公安局出入境管理支队从2007年开始根据苏州市行政服务中心的要求开始ISO9000的质量管理体系建设，具有良好的标准化基础，同时还提出了“出入有境，服务无境”的服务宗旨和服务品牌，取得了显著的品牌效应。2008年被公安部评为“全国文明窗口”和“全国公安机关出入境管理暨外国人管理工作先进集体”，2009—2011年被评为苏州市“文明单位”，2011年被苏州市委、市政府评为“市局机关部门作风效能建设优秀处室”，2012年被市委、市政府评为“人民满意的公务员集体”，并连续多年被苏州市政府评为“苏州市外事工作先进集体”，被苏州市行政服务中心评为“十佳优秀窗口”等。

实施标准化建设，是苏州出入境创优服务迈上新台阶、提高新水平的重要契机，通过服务标准化试点，苏州出入境窗口服务从规范化管理迅速走上标准化建设的轨道；通过标准化体系建设，苏州出入境窗口服务从局部性规范迅速提升为全方位标准化；通过各项服务标准的执行以及相应的评价考核等措施，各项服务标准得以有效落实，并成为衡量工作及服务质量的标尺，为服务品牌建设注入新的内涵，增添新的活力。

二、公证服务标准化建设

（一）苏州市公证处基本概况

目前，苏州全市共有公证机构11家，执业公证员71名。主要服务内容为根据当事人的申请，依据法律法规办理各类公证事项，出具公证文书，代表国家行使公证权；向社会提供法律服务，调解公证事项的纠纷，提出公证建议，代办与公证相关的法律手续等；通过公证活动，宣传公证法律知识，教育公民、法人和其他组织遵守法律，维护社会主义法制秩序；对符合法律援助条件的对象提供公证法律援助等。2009年以来，全市年办证总量已连续5年突破10万件，2013年达131 041件，公证员人均每年办证1 927件。

公证法律服务是覆盖城乡的公共法律服务体系中不可或缺的重要组成部分。国务院制定的《服务业发展“十二五”规划》中明确提出要大力发展法律服务业，要求规范公证法律服务秩序和服务行为，提升公证法律服务层次和服务质量。2012年12月，苏州市司法局确定公证法律服务标准化建设为全市司法行政工作重点项目，苏州市公证处以标准化试点建设为契机，将标准化项目作为提升业务水平和服务能力的手段，来提高公证管理和公证服务能力，并取得显著效果。

（二）标准化建设推进过程

作为全国首家制定公证法律服务标准化的示范单位，为保证标准化的制定贴近实际，体现专业性，苏州市公证处主要采取了以下措施。

1. 主动对接科研机构，加强工作的指导性

在推进公证法律服务标准化之前，苏州市公证处和上海市标准化研究院签订合作协议，由该研究院提供全方位的技术指导和理论支持。在标准制定、实施、推广、评价等各个阶段，邀请该研究院的专家及时给予培训指导，并保持密切的联系和沟通。

2. 注重调查研究，摸排掌握第一手信息

围绕苏州市城市综合服务标准化试点建设目标，苏州市公证处根据公证具体服务职能，依据相关法律、法规、政策、制度，收集和整理相关标准，在协调服务提供者和服务对象等各方关系的基础上，制定苏州市服务业组织标准。苏州全市共有公证机构11

家，执业公证员71名。2009年以来，全市年办证总量已连续5年突破10万件。通过调查明确了标准化的使命就是提升服务水平和效率。在制定标准的过程中，及时通过总结、问卷调查等形式，了解服务的方式与服务对象预期的差异，提高标准的针对性。

3. 主动学习，多做交流

围绕本次试点任务，苏州市公证处结合自身实际，深入开展学习调研，学习标准化知识，增强标准化意识。仔细分析本试点项目的主要服务内容、服务环节和程序，掌握现行有效的相关法律、法规、政策、制度和各级各类标准以及尚需制定的标准，认真检查现行标准体系和标准的执行情况及考核改进机制的运行情况，为标准创建做好充分准备。在标准制定实施的过程中，多次召开学习会、交流会、培训会，及时解答标准化进程中的疑惑，解决实际困难，将形成共识的内容融入标准化文本中，增加了文本的实用性和可操作性，真正做到制定就是为了应用，避免"写在纸上、挂在墙上"。

4. 完善服务标准体系，凸显特色

苏州市公证处在编制标准的过程中坚持以GB/T 13016—2009《标准体系表编制原则和要求》和GB/T 24421.1～24421.4—2009《服务业组织标准化工作指南》为依据，以合法性、完整性、适用性为编制原则，严格遵照《中华人民共和国公证法》《公证程序规则》《江苏省公证条例》的相关规定，总结归纳公证工作的实际及经验，力求使标准全面涵盖公证流程的各个环节。标准起草过程中吸纳了苏州市公证协会制定的《苏州市公证机构综合目标年度考核办法（试行）》《苏州市公证机构重大事项报告制度》《苏州市公证质量管理规定（试行）》《苏州市公证质量检验员工作规则》《苏州市公证服务惠民承诺》等行业规范，充分体现了苏州公证法律的服务特色。公证服务标准体系标准统计表见表5-2。

表 5-2　标准体系标准统计表

子体系名称	标准类别名称	国家标准	行业标准	地方标准	组织标准	小计
子体系一：服务通用基础标准体系	JC101 标准化导则	7	1	–	–	8
	JC102 符号与标志标准	5	–	–	–	5
	JC103 测量标准	2	–	–	–	2
	小计	14	1	–	–	合计:15
子体系二：服务保障标准体系	BZ201 环境标准	1	–	1	–	2
	BZ202 能源标准	3	–	–	–	3
	BZ203 安全与应急标准	4	1	–	2	7
	BZ204 信息系统标准	3	2	–	–	5
	BZ205 财务管理标准	–	–	–	1	1
	BZ206 设施设备及用品标准	–	–	–	1	1
	BZ207 合同标准	–	–	–	1	1
	小计	11	3	1	5	合计:20
子体系三：服务提供标准体系	TG301 服务提供规范	–	–	–	5	5
	TG302 服务质量控制规范	1	–	–	1	2
	TG303 服务评价与改进标准	1	–	–	1	2
	小计	2	–	–	7	合计:9
	合计(按标准级别)	27	4	1	12	标准总计:44

（三）标准化建设工作成效

通过试点单位和苏州公证行业的共同努力，苏州公证标准化建设取得了初步成绩。2013 年 7 月，试点单位标准化工作完成；公证标准化进入行业推广阶段。2013 年 12 月，苏州全市 11 家公证处均制定并发布实施了各自的组织标准，标准覆盖率达 100%。

标准的实施为苏州公证法律服务带来了新气象。法制网、江苏法制报等多家媒体纷纷报道苏州公证法律服务标准化进程。苏州市司法局申报的《公证服务质量管理规范》省级地方标准已获批准。苏州公证处作为起草人之一积极参与了江苏省司法厅申报的《公证服务标准体系草案》国家标准立项工作，同时还成功申报了“苏州名牌”。2013 年 5 月，中国国家标准化管理委员会服务业标准部主任来苏调研城市综合服务标准化试点工作，充分肯定了苏州市公证法律服务标准化建设工作。2013 年 12 月，《中国司法》刊登了《公证法律服务标准化体系建设的苏州模式》，对苏州模式的公证服务标准予以推荐。

通过标准化的实施,苏州公证服务硬件和软件环境得到新的提升。业务量增长迅速,群众满意度也明显好转。2013年全市共办理各类公证事项131 041件,办证总量同比增长20.3%。同时,群众的投诉也大幅降低。2014年3月9日,《苏州日报》头版专题报道了苏州公证行业在建设“美丽苏州”进程中发挥的积极作用,对部分公证员的优秀服务事迹给予报道和肯定。公证标准化的积极作用已经逐步显现,这一系列的标准化工作将会推动苏州市公证行业的健康发展,将会为苏州公证在全国打造有影响力的法律服务品牌奠定坚实的基础。

第二节　公共教育标准化

一、特殊教育标准化建设

(一)苏州市盲聋学校基本概况

苏州市盲聋学校成立于1931年,是一所为盲、聋学生专设的特殊教育学校。现新建于柴园内,是一所古典与现代交融、特殊与通用相结合、兼顾盲聋感知特点、和谐辉映的“园林式学校”。目前学校形成了学前教育—九年义务教育—职业高中教育的教育体系,现有盲聋教学班19个,学生143名,在职教工54名。学校恪守“文化育人,服务社会”的办学宗旨,遵循“让特殊教育在每个特殊学生身上获得最大成功”的办学理念,确立了网络教育、艺术教育、劳技教育、融合教育、双语教育、画信教育6大特色教育;形成了以国家级课题《数字化校园与聋生的发展研究》为首的国际、省、市级课题为基础的教科研网络。学校提出了“三园三校”的中长期发展目标:绿色、环保、低碳、节能,具有综合教育功能特征的生态园;传承、发展、宁静、致远,富有教育特色的文化园;康复、教育、职训、监测为一体的残疾孩子康乐园;融合古典与现代、兼顾盲和聋感知特点的建筑设计的样板校;理念引领、开放创新、国际接轨的先行校;以人为本、科学发展的特殊教育示范校。

学校先后荣获全国教育系统先进集体、首届全国“百优中小学英雄团队集体”、江苏省特殊教育现代化示范学校、苏州市第十届社会主义精神文明十佳新人新事集体、江苏省平安学校、江苏省红十字示范学校、江苏省优秀家长学校、苏州市信息化先进学校、苏州市德育先进集体、苏州市教育科研先进学校等荣誉称号,还被确立为“中挪双语实验学校”“中德合作促进基础项目示范学校”“中日画信交流项目成员单位”及“江苏省书法绘画考级培训基地”“全国特殊艺术人才培养基地”“联合国教科文组织亚太地区世界遗产青少年教育基地”“中国音协民族器乐学会教学示范基地”。

（二）标准化建设推进过程

根据《市政府印发关于开展苏州市城市综合服务标准化试点工作的实施方案的通知》《关于开展城市综合服务标准化试点工作的实施细则》以及苏州市城市综合服务领导小组办公室的要求，苏州市盲聋学校作为全市综合服务标准化试点单位，全面开展了苏州市盲聋学校城市综合服务标准化试点工作。

1. 成立领导小组，制订实施方案

2013 年 10 月至 11 月，苏州市盲聋学校建立城市综合服务标准化试点工作领导小组，制订工作实施方案，并组织相关人员参加标准化知识的业务培训。

2. 建立标准体系结构图，实施标准编制

2013 年 12 月，苏州市盲聋学校城市综合服务标准化试点工作领导小组在仔细分析各部门的主要服务内容、服务的主要环节和程序，掌握现行的相关教育法律法规、政策和各部门职责、规章制度和工作流程的基础上，研究制定了《苏州市盲聋学校服务标准体系结构图》。2014 年 1 月，苏州市盲聋学校各部门根据梳理出的职责、规章制度和工作流程，集中编制 50 条标准。

3. 加强组织管理，不断改进完善

2014 年 3 月，苏州市盲聋学校城市综合服务标准化试点工作领导小组对已经完成的标准及时组织实施，对实施情况进行评价，并制定持续改进措施。试点工作领导小组办公室不定期召集各部门，讨论标准化试点工作进展情况，通报标准制定工作进展情况和阶段性成果。在标准制定期间，采取集中培训和自主培训相结合的方式开展培训工作，熟悉国家有关标准化法律、法规、方针和政策，了解标准化基本知识，熟悉并掌握管理职责范围内的各类标准，并加以贯彻执行。为了提高标准化试点质量，苏州市盲聋学校各部门树立信心，不等不靠，攻关克难，多方学习取经，广泛听取教师代表的意见和建议，邀请有关专家召开专题论证会。

4. 建立全面覆盖苏州市盲聋学校的标准体系

苏州市盲聋学校城市综合服务标准化试点工作领导小组在吸收现有相关国家标准、行业标准和地方标准的基础上，结合学校管理、教学的实际，制定了面向服务对象的统一规范及各服务项目的操作规范，构建了科学合理、层次分明、满足需要的特殊学校公共服务标准体系框架（见表 5-3），编制了标准体系结构图、标准体系编制说明等。

依据 GB/T 24421—2009《服务业组织　标准化工作指南》的要求，苏州市盲聋学校服务标准化体系包括通用基础标准、服务保障标准和服务提供标准三个标准子体系，标准体系表编制遵循 GB/T 13016—2009《标准体系表编制原则和要求》等相关国家标准的规定。学校服务是一项政策性很强的公共服务，其服务活动开展的主要依据是《九年制义务教育》等法律法规和规范性文件，标准则是其细化和支撑，学校服务标准化体系的构建始终与相关的法律法规保持高度一致。学校以标准化建设为契机，在实现学校服务项目标准化的同时，还实现岗位工作标准化、业务档案管理标准化、信息管理标准化、教学设施设备管理标准化等，并进一步延伸到校车管理标准化、结算项目标准化等，从而实现苏州市盲聋学校服务标准化全覆盖，全面提升了学校管理、教学的服务标准化水平。标准覆盖率达到 90% 以上，标准实施率达到 95% 以上，实现了苏州市盲聋学校服务的高度规范统一。

表 5-3　标准体系标准统计表

子体系名称	标准类别名称	国家标准	行业标准	地方标准	组织标准	小计
子体系一：服务通用基础标准体系	JC101 标准化导则	9	–	–	1	10
	JC102 术语与缩略语标准	2	–	–	–	2
	JC103 符号与标志标准	6	–	–	–	6
	JC104 数值与数据标准	2	–	–	–	2
	JC105 量和单位标准	2	–	–	–	2
	JC106 测量标准	2	–	–	–	2
	小计	23	–	–	1	合计:24
子体系二：服务保障标准体系	BZ201 安全管理规范	3	–	–	4	7
	BZ202 教学场馆管理规范	–	–	–	3	3
	BZ203 教材教具管理规范	–	–	–	2	2
	BZ204 食堂管理规范	–	–	–	1	1
	BZ205 卫生医疗管理规范	–	2	–	1	3
	BZ206 网络信息管理规范	12	–	1	3	16
	BZ207 行政人员管理规范	–	–	–	4	4
	BZ208 学科教师管理规范	–	–	–	1	1
	BZ209 设施设备管理规范	–	–	–	1	1
	小计	15	2	1	20	合计:38

续表

子体系名称	标准类别名称	国家标准	行业标准	地方标准	组织标准	小计
子体系三：服务提供标准体系	TG301 德育服务规范	–	–	–	10	10
	TG302 教学服务规范	–	–	–	4	4
	TG303 康复服务规范	–	–	–	7	7
	TG304 教育科研规范	–	–	–	3	3
	TG305 家校沟通规范	–	–	–	2	2
	TG306 生活服务规范	–	–	–	1	1
	TG307 服务评价与改进标准	–	–	–	2	2
	小计	–	–	–	29	合计:29
	合计(按标准级别)	38	2	1	50	标准总计:91

(三) 标准化建设工作成效

1. 营造了学校管理、运行和发展的制度环境

苏州市盲聋学校通过标准化工作,实现了标准科学管理、规范运转,标准化体系建设中对教学场馆、教材、教具、食堂、卫生医疗、网络信息、学科教师服务评价等全面实施标准化管理,使学校运行高效规范、管理有章可循。同时,通过对各项标准的贯彻执行和持续改进,学校的运行管理进一步优化,学校的发展更加有序、科学。

2. 保证了特殊教育学校教育教学服务质量

通过引入标准化的理念和方法,制定了学校服务环节的多个质量标准,标准中明确了各部门具体事项办理的质量指标,对于服务过程中未达到的情况形成有效的监测,并以统一的标准形式体现,及时预防和纠正各类不良现象。通过一段时间的实施,回访反馈,保证并提高了教学质量和满意度。

3. 形成了符合实际工作的机制和原则

通过制定与执行《苏州市盲聋学校服务标准》,积极探索适合学校及与特殊教育学校性质有关的现代学校内部管理运行机制,以此带动学校由外延式发展向内涵式发展转变,从而以不断优化过程为重点,将学校日常工作进一步精细化管理,基本实现了学校教育服务从经验管理向科学管理的转变。

4. 提升了学校品牌效应

在标准化试点工作中,苏州市盲聋学校高度重视行风建设工作,全力维护教育的良好形象,努力践行“教育就是服务”的理念,在每次组织的家长问卷中,家长对学校的满意率均达98%以上,得到了社会的广泛好评。近年来,在标准化工作的推动下,学校

在2007年获"全国教育系统先进集体"荣誉称号、2007—2008年度学校被评为"苏州市未成年人思想道德建设工作先进集体"、2010年获得"江苏省平安学校"称号、2010年获得"苏州市德育先进学校"称号、2009—2011年度获得"苏州市教育局文明单位"称号、2011年荣获"江苏省优秀家长学校"称号、2012年获江苏省教科系统"工人先锋号"荣誉称号、2013年学校网站荣获"苏州市中小学校优秀校园网评比"一等奖、2013年学校"融合教育课题"获得了"江苏省基础教育成果"特等奖、2014年"善行树"培育活动获2013年度"苏州市未成年人思想道德工作创新案例"一等奖、2014年获"全国教育系统先进集体"荣誉称号。

二、中学教育标准化建设

（一）苏州市胥江实验中学校基本概况

苏州市胥江实验中学校是苏州市教育局直属公办初中。学校建筑面积为34 467平方米，总投资1.2亿元，于2008年9月1日正式开学。学校注重校内资源与社会资源的有效互通。苏州图书馆胥江实验分馆的建立在国内首创了把中学图书馆纳入公共图书馆总分馆体系并实施紧密型管理的合作模式。学校的天文台、生物标本馆、地震勘测中心、艺体楼、室外运动场等重要教学资源也将逐步探索与社会资源的共建共享，努力实现教育资源的最大化利用，为社会提供更好的公共服务。

学校首批教职工共54人，其中任课教师48人，取得本科以上学历的为100%，获得硕士学位的教师占15%，获得中级和高级职称的教师比例为48%，获得市级以上荣誉称号教师的比例达到70%。首批教师以中青年教师为主，充满朝气与活力，有强劲的发展潜质。学校在建校办学中坚守"努力教好每一个学生"的信念，以"奠定未来发展的良好基础，留下终生难忘的美好回忆"办学理念为引领，以"和而不同"的校风、"教而顺学"的教风及"学而生疑"的学风为导向。在学生管理方面，注重加强德育及心育管理网络建构，在班主任负责的基础上每个班级还专门配备了疏导学生心理的辅导老师。

（二）标准化建设推进过程

2012年9月，苏州市政府正式开展城市综合服务标准化试点工作，苏州市胥江实验中学校作为公共教育领域"幼儿园，中小学教育"项目，成为首批试点单位之一。

1. 积极开展标准化工作培训

一是进行基础培训。2012年10月、12月及2013年3月，学校分三次接受苏州市质监局、苏州大学、中国标准化研究院的专家和领导培训。通过培训,学校对标准化基础知识、标准体系构建、城市综合服务标准化和标准起草制定、标准化体系建设的基本方法、途径和实施原则等方面有了初步了解,也较为全面地了解了苏州市政府开展城市综合服务标准化试点工作的背景、意义,对“公共教育领域——义务制教育初中阶段”建设在城市综合服务标准化建设中的地位有了初步认识。二是标准化转化专题培训。2013 年 7 月 19 日,教育局在胥江实验中学校对首批参与标准化体系建设的主要工作人员进行了培训。邀请城市服务标准化项目顾问单位苏州大学江波教授、苏州市质监局标准化处高方分别从综合服务标准化概念、体系以及如何进行规章制度标准转化两方面进行了培训。

2. 前期动员和准备工作

(1) 学校利用行政办公会多次对各职能部门负责人就苏州市实施综合服务标准化建设的背景、综合服务标准化的概念和内涵、学校参与标准化体系建设的意义及作用进行解读,使全员树立标准化意识。

(2) 根据项目任务及学校实际情况,制定了《苏州市胥江实验中学校关于开展苏州市城市综合服务试点工作的实施方案》。在方案中明确了“强化学校服务职能,规范服务行为,优化服务质量,提高服务效率”的项目实施基本目标;确立了“统一思想、深化认识、总体规划、分步实施、明确职责、分级落实、提高水平、注重实效”的工作实施思路;成立了胥江实验中学城市综合服务标准化试点工作领导小组。

(3) 依照标准化建设的相关规范,在转化之前形成了标准化明细表和标准化体系结构图。

(4) 收集整理现有且已经实施的比较成熟的学校规章制度。根据学校情况分五大部门进行收集、整理:资产、设备管理(总务处),学校管理、教师管理、校园安全(校长办公室),学科教学管理(教导处),学生管理(学生处),师资培训、课题管理(教师发展中心)。

(5) 建立台账资料。分五个门类建立台账:上级文件汇集、学校相关文件汇集、培训资料汇集、推进性过程资料汇集、各种标准转化汇集。

3. 转化、督查、宣贯和调研

苏州市城市综合服务标准化试点工作领导小组进行了多次督查和调研。其中,2013 年 8 月 28 日,苏州市质监局的专家、领导来校,对胥江实验中学校第一批标准转化及前期工作进行了整体调研,听取了学校的专题汇报,调阅了标准化工作台账资料,审阅了部分转化好的标准。专家考察调研后出具的反馈意见高度评价了学校的标准化工作。

（三）标准化建设工作成效

1. 建立覆盖全面、科学合理的标准体系

自2012年9月参加苏州市城市综合服务标准化建设以来，苏州市胥江实验中学校开展了大量工作，目前已经建立起覆盖全面、科学合理、层次分明、满足需要的标准体系（中学教育标准体系标准统计表见表5-4）。三个标准子体系在吸收现有相关国家标准、行业标准和地方标准的基础上，结合了学校日常管理和服务的实际，已成功转化88项组织标准。学校管理处将标准化理念和方法广泛应用到教学、管理各个方面，全方位实现学校服务标准化。

表5-4　中学教育标准体系标准统计表

子体系名称	标准类别名称	国家标准	行业标准	地方标准	组织标准	小计
子体系一：服务通用基础标准体系	JC101 标准化导则	9	–	–	1	10
	JC102 术语与缩略语标准	–	–	–	6	6
	JC103 符号与标志标准	–	–	–	2	2
	JC104 数值与数据标准	–	–	–	2	2
	JC105 量和单位标准	–	–	–	2	2
	JC106 测量标准	–	–	–	2	2
	小计	9	–	–	15	合计:24
子体系二：服务保障标准体系	BZ201 教室管理规范	–	3	–	1	4
	BZ202 专业场馆管理规范	1	3	–	10	14
	BZ203 教材教具管理规范	–	1	–	4	5
	BZ204 体育运动器材管理规范	–	25	–	–	25
	BZ205 食堂管理规范	–	–	–	2	2
	BZ206 卫生医疗管理规范	2	1	–	1	4
	BZ207 安全保卫管理规范	1	1	–	3	5
	BZ208 校园网络信息化管理规范	12	–	–	3	15
	BZ209 行政管理人员管理规范	1	–	–	6	7
	BZ210 后勤总务人员管理规范	–	–	–	3	3
	BZ211 学科教师管理规范	–	–	–	13	13
	小计	17	34	–	46	合计:97

续表

子体系名称	标准类别名称	国家标准	行业标准	地方标准	组织标准	小计
子体系三：服务提供标准体系	TG301 德育服务规范	–	–	–	11	11
	TG302 教学服务规范	–	–	–	18	18
	TG303 教育科研规范	–	–	–	3	3
	TG304 家校沟通规范	–	–	–	3	3
	TG305 生活服务规范	–	–	–	6	6
	TG306 服务评价与改进标准	1	1	2	2	6
	小计	1	1	2	43	合计:47
	合计(按标准级别)	27	35	2	104	标准总计:168

2. 形成了学校管理、运行和发展的制度环境

党的十八届三中全会中明确提出了“全面深化改革的总目标是推进国家治理体系和治理能力现代化”。依法治校的基础在于制度建设,而标准化体系建设则帮助学校更加规范制度建设,更加注重依法治校的管理思维。在学校管理、制度完善、秩序维护等方面开始发挥重要作用。

3. 学校服务质量和服务水平提高

学校作为公共服务行业,只有采用标准化管理,才能强化学校的约束机制,促使学校充分利用现有各种资源,以学生的发展需求为出发点,实现对教育服务质量的控制。而标准体系的建立则更加精细控制了教育服务质量,提高了教育服务效率,提升教育的优质度、公平度和满意度。

4. 实现了学校的内涵式发展

发展服务业的途径有两条:一是依靠增加投资来扩大规模,提高能力,在教育行业就是增加各种学校硬件资源的投入(如增添现代化的教学设备),这是外延式的发展道路;二是依靠改善管理来挖掘潜力、增强活力。在教育行业,就是增加学校科学管理、高效管理的力度,主要在于教学手段方式的现代化、教育教学观念的现代化、师资队伍的高水平化,这是内涵式发展之路。标准化工作的实施,最大限度地挖掘现有的师资、物力、财力等各种资源潜力,并进行合理配置和利用,使得人尽其用、物尽其用、财尽其用,使得教学质量稳步提高、学校办学水平稳步提升。

5. 标准化建设的体会与反思

(1) 要顺利推进工作,首先必须认识到标准化建设的重要性。①从外延式发展走向内涵式发展,必须建章立制,设立基本的管理、教学标准。②依法治校、依法治教,这

不仅仅是党和国家政府提出的“推进教育治理体系和治理能力现代化”的宏观目标，也是学校管理在运行过程中必然要遇到的现实问题。依据标准化的理念、方法、思维，制定和实施各项规章制度，客观上也保护了学校。

（2）要顺利推进工作，就必须善于借助学校已开展的各项工作平台。目前标准化建设项目依托于正在进行的苏州市立项课题——《现代学校内部管理运行机制与内涵式发展的实证研究》。这样可以直接借助于课题研究网络，特别是课题研究骨干队伍。以课题研究的视角和方法，丰富和拓宽工作思路，给予项目实施更多、更深的思考空间。

（3）要顺利推进工作，还必须形成一套符合实际、行之有效的工作机制和与之相符的工作原则。学校虽属城市公共服务行业，但它在服务的内容、性质、特点诸多方面，不同于其他服务行业，如城市客运交通管理处、市便民中心“12345”热线、环卫作业监管中心等。其独特之处在于以下几点：①教育虽有一定的标准，但更多的在于各种场馆配备、教学设备配备的标准，而涉及学校教育管理，尤其是教学管理的标准却很少。②如果从大工业时代的角度看教育的话，学校教育的“加工对象”和“产出产品”都是学生，而人的发展具有多样性与差异性，这决定了教育的多元化和个性化，服务的标准化和教育的特色发展这一对矛盾决定了教学标准的制定更需要在标准转换前慎重考虑，转换时谨慎应对。③不同于其他行业，学校运行具有固定的周期，学校以学年或学期为一个工作运行周期。

根据以上特点，学校在标准化工作的实施过程中形成了一个相对较为顺畅、切合实际的工作机制和与之相符的工作原则：①学期中主要是收集、整理、运行、征询、研讨、修订、宣传，假期里集中编写和修改；②先易后难、先物后人、先管理后教学；③综合考虑学校个性和共性，即既要考虑教育标准的普适性，也要考虑本校管理的特色（注重实效，制定的标准要有实用性）；④在涉及教学、育人等标准的制定方面，注重最低标准、注重底线原则。

第三节　公共卫生与基本医疗标准化

一、社区卫生服务标准化建设

（一）姑苏区吴门桥街道润达社区卫生服务中心基本概况

姑苏区吴门桥街道润达社区卫生服务中心是苏州市立医院筹建的苏州市第一家

公立社区卫生服务中心，建筑面积1 000平方米，位于居民小区内，是苏州市第一批示范社区卫生服务中心，设有4个全科诊室、口腔科、儿童保健和计划免疫部门，提供12小时的医疗、预防保健服务和24小时的咨询服务。作为卫生部全科医师规范化培训班的实习基地及苏州卫生职业技术学院的实习基地，中心承担起科研、教学工作，为基层医疗培养了一大批人才。

润达社区卫生服务中心开展社区卫生服务已有多年，中心高度重视社区卫生服务标准化建设工作，根据苏州市政府印发的《关于开展苏州市城市综合服务标准化试点工作的实施方案》的通知要求，制订了具体的实施计划，加强软硬件建设，完善各项制度，加强全科医生队伍建设，认真发挥"六位一体"的社区卫生服务功能，把开展"社区卫生标准化建设"作为"提素质、上水平、促发展"的有利契机。

（二）标准化建设推进过程

1. 提高认识，加强领导

为使标准化工作有序开展，中心成立标准化工作领导小组，中心主任任组长，各职能科室长为成员，在组织上给标准化工作提供了保证。中心先后组织领导班子会议3次，社区卫生服务中心全体职工大会4次，深入学习苏州市政府印发的《关于开展苏州市城市综合服务标准化试点工作的实施方案》，进行层层落实动员。按照上级文件精神，遵循"社区卫生服务标准化建设"活动计划，举行了"社区卫生服务标准化建设"知识竞赛活动，在全体职工中不断地提升规范管理观念，提高中心全员素质，从提高思想认识着手，使人人都以高度负责的态度积极投身到标准化建设工作之中，形成了浓厚的标准化创建氛围。

2. 完善卫生服务设施设备

根据社区卫生服务要求，依照苏州市政府印发的《关于开展苏州市城市综合服务标准化试点工作的实施方案》，添置设施设备和信息化设备；根据规范要求，进行了功能分区，调整或设置了社区卫生服务办公室、健康教育室、全科诊疗室、中医诊疗室、康复治疗室、预检分诊室等；同时中心新设置一个专用健康宣传栏，进行至少每年四期的健康教育宣传，辖区居民健康素养66条知晓率为87%。

3. 有序推进组织管理工作

中心设立社区卫生服务标准化综合办公室，由中心主任兼任办公室主任，接受上级各项工作任务，制订工作计划，督导社区责任医生落实。建立健全了责任医生团队会诊制度、双向转诊制度、重点疾病管理制度等，结合考核方案逐一落实。中心还制订社区责任医生工作目标。另外，中心制定公共卫生考核分配方案社区卫生服务中心管理文件,健全中心的管理与考核机制。

4. 以群众满意为基准,深化社区卫生服务

第一,把群众的满意度作为衡量各项工作的指标,把完善社区卫生服务内涵、关爱弱势群体、开展爱心服务作为工作重点。充实了健康档案,建档率87.8%,针对检查发现的社区慢性疾病,责任医生纳入了动态管理,定期进行上门回访与健康指导,得到社区居委会与居民的好评。第二,实行重点人群与重点疾病的诊断、治疗服务。以服务慢性病人、特困户、残疾人、低保户、五保户等群体为工作的切入点,提高疾病知晓率、控制率、治疗率。35岁以上首诊100%测血压。完善特殊人群、儿童、60岁以上老年人的建档工作。科学管理慢性病人的健康档案,对高血压病、糖尿病、冠心病等实施动态管理。加强传染病和突发公共卫生事件的管理。第三,在社区的健康教育宣传栏公示社区责任医生的照片、联系方式等,同时印发医生的名片,注明服务内容、方式、联系电话,便于提供服务、接受监督。第四,为退休居民和非社会化管理的居民提供免费健康体检,开展社区居民健康调查,建立社区居民家庭健康档案,与社区居民建立稳定的服务关系,积极推行责任医生制度和团队服务模式,与上级医院签订支援协议,落实双向转诊制度,准确、及时地收集社区居民的卫生服务需求,动态跟踪管理。

(三)标准化建设工作成效

社区卫生服务中心自开展标准化创建活动以来,效益提升明显。合理用药、合理检查得到了落实,无医疗事故发生。通过标准化活动,居民对社区卫生服务中心和社区责任医生的满意率、知晓率明显提高,满意率达90%以上。

1. 运用标准化建设的方法建立全方位、多层次社区卫生服务标准体系

在社区卫生服务改革中,社区卫生服务中心对社区卫生服务系统实行了标准化管理。按照GB/T 24421.2—2009《服务业组织标准化工作指南第2部分　标准体系》的要求中心对标准重新分类,对标准体系内容进行补充完善,形成了新的标准体系,进一步推动了社区卫生服务的规范化建设。社区卫生服务标准体系标准统计见表5-5。

表 5-5 标准体系标准统计表

子体系名称	标准类别名称	国家标准	行业标准	地方标准	组织标准	小计
子体系一：服务通用基础标准体系	JC101 标准化导则	9	–	–	–	9
	JC102 术语与缩略语标准	–	–	–	5	5
	JC103 符号与标志标准	–	2	2	–	4
	JC104 数值与数据标准	5	–	–	–	5
	JC105 量和单位标准	3	–	–	–	3
	小计	17	2	2	5	合计:26
子体系二：服务保障标准体系	BZ201 环境标准	7	1	–	2	10
	BZ202 能源标准	3	–	1	1	5
	BZ203 安全与应急标准	7	1	1	9	18
	BZ204 职业健康标准	–	–	–	2	2
	BZ205 信息系统标准	4	–	–	1	5
	BZ206 财务管理标准	–	–	–	9	9
	BZ207 设施设备及用品标准	–	–	–	3	3
	BZ208 人力资源标准	–	–	–	6	6
	小计	21	2	2	33	合计:58
子体系三：服务提供标准体系	TG301 服务规范	–	–	–	5	5
	TG302 服务评价与改进标准	3	–	–	3	6
	小计	3	–	–	8	合计:11
	合计(按标准级别)	41	4	4	46	标准总计:95

2. 运用网格管理思想,按规定对社区卫生服务区域实行网格化管理

在社区卫生服务改革中,首先根据社区卫生服务的特点和需求来划分社区卫生服务管理区域,形成了网格化布局。网格划分的原则主要是分布合理,以需布局,保证居民步行 10～15 分钟就可以获得统一的社区卫生服务。另外,明确各网格的责任人,编制工作标准。在清晰的管理网格内,社区卫生服务机构、全科医生、社区护士、防保人员都有明确的职责。全科医生实行责任制,及时了解服务区域内居民的整体健康状况,真正起到了居民健康"守门人"的作用。

3. 按照"双轴化"的管理思路及相关标准,建立社区卫生服务系统和管理机构

社区卫生服务从医院经营性医疗服务系统中分离出来,成为政府拨款、相对独立的事业单位,建立以政府支付为主的社区卫生服务机构。通过政府埋单的形式向普通市民提供公共服务产品,满足人们对公共卫生和基本医疗的需求。

4. 运用管理流程再造的方法建立社区卫生服务新的规范化、标准化流程

在社区卫生服务改革中，建立了新的服务流程标准。改变了原来坐等病人上门就诊的方式，变为全科医生主动上门巡诊服务，并实行家庭医生服务模式的工作方式。与三级医院签订双向转诊协议，做到居民"分级就诊、双向转诊、康复在社区"。综合或专科医院对社区卫生服务机构提供会诊、培训等技术支持。新的社区卫生服务工作流程标准从机制上保证了居民得到方便、快捷、连续、安全的社区卫生服务，保证了准确、高效和良性循环的管理效果。

5. 在社区卫生服务改革中集成应用多种信息技术，凸显技术标准的支撑作用

在社区卫生服务改革中，信息技术被全面应用到社区卫生服务体系建设中。建立了社区卫生信息平台，实现了社区卫生资源、居民健康状况、重点疾病分布特征等信息的网格化管理；建立了评价体系；利用数据库技术，建立了社区卫生服务资源、服务对象、服务业务、评价系统、管理信息、药品、医用耗材配送、空间信息、专业知识等数据库；实现了对慢性疾病准确统计，特别是加强了地理信息系统建设，研制出快速查询系统，可以随时查到区、街道、社区、万米单元网格中任何一个病人的情况。

6. 建立科学的社区卫生服务改革评价体系

在社区卫生服务改革中，建立了科学的评价体系。在评价机制上，形成了多部门协同的监管评价机制、专业评价机制、社区评价机制、社会监督评价机制；在评价主体上，由卫生部门独自评价变为以社区居民评价为主、卫生部门评价为辅；在评价导向上，将过去评价社区卫生站以经济效益为主要指标变为以群众满意度为核心内容，突出了卫生服务的公平性和可及性。

二、孕前优生健康检查服务标准化建设

（一）苏州市吴中区计划生育指导站基本概况

苏州市吴中区计划生育指导站具有宣传倡导、技术服务、政策服务、信息管理、药具发放和人员培训"六位一体"综合服务职能。主要开展避孕节育指导，计划生育手术并发症和计划生育药具不良反应的诊断和治疗，孕前优生健康检查，生殖健康促进，不孕不育诊治等技术服务。为进一步完善人口出生缺陷社会化干预工程，有效提升优生促进工作水平，根据《国家人口计生委财政部关于开展国家免费孕前优生健康检查项目试点工作的通知》，以及江苏省、苏州市有关文件精神，2012 年起苏州市吴中区作为省级、国家级免费孕前优生健康检查项目试点区，开展免费孕前优生健康检查项目。截至 2014 年上半年已经为 8 000 多对待孕夫妇做了免费孕前优生健康检查，筛查出了

近20%的高危人群,并提出了相应的指导意见。

孕前优生健康检查是公共服务的一项重要内容,开展孕前优生健康检查项目是预防和减少出生缺陷、提高出生人口素质的重要抓手。苏州市吴中区孕前优生健康检查标准化工作被列入苏州市城市综合服务标准化第二期试点项目,苏州市吴中区人口和计划生育局认真按照标准化的要素和编制要求,结合公共服务的特点和辖区的实际情况,将标准化作为提升孕前优生健康检查品质的有效手段和打造优质服务品牌的重要抓手,认真筹划、注重实效,严格遵循标准化管理的原则与要求。通过推进标准化建设,苏州市吴中区孕前优生健康检查服务水平明显提高,并取得了很好的社会效益。

(二) 标准化建设推进过程

1. 成立领导小组,加强组织管理

标准化工作是提高社会管理、公共服务水平和行政效能的重要措施,是实现城市科学管理的基本方法,也是促进经济与社会发展的重要技术支撑。为使标准化工作取得既定成效,进一步加强组织领导,成立了以人口和计划生育局局长为组长的苏州市吴中区孕前优生健康检查公共服务标准化试点工作领导小组,负责全区孕前优生健康检查公共服务标准化试点工作的组织领导、协调推动、监督检查工作。领导小组下设工作小组,负责日常工作和试点建设工作的具体事项,承办领导小组确定的事项,督促工作方案的落实。

2. 制定工作方案,进行全面部署

苏州市吴中区人口和计划生育局领导高度重视孕前优生健康检查公共服务标准化试点工作,积极行动部署工作。制订了《苏州市吴中区落实孕前优生健康检查公共服务标准化试点工作方案》,明确了此项工作的总体目标、主要任务、职责分工及阶段实施步骤等,为标准化试点工作做出了总体部署。

3. 开展宣贯培训,积极广泛动员

标准化试点工作小组联络员多次参加苏州市公共服务标准化试点培训班,学习标准化试点的基本概念、工作内容、试点体系建立和试点评估的相关知识,并对吴中区标准化试点工作相关人员做了动员培训。苏州市计生委组织了两次专题讨论会,制定初步框架。吴中区人口与计划生育局先后多次向市、区质量技术监督局专业人士请教标准化试点工作的专业知识,学习试点体系建立的概念和标准编写的原则、方法及注意事项等内容。另外还安排科站长、检验医师、妇科医师参加省里组织的专题培训,外出参观学习,积累经验。

4. 加快硬件建设,健全服务机构

在吴中人民医院原来标准建设的基础上,吴中区计划生育指导站再次投入20多万元进行软装修,还增添了100多万元的医疗设备,如彩超、全自动生化分析仪、酶标仪等相关设备。指导站建筑面积近1 800平方米,以“山水吴中、幸福计生”为主题,营造一种家的温馨感。设计中融入吴中山水,所用宣传画都是实拍的吴中美景。服务大厅宣传画中绵延的太湖大桥通向远方,象征着优质服务无止境,突出了吴中区人口与计划生育局“优质于心,服务于行”的工作宗旨。

5. 制定流程规范,完善标准体系

吴中区计划生育指导站作为苏州市公共服务标准化试点单位,负责收集和梳理相关管理制度、工作流程、标准规范;组织开展标准的编写,建立本地区服务标准体系,并对标准体系加以完善。指导站制订了吴中区孕前优生健康检查实施方案和服务流程;建立起各科室管理制度、消毒隔离制度、医疗废物处理制度、收费公示制度、高风险个案讨论制度等一套行之有效的工作制度;制定了服务台接诊并填写知情同意书及基础信息、检验室采集标本、男检室检查、女性B超检查及女检室妇科检查的孕前优生健康检查流程等。指导站多次开展专项会议,完成了对孕前优生健康检查项目各个工作环节的梳理,包括服务内容、机构与人员要求、服务流程、质量管理等,高标准、严要求把好每一道关。目前,吴中区计划生育指导站制定的孕前优生健康检查工作的标准共72个,分基础通用标准、服务保障标准、服务提供标准,标准与相关法律法规协调(孕前优生检查和出生缺陷干预标准体系标准统计表见表5-6)。标准体系覆盖孕前优生健康检查的全过程以及服务提供的各个环节,包括服务质量、安全、环境保护等重要标准以及有关法律法规要求必须具备的标准。此标准体系对孕前优生健康检查工作起到了支撑作用,保证了孕前优生健康检查工作的正常运行。

表 5-6 标准体系标准统计表

子体系名称	标准类别名称	国家标准	行业标准	地方标准	组织标准	小计
子体系一：服务通用基础标准体系	JC101 标准化导则	9	1	–	3	13
	JC102 术语与缩略语标准	–	–	–	7	7
	JC103 符号与标志标准	1	2	–	–	3
	JC104 数值与数据标准	2	–	–	–	2
	JC105 量和单位标准	3	–	–	–	3
	JC106 测量标准	3	–	–	–	3
	小计	18	3	–	10	合计:31
子体系二：服务保障标准体系	BZ201 环境标准	2	–	–	1	3
	BZ202 能源标准	–	–	–	1	1
	BZ203 安全与应急标准	4	1	1	3	9
	BZ204 职业健康标准	2	–	–	–	2
	BZ205 信息系统标准	4	–	–	4	8
	BZ206 设施设备及用品标准	1	–	–	1	2
	BZ207 人力资源标准	–	–	–	2	2
	BZ208 合同标准	–	–	–	1	1
	小计	13	1	1	13	合计:28
子体系三：服务提供标准体系	TG301 服务规范	–	–	–	1	1
	TG302 服务提供规范	–	–	–	1	1
	TG303 服务质量控制规范	1	–	–	3	4
	TG304 运行管理规范	–	–	–	2	2
	TG305 服务评价与改进标准	3	–	–	2	5
	小计	4	–	–	9	合计:13
	合计(按标准级别)	35	4	1	32	标准总计:72

(三) 标准化建设工作成效

标准化工作给苏州市吴中区孕前优生健康检查项目带来了全面的、具有持久效应的变化,使得该区人口与计划生育局的服务面貌有了进一步改善。

1. 服务及设施实现标准化

苏州市吴中区人口和家庭世代服务中心是吴中区孕前优生健康检查的服务场所,服务环境是提供优质服务的基础条件,吴中区人口与计划生育局投入了大量的人力物力,保障服务环境和设施符合标准化要求,按要求合理布局检查室,环境温馨舒适,给群众营造良好氛围。

2. 服务品质全面提升

通过制定与执行《吴中区孕前优生健康检查标准体系》,实现全部服务项目、服务条件、服务流程、服务结果的标准化,实现了孕前优生健康检查服务从经验管理向科学管理的转变。一是实现规范服务。工作的各个环节有标准可依,且标准齐全,有标准服务程序以及明确的服务投诉处理、意见反馈等处理规程。二是实现文明服务。对服务人员的着装、服务礼仪等都提出了规范要求。三是实现安全服务。制定了服务场所突发事件应急处理标准,明确了对服务场所中可能遇到的计算机系统故障、严重社会治安案件、严重灾害事故、服务对象突发严重疾病、服务对象滞留等突发事件的处置程序。

3. 服务品牌效应进一步扩大

"世代服务"品牌创立以来,坚持"以人为本,服务群众"的理念,如今标准化建设又为这一品牌建设注入了新的内涵。孕前优生健康检查服务品牌不同于商业品牌注重市场经济效应,而重在实现政府公共服务的价值取向。几年来,苏州市吴中区孕前优生健康检查项目参加人数逐年递增,吴中区计生指导站均圆满完成孕前优生健康检查工作,反映了孕前优生健康检查服务效率的不断提高。吴中区免费孕前优生健康检查项目在实行标准化建设后,凭着越来越规范的管理和过硬的技术服务,受到了广大群众的好评,群众满意度为100%,获得了服务对象的高度认可。

第四节　社会保障标准化

一、孤儿、孤残养护标准化建设

(一) 苏州市社会福利总院基本概况

苏州市社会福利总院建设是2010年苏州十大民生工程之一,是为贯彻落实市委、市政府加快发展苏州社会福利事业,大力改善和提高孤老、孤儿、孤残人员养育护理水平与提升苏州城市形象的一项重大举措,更是苏州历史上建设规模最大的民政公共服务设施项目。新建成的社会福利总院,集养(育)护、康复、医疗、教育、学习、技能培训等于一体,下设老年福利中心、儿童福利中心、精神病福利中心、残疾人福利中心,是一所为孤老、残幼、精障等"三无"人员提供现代化、综合性服务的社会福利机构。社会福利总院在硬件设施和软件服务上处处体现"家在这里""爱在这里"的人本关怀理念，围绕"苏家乐园"品牌（系2012年我国民政部命名的优质服务品牌），打造独特的苏州福利文化"苏式生活"，为各类服务对象提供社会化、居家化、全方位、全程式、个性化、亲情化的专业服务，展现了公办社会福利机构的示范和引领作用。

作为苏州养老机构的排头兵，苏州市社会福利总院早在2000年左右就开始了养老服务的标准化建设，通过本次苏州市城市综合服务标准化试点项目建设，苏州市社会福利总院已经在服务、管理、技术等方面形成了专业化优势，专家团队基础夯实，内部标准体系完善；并积极投身国家标准化建设，多次参与多项国家标准和行业标准的制定、审查及实证等工作，在全国性会议上屡次受到相关专家和民政部司领导的高度评价。

（二）标准化建设推进过程

苏州市社会福利总院作为苏州市城市综合服务标准化试点项目示范单位，在标准化工作中，提炼、制定和实施各项相关服务标准，将其纳入并形成服务标准体系。完善的特殊人群（孤儿、孤残）养护标准体系为苏州市社会福利总院服务品质的不断提升奠定了良好基础，苏州市社会福利总院以更优质的服务不断推进苏州市孤儿、孤残两类弱势人群的服务保障及民生事业发展。

1. 加强领导，广泛动员

为切实推进标准化建设，苏州市社会福利总院成立了以院党总支书记为组长，分管院领导为副组长，各科室、部门负责人为小组成员的"苏州市社会福利总院城市综合服务标准化试点工作领导小组"，负责组织协调标准拟制、出台、宣传、贯彻、管理等工作；成立"苏州市社会福利总院城市综合服务标准化试点工作领导小组办公室"，在人员编制紧缺的情况下，配备一名标准化专职管理人员，实现标准化工作常态化管理，保证标准化工作常抓不懈。同时，将标准化工作列入各中心、各科室的工作职责和考核范围，在各中心、各科室确定标准化兼职管理人员，形成了自上而下的工作机制和保障机制。

2. 夯实队伍，巩固知识

夯实标准化人才队伍，巩固标准化知识技能，提升标准化建设水平。苏州市社会福利总院标准化工作人员先后多次参加国家标准化管理委员会、中国标准化协会、民政部、住建部、中国社会福利协会等单位和部门召开的各类标准化培训及会议。单位有3名同志获得国家标准化管理委员会国家标准技术审查部颁发的标准起草和审查人员培训证书，标准化人才队伍素质得到全面提升。同时，强化全院干部职工的标准化基础知识与标准化意识,在全院上下营造良好的标准化建设氛围,为日后贯彻标准及其他各项标准化工作的顺利开展打下坚实的基础。

3. 充分调研,分类整理

福利总院对“孤儿”和“孤残”两类人群养护标准化建设的现状与需求进行调研,掌握实际情况,收集大量指导性资料及参考性资料作为支撑,为标准工作的实施打牢基础。制定了《苏州市社会福利总院城市综合服务标准化试点工作实施方案》,成立苏州市社会福利总院城市综合服务标准化试点工作领导小组,分别建立孤儿养护和孤残养护两个标准化建设工作小组。在梳理相关的已有标准、政策文件、管理制度、工作流程等基础上,按照不同类别进行归类,并对照体系目录中基础通用标准、服务保障标准、服务提供标准的分类要求进行整合。

4. 学习先进,科学推进

根据市质监局“一边学习提高,一边制定完善”的指示精神,苏州市社会福利总院专门组织工作人员前往全国民政范围孤儿标准化建设试点示范单位安徽省铜陵市社会福利事业管理中心,考察学习先进经验与最新孤儿城市综合服务标准体系建设成果,在认真总结、吸收先进经验的同时,针对制定中的标准稿,先后进行了3次大的修订,并通过召开专题工作会议,解决工作过程中出现的问题,确保各项工作按照实施方案稳步推进。在本次标准体系编制过程中,围绕GB/T 13016《标准体系表编制原则和要求》的相关规定,建立和健全覆盖孤儿养护和孤残养护全过程的标准体系,同时反复推敲、论证,多方征求专家和行业意见,确保每一项标准的规范性和适用性。

5. 贯标实证,改进提高

对已经完成的部分及时组织实证研究,对实证过程中的情况进行评价,并制定持续改进措施。福利总院接受市民政局社会福利与慈善事业处对标准化建设阶段性工作进行的检查,听取对方提出的改进完善意见,并在市质监局的指导下,结合大量贯标实证工作,进一步对标准体系进行了改进和完善。就特殊人群(孤儿、孤残)养护标准体系内容而言,标准化领导小组充分发挥良好的领导和监督作用,按照GB/T 24421《服务业组织标准化工作指南》的要求建立和健全了覆盖“两孤”养护全过程的标准体系(孤儿养护与孤残养护标准体系标准统计分别见表5-7和表5-8)。服务标准体系所包含的各类标准符合国家有关法律法规的要求,符合服务行业特点,能够满足“两孤”养护标准化工作的需要,各项标准简洁、适用。体系内标准覆盖了“两孤”养护的各个环节和运行的全过程,标准覆盖率基本满足标准化试点工作的要求。

表 5-7 孤儿养护标准体系标准统计表

子体系名称	标准类别名称	国家标准	行业标准	地方标准	组织标准	小计
子体系一：服务通用基础标准体系	JC101 标准化导则	14	–	–	3	17
	JC102 术语与缩略语标准	4	–	–	1	5
	JC103 符号与标志标准	7	–	–	–	7
	JC104 数值与数据标准	2	–	–	–	2
	JC105 量和单位标准	3	–	–	–	3
	JC106 测量标准	6	–	–	1	7
	小计	36	–	–	5	合计:41
子体系二：服务保障标准体系	BZ201 环境标准	3	–	–	5	8
	BZ202 能源标准	2	–	–	2	4
	BZ203 安全与应急标准	4	–	–	3	7
	BZ204 职业健康标准	1	–	–	1	2
	BZ205 信息系统标准	8	–	–	10	18
	BZ206 财务管理标准	–	–	–	7	7
	BZ207 设施设备及用品标准	–	–	–	6	6
	BZ208 人力资源标准	–	–	–	7	7
	BZ209 合同标准	–	–	–	2	2
	BZ210 其他保障标准	–	–	–	4	4
	小计	18	–	–	47	合计:65
子体系三：服务提供标准体系	TG301 服务规范	–	–	–	18	18
	TG302 服务提供规范	–	–	–	19	19
	TG303 服务质量控制规范	–	–	–	6	6
	TG304 运行管理规范	–	–	–	9	9
	TG305 服务评价与改进标准	1	–	–	8	9
	小计	1	–	–	60	合计:61
	合计(按标准级别)	55	–	–	112	标准总计:167

表 5-8　孤残养护标准体系标准统计表

子体系名称	标准类别名称	国家标准	行业标准	地方标准	组织标准	小计
子体系一：服务通用基础标准体系	JC101 标准化导则	14	–	–	2	16
	JC102 术语与缩略语标准	4	–	–	1	5
	JC103 符号与标志标准	7	–	–	–	7
	JC104 数值与数据标准	2	–	–	–	2
	JC105 量和单位标准	3	–	–	–	3
	JC106 测量标准	6	–	–	1	7
	小计	36	–	–	4	合计:40
子体系二：服务保障标准体系	BZ201 环境标准	3	–	–	6	9
	BZ202 能源标准	2	–	–	2	4
	BZ203 安全与应急标准	3	–	–	4	7
	BZ204 职业健康标准	1	–	–	1	2
	BZ205 信息系统标准	8	–	–	10	18
	BZ206 财务管理标准	–	–	–	7	7
	BZ207 设施设备及用品标准	–	–	–	6	6
	BZ208 人力资源标准	–	–	–	7	7
	BZ209 合同标准	–	–	–	2	2
	BZ210 其他保障标准	–	–	–	4	4
	小计	17	–	–	49	合计:66
子体系三：服务提供标准体系	TG301 服务规范	–	–	–	10	10
	TG302 服务提供规范	–	–	–	17	17
	TG303 服务质量控制规范	–	–	–	6	6
	TG304 运行管理规范	–	–	–	8	8
	TG305 服务评价与改进标准	1	–	–	8	9
	小计	1	–	–	49	合计:50
	合计（按标准级别）	54	–	–	102	标准总计:156

（三）标准化建设工作成效

苏州市社会福利总院作为苏州市城市综合标准化试点项目示范单位，在标准化工作中，以更优质的服务不断推进苏州市弱势人群服务保障及民生事业发展。

1. 标准化建设进一步规范了服务行为

在福利机构推行标准化建设的目的，就是为福利机构服务提供一个合理的、有效的、规范的模式，规范福利机构的服务内容和形式。本次苏州市社会福利总院标准化建设项目对孤儿服务、孤残服务的优秀经验进行固化，形成模式，使福利总院的孤儿服务、孤残服务更加规范。

2. 标准化建设进一步提升了工作效率

运用标准化的简化优化原理，把原本很复杂、多点多面的问题梳理出优化的流程和层次，按照流程标准提供服务，从而促进了苏州市福利总院纵向和横向的沟通衔接，有利于出现问题时协调处理。通过标准化建设明确了各岗位的工作内容和工作标准、责任，实行模块管理制和岗位管理制相结合的制度，合理分配工作内容和权限，明确权责，跟进考核机制，提高了工作效率。

3. 标准化建设进一步提升了服务品质

标准化的实施促使对经验主义、惯例、习惯的纠正，同时也有效地去除养老机构在孤儿、孤残养护服务历史过程中长期积聚下来的诟病和错误操作方式。在标准化的框架下进行管理和操作，避免了随意性，为不断提升孤儿养护和孤残养护服务质量提供了保障。

4. 标准化建设进一步树立了良好的机构形象

标准化建设使苏州市社会福利总院的服务行为和操作规范化、可视化，同时很多标准和流程的公开化，给社会各界了解和监督服务行为提供了条件，从而拉近彼此的距离，增强相互的信任，树立良好的福利机构的形象。

5. 标准化建设进一步促进管理体制的完善和发展

长期以来由于受计划经济的影响，福利机构在管理制度层面存在着这样那样的缺陷和不足，例如理念的陈旧，机构的臃肿，流程的无序，工作中的被动和相互推诿等。标准化建设与运用将使岗位和工作得到明确，工作有流程，事事有人管，权责明确，在工作有序开展的同时，促进管理体制的完善和提升。

二、虚拟养老服务标准化建设

（一）苏州市姑苏区居家乐养老服务中心基本概况

苏州市姑苏区居家乐养老服务中心成立于 2007 年，在全国首创了“虚拟养老院”的运营模式。“虚拟养老院”作为居家养老的一种特殊方式，将信息技术与养老服务项结合，引起了广泛影响。居家乐以向老人提供居家养老服务为主，现有服务对象13 000余人，服务对象覆盖苏州市姑苏区，中心现有专职员工 300 余人，实行员工制管理，为单位实行标准化建设带来便利条件。

居家乐2007年起开展虚拟养老院信息服务系统的开发与研究，2010年成立了研发团队，开展虚拟养老院的升级发展项目，以云计算方式，采用集中式管理平台加分布式信息平台的网络架构，以信息平台为分布点，获得江苏省发改委2012年度“现代服务业发展专项引导资金”。2012年12月28日，“虚拟养老院”信息服务平台软件正式获得了江苏省软件产品检测中心颁布的《软件产品检测报告书》。

居家乐“虚拟养老院”模式引起了巨大社会反响。借鉴学习居家乐“虚拟养老院”模式，国内20多个省市相继建设各具地方特色的虚拟养老院。居家乐被授予“江苏省居家养老示范基地”的荣誉称号，居家乐“虚拟养老院”荣获民政部“科技创新奖”、中国幸福城市最佳实践案例等国家级荣誉，并受到中央电视台两次报道，在行业内产生了一定的影响。2013年，苏州市姑苏区居家乐养老服务中心将“虚拟养老院”模式成功复制到苏州市吴中区，建立了居家福养老服务中心，为当地老人带来福音。2014年，昆山乐惠居养老服务中心在苏州市姑苏区居家乐养老服务中心的技术支持和培训支持下顺利运作，取得巨大成功。

（二）标准化建设推进过程

为积极响应苏州市城市综合服务标准化试点工作，苏州市姑苏区居家乐养老服务中心从2013年6月启动“虚拟养老院服务标准化”项目，在苏州市技术质量监督局的指导下开始着手中心的标准化建设。中心严格按照标准化工作要求开展工作，先后修订了基础通用标准、服务保障标准、服务提供标准3部分共70余项标准，多次召开内部有关标准化建设的专题会议及举办培训，通过微信、内部网站、机构季刊等方式进行理念灌输，并积极将标准化规范运用到实际工作中去。

1．加强组织领导，重视队伍建设

为确保标准化建设工作顺利展开，苏州市姑苏区居家乐养老服务中心成立了由中心主任担任组长的城市综合服务标准化试点工作领导小组，组建了由各部门负责人组成的标准化工作小组。各部门成员也积极参与了标准化建设工作。中心建立了标准化实施、标准化管理、标准化监督三支队伍，明确了各自的职责。标准化实施队伍负责建立执行、实施各项标准的服务者队伍；标准化管理队伍负责建立对标准日常执行情况进行考评改进的管理者队伍；标准化监督队伍负责建立监督标准执行、改进的监督者队伍。

2．加强工作管理，保证标准化建设顺利进行

苏州市姑苏区居家乐养老服务中心有完善的标准化管理办法，建立了明确的标准化检查监督机制。中心对开展的标准化活动进行策划、安排。为了加强对各环节的管

理，建立了工作规划，明确标准化建设工作的内容、目标和总体要求，中心各部门有相应的工作计划，任务明确，责任到人；制订实施方案，对总体目标进行分解，明确阶段目标、工作步骤和保障措施，方案中包括了标准实施计划；还召开动员大会进行广泛动员，组织各部门有计划、有步骤地开展服务标准化活动。中心还开辟信息收集的渠道，建立标准化信息库并及时更新，利用信息化手段开展标准化工作。同时，中心划拨专项经费，为标准化的宣贯、培训与基础设施建设提供经费保障。

3．建立健全虚拟养老服务标准体系

苏州市姑苏区居家乐养老服务中心根据《服务管理体系规范及实施指南》的要求，对原有规章制度进行了梳理和总结，并以虚拟养老服务工作实践为基础，构建了虚拟养老服务标准体系，标准体系构建合理、结构完善。标准体系共111项标准（虚拟养老服务标准体系标准统计见表5-9），其中国家标准43项，行业标准1项，地方标准1项，组织标准66项。服务通用基础标准35项，服务保障标准42项，服务提供标准34项。标准与相关法律法规协调，标准体系内各标准之间协调。标准体系体现行业特点，覆盖了服务员上门服务、中心日常运营管理、话务员预约与回访等各个环节，标准覆盖率达到100%，有效支撑了虚拟养老服务标准化工作的全面发展。

表5-9 标准体系标准统计表

子体系名称	标准类别名称	国家标准	行业标准	地方标准	组织标准	小计
子体系一：服务通用基础标准体系	JC101 标准化导则	32	–	–	–	32
	JC102 术语与缩略语标准	–	–	–	3	3
	JC103 符号与标志标准	–	–	–	–	–
	JC104 数值与数据标准	–	–	–	–	–
	JC105 测量标准	–	–	–	–	–
	小计	32	–	–	3	合计:35

续表

子体系名称	标准类别名称	国家标准	行业标准	地方标准	组织标准	小计
服务保障标准体系 子体系二：	BZ201 环境标准	–	–	–	–	–
	BZ202 能源标准	–	–	–	–	–
	BZ203 安全与应急标准	7	–	–	3	10
	BZ204 职业健康标准	–	–	–	1	1
	BZ205 信息系统标准	–	–	–	1	1
	BZ206 财务管理标准	–	–	–	10	10
	BZ207 设施设备及用品标准	–	–	–	5	5
	BZ208 人力资源标准	–	–	–	14	14
	BZ209 合同标准	–	–	–	1	1
	小计	7	–	–	35	合计:42
服务提供标准体系 子体系三：	TG301 服务提供规范	4	1	1	4	10
	TG302 服务提供规范	–	–	–	7	7
	TG303 服务质量控制规范	–	–	–	3	3
	TG304 运行管理规范	–	–	–	6	6
	TG305 服务评价与改进标准	–	–	–	8	8
	小计	4	1	1	28	合计:34
	合计(按标准级别)	43	1	1	66	标准总计:111

4. 稳步实施标准，保证有效落实

苏州市姑苏区居家乐养老服务中心对工作人员进行标准化培训，使其充分理解每一条标准，并能顺利运用到日常生活服务中，营造了“人人讲标准，事事用标准”的工作氛围。中心充分依托信息化手段推进服务标准的实施，结合每周例会、每月总结等日常管理工作强化对标准化工作执行的监管，并将关于贯彻标准情况的分析与总结纳入会议内容，有力地推动了标准的实施。中心围绕“让居家老人舒心，为忙碌儿女尽孝”的服务宗旨，持续推进上门服务流程的简化和优化，成功地降低了上门服务的风险，增加了上门服务的效率，有效地提升了为老人服务的效能。

5. 不断自我评价，坚持持续改进

苏州市姑苏区居家乐养老服务中心的标准化工作有具体实施的措施，具备完善的标准实施的必要条件；有标准实施记录，并将各环节形成的数据和有关情况及时反馈，判断实施过程中的各个环节和岗位是否达到标准的要求。中心建立标准实施检查制度，确定了标准实施检查的机构和人员职责，权责明确。制订了开展标准实施检查工作计划,定期组织检查,并将实施检查记录和问题处理记录保持完整。单位对标准实施的评价工作进行了必要的准备,确定标准实施的评价方案,明确标准实施的评价方法和评价指标体系,对标准实施的效果进行评价,形成了评价报告。建立了服务标准化工作持续改进的程序或制度,针对标准实施检查和自我评价等过程中发现的问题进行了持续改进。

(三)标准化建设工作成效

通过推行标准化建设工作,苏州市姑苏区居家乐养老服务中心在服务设施改善、服务品质提升、服务品牌建设、运用标准化手段规范上门服务等方面取得了显著成效。中心在改善服务后通过回访制度的方式,推行每位用户都回访、出现问题站长第一时间到场等举措,使服务满意度得到大幅提升。结合养老服务标准化的需求,中心注重标准研制,正在申请省级、国家级标准化审查。标准化工作使得中心的工作效率与服务质量进一步提高,使姑苏区符合条件的老年人得到更优质的服务,提高了生活质量,产生了良好的经济效益与社会效益。中心始终按照标准化精神开展各项工作,先后获得"民政部科学技术成果创新奖""第二届中国社会创新奖""江苏省示范性养老服务中心"等30余项国家、省、市级荣誉。

三、就业培训服务标准化建设

(一)苏州市人力资源社会保障培训指导中心基本概况

苏州市人力资源社会保障培训指导中心属苏州市人力资源和社会保障局的事业单位,主要承担着组织开展城乡劳动者就业和再就业技能培训的统筹、协调、指导、服务等工作,指导各县(市)、区就业培训工作;承担苏州市公务员、军队转业干部等四类培训任务;承担全市高层次紧缺人才的多种培训、管理任务。培训指导中心占地20余亩,建筑面积13 000多平方米,分为解放东路、道前街、东大街三个培训教学区;培训指导中心拥有一支素质高、业务强、爱岗敬业、经验丰富的管理与培训师资队伍;具有多媒体教室20多个,电子商务、电子电工、电焊、厂内机动车驾驶与维修、中西式烹饪与营养等实验实训室30多个,计算机训练机位近400个;培训指导中心设有就业培训管理科等6个职能科室,在职教职工27名,兼职教师120人。

多年来,培训指导中心在全市的就业培训服务中努力践行"能力为本、技能优先、真诚服务、促进就业"的服务宗旨,锐意进取,开拓创新,具备扎实的管理基础和优良的服务精神。中心年培训量达8万多人次,为苏州市干部队伍综合素质和岗位能力的提升、城乡劳动者职业技能的提高及高技能人才的培养做出了积极的贡献，在公共服务体系中发挥了重要作用。苏州市人力资源社会保障培训指导中心先后被授予“全国职业技术教育先进单位”“全国重点就业训练中心”“苏州市文明单位”“江苏省先进基层党组织”“苏州市军队转业干部安置工作先进单位”“江苏省安全生产培训机构先进单位”等荣誉称号。

为更好地履行就业培训公共服务职能，苏州市人力资源社会保障培训指导中心将人力资源的就业培训指导服务作为社会保障的一部分，已被列入公共服务标准化推进的重要领域。两年来，按照江苏省政府和苏州市政府《关于开展苏州市城市综合服务标准化试点工作的实施方案》的要求，中心严格遵循标准化管理的原则与要求，着力推进服务标准化建设，将标准化作为提升服务质量的重要抓手，认真筹划、全面推动、深入宣贯、注重实效，促进了苏州市的就业培训服务有序、健康、可持续的发展。

（二）标准化建设推进过程

1. 成立标准化工作领导小组，明确工作职责

按照城市综合服务标准化建设的要求，苏州市人力资源社会保障培训指导中心成立了城市综合服务标准化试点工作领导小组，领导小组由各业务科室负责同志和部分业务骨干组成。领导小组下设办公室，且配备 1 名标准化专职管理人员兼联络员。同时，将标准化工作列入各部门工作职责和考核范围，并确定各部门负责人作为标准化兼职管理人员，形成自上而下的工作保障机制，实现标准化工作的常态化管理。中心安排了 1 名专职管理人员参加标准化专业机构的培训，获得了我国国家标准化管理委员会颁发的标准起草人和审查人员培训合格证书。

2. 制订标准化工作实施方案，明确工作重点

人力资源就业培训服务标准化是一项需要统筹规划、有序推进的系统工程，必须将就业培训服务标准化作为一项长期的工作任务和目标。为此，苏州市人力资源社会保障培训指导中心按照苏州市城市综合服务标准化试点工作的管理办法，制定了以“全面提高劳动者就业技能，适应社会经济发展、产业结构调整和劳动者素质提高的需要，树立苏州就业培训公共服务的标杆形象”为指导思想的《关于开展城市综合服务标准化试点工作的实施方案》。方案明确了工作目标、工作机构的组成和职责，对每个阶段的工作措施和实施步骤做出了详细的设置。通过标准化工作，重点建立并逐步完善就业培训公共服务标准体系，夯实标准化建设的基础，并为标准化的持续推进创造有利条件。

3. 开展标准化建设宣贯活动

(1) 中心分别于2013年4月和7月两次聘请江苏省标准化研究院的专家,对中心的中层干部、骨干教职工和全体教职员工进行了关于标准化的基本知识、地方标准基本知识、标准转换、标准编制、案例解析的业务培训。2014年3月再次聘请省标院的专家前来就如何深入实施标准化试点工作对员工进行培训。

(2) 中心在人力资源社会保障培训指导中心网站开辟了一个标准化工作管理窗口,对标准化信息进行了综合利用,建立并提供了标准体系等重要事项的记录,以便于中心和培训机构、企业的工作人员及时了解掌握标准化建设的动态信息,查阅相关标准文本。

(3) 中心积极着手在全中心和条线内组织对标准的宣贯活动,成功举办了有市区23家培训定点机构负责人和业务经办人参加的地方标准解读和宣贯会议,标准起草小组同志就《公共就业培训机构服务规范》地方标准做了情况介绍和精心解读,使与会人员对标准有了深入的了解。

(4) 中心通过《苏州市职业培训信息》内刊和简报,广泛宣传标准化的工作经验及活动信息;通过服务大厅、宣传标语进行宣传,营造标准化氛围;利用职工大会、部门例会、中层干部会等场合深入宣贯标准,使全体员工了解了实施标准化的意义,掌握了本职范围内的相关标准,提高了贯彻实施标准的自觉性。

4. 标准化工作与业务工作紧密结合,共同推进

人力资源就业培训服务标准化工作只有与业务工作紧密结合,融汇于提供培训服务的各个环节和全过程,才能充分显现标准体系对于公共服务的支撑作用。为此,苏州市人力资源社会保障培训指导中心领导班子在研究部署各项业务工作中坚持与标准化工作同研究、同部署,既明确业务工作要求,亦确定标准化事项,形成业务工作和标准化工作的一体化管理与共同推进的格局。

5. 与标准化专业机构建立紧密合作,引入技术支撑

苏州市人力资源社会保障培训指导中心在被列为苏州市城市综合服务标准化试点单位后,由中心主任亲自带队组织领导小组成员前往标准化专业机构——江苏省标准化研究院学习标准化专业知识。同时,双方围绕人力资源就业培训服务标准化建设签订了项目合作协议。中心通过与专业标准化机构紧密合作,利用外脑,迅速弥补了标准化建设的“先天不足”,有效缓解了推行标准化试点的“燃眉之急”。江苏省标准化研究院标准服务部三位专家多次上门为中心工作人员培训专业知识,指导标准化工作。专家们每次来中心都广泛传输标准化建设的专业基础知识;与中心工作人员共同

研究制定标准体系和各项标准；指导并培训中心工作人员如何将规范性文件向标准化文件转换，并配以案例示范；积极协助中心的标准宣贯实施及持续改进，为就业培训服务标准化建设试点成功打下了坚实基础，创造了有利条件。

6. 建立科学合理、层次分明、满足需要的标准体系

培训指导中心收集整理法律、法规、指导性文件 38 条，国家标准 47 条，行业标准 14 条，地方标准 4 条，编制地方标准 1 条，编制组织标准 41 条。制定了面向服务对象的就业培训服务统一规范及各服务项目的操作规范，实现了苏州市就业培训服务的高度规范统一。

表 5-10　标准体系标准统计表

子体系名称	标准类别名称	国家标准	行业标准	地方标准	组织标准	小计
子体系一：服务通用基础标准体系	JC101 标准化导则	15	–	–	–	15
	JC102 术语与缩略语标准	2	–	–	2	4
	JC103 符号与标志标准	3	–	–	–	3
	JC104 数值与数据标准	1	–	1	–	2
	JC105 测量标准	–	–	–	–	–
	小计	21	–	1	2	合计:24
子体系二：服务保障标准体系	BZ201 环境标准	1	–	1	4	6
	BZ202 能源标准	–	2	1	–	3
	BZ203 安全与应急标准	2	–	4	5	11
	BZ204 职业健康标准	1	–	1	–	2
	BZ205 信息系统标准	7	1	1	3	12
	BZ206 财务管理标准	1	–	1	1	3
	BZ207 设施设备及用品标准	2	–	2	3	7
	BZ208 人力资源标准	–	1	–	3	4
	BZ209 合同标准	1	–	–	2	3
	小计	15	4	11	21	合计:51
子体系三：服务提供标准体系	TG301 服务提供规范	1	1	1	14	17
	TG302 服务质量控制与管理规范	5	–	–	2	7
	TG303 服务评价与改进标准	5	–	1	2	8
	小计	11	1	2	18	合计:32
	合计(按标准级别)	47	5	14	41	标准总计:107

7. 持续开展标准化建设改进

首先，苏州市人力资源社会保障培训指导中心标准化建设之初，恰逢培训指导中心“金保工程”系统建设之时。中心依托“金保工程”这一信息化手段，提高工作效率，在系统优化的同时促进标准的改进，使两者起到相互促进的作用。其次，标准实施后，中心对标准体系做了系统梳理和优化，不断分析标准体系与业务的关联度；拾遗补阙，适当补充岗位标准，持续优化和完善就业培训服务标准体系。另外，培训指导中心委托江苏省标准化研究院研发了《标准信息综合管理系统》的应用软件，加强对就业培训服务标准信息的综合管理，使标准信息得到及时更新，确保标准的准确性、时效性、完整性；提高了中心标准化工作的有效性，提高各个部门标准应用的效率；通过系统对所有标准数据的状态进行跟踪，加强对就业培训服务的质量管理。

8. 建立一套就业培训服务标准化工作台账

工作台账是对标准化工作的真实记录，是准确反映标准化试点工作的进展和质量的重要方式，也是提升标准体系在公共服务运行中的作用的有效途径。中心各部门结合本部门制定的标准实施、标准检查和标准改进措施，建立标准实施检查改进台账，并定期对标准化建设台账进行精心整理，并努力做到台账结构合理、内容完整、条理清晰。

（三）标准化建设工作成效

标准化试点工作开展以来，苏州市人力资源社会保障培训指导中心在服务设施、服务场地等硬件设施和办事流程、服务礼仪等服务软实力上都有不同程度的改善，服务满意度也大幅提升。

1. 服务窗口及设施环境实现标准化

服务大厅是培训服务的重要场所，服务环境是优质服务的基础条件。按照标准化建设要求，苏州市人力资源社会保障培训指导中心服务大厅设置在楼层底层醒目的位置；服务大厅面积约100平方米；各项服务流程、注意事项、文明礼貌用语全部张贴上墙；配置了等候座席；实现了服务柜台的开放式坐式服务；配置了书写台与书写工具；增添了满意度测评机等。同时，服务设施设备完好和清洁卫生等均被列入标准化管理的项目。

2. 服务理念与服务品质全面提高

苏州市人力资源社会保障培训指导中心通过制定与执行《公共就业培训机构服务规范》地方标准和“人力资源就业培训服务标准体系”，实现全部服务项目、服务条件、服务流程、服务结果的标准化，逐步实现培训服务从经验管理向科学管理的转变。基本达到“四个实现”：一是实现信息公开。服务对象可以从街道社区、中心服务窗口、中心网站等途径，随时了解近期开设的培训专业、培训期限、培训地点、报名方式及报名要求。二是实现规范服务。包括实行首问负责制、一次告知和限时办结等规范要求，以及明确服务投诉处理、意见反馈等处理的规范流程。三是实现文明服务。从服务人员的着装、挂牌到服务礼仪，都提出了规范要求，并逐渐成为服务工作人员的自觉行动。四是实现安全服务。制定了培训场所突发事件应急处理标准，明确了可能遇到的计算机系统故障、严重社会治安案件、严重灾害事故、服务对象突发严重疾病等突发事件的处理程序。

3. 服务品牌效应进一步提升

苏州市人力资源社会保障培训指导中心从1997年实施“真诚服务、免费培训”的就业培训服务以来，再就业免费技能培训已成为苏州的服务品牌，家喻户晓。“真诚服务”要求中心时时刻刻以广大失业人员最根本的利益为出发点，事事处处为失业人员着想，诚心诚意地为民服务。通过标准化建设，为这一品牌建设注入了新的内涵。“真诚服务、免费培训”的对象已从原来的失业人员扩大到所有的城乡劳动者；服务区域也从培训机构延伸到企事业单位、乡镇社区；服务方式更加灵活多样。几年来，苏州市人力资源社会保障培训指导中心的城乡劳动者就业培训服务人次、服务质量逐年提高，2011年培训3.8万人，2012年培训5.3万人，2013年培训5.7万人。在服务工作人员未增加的情况下，均圆满完成就业再就业培训的各项任务。

4. 就业培训服务满意度普遍较高

苏州市人力资源社会保障培训指导中心一直坚持开展服务对象对公共就业培训服务的满意调查，关注服务对象呼声，持续改进服务品质。在每年的就业专项资金绩效评价中，苏州市人力资源和社会保障局委托上海财大对就业服务对象进行了第三方满意度调查，其中，近三年服务对象对就业再就业培训的满意度平均达到了87.9%，表明培训指导中心的服务质量达到了较高的水平，获得了服务对象的高度认可。

第五节　公共基础设施与公共事业标准化

一、供电服务标准化建设

（一）供电营业服务标准化建设

1. 苏州供电公司劳动路供电营业厅基本概况

苏州供电公司劳动路营业厅于2012年1月16日正式投入使用，营业厅占地720

多平方米，整个营业厅分为传统的五个区域：收费区、业务受理区、客户休息等候区、VIP客户洽谈区以及即将建成的营业服务智能用电互动体验区，致力打造一个地市级智能营业厅的旗舰店。营业厅配备了大厅经理引导台和叫号系统，及时为客户提供引导服务。收费区域采用全封闭模式，提高了交费安全性；业务受理区全年365天营业，设置了双屏显示系统，用户可直观地了解自己的业务受理过程；营业厅还设立苏州供电公司研发的视频远程校表系统试点，大大增加了校验透明度。营业厅还通过服务评价系统，准确地统计业务流量和服务质量。苏州供电公司劳动路营业厅以客户需求为导向，坚持“你用电，我用心”的服务理念，努力创新，力争成为苏州供电公司对外服务的亮丽窗口。

苏州供电公司营业厅在苏州城市综合服务标准化试点工作领导小组指导下，按照市政府《关于开展苏州市城市综合服务标准化试点工作的实施方案》以及市政府办公室《关于开展城市综合服务标准化试点工作的实施细则》的要求，及时成立了城市综合服务标准化领导小组和工作小组，编制了苏州供电公司供电营业服务标准化建设实施方案，在第三方咨询公司的指导下，完成了标准的梳理、转化、宣贯和实施，达到了既定的目标，取得了显著成绩。

2. 标准化建设推进过程

（1）加强组织领导。根据苏州市城市综合服务标准化试点工作要求，2012年年底，苏州供电公司在企业标准化管理体系的基础上，专门成立了由公司总经理任组长的苏州供电城市综合服务标准化试点工作领导小组和由专业部室主任任组长的工作小组，在贯彻国网公司ISO9000全面一体化标准体系的基础上，对照苏州城市综合服务标准化创建要求，以供电营业服务和电力抢修服务为试点，着力提升苏州电力公共服务水平，努力推动公司标准化工作与苏州市城市综合服务标准化建设全面接轨。为了有效开展苏州供电城市综合服务标准化试点建设，苏州供电公司按照专业分工，在公司营销部和检修部专门成立了共有15名专（兼）职标准化人员的公司营业服务标准化工作小组和抢修服务标准化工作小组。工作小组成员网络从原来的部室专职管理拓展到了基层班组兼职管理。工作职责由原来的标准实施，转变为标准的梳理、补充、修订，以及宣贯和培训。为保障试点项目的有效实施，公司聘请北京电力企业管理咨询有限公司专门组织了对标准化专（兼）职人员的培训，有效提升了工作小组成员的标准化管理能力。

（2）制订规范有序的实施计划。对照苏州市政府标准化试点实施方案，公司编制下发了苏州供电公司《关于开展城市综合服务标准化试点工作的实施方案》。期间，公司标准化分管副总多次听取试点项目工作小组的汇报，明确了实施方案的总体目标、阶段任务、工作步骤和保障措施。并在2012年9月召开的公司全面一体标准化推进会议上，针对城市综合服务标准化试点工作进行了专题动员，确保相关部门全力配合试点建设工作。

（3）标准化培训有序开展。为确保标准体系推进取得实效，公司企协工作部和营销部组织了有步骤多层次的业务培训。按照先试点班组宣贯、落实，后全市相关服务单位示范推广；先标准化理念破冰，后标准化服务行为培训，通过培训讲座和班组集中学习等方式，有序开展各项培训工作。营销部按季度制订供电营业服务培训和评估计划，以每日服务演练，每周总结评估和加强培训为基础的方式，做到每日强化，及时解决服务中遇到的问题，快速将标准化理念融入工作中。

（4）创建积极和谐的氛围。工作小组在实施过程中，努力营造全员参与的创建氛围，使实施单位管理人员和班组人员都认识到标准化工作的重要性。营销部和检修部分别组织一线实施班组员工召开了动员大会，灌输标准化服务理念，争取员工的认同并投入其中，以取得良好的效果。同时还设计了标准化试点项目LOGO，在营业厅和班组制作了"规范标准、美好苏电"的宣传标语和宣传海报，以及拉纸笔、纸杯、玻璃杯、节能灯等宣传小礼品，引导服务人员和客户关注接受标准化服务理念。

（5）梳理原有标准、制度。试点项目工作小组根据苏州城市综合服务标准化体系建设要求，对现阶段执行的国家电网全面一体化标准进行了梳理，共整理出适用标准、各类制度和管理办法200多项。在苏州大学的指导下，完成了标准体系结构图、标准明细表、标准统计汇总表的编制，并成功将多项制度和管理办法转化成标准。同时，根据服务管理需求新增标准6项，标准号按照本次苏州城市综合服务标准化试点项目规范命名。经过整理构建起包含59项服务通用基础标准、63项服务保障标准、20项服务提供标准的供电营业服务标准体系（供电营业服务标准体系标准统计见表5-11）。

表 5-11 标准体系标准统计表

子体系名称	标准类别名称	国家标准	行业标准	地方标准	组织标准	小计
子体系一：服务通用基础标准体系	JC101 标准化导则	15	–	–	–	15
	JC102 术语与缩略语标准	25	1	–	–	26
	JC103 符号与标志标准	9	–	–	–	9
	JC104 数值与数据标准	9	–	–	–	9
	小计	58	1	–	–	合计:59
子体系二：服务保障标准体系	BZ201 环境标准	7	–	–	1	8
	BZ202 能源标准	5	2	–	–	7
	BZ203 安全与应急标准	3	7	–	1	11
	BZ204 职业健康标准	5	1	–	–	6
	BZ205 信息系统标准	17	–	–	–	17
	BZ206 设施设备及用品标准	3	4	–	–	7
	BZ207 人力资源标准	–	–	–	4	4
	BZ208 合同标准	2	1	–	–	3
	小计	42	15	–	6	合计:63
子体系三：服务提供标准体系	TG301 服务提供规范	–	3	–	3	6
	TG302 服务质量控制与管理规范	4	4	–	–	8
	TG303 服务评价与改进标准	5	–	–	1	6
	小计	9	7	–	4	合计:20
	合计（按标准级别）	109	23	–	10	标准总计:142

（6）标准化督导及时准确。为了有效督促各部门标准化作业的规范性，培养良好的标准化行为规范，公司下发了《苏州供电公司营销服务工作质量考核办法及其实施细则》，实施常态化的监控计划，落实公司 95598 服务督办组通过每日营业窗口视频监控，督促标准实施部门严格落实标准化服务要求。在 2013 年还专门聘请了苏州美兰德咨询公司开展服务满意度第三方调查，每月及时对标准化服务落实情况进行调查评估。工作小组每周召开例会进行监控周报分析，每月针对 95598 工单受理情况中存在的问题及第三方调查中发现的不足进行分析和讨论，具体到责任部门，进行纠错整改，并上报给工作小组，从而进一步加大服务监控力度，保证标准化服务要求的严格落实。

3. 标准化建设工作成效

（1）服务标准体系进一步完善。在标准化建设过程中，供电营业服务在原有服务标准的基础上，将各项管理机制、服务规范、环境布置转化到标准化体系中去，如应急服务规范、环境布置规范、班长岗位规范、95598 英语志愿者评价与激励规范等。通过完善，标准体系覆盖了供电营业在城市公共服务的全过程以及服务提供的各个环节，包括了电力行业在服务质量、安全、环境等方面应达到的重要标准以及有关法律法规要求必须具备的标准，使供电服务标准体系得到进一步改进和完善。

（2）社会责任履行能力提升。随着城市标准化项目的实施，供电公司不断推出实践的各项服务标准，普遍得到用户的认可，客户满意度不断提升。如：规范营业厅应急服务，做到突发事件应急流程上墙，给客户提供安全舒适的服务环境。在供电营业厅设置爱心专席，优先受理老弱病残孕等有特殊需求的客户，提升特殊群体，特别是老年客户的服务体验。实施居民“业扩报装”“1＋1”标准服务，受理“业扩报装”申请后，根据客户预约时间一次上门完成供电合同签订、业务费用收取、工程实施及装表接电，缩短客户流程时间。实施同城异地业务联办行动，实现内转外不转，减少客户往返次数。

（3）服务品牌效应显著。在营业服务过程中，以“一票四审”、首问负责制和承诺服务制为亮点，将服务标准、服务承诺和流程时限向社会公开，并通过展示、赠送公司统一制作的、印有“苏州城市综合服务标准化试点项目”LOGO 的小礼品，在客户中广泛宣传、推广供电标准化服务理念，得到了市民的一致好评。以营业厅党员志愿服务为载体，带领青年员工提供特殊群体上门服务，获得了社区的高度评价。2013 年，营业厅党员组成的韩克勤共产党员服务队被国家电网公司表彰为“国家电网十佳共产党员服务队”。在公司聘请第三方暗访调查中，营业厅标准化服务率连续提升。

（二）配电抢修服务标准化建设

1. 苏州供电公司配电运检室基本概况

苏州供电公司配电运检室负责苏州市智能电网建设、运行管理以及抢修工作，是苏州供电公司的生产单位，也是窗口单位。2013 年底，苏州供电公司按照“多布点、全覆盖，减环节、提效率，促规范、树形象”的原则，在省内率先设立了覆盖环金鸡湖 30 平方公里区域的园区高低压一体化抢修点。其中吴中、相城两区的高低压一体化抢修点于 2014 年 10 月底投入使用。抢修点融合了高、低压综合抢修流程，提高了抢修队伍的响应速度，缩短了抢修抵达时间和故障修复时间，提高了电网故障的整体抢修效率。

苏州供电公司配电运检室通过城市综合服务标准化试点工作的开展，建立健全配电抢修服务标准体系，不断规范抢修服务行为、优化抢修服务质量、提高抢修服务效率，在标准化试点工作开展两年多以来，逐步形成了标准化的抢修服务流程和规范。在今后的工作中，配电抢修服务工作仍将以客户满意为目标，坚持标准导向，通过持续改进不断提升服务质量，服务苏州经济发展。

2. 标准化建设推进过程

（1）统一思想，建立全员工作网络。配电运检室作为配电抢修服务工作的责任部门，一直以来高度重视标准化建设。在 2011 年苏州供电公司推行全面一体化标准体系建设的过程中，配电运检室对部门执行的工作标准、管理标准、技术标准进行了系统梳理，形成了部门执行标准数据库。2012 年，配电抢修服务被纳入苏州城市综合服务标准化试点建设，为建立健全完整、规范、有效的配电抢修服务标准体系提供了良好契机。苏州市供电公司配电运检室成立了以主任工程师为组长，抢修班班长、骨干为成员的标准化工作领导小组。同时确立了标准制定、标准实施、标准督察三个工作组，分别承担标准的梳理编制、宣贯实施、检查考评工作。配电运检室于 2012 年 11 月组织全体抢修人员召开动员大会，通报了试点工作计划，强调了各层级人员职责、明确了标准工作要求。部门还通过季度标准化例会制度对在标准梳理、宣贯、执行、督查等各个阶段的最新要求进行学习与传达，并对存在的问题制定对策、落实整改。

（2）专家指导，规范标准体系建设。在抢修服务标准体系的确立过程中，配电运检室邀请苏州大学标准化管理咨询团队提供技术支撑，全面梳理了覆盖配电抢修服务领域的国家、行业和组织标准，最终确立了共计 163 项标准的配电抢修服务标准体系（配电抢修服务标准体系标准统计见表 5-12）。其中，用于抢修服务的服务通用基础标准为 65 项，服务保障标准为 72 项，服务提供标准为 26 项，将现有的制度修编为标准的有 15 项。所有标准均按照苏州市城市综合服务标准化试点标准体系号和标准代号编码规则进行了重新编号，并通过内网、外网的检索确保每个标准均为最新可用标准。在此期间，苏州供电公司于 2013 年 11 月试点创建了配电高低压一体化抢修点，为保证标准的有效性和适用性，配电抢修班在标准执行的过程中及时补充编制了高低压一体化抢修岗位规范、高低压一体化抢修人员基本要求、高低压一体化抢修工作规范 3 项标准，并废止了由于机构调整、职责外划而不再执行的配电抢修调度远程工作站工作规范等 3 项标准。

表 5-12 标准体系标准统计表

子体系名称	标准类别名称	国家标准	行业标准	地方标准	组织标准	小计
子体系一：服务通用基础标准体系	JC101 标准化导则	12	3	–	–	15
	JC102 术语与缩略语标准	29	1	–	–	30
	JC103 符号与标志标准	10	1	–	–	11
	JC104 数值与数据标准	9	–	–	–	9
	小计	60	5	–	–	合计:65
子体系二：服务保障标准体系	BZ201 环境与场所标准	6	–	–	–	6
	BZ202 能源标准	5	2	–	–	7
	BZ203 安全与应急标准	3	5	–	1	9
	BZ204 职业健康标准	6	–	–	–	6
	BZ205 信息系统标准	17	0	–	–	17
	BZ206 财务管理标准	1	2	–	–	3
	BZ207 设施设备及用品标准	4	9	–	1	14
	BZ208 人力资源标准	0	5	–	5	10
	小计	42	23	–	7	合计:72
子体系三：服务提供标准体系	TG301 服务提供规范	–	2	–	4	6
	TG302 服务质量控制与管理规范	11	2	–	1	14
	TG303 服务评价与改进标准	6	–	–	–	6
	小计	17	4	–	5	合计:26
	合计(按标准级别)	119	32	–	12	标准总计:163

（3）标准导入，丰富培训形式内容。每个抢修人员都熟悉和掌握标准是各项标准能够有效执行的基础。为此，配电运检室配电抢修班结合班组内训列出了菜单式培训计划，并结合标准的特性组织不同形式的培训课程，如管理型标准注重流程性、指标性的内容，多以讲座形式开展；技术标准强调操作技能要求、步骤，多以现场实训形式进行；对抢修人员的岗位工作规范、工作要求等内容则以每天一题、每周一问、每月一测的形式不断强化记忆。为检验抢修人员对标准的综合掌握程度，配电运检室于 2014 年 6 月专门组织了一次配电抢修应急演练，全方位考查抢修服务标准体系执行的规范性。

（4）阶段自评，查找不足持续改进。在抢修服务标准体系的推行实施阶段，配电运检室坚持每季度有重点地针对若干标准实施一轮培训、自查和督查活动，并积极将标准的执行检查融入领导班子现场飞行检查、部门安全员网络互查、班组建设工作自查等活动中去，对查出的问题要求反馈到人、整改到位，对重复出现的问题严格考核，由此不断强化抢修人员贯彻执行标准的自觉意识。在抢修服务标准体系推行两年以来，配电运检室按照苏州供电公司《标准体系运行状态自我评价管理办法》积极开展标准体系运行状态的自我评价活动，从标准体系运行管理基础工作、标准行为分析比对、标准体系的实施、标准的执行监督、标准行为的持续改进等5个方面入手，组织部门标准化内审员小组每年实施一次自评，对部门标准化推行工作进行认真总结，对不适用标准、新增工作内容制订标准修订和增补计划。

（5）作为直接服务客户的窗口班组，配电运检室抢修班始终高度重视质量管理，积极开展QC课题攻关，班组先后完成了《提高服务咨询类工单一次完成率》《提高故障报修工单派发效率》等QC成果，为提升抢修服务效率展开了有益的探索，2012年，班组获得了“江苏省质量信得过班组”的荣誉称号。2014年，高低压一体化抢修点参与了全国现场管理星级评价的申报活动，通过现场管理的不断完善努力向5星级现场的荣誉称号冲刺。班组创新树立的抢修服务“五零”宗旨，即“出击零等待、抵达零超时、服务零投诉、修复零滞后、工作零违章”，完整地诠释了班组抢修服务目标。为提升管理手段，班组先后推出了建立投诉应答知识库、召开月度服务数据分析会等措施，为抢修服务提效率、促规范。

3. 标准化建设工作成效

2013年底，结合苏州园区一流配电网示范区建设，苏州供电公司配电运检室在省内率先成立了配电高低压一体化抢修点。在此之前，江苏全省的配电应急抢修基本都是高低压故障由不同队伍完成，且信息化手段相对薄弱，虽然能满足国网公司对故障抢修抵达现场时间城市45分钟、农村90分钟的考核要求，但一直存在电力客户报修后，由于无法区分高、低压故障，局部会造成一些高低压综合抢修作业响应速度慢、多支抢修队伍往返现场的情况，导致了抢修资源的浪费。特别在迎峰度夏等特殊时段，这一问题成为居民投诉热点，造成了不良的社会影响。高低压一体化抢修点成立后，配电运检室从标准编制入手，理清思路、细化分工，迅速制定了涉及配网高低压一体化抢修的3项标准，重新设计和印发了各种抢修工作中的台账记录模板，全面规范了高低压一体化应急抢修的响应流程。高低压一体化抢修点的建立，实现了应急抢修服务“五个一”的目标，即“一个用户报修、一张服务工单、一支抢修队伍、一次到达现场、一次完成故障处理”。从抢修点运转以来，已成功处理抢修 1 230 余起，故障修复时间平均为 28 分钟，较成立前下降了近 50%，抢修点多次收到抢修服务用户的表扬信。实现了“五零”服务目标达成率 100%，社会承诺兑现率 100%。

二、道路、桥梁、隧道的维护维修标准化建设

（一）苏州市市政设施管理处基本概况

苏州市市政设施管理处系市容市政管理局下属事业单位，肩负着市区 200 条 548 万平方米主次干道、332 座 46.76 万平方米的桥梁、139 万平方米高架快速路以及 1.5 公里北环快速路隧道等市政设施的日常管理和养护维修，具有市政公用工程施工总承包二级和市政养护维修工程专业承包二级资质。管理处内部组织机构现由党政办公室、人力资源管理科、财务科、材料设备管理科、市政管理科、市政养护科、生产科、技术质量科、工程经营管理科、重点工程项目管理办公室等 10 个职能科室以及市政道路养护管理一所、市政道路养护管理二所、市政桥隧养护管理所、市政设施修建一公司和市政设施修建二公司等 5 个基层单位组成，目前拥有管理、专技、工勤人员共 140 人，道路铣刨机、多功能养护车、沥青摊铺机、桥梁检测车等先进的施工机械车辆设备 478 辆（台），年施工产值超 2 亿元。

随着苏州城市化进程的加速，市政设施管养面临着城市管理功能更新、设施规模扩容升级、市民百姓需求提升的挑战，市政设施服务苏州经济社会发展的担子日益繁重，保障和改善民生的任务更加突出，创新驱动发展的态势渐趋明显。围绕“用五年左右的时间提升苏州城区市政设施品位”的目标，苏州市市政设施管理处牢牢把握市政设施管养事业发展的“创新驱动、协调推进、管养提标”阶段性特征，紧扣《2011—2015 年发展规划》，坚持以市政设施公共服务标准引领创新发展、以提升市政设施服务保障能力凸显服务成效，坚定不移地走“管理精细化、养护专业化、服务亲情化”的科学管养特色之路，努力为苏州市率先基本实现现代化做出新贡献。

（二）标准化建设推进过程

1. 健全组织架构，搭建信息平台，试点工作保障有力

为保证城市综合服务标准化试点工作的顺利开展，苏州市市政设施管理处经办公会议讨论决定，第一时间成立了标准化试点工作领导小组和试点工作办公室，标准化工作领导小组由处长担任组长，副处长担任副组长，各部门负责人为成员。标准化工作办公室作为中心标准化工作管理部门，负责做好标准化工作培训、指导等工作，各业

务部门标准化兼职人员负责落实各项具体工作，在各部门确定了标准化专（兼）职管理人员的基础上，选派标准化专（兼）职人员参加标准化专业资质培训，已有 3 人获得标准化资格证书，将标准化工作列入各部门的工作职责范围和工作考核目标，从而形成了自上而下的工作机制和保障机制。

试点工作启动后，苏州市市政设施管理处通过相继制订标准化工作总体规划、实施方案及宣贯计划等明确试点工作进程。始终将标准化试点工作列入重要议事日程，定期召开专题会议，听取标准化工作进展汇报，开展经常性自查自纠，及时发现工作中的盲点与薄弱环节，适时邀请苏州市质监局、苏州市标准化研究院领导、专家通过研讨交流形式，及时化解工作中的难点与疑点，确保了标准化工作与业务工作同部署、同检查、同总结。

为了便于全员了解标准化试点建设工作推进情况，进一步畅通传递渠道，苏州市市政设施管理处利用网络系统加载的标准化建设平台，将标准化工作信息、标准体系、标准文本等及时添加其中，在方便员工查询了解相关标准的同时，有效实现了标准化信息资源的实时共享。苏州市市政设施管理处还确立较为稳定的标准化信息收集渠道，通过浏览市质监局网站、订阅标准化期刊等途径，及时了解相关的标准化法律、法规、规章和规范性文件，以确保本单位执行的各类国家标准、行业标准现行有效。

2. 加强标准研制，建立标准体系，标准框架结构合理

为了更好地把握标准化工作的发展趋势，进一步推进试点工作的开展，苏州市市政设施管理处积极参与各级标准研制等活动。结合工作实际，引导员工以部门为单位，掀起标准化与本职工作的研讨热潮，为标准化的顺利开展打下群众基础。

苏州市市政设施管理处通过积极学习国内先进标准，不断摸索，建立了一套可行的服务标准体系。利用综合服务标准化试点的契机，进一步学习、研究，识别并执行了相关适用的法律法规要求和国家、行业、地方标准，梳理、编制整合了包括“服务通用基础标准体系”“服务保障标准体系”“服务提供标准体系”三大系统的服务标准体系。在原有的 ISO9001 和 GB/T50403 质量管理体系的基础上对本单位的各种规章制度进行标准的收集，听取各部门实际运营情况，根据单位现状做出合理调整。经过半年多的标准化工作推进，收集、梳理、制定标准 134 项（道路、桥梁、隧道的维护维修标准体系标准统计见表 5-13）。服务体系包括：服务通用基础标准 41 项；服务保障标准 41 项；服务提供标准 52 项。134 项标准覆盖了单位除党政工团以外的业务 100%。

表 5-13　标准体系标准统计表

子体系名称	标准类别名称	国家标准	行业标准	地方标准	组织标准	小计
子体系一：服务通用基础标准体系	JC101 标准化导则	10	–	–	4	14
	JC102 术语与缩略语标准	4	1	–	–	5
	JC103 符号与标志标准	6	–	–	1	7
	JC104 数值与数据标准	1	–	–	–	1
	JC105 量与单位标准	6	–	–	–	6
	JC106 测量标准	2	6	–	–	8
	小计	29	7	–	5	合计:41
子体系二：服务保障标准体系	BZ201 环境标准	2	–	–	1	3
	BZ202 能源标准	1	–	–	–	1
	BZ203 安全与应急标准	3	–	–	6	9
	BZ204 职业健康标准	2	–	–	–	2
	BZ205 信息系统标准	5	–	–	6	11
	BZ206 财务管理标准	–	–	–	1	1
	BZ207 设施设备及用品标准	2	–	–	4	6
	BZ208 人力资源标准	–	–	–	7	7
	BZ209 合同标准	–	–	–	1	1
	小计	15	–	–	26	合计:41
子体系三：服务提供标准体系	TG301 服务规范	–	–	–	1	1
	TG302 服务提供规范	2	7	1	9	19
	TG303 服务质量控制规范	12	2	3	3	20
	TG304 运行管理规范	1	–	–	6	7
	TG305 服务评价与改进标准	–	–	–	5	5
	小计	15	9	4	24	合计:52
	合计(按标准级别)	59	16	4	55	标准总计:134

3. 加强标准实施，推动标准体系运行

只有通过标准体系的运行和实施，才能验证建立的标准体系是否科学，是否客观。服务标准化工作是涉及所有员工、所有管理人员的工作，是全员化、全覆盖、全过程的工作。为此，苏州市市政设施管理处采取内外结合、上下联动的方式开展了多种形式的培训、宣传。单位根据标准化项目的进展情况，结合自身实际需要，制定培训计划。根据其标准化工作整体安排，对已经转化标准自 2013 年 3 月 15 日起由标准化工作办公室召集相关人员召开标准研讨会议，并对相关文件、标准进行下发、讲解。对单位的各条线，各部门的相关人员进行培训，保障标准2013年自4月1日起有效运行。

苏州市市政设施管理处制订具体措施，有计划、有步骤地执行标准，建立有效的监督考核制度，在运行过程中加强监督指导，保证标准得以顺利执行。

（1）召开标准实施动员会议。将标准文本印发至各个部门，要求认真贯彻落实好标准。

（2）组织基层单位负责人召开标准实施培训会议。对道路、桥梁、隧道维护维修标准内容进行专题培训，宣传实行标准化管理的重要意义。

（3）对一线作业人员进行标准的宣传。将相关标准文本制作成小册子，供一线作业人员对照执行，熟练掌握和执行本岗位工作职责及质量要求。

在服务标准体系设计时，苏州市市政设施管理处充分考虑了标准为适应环境应进行修订的原则，对标准信息获取、标准有效性确认、内部标准体系自评估和管理层评价、标准体系完善和改进程序，用标准来确保服务标准体系的持续有效性。在贯彻实施标准的过程中，苏州市市政设施管理处标准化试点办公室及时对标准的实施情况进行自查和督查，对标准执行不到位的地方提出整改意见，要求实施单位及时改进。同时，对标准文本中涉及的作业流程及方法也向各实施单位征求修改意见，力求标准内容精准、与时俱进，使标准更有效地运行。

（三）标准化建设工作成效

苏州市市政设施管理处在着力于服务标准的建立和完善、专业化队伍建设、提高服务水平等工作的同时，紧密结合标准化试点工作的创建目标，努力将标准化管理手段和服务理念渗透运用至人员队伍、内务制度建设和优化服务体系建设上。以点带面，推动公共服务行为规范度的提高，有效促进了管理制度的不断完善，服务能力的不断增强，科学化管理水平的不断提高，公众服务满意度的不断提升。根据服务业标准化试点工作的基本要求，对照《苏州市综合服务标准化示范试点项目验收评分表》，苏州市市政设施管理处的自我评分为95分。标准化试点工作开展以来，苏州市市政设施管理处实现了从制度化管理向标准化管理的突破，有力地推动了各项工作迈上新台阶。

苏州市市政设施管理处各项工作标准是在原有规范性文件的基础上补充完善转换成文的，因此，现在的标准相比原有的制度有了很大提高。

1. 内容更严谨

以往的制度、规范在内容的完整性及严谨性上有一定的欠缺，标准自身的特点决定了其内容要科学、全面、严谨，规定了各项工作的细节，使其在运行中能更具操作性，在标准的监管上也有清晰的界定。

2. 要求更明确

明确了要求，补充了原有管理或作业中要求不全面或不统一的内容，使各项工作或作业的要求更加统一、不断提高，如各基层单位安全记录表不统一等内容。

3. 程序更规范

实施标准化建设后各项工作和作业的程序，都严格地进行了规范，改变了以前管理或作业中有职责、有规范，但轻程序的传统做法，将程序管理增加到标准体系中来，使各项管理和作业更加到位，更加严谨。

4. 改进更及时

标准化工作办公室在制定标准的过程中，制定了详细的顾客满意程度控制程序和服务标准化工作持续改进程序。在标准执行的过程中，根据顾客的满意度及时持续改进，让百姓更满意，并提高单位的服务管理水平。

第六节　环境保护公共服务标准化

一、苏州公园服务标准化建设

（一）苏州市苏州公园管理处基本概况

苏州市苏州公园管理处是苏州市园林和绿化管理局直属单位，内设计划财务科、综合业务科、公园管理科等主要科室。苏州公园管理处职责主要为：实施苏州公园维修、保护、建设、园艺陈设和票务管理等工作；负责公园内的清洁卫生、花卉、盆景、树木养护和安全保卫等工作；负责园内经营点的管理，促进公园经济发展；受管理部门委托，承担公园对外宣传等工作；贯彻落实精神文明和行风建设的各项措施。①

苏州公园现有面积 64 亩，其中水面 3 300 平方米，服务项目包括茶室、儿童乐园，以及公共厕所 3 座，绿化区域 21 000 平方米。苏州公园的服务对象为全市市民和来自各地的游客（包括周边乡镇及境内外游客），全年免费开放，是集健身、娱乐、观赏于一体的休闲场所。日接待 5 千人次，节假日接待 2 万人次以上，年接待 500 万人以上。

① 苏州市园林和绿化综合信息网. http://www.ylj.suzhou.gov.cn/infogkml.asp? ParentID = 339

公园服务作为公共服务的组成部分,实现标准化试点有助于更好地发挥包含公园在内的社会保障体系对保障民生和社会稳定的重要作用,有利于推动公共服务的公平公正、规范透明和优质高效,也反映了国家标准委对促进民生保障和实现公共服务标准化的高度重视。苏州公园管理处在本市公园服务管理服务中,努力践行"以人为本"的服务宗旨,锐意进取,开拓创新,具有扎实的管理基础和优良的服务精神。

2012 年 8 月,城市综合服务标准化领导小组将苏州市园林和绿化管理局确定为"苏州市城市综合服务标准化试点项目"的承担单位,苏州公园管理处为试点参加单位。苏州公园管理处认真按照国家标准委等部门印发的《关于推进服务标准化试点工作的意见》《服务业标准化试点实施细则》以及相关国家标准,结合公共服务特点和苏州公园服务实际,根据试点单位试点工作的有关要求和部署,将标准化作为提升公园服务品质的有效手段和重要抓手,认真筹划、全面推动、深入宣贯、注重实效,成立了领导小组,明确了工作任务和具体责任人,严格遵循标准化管理的原则与要求,着力推进服务标准化建设,苏州公园标准化服务实现了服务标准化全覆盖,给苏州公园综合标准化服务带来了深刻变化,并取得了显著成效。制定并完善了 19 个标准化工作文件,通过标准化试点,进一步提升了公园规范化管理与服务的水平。

(二)标准化建设推进过程

1. 试点工作得到上级部门的大力支持与精心指导

对苏州市苏州公园管理处而言,标准化是一项全新的工作,且有着很高的专业性要求。在两年多的试点工作中,项目承担单位苏州市园林和绿化局综合业务处处长对试点工作进行了现场指导,并安排公园管理处积极参与全国社保系统标准化建设工作。苏州市园林和绿化局相关同志在试点中全程跟进,每个重要阶段都亲临现场,了解试点进展情况并提出意见建议。苏州市质监局及联络员对公园服务标准化建设给予了极大的支持与精心指导,使试点工作在正确的轨道上顺利推进,并取得了预期的成效。同时,市质监局还邀请试点单位联络员参加相关标准化工作会议,进行标准化培训,对标准化建设中的重点和难点问题进行面对面的指导与帮助。

2. 建立公园服务标准化的长效管理机制

为期两年的标准化试点,势必能有力地推动综合服务按照国家标准委的要求,加速实现标准化,并为今后持续推行城市服务标准化铺平道路。城市综合服务标准化并非两年时限的阶段性工作,而是一项只有起点、没有终点的长期性工作,为此,必须建立与其相适应的长效管理机制,确保标准化工作持久开展。

(1) 建立具有长效机制的标准化领导体制。苏州公园管理处建立了与本单位行政领导体制相一致的标准化工作领导小组，由苏州公园管理处主任担任组长，副主任担任副组长，各部门负责人为成员，从而避免了只有部分领导参与标准化工作的局限性，做到领导人人参与，责任到位。在精简高效的前提下，充分保证标准化工作具有强有力的领导，并得到决策支持。

（2）将标准化工作明确为各部门职责。试点单位专门建立了标准化办公室，在人员编制紧缺的情况下，配备一名标准化专职管理人员，实现标准化工作常态化管理，保证标准化工作常抓不懈。同时，将标准化工作列入各部门工作职责和考核范围，在各部门确定标准化兼职管理人员，形成了自上而下的工作机制和保障机制。

（3）业务工作与标准化工作紧密结合。对公园标准化服务而言，标准化工作必须与业务工作紧密结合，融汇于服务标准的各个环节和全过程，方能显现标准体系对于公园标准化服务的支撑作用，全面发挥标准化工作的作用。为此，公园管理处领导层在研究部署各项业务工作中，坚持与标准化工作同研究、同部署，既明确业务工作的要求，亦确定相关的标准化事项，从而形成业务工作与标准化工作的一体化管理与共同推进的格局。

（4）制订标准化的工作规划与实施方案。城市综合服务标准化是一项需要统筹规划、有序推进的系统工程。必须将实现标准化作为一项长期的工作任务和目标，把握全局、系统规划、稳步推进。为此，试点单位认真制订了标准化工作规划和实施方案，力求在实施标准化建设的进程中不断更新观念、形成体系、完善标准、优化服务。试点阶段重点是建立标准化工作的体制机制，夯实标准化建设的基础，并且为标准化的持续推进创造有利条件。

3. 建立全面覆盖公园标准化服务的标准体系

为市民服务是公园管理处的核心业务，而经办、管理和服务是一个紧密结合的整体，是前台与后台的关系，切忌相互脱节、各行其是。根据《服务业标准化试点实施细则》提出的“试点单位应根据服务提供的实际需要构建科学合理、层次分明、满足需要的标准体系框架，编制标准体系表”的要求，公园管理处将标准化理念和方法广泛应用到标准化服务及经办、管理各个方面，全方位实现公园服务标准化。

（1）标准化覆盖公园服务全领域。依据 GB/T 24421—2009《服务业组织标准化工作指南》的要求，服务标准化体系包括服务通用基础标准、服务保障标准和服务提供标准三个标准子体系，标准体系表编制遵循 GB/T 13016—2009《标准体系表编制原则和要求》等相关国家标准的规定。公园服务是一项内容广泛的公共服务，其服务活动开展的主要依据《中华人民共和国城乡规划法》《中华人民共和国文物保护法》《中华人民共和国食品卫生法》《城市绿化条例》《城市古树名木保护管理办法》《国家重点公园管理办法》《游乐园管理规定》《江苏省城市绿化管理条例》等法律法规，以及《江苏省公园服务规范》等规范性文件。苏州公园服务标准化体系的构建应当始终与相关的法律法规保持高度一致。

三个标准子体系在吸收现有相关国家标准、行业标准和地方标准的基础上，结合了公园日常管理和服务的实际，制定了组织标准。在服务通用基础标准子体系方面，制定了标准化管理基础性标准，明确了本单位实施标准化的系统要求，建立了制修订中心标准的工作程序及管理机制，使标准的制修订工作成为本单位常规工作的一部分；在服务保障标准子体系方面，全面制定了环境、能源、安全、职业健康、财务、人力资源、设施设备等方面的“人、财、物”管理标准，为优化公园服务提供良好的条件和保障；在服务提供标准子体系方面，制定了面向服务对象的服务统一规范及各服务项目的操作规范，实现了全园综合服务的高度规范统一。标准体系标准统计见表5-14。

表5-14 标准体系标准统计表

子体系名称	标准类别名称	国家标准	行业标准	地方标准	组织标准	小计
子体系一：服务通用基础标准体系	JC101 标准化导则	9	–	–	–	9
	JC102 术语与缩略语标准	–	1	–	–	1
	JC103 符号与标志标准	1	–	–	–	1
	JC104 数值与数据标准	1	1	–	–	2
	JC105 测量标准	2	–	–	–	2
	小计	13	2	–	–	合计:15
子体系二：服务保障标准体系	BZ201 环境标准	7	–	–	2	9
	BZ202 能源标准	1	–	1	–	2
	BZ203 安全与应急标准	3	–	–	4	7
	BZ204 职业健康标准	2	–	–	–	2
	BZ205 信息系统标准	4	–	–	1	5
	BZ206 财务管理标准	–	–	–	2	2
	BZ207 设施设备及用品标准	–	1	–	2	3
	BZ208 人力资源标准	–	–	–	1	1
	BZ209 合同标准	–	–	–	1	1
	小计	17	1	1	13	合计:32

续表

子体系名称	标准类别名称	国家标准	行业标准	地方标准	组织标准	小计
子体系三：服务提供标准体系	TG301 服务提供规范	–	–	–	2	2
	TG302 服务质量控制规范	1	–	–	1	2
	TG303 运行管理规范	–	–	2	3	5
	TG304 服务评价与改进标准	2	–	–	–	2
	小计	3	–	2	6	合计:11
	合计(按标准级别)	33	3	3	19	标准总计:58

(2)标准化延伸到管理各环节。公园服务标准化,不仅仅只是服务流程的标准化,服务管理的相关环节也应当相应实现标准化,乃至整个机构管理也要实现标准化,这样,才能营造良好的标准化运作环境并发挥整体效应。为此,公园管理处以标准化建设为契机,在实现公园服务项目标准化的同时,还实现了绿化工作标准化,票务管理标准化、公共导向系统标识标准化、信息管理标准化和职工管理标准化等,实现了服务标准化全覆盖,全面提升了试点单位服务及经办、管理的标准化水平。

4. 按照公共服务的根本要求制定与实施服务标准

公园服务作为政府公共服务,有其特殊的内涵。其一,代表着政府,服务于公众,其利益与价值取向高度一致;其二,“以人为本”是政府公共服务的根本宗旨,让服务对象享受到便利是服务的基本要求;其三,服务对象满意度是衡量公共服务品质的重要指标。公园服务标准应当充分体现依法合规、公开公平、诚信廉洁、高效便捷的原则,其中的依法、公平和廉洁则是政府公共服务的特有要求。为此,苏州公园管理处在制定实施各项服务标准时,充分依据政府公共服务的特点,以达到严格执行有关规定与优化服务品质的双重要求。

苏州公园管理处还尽最大可能提供人性化服务,在服务环境、服务设施、服务礼仪方面均以优质服务为前提建立相应的服务标准。通过标准化充分实现公开服务、规范服务、文明服务和安全服务,从而树立良好的为民服务形象,使苏州广大市民能够顺畅地享受开放公园的优质服务,并且提供优良秩序和优美环境。

在标准化建设中,苏州公园管理处共采用和制定各类标准 58 项,其中:通用基础标准 15 项;服务保障标准 32 项;服务提供标准 11 项。包含国家标准 33 项;行业标准 3 项;地方标准 3 项。试点单位制定的企业标准共 19 项,占标准总数的 33% 。

5. 广泛、深入地开展服务标准化的宣贯活动

在标准宣贯过程中,进行专题培训,利用职工大会、部门例会宣贯标准,共开展 6

场次的宣贯培训，使全体员工了解了标准化基础知识，通过各科室、各相关班组进行标准化文本的知识学习，掌握了本职范围内的相关标准，提高了贯彻实施标准的自觉性。

6. 不断推进公园服务标准化的持续改进

在标准化建设中，苏州公园管理处以持续改进为抓手，将便民利民、便捷服务作为持续改进的重要目标。

在设施设备规范标准的实施过程中，由于公园原标识、标牌因日晒雨淋，文字和图案淡化，不能满足市民日常游览需求，苏州公园管理处对照公共信息图形符号标准，确定标识改造方案，按照相关标准要求，统一进行了重新设计、制作和安装。更新了公园简介牌、游览路线牌、友情提示牌、警示牌、公共厕所标识等106块，彻底改变了原来各种导向标识标牌五花八门的不规范状况。全新的标识标牌在服务游客的同时提升了试点单位的整体形象。

在2013年安装LED电子显示系统，该系统由机房主机设备和显示屏设备组成，显示屏设备主要有6块，包括：管理处办公用房室内全彩显示屏、公园南入口东侧室外全彩显示屏、公园东入口室外条幅单色显示屏、儿童乐园售票房室外条幅单色显示屏，以及东斋茶室一楼、二楼室内条幅单色显示屏。该系统是苏州公园管理处重要的公共信息发布平台之一，是市民和管理处工作人员了解各方面信息的重要窗口，进一步提升了公园配套设施的宣传、教育、展示和娱乐功能。

2014年3月，为做好荷花池的梳理和翻塘工作，公园管理科工作人员按照绿化养护标准制订了梳理和翻塘计划，抢抓春季有利时机，对南部1 040平方米水下泥土中的莲藕，组织专业人员进行了翻塘、疏理；在翻塘清理的基础上，对积存多年的垃圾也进行了清理，夏季荷花池的景观和水质变得更美更好。

2014年4月中旬，苏州公园管理处开始对模纹花坛内64只欧式景观灯进行更新和亮化改造，保证了夜园游客安全游览，又起到亮化公园、点缀美化作用。

在标准化管理方面，苏州公园管理处将试点状态逐步转入常态化管理。试点初期，鉴于普遍缺乏标准化专业知识的状况，苏州公园管理处标准化领导小组采用各部门参与、集中制修订标准的方式，保证了在较短时间内完成制定标准体系及相关标准的任务。试点后期，苏州公园管理处逐步将制修订标准的工作转移到各业务部门，标准化领导小组主要加强专业指导与督促。

（三）标准化建设工作成效

实施标准化建设，是苏州公园管理处创优服务迈上新台阶、提高新水平的重要契机，通过综合服务标准化试点，公园服务从规范化管理迅速走上标准化建设的轨道；通过标准化体系建设，公园服务从局部性规范迅速提升为全方位标准化；通过各项服务标准的执行以及相应的评价考核等措施，公园综合服务标准得以切实落实，并成为衡量工作及服务质量的标尺，为服务品牌建设增添了新的内涵，注入了新的活力。

1. 服务理念与服务品质全面提高

苏州公园管理处实现了全部服务项目、服务条件、服务流程、服务结果的标准化，基本实现了管理从经验管理向科学管理的转变。在乐园、茶室均能获得统一规范的服务，并达到“三个实现”：一是实现规范服务。包括实行首问负责制等规范要求，以及明确服务投诉接待、意见反馈等处理规程。二是实现文明服务。对服务人员的着装、挂牌、服务礼仪等都提出了规范要求，并使之逐渐成为服务工作人员的自觉行动。三是实现安全服务。制定了公园及乐园设施突发事件应急处理标准、安全应急标准、防恐应急标准，明确了严重社会治安案件、严重灾害事故、服务对象突发严重疾病、服务对象滞留等突发事件的处置程序，并不定期进行演练。

2. 提高员工标准化工作的参与度

随着标准化意识的普遍增强，苏州公园管理处职工积极参与标准化工作也成为试点单位的自觉行动。职工在各自岗位按照试点单位服务标准，客观而全面地排查规范工作中存在的不足，通过自查，进一步统一了认识，理清了思路，明确了方向，对存在的问题进行梳理，确定了2个科室4个整改目标，坚持科学性、协调性、合理性和可操作性相结合，并明确了整改规范及完成时限。通过经济合理、切实可行的整改措施提高工作水平，有力地推动服务业健康发展。

3. 以标准化有力推动公园的服务

苏州公园管理处连续多年获得苏州市园林和绿化管理局系统“创三优、苏园杯”竞赛活动考核优胜单位等荣誉。2013 年茶室班组员工获得了市“五一劳动奖章”荣誉。2014 年茶室班组获得苏州市总工会“工人先锋号”称号。2014 年园管科员工获得“姑苏高技能重点人才”称号。

4. 在实践中不断深化对服务标准化的认识

苏州公园管理处开展服务标准化试点以来，围绕着建立标准体系、制修订标准和标准宣贯实施，以及持续改进等一系列规定活动的进行，标准化所体现的目标性、系统性、持续性与最优化等科学要求，极大地提升了试点单位对服务标准化的认识，给公园管理带来了全新理念和工作方法，使标准化成为公园管理不可或缺的关键要素。

标准化是规范管理的有效手段。公园服务面向数千万服务对象，客观上必须通过标准化使其规范统一，达到服务手段规范化、服务过程程序化、服务质量目标化。标准化是服务品质的可靠保证。公园服务强调社会效益是“人本”精神的本质要求，标准化则是衡量服务品质的客观标杆，对提升公园管理服务品质具有直接的支撑作用及持久效应，并将使公园服务标准进一步适应当前保障与改善民生的需要，促进社会事业发展与和谐社会的构建。

二、苏州环卫服务标准化建设

（一）苏州市环境卫生管理处基本概况

苏州市环境卫生管理处现隶属于苏州市市容市政管理局，是苏州地方政府管理城市环境卫生的职能机构，内部组织机构包括3个中心（环卫作业监管中心、生活固体废弃物处置监管中心、机械化作业服务中心）和7个职能科室（组织人事科、财务科、科技发展科、设备安全科、信息科、建筑垃圾管理科、垃圾分类管理科）以及4个基层单位（七子山生活垃圾填埋场、福星粪便处理场、新区环卫清洁服务公司、市政环境卫生再生资源开发利用公司）。

随着社会经济的发展，苏州市环境卫生管理处在市政府及相关部门的支持下，不断注重基础设施建设规模和水平提升，近年来，在公共卫生间建设、垃圾转运站建设、垃圾房建设、填埋场扩建、焚烧厂建设、环卫机械化作业等方面取得了较大成绩，同时不断提高环境卫生工作的科技含量，加强环境卫生作业与行业监管水平，提升环境卫生公共服务产品质量，实现了环境卫生行业的跨越式发展，确保了优质市容环境面貌与良好人居环境。①

根据苏州市城市综合服务标准化试点工作领导小组办公室《关于下达苏州市城市综合服务标准化第一期试点项目和示范单位的通知》的精神，苏州市环境卫生管理处的环境卫生清扫保洁，垃圾的收集、清运和处理被列入苏州市城市综合服务标准化第一期试点项目，环境卫生管理处于2012年9月启动城市综合服务标准化示范项目试点工作。

作为市标准化领导小组办公室标准化试点项目的首批示范单位之一，苏州市环境卫生管理处将成为苏州市区乃至整个大市范围环境卫生服务领域率先实行标准化管理的单位。单位以提高服务水平、提升服务质量为目的，以环境卫生领域服务标准化工作为抓手，按照打造最干净、最整洁城市的总体要求，把创建环境卫生服务领域的标

① 苏州市环境卫生管理处官方网站. http://www. hw. suzhou. gov. cn/html/info - getInfoByTypeId - dwjj. html.

准化服务工作认真落实好。

（二）标准化建设推进过程

1. 建立工作机构，制订工作方案

苏州市环境卫生管理成立了标准化工作领导小组，由管理处处长担任组长，全面领导标准化工作，同时设立了领导小组办公室，统筹标准化建设的组织协调工作，并对标准化建设的具体工作，进行统一安排。

为使环境卫生服务标准化体系符合苏州环境卫生发展现状，单位前期进行了大量的调研活动，走访一线作业人员、作业企业、区环卫管理部门等，整理相关建议后，明确了树立苏州市环境卫生公共服务的标杆形象、塑造苏州环境卫生行业公共服务品牌的总体工作目标，制订了《苏州市环境卫生管理处开展城市综合服务标准化试点工作实施方案》。方案首先选取道路清扫保洁和机械化作业这两块基础较好、条件较为成熟的领域先行示范，在此基础上，积累经验，建立有效的工作机制，通过由点到面、由浅入深的方式逐步推广到其他部门。2014 年，苏州市环境卫生管理处又将标准化试点工作延伸到了生活固体废弃物处置监管中心、人事科、设备安全科等相关科室。

2. 组织培训学习，提升自身工作能力

苏州环境卫生管理处将相关人员的学习和培训作为重要任务来抓，努力打造一支具备标准制定和实施能力的队伍。

（1）积极参加培训。为了更好地理解标准化工作的目的和意义，掌握标准编写的方法和技巧，苏州环境卫生管理处组织标准编写的相关人员多次参加由市质监局组织的标准化试点工作学习培训会议，以此来提高标准化工作的能力和水平。

（2）苏州环境卫生管理处主动与苏州市城市综合服务标准化领导小组办公室进行沟通，并引进中国标准化研究院的专家答疑解惑，对标准转化过程中遇见的问题及时提交给主管部门的领导，请他们帮助指导，并对标准化工作开展的各环节进行把关，包括对标准文件初稿进行修改完善。期间中国标准化研究院的专家现场就标准框架及明细表进行商定，根据工作实际，对标准进行了内容上的明确以及名称上的调整，并指导工作人员准确把握标准编写的格式、内容和要求。

（3）选派相关人员考察学习。为更好地推进标准化工作，学习借鉴国内其他城市的先进经验，2013 年 6 月份，苏州环境卫生管理处专门精心组织相关人员前往北京市东城区环境卫生服务中心学习考察，听取他们标准化工作开展过程、经验等。

3. 形成例会制度，定期总结工作

在转化标准的过程中，例会讨论是完善标准化工作的重要途径。面对标准化工作的复杂性和艰巨性，苏州环境卫生管理处积极形成领导小组例会制度，对标准化工作中遇到的重大问题，集体讨论，反复研究。定期召开相关编写人员会议，汇报标准化工作的开展情况，总结标准化工作经验、制订标准化工作进度计划、修改完善标准化文本等，有效推进标准化工作进程。

4. 及时完成环卫服务标注体系建设工作

苏州环境卫生管理处准确把握工作的时间节点要求，顺利完成了标准框架的搭建、标准明细表的制定以及标准的编写转换工作。

根据环卫工作的性质、范围、内容，按照 GB/T 24421.2—2009《服务业组织标准化工作指南　第2部分：标准体系》以及苏州城市综合服务标准化工作的相关要求，经过多次修改，制定了一个结构合理、层次清晰、内容全面的符合环卫工作实际的标准体系框架图，其中包含了服务基础通用标准、服务保障标准、服务提供标准三块内容。每块内容下设置了对应的支体系，支体系下由各项标准充实，构成了环境卫生服务标准体系。在体系搭建过程中，首先，将环境卫生服务标准体系的管理及涉及的术语与缩略语标准、符号与标志标准、量和单位标准等标准归类为服务基础通用标准，建立了环境卫生服务通用基础体系。其次，将财务、人事、安全、环境与场所、信息、合同等行政管理标准归类为服务保障标准，建立了环卫服务保障体系。最后，将直接向社会提供环境卫生业务服务的标准文件归类为服务提供类标准，建立了环境卫生服务提供标准体系。

在制定明细表时，为使环卫服务标准化有一个完整性，苏州环境卫生管理处对环卫服务有关的法律、法规、规章、规范性文件以及市区主管部门颁布的各项工作标准、质量标准、管理标准进行收集、整理，按照总体系、子体系、支体系的分类，制定了135项标准文件，其中涉及国家标准39项、行业标准46项、企业标准50项。标准体系标准统计如表5-15。

表 5-15 标准体系标准统计表

子体系名称	标准类别名称	国家标准	行业标准	地方标准	组织标准	小计
子体系一：服务通用基础标准体系	JC101 标准化导则	9	–	–	1	10
	JC102 术语与缩略语标准	–	2	–	–	2
	JC103 符号与标志标准	1	1	–	1	3
	JC104 数值与数据标准	3	1	–	1	5
	JC105 测量标准	2	10	–	–	12
	小计	15	14	–	3	合计:32
子体系二：服务保障标准体系	BZ201 环境标准	–	5	–	–	5
	BZ202 能源标准	1	–	–	1	2
	BZ203 安全与应急标准	3	–	–	7	10
	BZ204 职业健康标准	3	–	–	3	6
	BZ205 信息标准	14	–	–	3	17
	BZ206 财务管理标准	–	–	–	6	6
	BZ207 设施设备及用品标准	–	16	–	3	19
	BZ208 人力资源标准	–	–	–	6	6
	BZ209 合同标准	–	–	–	2	2
	小计	21	21	–	31	合计:73
子体系三：服务提供标准体系	TG301 服务提供规范	–	4	–	4	8
	TG302 服务质量控制规范	2	–	–	4	6
	TG303 运行管理规范	–	4	–	4	8
	TG304 服务评价与改进标准	1	3	–	4	8
	小计	3	11	–	16	合计:30
	合计(按标准级别)	39	46	–	50	标准总计:135

编制标准是标准化建设的基础工程，是标准体系的基石，是完成标准化建设的核心。在标准编制工作中分为四步走，高效完成标准编制工作：一是把原有的制度、规定、程序进行梳理与归纳；二是按照标准的文本需要，补充应有的内容；三是对目前还没有规定的工作项目编制新的标准文件；四是按照标准规范的格式转换或制定内容完整的标准文件，作为今后各项工作的依据，组成标准体系的基础。

苏州环境卫生管理处组织通过整理、归纳、编制标准文件，完成了对环境卫生清扫保洁、机械化作业标准编写转换工作，经过多轮的修改完善，目前已经转化《苏州市环卫标准化工作导则》《苏州市城市道路人工清扫保洁作业规范》《苏州市城市道路环卫机械化作业质量要求》等50项标准。

5. 开展培训,分层分级多渠道加强宣传

首先,苏州环境卫生管理处组织各区环境卫生部门召开标准实施动员会议,将标准文本印发至区各所,要求他们认真贯彻落实好标准。其次,组织作业公司项目经理召开标准实施培训会议,对公共卫生间保洁作业、道路清扫保洁、机械化清扫作业等内容进行了专题培训,宣传实行标准化管理的重要意义。第三,对一线环境卫生作业人员进行标准的宣传,将相关标准文本制作成小册子及视频光盘发放到各位作业保洁人员手中,供其对照执行,熟练掌握和执行本岗位工作职责、质量要求及工作流程。

6. 持续改进,做好实施台账记录

在贯彻实施标准的过程中,单位及时对标准的实施情况进行自查和督查,对标准执行不到位的地方提出整改意见,要求实施单位及时改进。同时,对于经实际操作后发现有修改需要的标准也及时组织人力进行完善,如针对2014年新颁布的环卫作业考核办法和评分标准,及时对去年转换的《环境卫生作业管理考核要求》和《环卫作业质量评价规范》进行修订,使标准更有效地运行。

(三)标准化建设工作成效

2013年8月,由苏州市环境卫生管理处参与编制的《江苏省城市道路环卫机械化作业质量标准》通过了江苏省住建厅组织的专家评审,这个标准的实施将更好地规范江苏省各地城市道路的机械化作业流程,提高机械化作业效率,从而整体提高江苏省城市环卫作业机械化水平。

环境管理处编写的企业标准首先在姑苏区进行试点实施,在此基础上,积累经验,建立有效的工作机制,通过由点到面、由浅入深的方式逐步推广到其他县区市。2014年年初,苏州市环境卫生管理处将条件较为成熟的标准如《苏州市公共卫生间保洁作业规范》等,下发至各区环境卫生部门参照实施,在行业间推广标准的实施范围。

苏州市环境卫生管理处将继续认真实施运行标准体系,进一步完善标准体系,加快环境卫生领域标准化的建设步伐,争取在苏州大市范围内树立标杆,引领地区环境卫生行业的发展,促进苏州环境卫生服务作业更加规范,管理更加科学,质量逐步提高,从而提升政府综合服务的效能和管理效率。

第七节　公共信息服务标准化

一、苏州市“12345”政府公共服务热线标准化建设

（一）苏州市人民政府便民服务中心概况

苏州市人民政府便民服务中心包括综合科、督查科和业务（信息）科三个科室。各科室各司其职，主要负责“12345”政府公共服务热线的运行管理以及对各部门进驻“12345”热线的服务事项进行协调、督办和考核。“12345”政府公共服务热线自 2005 年 4 月 19 日开通试运行以来，始终把规范服务作为一项重点工作来抓，并逐步在热线服务与管理中引入标准化的理念和方法，不断建立、健全便民服务工作流程和规章制度。

苏州市人民政府便民服务中心暨“12345”政府公共服务热线以建设“全国一流的政府公共服务平台”为目标，在增强服务功能、提高服务质量、提升服务水平、发挥服务效能方面锐意进取、主动作为、开拓创新、创先争优。

根据《市政府印发关于开展苏州市城市综合服务标准化试点工作的实施方案的通知》《关于开展城市综合服务标准化试点工作的实施细则》以及苏州市城市综合服务领导小组办公室的要求，苏州市人民政府便民服务中心作为全市综合服务标准化示范单位，已全面开展了“12345 便民服务平台”标准化试点工作，并按照 GB/T 24421 系列标准编制体系，编写了服务通用基础标准、服务保障标准、服务提供标准共计 95 项，相关标准已在本单位组织实施，取得了良好的效果。

（二）标准化建设推进过程

1. 加强组织领导，推动标准化试点工作有序开展

苏州市人民政府便民服务中心为确保“12345 便民服务平台”综合服务标准化试点工作的顺利开展，不仅对之予以高度重视，还成立了苏州市便民服务中心城市综合服务标准化试点工作领导小组和工作小组，人员包含了苏州市各级便民服务中心的有关负责同志及业务骨干，全面负责“12345 便民服务平台”标准化试点工作的领导、组织、协调、实施、监督和检查等工作。

根据标准化试点工作的有关要求，按照职责分工，为了让“12345 便民服务平台”

综合服务标准化试点工作在全市、全行业更好地推广实施，还选择了条件成熟的相城区便民服务中心作为项目示范单位，为项目的整体推进奠定基础、积累经验。

根据标准化工作的实际需要，苏州市人民政府便民服务中心对标准化试点工作小组人员进行了优化调整，并根据任务分工，成立不同的工作组，每组成员由市、区以及县市的工作人员组成，各组负责人做好本组工作的统筹协调、指导监督以及跟踪落实等工作。同时，还组织工作小组人员进行集体培训，并邀请中国标准化研究院专家来讲授标准化的专业知识，为标准的制定和转换工作做了充分准备。

苏州市人民政府便民服务中心自标准化工作开展以来，始终坚持项目化的管理理念，订方案、排计划、找问题、抓落实，持续推进试点工作。及时制订试点工作实施方案，明确了总体目标和主要任务，同时对任务进行分解，按步骤实施；制订标准实施计划，按照时序进度有序完成各阶段工作任务；广泛开展动员，查找问题、征集意见，将各项工作落到实处，并坚持持续改进。

2. 全面收集整理，建设高水平的便民服务标准体系

苏州市人民政府便民服务中心标准化领导小组充分发挥良好的领导和监督作用，按照 GB/T 24421 的要求建立和健全了覆盖热线服务全过程的标准体系。服务标准体系所包含的各类标准符合国家安全、卫生、环境等有关法律法规的要求，符合热线服务行业特点，能够满足热线标准化工作的需要，各项标准简洁、适用。热线编制的标准体系框架、标准明细表和标准文本按照 GB/T 24421、GB/T 13016、GB/T 13017 和 GB/T 1.1 的规定进行编写；体系内标准覆盖了热线管理与服务的各个环节和运行的全过程，包括服务提供、质量控制、服务规范、安全应急、环境保护、能源等重要标准，标准覆盖率基本满足苏州市城市综合服务标准化试点工作要求。

在体系内容方面，苏州市人民政府便民服务中心围绕服务标准化建设，深入调查研究，收集整理了全市各级“12345”热线的工作制度及标准规范，在此基础上进行标准目录编制，力求全面、实用。一是持续增补涵盖各个服务环节的新标准，标准数量由最初的 50 余项增加到目前的 131 项（40 项国家标准及 91 项组织标准），努力实现标准全覆盖；二是反复推敲论证，多方征求专家和全行业意见，确保每一项标准的规范性和适用性。其标准体系的标准统计如表 5-16 所示。

表 5-16　标准体系标准统计表

子体系名称	标准类别名称	国家标准	行业标准	地方标准	组织标准	小计
子体系一：服务通用基础标准体系	JC101 标准化导则	9	–	–	1	10
	JC102 术语与缩略语标准	1	–	–	2	3
	JC103 符号与标志标准	1	–	–	4	5
	JC104 数值与数据标准	2	–	–	4	6
	小计	13	–	–	11	合计:24
子体系二：服务保障标准体系	BZ201 环境标准	2	–	–	2	4
	BZ202 能源标准	1	–	–	1	2
	BZ203 安全与应急标准	3	–	–	9	12
	BZ204 职业健康标准	3	–	–	4	7
	BZ205 信息系统标准	16	–	–	9	25
	BZ206 财务管理标准	–	–	–	4	4
	BZ207 设施设备及用品标准	1	–	–	6	7
	BZ208 人力资源标准	–	–	–	11	11
	BZ209 合同标准	–	–	–	2	2
	小计	26	–	–	48	合计:74
子体系三：服务提供标准体系	TG301 服务提供规范	–	–	–	19	19
	TG302 服务质量控制规范	–	–	–	4	4
	TG303 运行管理规范	–	–	–	4	4
	TG304 服务评价与改进标准	1	–	–	5	6
	小计	1	–	–	32	合计:33
	合计(按标准级别)	40	–	–	91	标准总计:131

服务通用基础标准体系包含了标准化导则、术语与缩略语标准、符号与标志标准、数值与数据标准 4 个子体系共计 24 项标准，主要指导怎样构建标准体系，对标准的制定具有很强的指导性。

服务保障标准体系将服务过程中涉及的管理事项的环节和要素全部以标准的形式固定下来，形成了环境、能源、安全与应急、职业健康、信息系统、财务管理、设施设备及用品、人力资源、合同 9 个子体系，共计 74 项服务保障标准，对服务过程的关键环节进行管理和提供支撑，保证服务顺利开展。

服务提供标准体系下辖服务提供规范、服务质量控制规范、运行管理规范、服务评价与改进规范 4 个子体系共 33 项标准，为服务行为提供技术上的依据和规范。其中：

①服务提供规范标准子体系方面,按照标准化要求,建立电话服务规范、网络服务规范、短信服务规范,同时对热线的各个服务环节明确了服务标准。这些标准涉及整个工作流程及各环节工作人员服务态度、言行举止和业务运行要求各个层面,为提高办事效率和保证服务质量提供了全面规范。②在服务质量控制规范标准子体系方面,明确了热线各个服务环节的质量要求,对热线服务提供过程中影响服务质量的关键过程和因素进行检测、控制,保证了各服务环节的工作能从优实施、从快办理。如回复回访环节,明确了回复回访的时限质量要求,要求根据服务事项的类型,确定不同的回复回访时限,保证了回复回访工作的质量。③运行管理规范标准子体系方面,围绕热线的运行管理,从运行过程的规划、实施和控制的充分适宜性角度出发,明确了便民中心运行的基本要求,对热线电话服务、网络服务、短信服务的运行进行规范。④在服务评价与改进标准子体系对热线质量评价、投诉处理、考核与改进、监察点分类、话务质量监控等方面进行规范,明确了评价对象和改进方法,形成了计划、实施、检查、处置的良性机制。

3. 强化贯彻实施,确保标准体系有序高效运行

为顺利开展标准实施、推广工作,及时制订了《苏州市便民服务中心开展城市综合服务标准化试点工作实施方案》,方案中明确了标准化试点工作的总体目标和主要任务,并对相关职责进行分工,细化了工作步骤,提出了工作要求。市便民服务中心还组织召开标准实施动员会议,要求大家以标准宣传者、亲身实践者、标准完善和提高者的身份来开展标准宣贯和实施工作;同时,为了使所有便民服务工作人员深入了解和掌握各项标准,在成员单位、市(县)、区级平台工作会议上,多次进行标准的宣贯和任务部署,确保大家及时掌握标准内容。此外,对所有座席人员开展系列培训活动,明确工作要求,为标准的有效执行提供相应保障。

在标准执行上,将编制的所有组织标准文本上传到了协同办公系统,让所有工作人员都能随时查阅,并使其一言一行严格按照标准执行。对服务事项的处置严格按照受理、办理、回复回访、结束等各个工作环节的规范和质量要求进行,避免了服务工作的随意性;同时,各网络成员单位对照标准要求并结合本单位工作实际,细化制定了相关标准规范,以加强内控,保障各项标准执行到位。

在标准组织实施上,工作人员定期开展标准实施情况的监督检查和考核改进工作,通过业务测试、抽查暗访、技能比武等方式组织开展,并做好标准实施检查记录,确保标准顺利实施;标准实施检查人员对检查出的问题及时提出有效的整改意见,并关注整改效果。同时,还将标准实施情况纳入日常工作考核内容,与工作绩效进行挂钩,

并建立奖惩机制，保障标准化建设工作有序高效开展。

在标准实施的过程中，苏州市人民政府便民服务中心根据实际情况，对标准文本规定的有关服务事项进行检验，一旦发现与实际工作不符或有缺失的内容，便及时修改补充。

4．加强转化推广，搭建行业通用标准体系

为顺利开展行业通用标准体系转化工作，苏州市人民政府便民服务中心从具有行业特色、普遍性适用性强、具备苏州地方特色等角度出发，充分分析研究了示范单位标准体系，提出了行业通用标准体系的搭建设想，并通过书面征求意见、专题会议、专家指导等方式，充分听取各县市便民服务中心的意见，一致通过了“12345 便民服务平台”苏州市行业通用标准体系。该标准体系的标准统计如表 5-17 所示。

表 5-17　标准体系标准统计表

子体系名称	标准类别名称	国家标准	行业标准	地方标准	组织标准	小计
子体系一：服务通用基础标准体系	JC101 标准化导则标准	9	–	–	1	10
	JC102 术语与符号标准	1	–	–	1	2
	JC103 数值与数据标准	1	–	–	4	5
	JC104 量、单位与测量标准	2	–	–	4	6
	小计	13	–	–	10	合计:23
子体系二：服务保障标准体系	BZ201 安全与应急标准	3	–	–	1	4
	BZ202 职业健康标准	3	–	–	2	5
	BZ203 信息与信息化标准	16	–	–	3	19
	BZ204 人力资源标准	16	–	–	2	2
	BZ205 其他保障标准	–	–	–	4	4
	小计	22	–	–	12	合计:34
子体系三：服务提供标准体系	TG301 服务及提供规范	–	–	–	9	9
	TG302 服务质量控制规范	–	–	–	4	4
	TG303 运行管理规范	–	–	–	1	1
	TG304 服务评价与改进标准	1	–	–	2	3
	小计	1	–	–	16	合计:17
	合计(按标准级别)	36	–	–	38	标准总计:74

“12345 便民服务平台”苏州市行业通用标准体系由服务通用基础标准、服务保障标准和服务提供标准三大分体系构成，包含 36 项国家标准及 38 项组织标准共计 74 项

标准,内容涵盖安全与应急、职业健康、信息与信息化、人力资源、服务及提供规范、服务质量控制规范、运行管理规范、服务评价与改进标准,为“12345 便民服务平台”在服务过程中的各个关键环节提供了标准化的经验和依据。

苏州市人民政府便民服务中心将行业通用标准体系中的组织标准文本发给各县市广泛征求意见。在汇总、整理修改意见的基础上,综合考量、反复推敲,多方征求专家和全行业意见,形成了规范性和适用性较强的行业通用标准文本。

5. 积极探索研究,力促标准化工作水平持续提高

① 加强服务创新。苏州市人民政府便民服务中心在标准化建设中引入信息化技术,为标准的实施推广提供科学的、先进的、高效的技术平台,将信息技术的应用融入标准化建设,并利用信息化手段将标准的有关要求和内容进行固化,提高标准执行的有效性和实用性,探索建立标准化与信息化相结合的运行管理模式。

② 强化品牌建设。苏州市人民政府便民服务中心将标准体系的建立与加强服务效能建设相结合,在实施过程中,注重对具有苏州特色的标准进行推广使用和优化升级,发挥苏州“12345 便民服务平台”标准化体系在全省乃至全国的示范作用,全力打造苏州市“12345”政府公共服务热线的标准化服务名牌,提升品牌影响力,树立标杆形象。

③ 建立长效机制。苏州市人民政府便民服务中心构建各级便民服务中心标准化人员网络,建立标准化工作组织管理、监督检查、实施评价等长效机制,促进标准实施、服务质量提高和综合效益增长的有机统一,并不断探索服务标准的推广使用机制,发挥标准示范的引领作用,引导全行业整体发展。

(三)标准化建设工作成效

2013 年底,苏州全市便民服务的综合办结率为 99.9%,及时处办率为 99.9%,抽查满意率为99.9%。[①] 具体来讲,首先,标准体系的建立进一步规范了服务行为。对服务事项进行了分类,按照不同的类别设定了不同的流程;对事项受理条件、办理时限、工作流程、服务承诺等方面内容用标准予以明确和固化;对热线受理、办理、回复回访、结束等各个环节的操作执行标准化要求,规范了工作人员的服务行为。

其次,进一步优化了运行管理。通过标准化工作,“12345”政府公共服务热线实现了以标准科学管理、规范运转,标准化体系建设中对信息技术、工作网络、质量控制、服

① 苏州市人民政府便民服务中心 2014 年工作报告.

②http://www.zfxxgk.suzhou.gov.cn/sjjg/szsbmfwzxglbgs/201402/t20140214_357668.html.

务评价等全面实施标准化管理，使热线运行高效规范、管理有章可循。同时，通过对各项标准的贯彻执行和持续改进，热线的运行管理进一步优化，热线的发展更加有序而科学。

再次，进一步提高了服务质量。通过引入标准化的理念和方法，制定了“12345”政府公共服务热线服务环节的多个质量要求标准，标准中明确了各部门具体事项办理的质量指标，对于服务过程中未达到指标的情况形成有效的监测，并以统一的标准形式体现，及时预防和纠正各类违规现象。通过一段时间的实施，回复回访、结束等环节的时限大大缩短，提高了各部门具体事项办理的质量和满意度。

最后，进一步提升了服务水平。通过对各项服务标准的提炼、制定和实施，“12345”政府公共服务热线的服务流程、运行管理、质量评价和监控、改进要求等更加规范，热线工作人员的服务意识、服务行为和服务结果之间得到优化，形成了良性循环，“爱心、热心、诚心、耐心、精心”的“五心”服务理念更加彰显，提高了热线的整体服务效能和服务水平。

二、市民卡管理标准化建设

（一）苏州市民卡服务中心基本概况

“苏州市社会保障·市民卡”简称苏州市民卡，2012 年苏州市民卡工程在“记录一生、管理一生、服务一生”的理念下应运而生，苏州市民卡项目是苏州市政府 2012 年惠民实事项目，是“智慧苏州”的重要组成部分，其发行单位苏州市民卡有限公司在各行政区和二级行政区设置 8 个服务中心和网点，为市民提供便捷的市民卡服务。伴随着城市现代化的推进，数字信息化生活已经成为苏州这座城市文明的标志。

目前共有 8 家市民卡服务中心纳入苏州市创建综合服务标准化示范单位试点名单。市民卡服务中心作为城市综合服务标准化创建的窗口试点，着力于城市综合服务标准化创建工作，并以此来提升针对广大市民的窗口服务质量及形象，全面提高服务质量，提升服务功能，推动苏州城市服务发展，以此作为打造苏州服务为民的良好契机。

（二）标准化建设推进过程

1. 加强组织领导，建立标准化工作队伍，加强队伍培训

苏州市民卡服务中心结合自身的特点，有针对性地落实创建工作，通过开展综合服务标准化创建工作，推动总体窗口服务标准及质量发展。①建立市民卡服务中心标

准化领导小组。成立了以总经理为组长，市民卡服务中心各个网点负责人等 15 人为组员的领导小组。同时明确了领导小组的主要任务和各组员的具体职责。②根据综合服务标准化的各项要求，组织各组员和市民卡服务中心服务人员进行标准化工作的培训与学习，努力提高学员的标准化知识。③对市民卡服务中心各网点进行检查及调研，广泛听取各网点基于各项标准的执行情况所提的意见和建议，在掌握第一手资料的基础上，组织召开了项目领导小组成员座谈会。

苏州市民卡服务中心集思广益，示范引领，将贯彻标准与制修订标准结合自身的特点，坚持把综合服务标准化示范单位创建与市民卡服务中心建设相结合，与提高城市综合服务标准化覆盖面相结合，与提高市民卡服务中心优质服务质量提升相结合，通过以点带面，形成合力，实现在综合服务标准化工作推动方式上有创新，在综合服务标准体系建设上有深化，在综合服务标准实施效果评估上有突破，在综合服务标准化试点工作上有新经验，在促进服务事业发展上有新成效，进一步提高苏州城市综合服务事业的影响力和知名度。

2. 建立标准化工作制度，加强各环节管理

苏州市民卡有限公司分别出台了《综合服务标准化示范单位创建活动方案》《市民卡服务中心创建综合服务标准化示范单位实施细则》《市民卡服务中心标准化管理办法》等一系列工作制度，建立了有序且有效的工作计划和检查考核制度，确保各项工作任务落到实处。

3. 从网点搜集信息，建立规范

苏州市民卡有限公司组织了苏州市本级和园区、新区及姑苏区 4 家示范网点，相关人员依据《苏州市综合服务标准化示范单位评估评分表》，通过前期召开创建综合服务标准化座谈会、特别邀请专家讲解及培训等形式，进行相关业务辅导，辅导主要以理清标准化创建工作思路为主线，结合市民卡服务中心的特点，以细化实施方案为抓手，明确标准化示范点的目标与任务；就如何建立领导机构，健全长效管理机制，创新综合服务标准宣贯手段，提高综合服务标准化意识等工作，开展综合服务标准化人才培养；台账制作要由专人负责；进度安排要科学计划，合理安排；重要环节要领导把关。

4. 将规范逐步转换为标准

标准化领导小组整理收集市民卡中心原有的服务规范、规章制度以及相关法律法规，按照标准体系的文本规范和格式要求逐一转换成标准文本，同时对标准文本的可操作性和可检查性进行讨论。从市民进入市民卡服务大厅开始，到办理各项业务，再到离开大厅的整个过程，进行精心设计和仔细研讨，以保证服务质量为前提，以提高工

作效率、降低工作成本为导向,制定或修改标准体系文件。

标准化领导小组对苏州市民卡网点的各项服务保障标准进行调研,从安全、卫生、环境等角度,分析了标准体系的重要性,保证市民生命和财产在服务过程中不受伤害;在资金安全方面,一方面根据人民银行的相关规定,制定相应的反洗钱制度;另一方面,与公司财务部一起,制定符合实际的财务资金管理办法。领导小组同时将人力资源等公司管理行为一并纳入标准体系,更好地保障服务质量。

苏州市民卡服务中心制定了89项标准,其中企业制定的标准有13项。标准体系覆盖了市民卡服务、经办、管理等领域的各个环节,标准覆盖率达到90%。其标准体系的标准统计如表5-18所示。

表5-18 标准体系标准统计表

子体系名称	标准类别名称	国家标准	行业标准	地方标准	组织标准	小计
子体系一:服务通用基础标准体系	JC101 标准化导则	16	–	–	1	17
	JC102 术语与缩略语标准	13	–	–	1	14
	JC103 数值与数据标准	2	–	–	–	2
	JC104 量和单位标准	5	–	–	–	5
	小计	36	–	–	2	合计:38
子体系二:服务保障标准体系	BZ201 环境标准	7	–	–	1	8
	BZ202 能源标准	1	–	–	–	1
	BZ203 安全与应急标准	5	–	–	2	7
	BZ204 职业健康标准	3	–	–	–	3
	BZ205 信息标准	15	–	–	–	15
	BZ206 财务管理标准	2	–	–	2	4
	BZ207 设施设备及用品标准	1	1	–	1	3
	BZ208 人力资源标准	–	–	–	1	1
	小计	34	1	–	7	合计:42
子体系三:服务提供标准体系	TG301 服务提供规范	–	–	1	1	2
	TG302 服务质量控制规范	1	–	–	1	2
	TG303 运行管理规范	–	–	–	2	2
	TG304 服务评价与改进标准	3	–	–	–	3
	小计	4	–	1	4	合计:9
	合计(按标准级别)	74	1	1	13	标准总计:89

5. 标准体系的实施及改进

依据市民卡标准体系，结合市民卡服务中心的特点和实际情况，苏州市民卡服务中心认真对照国家标准、行业标准和地方标准，从人性化服务入手，高标准、严要求，围绕“公共信息导向”“设施与服务规范”等内容来推进标准的实施。细化分解国家电子预支付卡标准等一系列工作台账和各项规章制度，并在此基础之上完善软件，修订、完善市民卡服务中心客服人员行为规范。加强客服人员的队伍素质培训，前期全面调研客服团队人员素质现状情况，有计划有针对地组织培训，全客服网点共有 80 名客服人员，他们的优质服务提升了窗口服务的美誉度。目前，苏州市民卡服务标准化的实施率为 100%，并且全面覆盖了所有 8 个客服网点。

6. 强化标准的监督

苏州市民卡服务中心标准化领导小组组成监察组，对标准实施情况进行督查。督查主要分两方面：一是定期检查市民卡服务中心对标准的落实情况，逐条核对标准体系内的内容，检查台账记录情况，对记录不完整和不正确的地方提出整改意见。二是不定期组织暗访工作，从业务规范和服务规范两方面着手，对上下班在岗情况、工作纪律、网点卫生情况、各类设施准备情况、客服人员礼貌用语、业务熟悉程度等各项细节进行了解，对暗访成绩进行通报。通过以上两种途径，将标准化实施过程中碰到的问题进行汇总整理，并决定每年年初制订检查计划，每年年底讨论标准化实施过程中的问题，并提出修改意见。

自标准化实施以来，苏州市民卡服务中心根据每月的客户满意率调查和客户投诉处理情况发现，客户满意率已经达到了 90% 以上。

（三）标准化建设工作成效

标准化实施以后，苏州市民卡服务中心设立了顾客意见箱，收集顾客对市民卡业务、服务等方面的意见和建议。从客户的反馈以及督查情况来看，苏州市民卡服务中心整体服务表现均有不同程度的提高。①工作纪律执行到位。客服人员都能自觉遵守纪律，坚守岗位，履职尽责，工作期间没有从事与工作无关的活动。②工作效率明显提高。绝大多数客服人员均能认真落实管理制度和标准体系，暗访中未发现有办事拖拉、工作效率不高、执行不力等情况。③工作态度切实转变。服务意识明显增强，工作积极主动，服务态度端正、热情周到，方法灵活，无言语粗暴、刁难怠慢等现象发生。有效提升了苏州市民卡服务的品牌美誉度。

标准化实施以来，客户投诉大幅下降，从 2011 年的平均每月 54 起，下降到 2014 年的平均每月 18 起。2012 年以来，苏州市民卡服务中心获得了“2012—2013 年度苏州市

'五一'巾帼标兵岗""2013 年度姑苏领军企业""2013 年度江苏省四星级数字企业""2014 年省工人先锋号推荐集体"等荣誉称号,这为苏州市民卡服务赢得了广泛的社会效益和品牌美誉度。

通过推进标准化试点工作,苏州市民卡服务中心在服务设施改善、服务品质提升、服务品牌建设、以标准规范服务等方面取得了显著成效。通过改进服务方式、推行首问负责制、一次告知和限时办结等服务规范,服务满意度得到大幅提升。

三、公共气象信息服务标准化建设

(一)苏州市气象台概况

苏州市气象台是苏州市气象局的直属单位,主要负责全市重大灾害性、关键性天气过程的监测、预报预警,开展公众气象预报、灾害性天气预警信号发布、决策气象预报、农业气象预报、森林火险等级气象预报等气象服务工作,拥有现代化仪器设备、先进的探测监测手段、科学的管理运行机制,是人才密集型的高科技事业单位。作为苏州市城市综合服务标准化试点工作二期项目示范单位,苏州市气象台承担了公共气象信息服务标准化试点工作。苏州市气象台按照市政府印发的《关于开展苏州市城市综合服务标准化试点工作的实施方案的通知》《关于开展城市综合服务标准化试点工作的实施细则的通知》和苏州市气象局印发的《苏州市公共气象信息服务标准化试点工作实施方案》以及相关国家标准、气象行业标准,结合公共服务特点和苏州气象信息服务实际,通过一系列学习培训和服务标准的制定,将标准化作为提升气象服务品质的有效手段和打造优质服务品牌的重要抓手,认真筹划、全面推动、深入宣贯、注重实效,严格遵循标准化管理的原则与要求,着力推进服务标准化建设,公共气象信息服务实现了服务标准化全覆盖,给苏州市公共气象信息服务带来了深刻变化并取得了显著成效。

(二)标准化建设推进过程

1. 高度重视,精心指导

标准化工作对于苏州市气象台而言,是一项全新的工作,且具有很高的专业性要求,特别是气象服务领域的标准化工作更是属于开拓性工作,可供借鉴的案例不多。2012 年 8 月以来,苏州市气象台领导高度重视,工作经费优先保障,及时组织学历层次高、业务能力强的骨干力量组成标准化试点工作团队,多次邀请标准化专家来单位进行业务培训指导,组织骨干力量参加中国标准化协会服务业组织标准化体系的专项培训,边学边干边提高,培养标准化工作的自有人才,为标准化工作持续而健康发展打下坚实的基础。

(1) 建立了与本单位领导体制相一致的标准化工作领导小组,由分管局领导担任组长,主要负责业务的局领导为副组长,各主要职能处室、主要直属单位负责人为成员的苏州市公共气象信息服务标准试点工作领导小组,做到领导参与、责任到位。在精简高效的前提下,充分保证标准化工作具有强有力的领导并得到决策支持。

领导小组下设办公室,挂靠业务法规处,办公室成员由各主要单位的骨干力量组成,实现标准化工作常态化管理,保证标准化工作常抓不懈。同时规定了领导机构及办公室的主要任务,规定了标准化工作职责,并将标准化工作列入各部门工作职责和考核范围,在各部门确定标准化兼职管理人员,形成了自上而下的工作机制和保障机制。

(2) 业务工作与标准化工作紧密结合。对公共气象信息服务而言,标准化工作必须与业务工作紧密结合,融汇于气象信息服务各个环节和全过程,方能显现标准体系对于公共气象信息服务的支撑作用,全面发挥标准化工作的作用。为此,在研究部署各项业务工作中,苏州市气象台坚持与标准化工作同研究、同部署,既明确业务工作的要求,亦确定相关的标准化事项,从而形成业务工作与标准化工作的一体化管理和共同推进的格局。

(3) 制订标准化的工作计划与实施方案。公共气象信息服务标准化是一项需要统筹规划、有序推进的系统工程。单位将实现公共气象信息服务标准化作为一项长期的工作任务和目标,把握全局、强化机制、系统规划、稳步推进。为此,市气象台认真制订了标准化工作计划和实施方案,力求在实施标准化建设的进程中不断更新观念、形成体系、完善标准、优化服务。

2. 结合实际,确定公共气象信息服务标准体系

公共气象信息服务是气象服务最关键的环节之一,是防灾减灾和应对气候变化的需要,也是提高公共气象信息服务水平的现实需求。苏州地处亚热带季风气候区,是典型的气象灾害频发区,高温、暴雨、台风、雷电、雾霾、低温冷害等气象灾害及气象次生、衍生灾害对社会发展和人民生活的影响越来越明显。苏州市气象台通过不断整合创新,在充分利用广播、电视、短信、声讯、报纸等传统媒体的同时,积极打造气象预警信息显示屏、微博、微信、手机移动终端应用及门户网站发布等多种方式,全面拓宽了苏州气象预警信息发布渠道,大大扩大了预警信息覆盖面,为各级政府、相关部门组织及社会公众的气象灾害防御提供最直接、最快捷的气象服务信息,全面打通气象信息

发布“最后一公里”。在完善了气象信息发布渠道建设的同时，如何进一步规范气象信息服务发布，如何加强气象信息服务管理，建立公共气象信息服务标准体系，已成为气象信息服务的重要方面和关键环节，成为提高气象服务管理水平和服务质量的重要保障。

苏州市公共气象信息服务标准体系构建以中国气象局标准体系为基础，以服务标准体系为指导，以公共气象信息服务标准体系为目标，按其内在联系形成科学的有机整体，在该体系的研究和编制过程中遵循了“系统性、协调性、有效性”的原则，跟踪了公共气象信息服务领域标准发展的最新动态，反映了目前国内外公共气象信息服务标准化水平，充分体现了以社会公众服务为导向的气象服务模式，重点突出了气象服务产品的接收、气象信息的发布审核、气象信息服务岗位职责要求、气象信息安全、服务监督管理、服务反馈、满意度调查、服务改进等服务环节，形成了完整的服务闭合链。通过“标准化服务、沟通反馈、监督管理、持续改进”四个步骤的不断循环，公共气象信息服务质量不断得到提升，从而达到了气象防灾减灾的目的，同时也提高了社会公众获取气象信息的能力和应用水平，为全社会生产、生活的科学决策提供了有力支撑。

3. 建立全面覆盖公共气象信息服务的标准体系

公共气象信息服务是试点单位的核心业务之一，而公共气象信息制作、服务、流程和管理是一个紧密结合的整体，切忌相互脱节、各行其是。根据《服务业标准化试点实施细则》提出的“试点单位应根据服务提供的实际需要构建科学合理、层次分明、满足需要的标准体系框架，编制标准体系表”要求，将标准化理念与方法广泛应用到公共气象信息制作、服务、流程和管理各个方面，全方位实现公共气象信息服务标准化。

（1）将标准化覆盖公共气象信息服务全领域。依据 GB/T 24421—2009《服务业组织标准化工作指南》的要求，公共气象信息服务标准化体系包括服务通用基础标准、服务保障标准和服务提供标准三个标准子体系，标准体系表编制遵循 GB/T 13016—2009《标准体系表编制原则和要求》等相关国家标准的规定。公共气象信息服务活动开展的主要依据是《气象法》等法律法规，以及中国气象局、江苏省气象局印发的有关公共气象信息服务政策等规范性文件，标准则是其细化和支撑。公共气象信息服务标准化体系的构建始终与相关的法律法规保持高度一致。

苏州市气象局三个标准子体系在吸收现有相关国家标准、行业标准和地方标准的基础上，结合苏州公共气象信息制作、服务、流程、管理和服务的实际，制定了本机构的标准。在服务通用基础标准子体系方面，制定了《标准化管理办法》《标准体系表编制导则》《标准制定与复审程序》三项标准化管理基础性标准，明确了本机构实施标准化的系统要求，建立了制修订机构标准的工作程序及管理机制，使标准的制修订工作成为本机构常规工作的一部分；在服务保障标准子体系方面，全面制定了环境、能源、安全、职业健康、财务、人力资源、设施设备等方面的"人、财、物"管理标准，为优化公共气象信息服务提供良好的条件和保障；在服务提供标准子体系方面，制定了面向服务对象的公共气象信息服务统一规范及各服务项目的操作规范，实现了全市公共气象信息服务的高度规范统一。在标准化建设中，共采用和制定各类标准 264 项，其中服务通用基础标准 136 项，服务保障标准 81 项，服务提供标准 47 项，包含国家标准 165 项，行业标准 46 项，组织标准 53 项，标准统计如表 5-19 所示。

表 5-19　标准体系标准统计表

子体系名称	标准类别名称	国家标准	行业标准	地方标准	组织标准	小计
子体系一：服务通用基础标准体系	JC101 标准化导则	18	–	–	3	21
	JC102 术语与缩略语标准	24	12	–	–	36
	JC103 符号与标志标准	20	–	–	–	20
	JC104 数值与数据标准	8	–	–	–	8
	JC105 量和单位标准	13	–	–	–	13
	JC106 测量标准	7	–	–	31	38
	小计	90	12	–	34	合计:136
子体系二：服务保障标准体系	BZ201 环境标准	11	6	–	0	17
	BZ202 能源标准	5	–	–	0	5
	BZ203 安全与应急标准	7	5	–	2	14
	BZ204 职业健康标准	4	–	–	0	4
	BZ205 信息系统标准	17	–	–	1	18
	BZ206 财务管理标准	–	–	–	3	3
	BZ207 设施设备及用品标准	4	6	–	0	10
	BZ208 人力资源标准	–	1	–	7	8
	BZ209 合同标准	–	1	–	1	2
	小计	48	19	–	14	合计:81

续表

子体系名称		标准类别名称	国家标准	行业标准	地方标准	组织标准	小计
服务提供标准体系	子体系三:	TG301 服务规范	10	12	–	–	22
		TG302 服务提供规范	12	–	–	–	12
		TG303 服务质量控制规范	3	–	–	1	4
		TG304 运行管理规范	–	–	–	3	3
		TG305 服务评价与改进标准	2	3	–	1	6
		小计	27	15	–	5	合计:47
		合计(按标准级别)	165	46	–	53	标准总计:264

(2)将标准化延伸到公共气象信息制作、管理各环节。公共气象信息服务标准化,不仅是服务流程的标准化,而且是公共气象信息的相关环节的标准化,乃至是整个机构管理的标准化,只有这样,才能营造良好的标准化运作环境并起到整体效应。为此,试点单位以标准化建设为契机,在实现公共气象信息服务项目标准化的同时,还实现了岗位工作标准化、档案管理标准化、财务管理标准化、信息管理标准化和内务管理标准化,并进一步延伸到供电气象标准化、气象影视标准化等,实现了公共气象信息服务标准化全覆盖,全面提升了公共气象信息制作、服务和管理的标准化水平。

4. 组织开展公共气象信息服务标准的培训及宣贯活动

一是通过邀请中国气象局干部培训学院标准化与科技评估室、苏州市质监局等标准化专家(机构)进行专题培训。二是试点单位联络员参加苏州市质监局组织的7次标准化专题培训。三是在江苏省气象局的帮助和支持下,主要骨干力量参加了中国标准化协会在杭州举办的服务业组织标准化培训班,并通过考核,获得合格证书。四是利用全市气象部门局长会议、季度工作会议、职工大会、部门例会宣贯标准,共开展28场次的宣贯培训。五是召开标准化工作推进会。气象局标准化办公室根据标准工作业务需要先后7次召开标准化修订暨征求意见座谈会和业务工作推进会。六是组织开展了“人人讲标准”的活动,由标准主要起草人根据标准制定的情况进行详细解读。七是组织苏州市气象台开展公共气象信息服务标准化知识考试,要求全员参与,相互点评,提高了标准宣贯的实效。八是将公共气象信息服务标准按服务通用基础标准、服务保障标准、服务提供标准进行汇编,共10册,并将标准汇编电子版在内部网络平台进行共享,建立标准体系信息库,提高使用效率。九是根据中国气象局《气象标准应用评估实施方案》的要求,江苏省气象局在全省范围内选定了苏州、南京等三家在标准化工作开展较好的单位进行223项气象标准应用问卷调查和典型标准应用评估,并撰写了典型标准应用评估报告，获江苏省气象局好评。通过一系列培训、标准解读、考试、问卷调查和应用评估等方式，使苏州市气象局全体员工了解了标准化基础知识，掌握了本职范围内的相关标准，提高了贯彻实施标准的自觉性，进一步加强了标准的宣贯和执行，达到了标准化工作全员参与、全员认知的要求。

5. 加强公共气象信息服务标准体系的行业推广应用

为进一步扩大标准化试点工作的成果，总结推广示范单位试点工作的成功经验，苏州市气象局印发了《关于试行公共气象信息服务标准体系及其标准的通知》，要求在全市气象部门推广使用，并要求将标准体系纳入日常业务规范中，建立和完善服务质量考核、奖惩制度，加强监督检查、督促公共气象信息服务标准的贯彻和实施。各单位可在市气象局《公共气象信息服务标准体系结构图》的基础上结合实际，根据 GB/T 24421.2 的要求编制各自的标准体系，制定相应的标准，细化服务流程，提高服务质量，为公共气象信息服务标准化体系转化为苏州市气象行业通用标准打下坚实的基础。

6. 不断推进公共气象信息服务标准化的持续改进

首先，将试点状态逐步转入常态化管理。试点初期，鉴于普遍缺乏标准化专业知识的状况，采用各部门参与、集中制修订标准的方式，保证了在较短时间内完成制定标准体系及相关标准的任务。试点后期，逐步将制修订标准的工作转移到各业务部门，标准化办公室主要加强专业指导与督促。

其次，及时获取标准化工作的最新动态和要求。利用信息化手段开展标准化工作，积极利用中国气象局标准化网、江苏省标准信息服务网开展标准的查询、查新和获取标准等工作，并要求各标准化工作人员注册登录，及时了解学习标准化工作最新动态和要求。同时加强与苏州市质监局的协调和沟通，积极向行业主管部门报告标准化工作的进展情况，争取行业主管部门的大力支持，完善信息收集渠道，建立标准化信息库并及时更新，利用苏州市气象局局内网络共享平台和 QQ 群，建立标准化工作信息库，共享标准化工作所需材料，供所有业务人员学习使用。

再次，不断加强标准化工作的持续改进。制定《标准化工作持续改进程序》标准，明确标准实施“系统性、协调性、有效性”的原则，细化责任分工，确定标准实施程序和要求，强化标准实施监督检查，制定《公共气象信息服务标准实施监督卡》，加强标准体系的整体运行和评价，收集标准实施过程中各相关方的意见并及时加以改进，定期总结试点工作中的方法、经验并在此基础上加以推广，不断完善标准，提升服务质量。

最后，加强公共气象信息服务标准化体系研究。成立公共气象信息服务标准化体系建设课题小组，主要负责人由分管局领导牵头，核心成员 5 名，其中高工 2 名，工程师

4 名；最低学历层次为本科，其中研究生 1 名，博士 1 名；所有成员为本次标准化试点工作中的骨干力量，并有 3 名取得了服务业组织标准化合格证。课题研究重点为构建以公共气象信息服务标准化体系、实施体系、评价体系为支撑的气象信息服务标准化工作平台，规范公共气象信息服务过程、服务产品和服务方式，提高服务质量和服务效益，全面提升气象灾害防御能力和气象服务标准化水平。其中“公共气象信息服务标准化框架体系研究”系江苏省省气象局 2014 年软科学研究立项项目。

（三）标准化建设工作成效

公共气象信息服务是社会公众、各部门（单位）获取气象服务的重要渠道，是生产、生活科学决策的重要支撑，是应对和防范气象灾害的重要依据。特别是灾害性天气的发生发展时间较短，往往使人们措手不及。如何利用公共气象信息服务渠道和各种媒介，以便最快、最广泛地让社会公众特别是处于可能的险境中的人群准确知晓气象灾害预警信息，及早采取防御措施，避免或者减轻气象灾害造成的损失，多渠道快速发布和传播气象灾害预警信息十分重要。

1. 提升公共气象信息服务质量

通过公共气象信息服务标准化体系建设，苏州市气象局对整个气象信息服务过程，包括服务要求、服务内容、信息传输、服务方式、服务使用、服务反馈与评价等环节进行梳理，形成了规范化的服务提供和使用模式，提高了气象信息服务的时效性，增强了气象信息服务的针对性和有效性，进一步提升了气象信息服务的质量和服务效能。在自 2012 年以来的台风、暴雨、高温干旱、森林防火等气象信息服务中发挥了重要作用，取得了明显的成效。

如在 2012 年“海葵”台风气象服务期间，苏州市气象局共接受各类媒体采访 15 次，通过电台发布台风信息 80 次，各类报纸、手机应用软件发布 13 次，1248 台气象电子显示屏滚动播发信息 43 次，手机短信全网发布 800 万人次，微博发布 120 条，转发近 3 000 条。由于气象信息发布及时、覆盖面广，全市各级部门共设立避灾场所 312 个，紧急转移安置 31 320 人，其中转移危房简屋和危险地带人员 11 920 人、海上及江河湖泊水上作业人员 10 037 人，集中安置 6 669 人，共有 6 911 条船只进港避风，共有 1 583 个工地停工，有效保障了居民群众的生命安全。虽然台风“海葵”强度大，风雨影响严重，经济损失较大，但通过准确预报，高效的气象预警预报信息发布和传播，未出现重大人员伤亡事故，水利工程无一失事，公共基础设施基本完好。防台抗台成效显著，获得了苏州市委市政府主要领导、各新闻媒体、社会公众的广泛好评和充分的肯定。

2. 推动品牌建设

在2010年,苏州市气象局就提出"民生气象"服务品牌,并始终围绕品牌建设不断优化和创新公共气象服务,取得了显著的品牌效应。近年来连续获得了"全国文明单位""全国气象部门文明台站标兵""全国气象工作先进集体"等重大荣誉称号;还获得了"江苏省文明单位""苏州市政务信息公开先进集体""苏州市十佳政务微博""森林防火先进集体""苏州市全民科学素质工作先进集体"等荣誉称号;气象影视服务获得"2013年度全省重大气象服务先进集体第二届江苏省气象影视服务业务竞赛综合类二等奖";在2013年苏州市市级政府垂直管理部门依法行政满意度测评中名列第一;气象手机客户端获得"2013年苏州市移动互联网十佳应用软件"荣誉称号;气象公共信息新媒体发布系统获得"苏州市电子政务优秀项目应用创新奖";2014年1月获得人力资源和社会保障部和中国气象局联合颁发"全国气象工作先进集体"的荣誉。

实施标准化建设,是苏州公共气象信息创优服务提高水平、迈上新台阶的重要契机。通过公共气象信息服务标准化试点,苏州公共气象信息服务从规范化管理迅速走上标准化建设的轨道;苏州公共气象信息服务从局部性规范迅速提升为全方位标准化。通过各项服务标准的执行以及相应的评价考核等措施,标准得以切实落实,成为衡量工作及服务质量的标尺。

3. 标准化工作参与度显著提高

通过公共气象信息体系标准的制定与执行,苏州市气象台的标准化意识得以普遍增强,标准化工作能力也得到了进一步提升。标准化工作的参与度显著提高,共有46人参加了标准起草制定,占试点单位人数75%以上,标准化工作已成为试点单位的自觉行动,实现了全部服务项目、服务条件、服务流程、服务结果的标准化,基本实现了公共气象信息服务从经验管理向科学管理的转变。

受江苏省气象局气象政策法规处委托,2013年试点单位安排标准化骨干力量参加了气象服务规范化研究项目。根据江苏省气象服务规范、集约、优质、高效发展的总体要求,各试点单位标准化骨干力量参加江苏省气象局制定的《江苏省手机气象短信服务规范(试行)》等13项气象服务规范的起草、编制和研讨工作。

4. 培养了一批标准化人才

苏州市气象局举办针对标准、标准化、气象标准化知识的专题讲座,增强了工作人员标准化意识,3名标准化工作人员经培训考核获得中国标准化协会颁发的"服务业组织标准化合格证书"。通过注册中国气象局标准化网、江苏省标准信息服务网,准确把握标准化工作的最新动态,搭建标准化工作人员与标准化工作信息的互动桥梁和平台，为试点工作的推进、普及标准化知识发挥了积极作用。

标准化现已成为公共气象信息服务体系的重要支撑，也是公共气象信息服务长足健康发展的重要保证，但由于气象事业发展改革及机构变动较大，缺乏标准化工作专职人员，标准制修订工作难以进入稳定状态。这也表明公共气象信息服务标准化道路十分漫长，标准化工作的任务还十分繁重。只有根据气象服务的发展需要，结合工作实际，及时充实、调整相关标准，依照建设服务型政府和优化公共服务的要求，将公共气象信息服务标准化不断引向深入，才能为当地经济社会发展和人民的福祉安康提供优质的气象服务，才能在气象防灾减灾和应对气候变化中发挥更加显著的作用。

第八节　公共文化和体育服务标准化

一、无线苏州标准化建设

（一）无线苏州城市信息云平台基本概况

苏州世纪飞越网络信息有限公司是苏州广电传媒集团旗下的直属全资公司，公司专注于移动互联网及城市信息云平台领域的发展，主要利用移动互联网、物联网、云计算等信息技术手段，建立广泛覆盖和深度互联的城市信息网络，对城市资源、环境、基础设施、产业等多方面要素进行全面感知，并整合构建协同共享的城市信息平台。该平台旨在对信息进行智能处理利用，为政府社会管理和公共服务提供智能决策依据手段，为企业和市民提供智能信息资源及开放式信息应用平台。

“无线苏州”手机客户端是广电网、电信网和互联网“三网融合”，电视屏、电脑屏和手机屏“三屏互动”的典范产品，更是打造城市信息云平台的蓝本产品。城市信息云平台共包含五大功能平台：新闻资讯传播平台、公共信息查询平台、市民生活服务平台、应急信息发布平台和移动电商互动平台。产品涵盖了新闻资讯、公共信息、社区互动、城市生活、应用市场、电子商务 O2O 和手机游戏等区块。截至 2014 年 2 月，“无线苏州”下载量已达 120 万兆，日均访问量为 2 200 万次，月流量使用达 60T。“无线苏州”安卓与 IOS 的月度活跃率分别达到了 36% 和 42%，大大高于 App 产品的平均活跃率。产品在本地媒体应用、城市生活应用和区域门户应用排名中均位列第一。

（二）标准化建设推进过程

1. 标准化工作实施进度

（1）准备阶段(2013 年 8 月—2013 年 10 月)

①按照苏州市城市综合服务标准化领导小组办公室下发的相关指示,进行标准化工作宣贯会议。②参加质监局城市综合服务标准化第五次培训。③建立综合服务标准化领导小组和工作小组。

（2）启动阶段(2013 年 11 月—2013 年 12 月)

①召开标准化工作会议,制订公司标准化工作实施方案。②参加质监局城市综合服务标准化第三次联络员会议。③梳理、总结公司现有规章制度。④与苏州大学进行合作,引入标准化工作技术支撑。

（3）实施阶段(2014 年 1 月—2014 年 5 月)

①与苏州大学城市综合服务标准化课题组进行座谈,研讨标准化体系搭建。②参加苏州市质监局城市综合服务标准化第六次培训。③进行标准体系构建和标准的编写。④参加苏州市质监局城市综合服务标准化第四次联络员会议。⑤实施标准,进行标准实施宣贯培训。

（4）改进阶段(2014 年 5 月至今)

公司按照工作方案的目标任务、时间进度,建立了明确的监督检查制度,并设立考核机制。依照实施记录不断修改和完善,全面推进标准化建设。公司标准化领导小组全程监督的同时,公司标准化工作小组在标准实施过程中不断自查,记录出现的问题,对标准进行持续改进,同时公司标准化工作小组定期进行检查与抽查相结合。

2. 标准化实施方案

（1）成立城市综合服务标准化创建领导小组,确保标准化工作顺利开展。为确保标准化工作的顺利开展,公司成立了城市综合服务标准化领导小组,由总经理石小建担任组长,副总经理熊金凯、管理部主任顾文斌担任副组长,各部门负责人担任成员,共同推进服务标准化工作的组织、执行、监督和协调工作。领导小组定期召开标准化工作会议,对标准化工作予以部署和落实。

（2）设置城市综合服务标准化创建专项经费,为标准化创建提供保障。公司在年度预算中特别划出部分专项经费,用于开展标准化工作、与苏州大学等技术支撑平台合作以及对城市综合服务标准化创建工作中的优秀部门与个人进行表彰和奖励。

（3）制订城市综合服务标准化试点工作方案,全面落实标准化创建各项工作。公司根据《苏州市城市综合服务标准化试点自我评估表(试行)》,结合自身特色,围绕平台规划、平台建设、平台运行、平台管理等方面，对相关管理制度、工作流程、标准规范进行全面梳理，制订了《无线苏州城市信息云平台服务标准化实施方案》，创建工作台账，成立无线苏州城市综合服务标准化试点工作领导小组和工作小组，并根据任务分工成立不同的工作组，分解到各责任部门。

（4）宣传动员，提高员工对于标准化创建的关注度，提高全员参与度。公司通过召开综合服务标准化学习、培训、宣贯会议，加深全员对城市综合服务标准化工作的认识，强化现有服务标准的实施，扩大标准化覆盖范围。认真学习相关的国家标准、行业标准、地方标准，翻阅各类参考资料，增强全员的标准化意识，加深大家对标准化工作的理解。

（5）积极组织人员参加学习、培训，进行广泛调研。积极参加苏州市质监局标准化领导小组办公室组织的城市综合服务标准化各种培训、联络员会议；参加苏州市标准化试点领导小组办公室组织的考察活动——通过实地走访、会议交流、书面调查等形式，听取各方对标准化工作的建议，提高标准化专业知识，增强开展标准化工作的能力。

（6）与苏州大学合作，引进标准化工作技术支撑。为了更好地推进标准化工作，保障标准化工作的质量，公司领导高度重视，与苏州大学城市综合服务标准化课题组进行合作，引入技术支撑。通过多次现场调研和定期会议研讨，合作双方对公司标准化工作总体思路进行设计，对标准体系进行搭建，确保标准化工作有效、高质、顺利进行。

（三）标准化建设工作成效

1. 定期组织标准化创建小组会议

公司定期展开标准化工作小组会议，及时传达质监局相关标准化工作的会议内容及文件；跟踪标准化工作进度，不断监督和改进标准化工作。

为了高质量地开展标准化创建工作，公司组织员工召开多次会议，就如何结合公司城市信息云平台的实际运行状况打造出具有苏州特色的服务标准化体系及标准化工作亮点进行了深度讨论。通过会议，制订了阶段性的创建目标及创建计划，组织管理队伍进行任务分解，联动推进标准化工作的进度。

2. 对照现行制度，整合公司管理体系

公司在对规章制度进行全面梳理的基础上，对运行管理、服务流程、工作制度等方面的标准规范按照不同类别进行归类，并对照体系目录中服务通用基础标准、服务保障标准、服务提供标准的分类要求进行整合。以标准化创建为契机，检查现行的各项规章制度、监督程序和岗位职责等，对不符合实际操作的程序进行修改，把符合公司实际运行的规范进行分类，并以标准化的形式固定。

3. 专家现场指导

苏州市城市综合服务标准化领导小组办公室专家前往公司进行标准体系建设的调研座谈。苏州市城市综合服务标准化领导小组对于公司的标准化创建工作提出了要求，明确工作重点；城市综合服务标准化领导小组现场指导，指明标准化工作创建思路、指导标准编写工作，从而推进了公司标准体系的搭建和完善。

4. 科学构建标准体系框架

按照GB/T 13016《标准体系表编制原则和要求》的相关规定，建立和健全覆盖平台服务全过程的标准体系，同时反复推敲论证，多方征求专家和全行业意见，确保每一项标准的规范性和适用性。以系统性、适用性和可考核性为原则，建立以服务通用基础标准体系为基石，以服务提供标准体系为核心，以服务保障标准体系为支撑、覆盖服务全过程的无线苏州城市信息云平台服务标准体系框架。

5. 参照国标、行标、地标，编写标准

公司在城市综合服务标准化创建过程中，根据实际运营需要，从管理与服务的各个方面和环节着手，根据标准体系框架，对照现有的国家标准、行业标准和地方标准，整合了一套与企业文化、组织、制度等相适应的、系统的、完整的、详细的且具有特色的标准体系。

6. 精心制定服务标准

在标准编制过程中，围绕服务标准化建设，深入调查研究，收集整理了全市各级无线苏州平台的工作制度及标准规范，在此基础上进行标准目录编制，力求全面、实用。精心制定了101项标准(包括87项国家标准、8项行业标准和5项组织标准)，努力实现标准全覆盖。标准文本在经标准化领导小组审核后发布实施。具体包括：①服务通用基础标准，编号JC，体系中包含了标准化导则、术语与缩略语、符号与标志、数值与量纲4个子体系共计36项标准(其中35项国家标准，1项组织标准)。②服务保障标准，编号BZ，服务保障标准体系将服务过程中涉及的管理事项的环节和要素全部以标准的形式固定下来，形成了环境、能源、安全与应急、职业健康、信息系统、财务管理、设施设备及用品、人力资源8个子体系共计49项服务保障标准(其中41项国家标准，5项行业标准，3项组织标准)。③服务提供标准，编号TG，服务提供标准体系下辖无线苏州城市信息云平台服务提供规范、服务质量控制规范、服务评价与改进标准3个子体系和16项标准(其中11项国家标准，3项行业标准，2项组织标准)。

表 5-20　标准体系标准统计表

子体系名称	标准类别名称	国家标准	行业标准	地方标准	组织标准	小计
子体系一：服务通用基础标准体系	JC101 标准化导则	15	–	–	1	16
	JC102 术语与缩略语标准	4	–	–	–	4
	JC103 符号与标志标准	9	–	–	–	9
	JC104 数值与量纲标准	7	–	–	–	7
	小计	35	–	–	1	合计:36
子体系二：服务保障标准体系	BZ201 环境标准	7	–	–	–	7
	BZ202 能源标准	2	–	–	–	2
	BZ203 安全与应急标准	4	2	–	1	7
	BZ204 职业健康标准	5	–	–	–	5
	BZ205 信息系统标准	18	3	–	–	21
	BZ206 财务管理标准	2	–	–	–	2
	BZ207 设施设备及用品标准	3	–	–	–	3
	BZ208 人力资源标准	–	–	–	2	2
	小计	41	5	–	3	合计:49
子体系三：服务提供标准体系	TG301 服务提供规范	–	1	–	2	3
	TG302 服务质量控制规范	5	–	–	–	5
	TG303 服务评价与改进标准	6	2	–	–	8
	小计	11	3	–	2	合计:16
	合计(按标准级别)	87	8	–	6	标准总计:101

7. 实施完善,改进提高

对已经制定的标准体系,广泛征求有关专家意见,根据各方提出的意见和建议,再结合实际工作需要进行修改与完善,力争形成适用于全行业协调发展的标准体系。根据标准体系运行情况,对体系的适用性、协调性和有效性进行评价,确保标准体系持续改进,不断提升服务品质。标准化过程中获得江苏省乃至全国多项荣誉。

2013 年 3 月 11 日,“无线苏州”被列为苏州市政府 2013 年“智慧苏州”重点推进项目。

2013 年 8 月 23 日,“无线苏州”获评《2013 年苏州市重大版权推广运用计划项目》。

2013 年 10 月 8 日,“无线苏州”正式入驻苏州工业园区科技园,江苏省省委宣传部副部长梁勇视察苏州广电新媒体,“无线苏州”被高度肯定。

2013 年 10 月 16 日，工信部副部长杨学山视察园区信息化展示厅，重点体验“无线苏州”。

2013 年 11 月 20 日，“无线苏州”正式获批 2013 年江苏省文化产业引导资金项目。

2014 年 1 月 15 日，“无线苏州”被评为江苏省新媒体创新大奖。

2014 年 5 月，江苏省委常委、省委宣传部长体验“无线苏州”，肯定无线苏州的发展模式。

2014 年 5 月，国家广电总局发展中心一行领导来“无线苏州”调研。

2014 年 6 月，CICI 城市信息云平台获颁工业园区云彩创新科技孵化器。

目前，从标准化试点工作的目标和效果看，公司的标准化创建工作还需进一步完善。如标准体系的整体性有待进一步衔接和提高，标准化创建亮点还需提炼。标准化体系在实施当中还需要进一步充实完善，运行记录和检查记录需要进一步规范。标准化工作宣传力度和员工的标准化意识均有待进一步加强。员工个人对标准的理解偏差和未能及时纠偏直接导致标准执行的误差。对标准的贯彻、执行力度还需进一步强化。

2014 年起，无线苏州将全面推进实施“本土化运营”“商业行业化运营”“区域平台建设”三大战略，建立从本地到全国、从行业到商业、从纵向的垂直行业到横向的全国复制三大运营方式。公司未来将在产品运营、商业行业运营和“云城市”平台拓展运营三大方面，进行深入探索实践。

产品运营——进一步整合城市公共资源，丰富“无线苏州”现有服务功能，提升平台的咨询整合能力和公共生活服务质量。

商业行业运营——通过广告植入，应用推广，移动电子商务，房车、旅游等垂直行业运营等六大商业运营营销产品，全面开展商业运营。

云城市平台拓展——基于重构升级后的“无线苏州”这一蓝本产品，对“云城市”平台架构建设进行设计，至 2015 年底，完成全国 30 个城市的拓展，全国总用户达到1 000 万。

二、苏州广电出版标准化建设

（一）苏州市文化广电新闻出版局（市文物局）基本概况

苏州市文化广电新闻出版局（简称苏州市文广新局）的主要职责有：①贯彻执行党和国家关于文化、文物、广播电影电视、新闻出版管理工作的方针政策和法律法规。②贯彻中央、省、市关于新闻宣传的方针政策，参与做好对广播电影电视、图书报刊出版的舆论导向和宣传管理工作。③拟订全市文化,负责文物、广播电影电视、新闻出版工作的政策、规定和措施并组织实施。④组织指导和协调全市文化、文物、广播电影电视、新闻出版的改革和发展工作。⑤拟订全市文化、文物、广播电影电视、新闻出版事业的中长期发展规划和年度计划并组织实施。⑥拟订全市文化、文物、广播电影电视、新闻出版方面的产业规划和经济政策。⑦指导、协调全市文化产业的发展。⑧负责全市文化艺术工作、社会文化工作、广播电影电视行业工作、文物工作、新闻出版工作、文化市场的管理,负责文化、文物、广播电影电视、新闻出版行政综合执法工作。

根据机构职责,市文化广电新闻出版局(市文物局)内设办公室(信息处)、财务处(审计处)、艺术处(对外文化交流处)、社会文化处(非物质文化遗产处)、广播电影电视管理处(广电安全播出指挥调度中心)、出版发行管理处、印刷复制业管理处、文物处、政策法规处、文化产业处、文化市场处(行政许可服务处)、安全保卫处、组织人事处(离退休干部处)、宣传处14个内设机构,均为正科级建制。

目前,苏州全市拥有公共图书馆国家一级馆13个,文化馆国家一级馆12个,各类博物馆、纪念馆、美术馆70余个;所有镇(街道)均建有单独设置并达到文化部所颁布标准的综合文化站;行政村(社区)综合文化设施设置率100%,达标率100%;镇(街道)、社区(村)公共电子阅览室设置率100%,达标率100%;遍布城乡的公益性评弹书场128家,百人以上的群众文化广场2 000多个;全市人均拥有公共文化设施面积0.25平方米,基本实现了四级公共文化设施网络全覆盖。

根据2013年苏州城市综合服务标准化试点工作领导小组办公室《关于下达苏州市城市综合服务标准化第二期试点项目和示范单位的通知》(苏综标办〔2013〕4号)的要求,苏州市文化广电新闻出版局作为项目承担单位,将苏州图书馆、苏州市公共文化中心、苏州博物馆列为试点单位。

两年多来,试点单位在苏州市质量技术监督局的大力支持和精心指导下,认真按照国家标准化管理委员会《服务业标准化试点实施细则》、江苏省质量技术监督局《江苏省服务标准化试点管理办法》、苏州市《关于开展城市综合服务标准化试点工作的实施细则》的要求,结合苏州市属文化单位实际,探索建立公共文化服务的地方标准,形成有借鉴和推广意义的地方标准体系与服务模式。

(二)标准化建设推进过程

1. 建立标准化工作领导机制

苏州市文广新局领导高度重视苏州市城市综合服务标准化试点工作,主要领导、分管领导、社文处三级联动。陈嵘局长多次召开标准化工作会议,安排部署和督促标准化工作。社文处作为业务处室，定期深入试点单位辅导培训，并制订了《关于推进苏州市市属公益性文化机构服务标准化建设工作的实施方案》。下属三个试点单位（苏州图书馆、苏州市公共文化中心、苏州博物馆）的领导也把这项工作提上议事日程，分别成立了标准化试点工作领导小组，并将标准化试点工作列入 2014 年的目标责任书，层层签约，落实到人。同时，苏州市文广新局注重宣传培训，召开专门会议，向干部职工宣传标准化试点工作的重要意义；参加由苏州市质监局组织的培训班，了解掌握标准体系构建方法、服务标准编写和试点项目经验借鉴等。

2. 召开公益性文化机构服务标准化工作座谈会

苏州市文广新局对《2014 年苏州市城市综合服务标准化试点工作要点》进行了解读，并提出下一阶段将根据实际情况，把适用的示范单位服务业组织标准及时转化成行业通用标准，研究制定《关于加强苏州市公益性文化机构服务标准化建设的意见》，建立并实施公益性文化机构建设和管理服务技术标准、评估标准及安全标准等，不断建立健全公益性文化服务窗口单位服务标准化、规范化制度，以标准化促进基本公共文化服务的均等化。

3. 召开公益性文化机构服务标准化工作推进会议

提出将标准化工作作为苏州市文广新局 2014 年的重点工作之一，是深入贯彻落实党的十八届三中全会精神，推动苏州市国家公共文化服务体系示范区实现长效、科学发展的重要举措。对于下一阶段的工作，一是要根据苏州市城市综合服务标准化试点工作总体部署和要求，按时保质保量地完成任务；二是要紧密结合工作实际，标准化制定内容应有创新性、前瞻性和可操作性，并不断地加以完善；三是三家试点单位要加强内部的交流与合作，拾遗补漏，相互提升，并通过内部培训、宣传等，将标准化工作落到实处，切实提升苏州市公共文化服务机构（单位）的服务水平和效能。

4. 业务工作与标准化工作紧密结合

苏州市文广新局下属三家试点单位把公共文化服务标准化工作与业务工作紧密结合，融汇于服务的各个环节和全过程，以充分显现标准体系对于文化服务的支撑作用。在研究部署各项业务工作中，坚持与标准化工作同研究、同部署，既明确业务工作要求，也确定标准化事项，形成业务工作与标准化工作的一体化管理和共同推进的格局。苏州图书馆在全馆范围内组织学习服务标准体系，并通过全市业务竞赛的形式，提高馆员的业务技能，提升图书馆服务质量。同时，在大市范围内与各公共图书馆做好衔接工作，将苏州图书馆服务标准体系上升至全市范围内公共图书馆的行业标准。苏州市公共文化中心为切实提高标准化工作的技术水平，聘请专业机构对苏州市公共文化中心服务标准化工作进行顾问和指导，对工作人员的标准化基本原理及方法进行培训教学，辅导制定、转化相关服务标准，监督标准实施过程并修正。相关服务标准通过服务台、电子信息屏、网站、微博、微信等渠道对外进行公示。苏州市公共文化中心以“你在我的身边，我在你的心里”为主题，深入开展“家在苏州·满意服务”活动，工作人员值班情况统一上墙对外公示，党员佩戴党徽，统一着工作服、戴工作牌上岗，对服务窗口部门实行履职考评机制，开展“优秀服务窗口”“服务明星”等评选活动。在各展馆设立观众意见簿，公示投诉、监督电话，接受群众的监督。苏州博物馆在标准化试点工作中，始终得到来自于苏州市质监局领导和专家的关心与支持。质监局指定了联络员对博物馆标准化建设给予技术支持和指导，对于晦涩和过于专业的内容，还组织座谈会进行释疑和现场指导，避免了标准化试点工作走不必要的弯路，使试点工作始终保持正确的前进方向，取得了良好的效果。苏州博物馆按照“边学边改、服务观众、满意观众”的理念，以在标准的制定和实施中推动与提升各项业务工作为目标，以“先优化、后标准化”为原则，将梳理出来的规章制度转化为标准。

制订标准化的工作计划与实施方案。试点单位把公共文化服务标准化作为一项长期的工作任务和目标，把握全局、强化机制、系统规划、稳步推进，认真制订了标准化的工作计划和实施方案，力求在实施标准化建设的进程中不断更新观念、形成体系、完善标准、优化服务。苏州市文广新局下属三家试点单位均建立了标准化领导小组，下设标准化工作小组，标准实施率达100%。在标准宣贯方面，利用专题培训、全体大会、部门例会、微博微信、政务网站、企业QQ、办公自动化等形式，展开全方位、多形态的宣贯工作，最大限度地使全体员工了解标准化基础知识。试点单位还通过“满意度测评”，从多种渠道得到观众对服务的满意程度和意见建议，结合自我评价和第三方评价，听取内部和外部的合理意见，对已有的标准化体系的运行进行监督，吸取反馈意见，不断完善各项标准。

执行国标、行标与制定标准相结合。苏州市文广新局下属三家试点单位把制度建设作为公共文化服务标准化工作的关键，健全和规范内部管理与对外服务规范的制定。如苏州图书馆按照国家标准《建筑灭火器配置设计规范》和行业标准《公共图书馆建筑防火安全技术标准》等，结合自身特点制定了《消防安全管理规范》《大型活动安全管理预案》《公共卫生突发性事件应急处理预案》等。苏州市公共文化中心陆续编写、转化了《苏州市公共文化中心美术馆管理规范》《苏州公共文化中心名人馆服务规范》《苏州市公共文化中心展厅专业灯光管理规范》《苏州市公共文化中心志愿者服务规范》等多个企业标准，将其列入苏州市公共文化中心公共文化服务标准体系。苏州博物馆也制定了《苏州博物馆开放区域督导管理办法》《苏州市博欣艺术品有限公司门店运营管理办法》《苏州博物馆志愿者管理办法》等,从而保证了标准化工作的顺利进行。

建立全面覆盖的文化服务标准体系。苏州市文广新局下属三家试点单位的三个标准子体系在吸收现有相关国家标准、行业标准和地方标准的基础上,结合三家试点单位的实际,制定了公共文化服务标准(见表5-21)。

表5-21 标准体系标准统计表

子体系名称	标准类别名称	国家标准	行业标准	地方标准	组织标准	小计
子体系一:服务通用基础标准体系	JC101 标准化导则	7	–	–	–	7
	JC102 术语与缩略语标准	2	–	–	–	2
	JC103 符号与标志标准	5	–	1	–	6
	JC104 数值与数据标准	2	–	–	–	2
	JC105 测量标准	1	–	–	–	1
	小计	17	–	1	–	合计:18
子体系二:服务保障标准体系	BZ201 环境标准	3	–	1	–	4
	BZ202 能源标准	5	–	–	–	5
	BZ203 安全与应急标准	4	–	2	2	8
	BZ204 职业健康标准	1	–	–	–	1
	BZ205 信息系统标准	4	–	–	1	5
	BZ206 财务管理标准	–	–	–	3	3
	BZ207 设施设备及用品标准	–	–	–	2	2
	BZ208 人力资源标准	–	1	–	2	3
	BZ209 合同标准	–	–	–	1	1
	小计	17	1	3	11	合计:32
子体系三:服务提供标准体系	TG301 服务提供规范	–	–	–	2	2
	TG302 服务质量控制规范	3	–	–	–	3
	TG303 运行管理规范	–	–	–	2	2
	TG304 服务评价与改进标准	2	–	–	–	2
	小计	5	–	–	4	合计:9
	合计(按标准级别)	39	1	4	15	标准总计:59

（三）苏州市公共文化标准化成果成效

标准化意识进一步增强。通过开展标准化试点工作，苏州市文广新局下属三家试点单位的干部职工的标准化意识明显增强，形成了学标准、讲标准、用标准的良好氛围，提高了服务能力和自身素质，树立了良好的形象。同时，三家试点单位以国家公共文化服务体系示范区创建工作为契机和抓手，及时总结创建以来所形成的行之有效的经验和措施，结合标准化工作，制定出台《苏州市公共文化服务促进办法》《苏州市国家公共文化服务体系示范区后续建设规划》及相关配套文件，有效地促进了公共文化服务标准化体系建设的可持续和常态化。

服务质量进一步提升。三家试点单位通过开展标准化试点工作，理顺了内部流程，制定了相关标准，使服务有据可依、有章可循，优秀的服务经验可以不断复制，工作方法和工作作风得到有效改进，提升了窗口服务形象和服务效能，观众满意度得到大幅提升。如图书馆不间断举办各类公益讲座、展览、少儿读书、亲子阅读等活动，打造了“苏州大讲坛”公益讲座品牌，开展了“大篷车进社区”“听故事姐姐讲故事”等活动，并长年为孤寡老人、残障读者等特殊人群开展送书服务。读者满意率调查显示，93%的读者满意苏州市公共图书馆的服务。苏州市公共文化中心在苏州美术馆创新设立市民展厅，制定出台了《苏州市公共文化中心市民展厅管理规范》，符合条件的市民通过评审可免费到苏州美术馆“市民展厅”办展，该活动收到了良好的社会反响。

社会效益进一步提高。三家试点单位通过开展标准化试点工作，提高了市民信息素养，丰富了市民文化生活，培养了市民阅读习惯，增强了城市包容性，辅助了学生素质教育。如苏州市公共图书馆 2013 年接待到馆读者 2 000 万人次，借出图书 1 300 万册次，充分发挥了图书馆的公共服务作用。

通过公共文化服务标准化试点工作的实践，三家试点单位对标准化之于政府公共服务品质的提升与促进作用有了更加深刻的认识和体验。但是，仍存在着一些不足之处，主要反映在三个方面：一是标准化专业知识欠缺，仍需要与专业机构长期合作，并不断加强培训；二是标准体系中特色品牌的标准不够完善；三是标准实施的监督和考核力度还需加强。

下一步，苏州市文广新局下属三家试点单位将进一步完善标准，正确评估标准，依照建设服务型政府和优化公共服务的要求，将公共文化服务标准化工作不断引向深入，在民生保障中发挥更加显著的作用。

三、图书馆标准化建设

（一）苏州图书馆基本概况

苏州图书馆成立于1914年，百年来履行着保存借阅图书资料，促进社会经济文化发展，图书、文献、报刊、音像资料的采编与储藏，图书资料借阅，文献数字化处理，图书馆学研究，图书、期刊、资料编辑出版，知识培训与社会教育等职能，是开展学术活动、读书学习、健身休闲的理想场所，同时还负责承担苏州市政府实事项目规定的新增社区分馆的建设任务以及日常的管理等工作。苏州图书馆以“平等、免费、专业、礼貌、高效”为办馆宗旨，锐意进取，开拓创新，具有扎实的管理基础和优良的服务精神，对推行公共图书馆服务标准化有着良好的基础。2005年开始，苏州率先在全国实行公共图书馆的总分馆制，建成了统一采购、统一编目、统一配送和通借通还的服务体系，这一体系建设模式被国内图书馆界专家誉为“符合《国家‘十一五’时期文化发展规划纲要》中对‘总分馆’的要求、与国际接轨的‘苏州模式’”。目前苏州全市已建有市级总馆1个，县市、区级总馆7个，分馆200余个，拥有流动服务车11台，2013年全市共接待到馆读者2 000万人次。2013年7月30日，苏州市以全国总分第一的优异成绩顺利通过首批国家公共文化服务体系示范区验收评审，苏州市图书馆总分馆体系被验收小组专家认定为示范区创建中的首要创建亮点，在地区乃至全国具有推广和示范意义。

（二）标准化建设推进过程

1. 具有较好的基础

一是建立领导机制与广泛参与相结合。成立了以苏州图书馆馆长为组长，苏州图书馆副馆长为副组长，各县级市（区）图书馆馆长为成员的领导小组，领导小组下设标准化工作办公室。在各公共图书馆馆内形成“领导协调、各部门大力配合、全馆广泛参与”的工作推动机制。二是执行国家标准和行业标准与制定标准相结合。如分馆建设按照国家标准《公共图书馆服务规范》和行业标准《公共图书馆建设标准》，结合自身特点制定了《苏州市总分馆体系建设与评估标准》《乡村综合信息服务中心建设与评估标准》等，有效地指导了城乡公共图书馆服务体系的建设。

2. 具有鲜明的特色

通过前期的努力，尤其是参加苏州市城市综合服务标准化试点工作以来，苏州图书馆已初步建立了苏州市公共图书馆服务标准体系，包括3大分体系、19个子体系、106项标准，在服务对象、服务时间、服务内容、服务设施、服务资源等方面逐一规范。

该标准体系基本上涵盖了公共图书馆所有的业务环节，提升公共文化服务的专业化。如建立实施“苏州市公共图书馆职业资格认证机制”“苏州市公共图书馆持证上岗机制”等。苏州图书馆标准体系标准统计如表5-24所示。

表5-24 标准体系标准统计表

子体系名称	标准类别名称	国家标准	行业标准	地方标准	组织标准	小计
子体系一：服务通用基础标准体系	JC101 标准化导则	7	–	–	1	8
	JC102 术语与缩略语标准	3	–	–	–	3
	JC103 符号与标志标准	4	–	–	1	5
	JC104 数值与数据标准	–	–	–	1	1
	JC105 量和单位	2	–	–	–	2
	JC106 测量标准	3	–	–	–	3
	小计	19	–	–	3	合计:22
子体系二：服务保障标准体系	BZ201 环境标准	3	–	–	–	3
	BZ202 能源标准	5	–	–	–	5
	BZ203 安全与应急标准	3	–	2	10	15
	BZ204 信息资源标准	4	–	4	9	17
	BZ205 信息系统标准	–	–	3	14	17
	BZ206 财务管理标准	–	–	–	3	3
	BZ207 设备设施及用品标准	1	–	4	4	9
	BZ208 人力资源标准	–	–	–	4	4
	小计	16	–	13	44	合计:73
子体系三：服务提供标准体系	TG301 服务规范	1	–	1	1	3
	TG302 服务提供规范	–	–	–	5	5
	TG303 运行管理规范	–	–	–	1	1
	TG304 服务质量控制规范	–	–	–	1	1
	TG305 服务评价与改进标准	1	–	–	–	1
	小计	2	–	1	8	合计:11
	合计(按标准级别)	37	–	14	55	标准总计:106

3. 促进公共文化服务的均等化

苏州图书馆自综合服务标准代试点工作开展以来，制定了《苏州市公共图书馆办证规范》《苏州市公共图书馆阅览室规范》等标准，强调公共图书馆为社会各界提供普遍均等的基本的公共文化服务，如老年人、儿童、残障人士、外来务工人员、外籍人士等。苏州图书馆还加强公共文化服务的数字化，如制定了《信息安全管理规范》《网站信息发布管理规范》《苏州市数字图书馆建设管理规范》等标准，规范了数字资源建设和提供利用。苏州图书馆还注重推进公共文化服务的社会化，如制定了《公共图书馆文化志愿者管理规范》，规范了社会志愿者的招募和培训工作，还初步建立了“社会力量参与公共图书馆服务”的工作机制，有待进一步形成标准文件。

4. 开展标准化工作具有优秀的平台

苏州公共图书馆总分馆模式具有较大的全国影响力，已被专家论证为一种经济高效的公共图书馆建设模式。苏州图书馆在公共文化服务方面取得的成绩和在业界的地位为标准化工作的开展奠定了良好的基础，也为标准化后续的推广实施提供了良好的平台。

（三）标准化建设工作成效

党的十八届三中全会提出了促进基本公共文化服务标准化的要求。为了适应这一时代要求，加速公共图书馆服务的标准化、规范化和现代化进程，提升公共图书馆的服务水平，实现经济高效的总分馆模式长效化发展，以满足群众日益增长的多样化、多层次的精神文化需求，苏州图书馆率先开展了标准化工作，以期在苏州地区乃至全国范围内的公共文化服务标准化工作中形成示范效应。2013 年 11 月，苏州图书馆参加了苏州市城市综合服务标准化试点工作。2014 年 4 月，在苏州市质监局和苏州市文化广电新闻出版局的指导下申报了 2014 年省级服务业标准化试点项目并获立项。

2014 年 4 月，《苏州市公共图书馆服务标准化建设研究》被列入 2014 年度苏州市社会科学应用研究课题立项项目。该课题从苏州地区公共图书馆实际工作出发，通过国内外文献调研和实地考察，形成图书馆服务标准体系，涉及 3 大模块、14 个子模块，在服务总则、服务对象、服务时间、服务内容、服务设施、服务资源等方面加以阐述。课题主要以标准体系的形式对苏州地区公共图书馆的服务人员、服务范围、服务方式等加以规范化。

苏州图书馆将致力于标准化的长效建设，以国家公共文化示范区创建工作的后续管理工作为契机，结合公共图书馆总分馆体系的“苏州模式”，在苏州地区形成一批具有创新性、带动性、导向性的示范型公共图书馆，着力推进公共图书馆服务体系标准化的工作，在苏州地区乃至全国范围内的公共文化服务标准化工作中形成示范效应。

四、苏州公共文化中心标准化建设

（一）苏州公共文化中心基本概况

苏州市公共文化中心是苏州市重点建设的重大公共文化设施项目和文化标志性工程，于2011年9月正式成立并投入使用，隶属于苏州市文化广电新闻出版局。“中心”以为市民提供公益性、基本性、均等性、便利性的公共文化服务为宗旨，以保障人民群众享受基本文化权益、参与公共文化活动、提供免费文化服务为主要职能。

“中心”设苏州市文化馆、苏州美术馆、苏州市名人馆、吴作人艺术馆（苏州书法篆刻艺术院）、颜文樑纪念馆（苏州油画院）、苏州版画院（苏州桃花坞年画博物馆）、杭鸣时粉画艺术馆（苏州粉画艺术院）、苏州公共艺术研究院等艺术场馆。

自2011年9月免费开放以来，苏州市公共文化中心按照首批国家公共文化服务体系示范区的要求，大力开展文化惠民服务，不断拓展公共美术美育功能，延伸名人馆社会教育服务，年平均参观人数逾50万人。

2013年4月，苏州市城市综合服务标准化试点工作领导小组《关于下达苏州市城市综合服务标准化第二期试点项目和示范单位的通知》（苏综标办〔2013〕4号）将苏州市公共文化中心列入苏州市城市综合服务标准化第二期示范单位。

苏州市公共文化中心城市综合服务标准化试点示范项目自启动以来，领导高度重视，多次组织和参与相关学习、讨论活动，各项工作任务按时间进度有序实施。苏州市公共文化中心按照《市政府办公室印发关于开展城市综合服务标准化试点工作的实施细则的通知》（苏府办〔2012〕170号）、《市政府办公室关于转发2014年苏州市城市综合服务标准化试点工作要点的通知》（苏府办〔2014〕9号）等文件精神，结合公共文化服务实际，通过与标准化专业机构紧密合作，将标准化作为提升公共文化服务品质的有效手段和打造优质服务品牌的重要抓手，着力推进标准化建设，取得了良好的社会效益。

（二）标准化建设推进过程

加强组织领导，与专业机构合作。苏州市公共文化中心高度重视标准化试点工作，为加强标准化工作的组织领导，落实标准化试点工作的保障机制，成立了以苏州市公共文化中心负责人、分管领导为组长、副组长，各馆各部门负责人为成员的标准化工作领导小组，制订工作计划，并将标准化工作作为年度重要目标任务，分解落实。领导小组下设办公室，由综合部具体负责日常工作和具体事项，并进行协调联络。

为切实提高标准化工作的技术水平，苏州市公共文化中心聘请专业机构对服务标准化工作进行顾问和指导，对工作人员的标准化基本原理方法进行培训教学，辅导制定、转化相关服务标准，监督并修正标准实施过程。

规范内部管理，进行标准体系框架的搭建和标准的撰写、转化。做好服务标准化工作，关键是抓好制度建设，健全和规范内部管理和对外服务规范的制定。作为新成立的公共文化服务机构，苏州市公共文化中心把标准化工作作为加快内部磨合和规范内部管理的一项重要措施来抓，在编制标准并组织实施的过程中坚持与苏州市公共文化中心的发展实际相结合，不断完善各项规章制度，重点以《全国重点美术馆评估标准》《文化馆一级馆标准》《创建国家公共文化服务体系示范区验收指标（东部）》等要求为基础，自 2013 年 7 月至今，陆续编写、转化了《苏州市公共文化中心美术馆管理规范》《苏州公共文化中心名人馆服务规范》《苏州市公共文化中心电子阅览室服务规范》《苏州市公共文化中心剧院服务规范工作要求》《苏州市公共文化中心展厅专业灯光管理规范》《苏州市公共文化中心志愿者服务规范》《苏州市公共文化中心公务用车管理规范》等多个企业标准，并将其列入苏州市公共文化中心公共文化服务标准体系。

目前，已完成体系编制说明、服务标准体系框架、标准明细表的梳理，收集整理 125 项相关国家标准、42 项行业标准、8 项地方标准，并完成了 30 项企业标准的编写与转化（详见表 5-22）。

表 5-22　标准体系标准统计表

子体系名称	标准类别名称	国家标准	行业标准	地方标准	组织标准	小计
子体系一：服务通用基础标准体系	JC101 标准化导则	13	–	–	1	14
	JC102 术语与缩略语标准	12	–	–	–	12
	JC103 符号与标志标准	11	1	–	–	12
	JC104 数值与数据标准	7	–	1	–	8
	JC105 测量标准	9	–	1	–	10
	小计	52	1	2	1	合计:56

续表

子体系名称	标准类别名称	国家标准	行业标准	地方标准	组织标准	小计
子体系二：服务保障标准体系	BZ201 环境标准	27	–	16	–	43
	BZ202 能源标准	2	4	–	–	6
	BZ203 安全与应急标准	7	–	7	3	17
	BZ204 职业健康标准	1	–	1	–	2
	BZ205 信息系统标准	6	1	–	3	10
	BZ206 财务管理标准	1	–	2	2	5
	BZ207 设施设备及用品标准	9	1	8	–	18
	BZ208 人力资源标准	–	1	1	4	6
	BZ209 合同标准	2	–	1	–	3
	小计	55	7	36	12	合计:110
子体系三：服务提供标准体系	TG301 服务提供规范	–	–	4	17	21
	TG302 服务质量控制规范	12	–	–	–	12
	TG303 运行管理规范	–	–	–	–	–
	TG304 服务评价与改进标准	6	–	–	–	6
	小计	18	–	4	17	合计:39
	合计(按标准级别)	125	42	8	30	标准总计:205

苏州市公共文化中心积极推动标准化工作宣贯、实施,标准实施率达100%。以“你在我的身边,我在你的心里”为主题,深入开展“家在苏州 · 满意服务”活动,强化服务人员自我约束,切实提升服务效能。工作人员每天值班值守情况统一上墙对外公示,党员佩戴党徽,统一着工作服、戴工作牌上岗,对服务窗口部门实行履职考评机制,在窗口服务人员中开展“优秀服务窗口”“服务明星”评选活动等,激发争先创优的热情。完善首问负责制、服务承诺制、失职追究制和绩效考核制等,进一步规范服务标准、服务程序、服务承诺、服务言行。相关服务项目、服务流程、制度通过网站、信息屏等向社会公开,在美术馆、文化馆、名人馆大厅设立观众意见簿,公示投诉、监督电话,接受群众的监督。由标准化工作领导小组组成监督巡查组,定期对标准实施情况进行检查。

苏州市公共文化中心标准化工作人员积极参加苏州市质监局组织的7次联络员培训,并通过组织标准化专题会议、领导小组会议、各部门联络员会议、集中学习等形式,使干部、职工了解标准化工作的相关知识,明晰标准化工作在规范服务行为、优化服务质量、提高服务效率、创新服务工作机制等方面的重要作用,统一认识。

相关服务标准在 OA 平台发布,并通过服务台、电子信息屏、网站、微博、微信等渠道对外进行公示。在标准实施过程中,注重通过调查问卷、各馆意见簿留言及网络互动等方式收集服务对象的反馈意见。

(三)标准化建设工作成效

1. 服务意识进一步增强

苏州市公共文化中心下辖 8 个艺术场馆,服务门类众多,内容广泛,通过标准化工作的开展,理顺了内部流程,制定了相关标准,使服务有据可依,有章可循,优秀的服务经验可以不断复制,工作方法和工作作风得到有效改进,提升了窗口服务形象和服务效能,观众满意度得到大幅提升。

2. 服务举措有效创新

在标准化实施过程中,了解到市民群众觉得美术馆门槛高不接地气的想法,在苏州美术馆创新设立市民展厅,制定出台《苏州市公共文化中心市民展厅管理规范》,符合条件的市民通过评审可免费到苏州美术馆市民展厅办展,2014 年 5 月,"芳草碧连天——六中师生风景写生习作展"作为市民展厅设立后的首个展览对外免费开放,产生了良好的社会反响。

3. 服务品牌知名度和影响力进一步扩大

标准化工作的开展,使团队在工作中效率更高、协作性更强,进一步打响了苏州市公共文化中心的公共文化服务品牌。截至 2014 年 6 月,共举办 2014 迎春书画展、吴青霞画展,第四届"江南如画"油画精品展,吴冠南、夏回中国画作品展,陈湘波作品展,张华清、李华英油画艺术展,晚明风华·书坛名家选萃展,杭鸣时捐赠作品展,2014 苏州市新人新作展等 17 个展览活动。开展"家在苏州·我们的节日""梅花飘香""家在苏州·情满水城"群众文化走基层演出和"家在苏州·欢乐大舞台"等品牌演出 24 场。承办"春之畅想——友好交流音乐会"、全国地方戏(南方片)优秀剧目展演等 33 场苏州市公共文化中心剧院演出。实施"家在苏州"桃花坞木刻年画巡展 6 场、"美术馆里的美术课"6 期、"与大师面对面"粉画沙龙 4 期、"相约美术馆"公益讲座 5 场、《1080 大讲堂》4 期、"怀旧苏州风之苏绣"和"老布新衣大挑战"——亲子工作坊、"走进名人、放飞梦想"苏州名人馆进小学、进企业活动等公共教育活动 10 场,成立苏州名人馆联盟,实现名人资源的联动共享。

在此基础上,苏州市公共文化中心注重抓特点、抓示范效应,已形成了科技创新、美术展览、志愿服务、群文活动四大全国性活动品牌。一是策划实施的"数字文化生活体验馆"项目成功入选 2014 年文化部科技创新项目(今年全国共有 25 个项目入选)。

二是策划实施的《沧浪之水——苏州美术馆馆藏颜文樑作品特展》成功入选文化部2014年全国美术馆馆藏精品展出季活动(今年全国共有41个项目入选),这是苏州美术馆首次入选全国美术馆馆藏精品展。三是实施的"苏州市民文化艺术素养提升志愿服务工程"被评为文化部"文化志愿者基层服务年"示范项目,作为优秀典型受到了文化部通报表扬。四是承办文化部"大地情深"——群星奖获奖作品巡演苏州行,并代表江苏赴内蒙古开展"春雨工程"——文化志愿者边疆行(内蒙古呼和浩特、包头、鄂尔多斯)活动,分别在苏州市公共文化中心剧院、吴江盛泽行政服务中心广场、呼和浩特、包头、鄂尔多斯等地举办6场示范性广场演出等,参演节目主要为第十届中国艺术节"群星奖"舞蹈、音乐、曲艺和小品类获奖作品,观众覆盖社区居民、学生、部队官兵、外来务工人员等各类群体,受到了群众的热烈欢迎。

通过一段时间的服务标准化工作建设,苏州市公共文化中心的标准试点工作取得了初步成效,但仍存在几个突出问题:一是标准化专业知识欠缺,仍需要与专业机构长期合作并不断加强培训;二是标准体系中苏州市公共文化中心特色品牌的标准不够完善;三是标准实施监督、考核等力度还需加强,应与个人绩效挂钩。

接下来,苏州市公共文化中心将继续完善标准体系,增强标准之间的协调性,使标准更加科学合理和具有可操作;进一步推动标准的宣传、贯彻、实施,并通过服务人员和服务对象的反馈意见,不断完善、修正现有标准;结合优势项目,探索制定相关服务标准;形成良好的考核评价机制,在实施标准的过程中不断提升服务质量。

五、博物馆标准化建设

(一) 苏州博物馆基本概况

苏州博物馆成立于1960年元旦,为地方性综合博物馆。馆址位于全国首批重点文物保护单位——太平天国忠王李秀成王府,是保存至今的太平天国王府中最为完整的一座。2006年10月,经过4年的建设,由世界建筑设计大师贝聿铭设计的苏州博物馆新馆正式开馆,新馆位于忠王府西侧,总投资3.39亿元,建筑面积1.9万余平方米,成为展示吴文化及当代苏州文化建设成果的新平台。

苏州博物馆自2013年承担苏州市城市综合服务标准化第二批试点项目示范单位以来,全馆干部职工高度重视该项工作。博物馆馆部成立了领导小组,并组建了创建工作小组。领导小组进行了工作思路和方式的研究,部署了全局的工作。工作小组在馆部的领导下,有条不紊地开展了工作。通过半年多的努力,在有关领导的统筹安排下,苏州博物馆对照苏州博物馆综合服务标准化工作的整体部署,基本完成了第一阶段的创建工作。

在标准化创建工作过程中，博物馆围绕综合服务标准化方针与目标来制定和实施综合服务标准体系，使所建立的标准体系的目标和发展方向明确；博物馆综合服务标准体系遵循系统性原则，注重系统内标准之间的相互协调一致，注重相互连接、相互依存、相互制约的内在联系，发挥综合服务标准体系的整体功能；博物馆综合服务需要协调统一各种事物和概念，在充分研究后确定需要制定哪些标准，并在一定范围内使应有的标准全面配套；博物馆综合服务标准体系表内标准类别的划分应按博物馆综合服务的功能特点进行，同一项标准不得在体系表中重复出现。

（二）标准化建设推进过程

遵照标准化创建的目标要求，苏州博物馆综合服务标准化工作小组已经完成了对现行博物馆规章制度的梳理，编制了规范的标准体系结构图、统计表、明细表和编制导则。标准覆盖率达到95%以上，实施率达到100%，观众满意率达95%以上。按照“边学边改、服务观众、满意观众”的理念，以在标准的制定与实施中推动和提升各项业务工作为目标，以“先优化、后标准化”为原则，将梳理出来的规章制度转化为标准。形成了由73个国家标准、14个行业标准和86个组织标准组成的“苏州博物馆综合服务标准”体系。综合服务标准体系由博物馆综合服务通用基础标准体系、博物馆综合服务保障标准体系和博物馆综合服务提供标准体系三大子体系组成。服务通用基础标准体系是服务保障标准体系、服务提供标准体系的基础，服务保障标准体系是服务提供标准体系的直接支撑，服务提供标准体系直接面对博物馆观众需求，可促使服务保障标准体系的完善。目前形成的“苏州博物馆综合服务标准”体系中，已经明确了SZMB-WT-020-XX-NN的机构体系编号方法和Z/SZMB NN-NNNN的机构标准编号方法，并且已经在苏州市城市综合服务示范单位标准代号在线输入系统中成功申请此体系编号和标准编号。标准体系标准统计见表5-23。

表 5-23　标准体系标准统计表

子体系名称	标准类别名称	国家标准	行业标准	地方标准	组织标准	小计
子体系一：服务通用基础标准体系	JC101 标准化导则	9	–	–	3	12
	JC102 术语与缩略语标准	2	–	–	–	2
	JC103 符号与标志标准	6	–	–	–	6
	JC104 数值与数据标准	2	–	–	–	2
	JC105 量和数据标准	2	–	–		2
	JC106 测量标准	3	–	–	–	3
	小计	24	–	–	3	合计:27
子体系二：服务保障标准体系	BZ201 环境标准	3	1	–	–	4
	BZ202 能源标准	6	–	–	1	7
	BZ203 安全与应急标准	7	2	–	5	14
	BZ204 职业健康标准	–	–	–	1	1
	BZ205 信息系统标准	23	4	–	4	31
	BZ206 财务管理标准	–	–	–	4	4
	BZ207 设施设备及用品标准	1	–	–	10	11
	BZ208 人力资源标准	1	–	–	13	14
	BZ209 合同标准	–	–	–	1	1
	小计	41	7	–	39	合计:87
子体系三：服务提供标准体系	TG301 服务规范	2	1	–	4	7
	TG302 服务提供规范	–	–	–	13	13
	TG303 服务质量控制规范	3	–	–	4	7
	TG304 运行管理规范	–	6	–	21	27
	TG305 服务评价与改进标准	3	–	–	2	5
	小计	8	7	–	44	合计:59
	合计(按标准级别)	73	14	–	86	标准总计:173

同时,通过近期各项标准的编制,苏州博物馆逐渐将部分服务规范和服务提供方面的标准投入实施,产生了积极的作用。

1. 新制定的《苏州博物馆开放区域督导管理办法》规定了博物馆开放区域的概念和范围、开放区域各类工作人员的岗位规范和工作职责、督导管理小组的机构和职责、督导管理办法的细则和奖惩规定。通过标准化管理,有效维护和提升苏州博物馆的整体形象,提高一线服务人员服务水平,为观众提供满意的服务,保持开放区域的清洁、安静，营造良好的参观环境。

2. 新制定的《苏州市博欣艺术品有限公司门店运营管理办法》规定了苏州市博欣艺术品公司苏州博物馆门店的组织架构、工作规范、岗位职责、店面管理、劳动条例、考勤管理、薪酬福利和奖惩规定。通过标准化的管理，强化员工服务意识和服务素质，为观众提供微笑和满意的服务，让观众享受优质的博物馆购物环境，把博物馆文化创意产品开心带回家。

3. 优化后编制的《苏州博物馆志愿者管理办法》适用对象包括苏州博物馆注册志愿者、团队志愿者和短期志愿者。该办法规定了苏州博物馆志愿者管理标准化工作的工作目标、目标对象、添置与更新原则、设备与网络管理细则。加强和规范了苏州博物馆志愿者的管理基础，规范了本馆志愿者的服务和管理，确保志愿者工作运行良好。为志愿者在各自的岗位上为苏博的观众提供更加人性化和更加优质的文化志愿服务提供了制度的保障。

4. 针对各个服务岗位的要求，新增制定了“语音导览器租赁办法”“亲子导览包使用规范”“寄存处服务规范”“大厅服务台管理规范”“检票岗位管理规范”“讲解服务提供规范”“志愿者引导岗位规范”，并已于近期发布实施。

为保障以上工作的顺利开展，在苏州市质监局专家的组织和指导下，苏州博物馆还开展了相关的专业培训。

（1）组织相关人员参加标准化工作培训。工作小组组长先后按照苏州市城市综合服务标准化试点工作领导小组办公室的要求，参加由苏州市质监局组织的工作培训。2014 年 3 月 17 日举办了《苏州博物馆综合服务标准化》暨《苏州博物馆开放区域督导管理办法》内部培训。

（2）开展工作小组内部培训。①工作小组组长在学习、吸收和消化标准化工作理论知识的基础上，在工作小组内部组织了培训。主要内容是传达标准化创建工作精神，学习标准化工作的框架搭建等基础知识，标准文本编写的指导和具体转标工作的示范。②在《苏州博物馆开放区域督导管理办法》的制定和实施过程中，工作小组完全按照《标准的制定和复审程序》进行操作，完成了一次可贵的模拟训练。

（三）标准化建设工作成效

在创建的过程中，博物馆完成了 2014 年省级服务业标准试点项目的申报；完成了 2014 年两项江苏省地方标准的申报，分别是《苏州博物馆开放区域督导管理办法》和《苏州博物馆艺术品商店管理办法》。同时，按照全市综合服务标准化工作的统一部署，开展了标准化创建工作的自评，针对工作中的成绩和不足，如实做出工作的成效评估。

博物馆将继续加强标准化创建理论的学习，加大标准实施的力度，加强工作人员的培训，注意在标准实施前进行广泛的民意调查和意见征集，进行开放的标准实施公示，注意收集标准实施后各方面的反馈，在实践中不断改进和改善标准，提高标准的可行性和适用性。

第九节　公共科技服务标准化

一、科技公共服务平台标准化建设

（一）苏州电器科学研究院股份有限公司概况

苏州电器科学研究院股份有限公司（简称苏州电科院）主要从事发电设备、输变电设备（包括电力变压器、电抗器、互感器、绝缘子、避雷器、电容器、架空线、电力金具）、高压电器、高压成套开关设备、低压电器、低压成套开关设备、机床电器、船用电器、核电电器、汽车电子电气、风力发电设备、太阳能光伏系统、节能产品、RoHS、EMC、抗震等各类领域的检测、仪器设备计量校准、检测装备研制和标准情报研究服务工作。作为一家有着近50年历史的电器科研院所，电科院已建立了较为完善的电器检测规范和体系文件。

根据苏州市人民政府开展城市综合服务标准化试点的有关要求，苏州电科院被苏州市科技公共服务标准化工作领导小组列入苏州市第一批试点单位，开展“苏州市科技公共服务标准化试点”工作。

（二）标准化建设推进过程

苏州电科院于2012年年底开始启动服务标准化试点工作。苏州电科院根据自身的实际情况开展服务标准试点工作，重点做了以下6个方面的工作。

1. 建立标准化管理机构并确定工作方针、目标

苏州电科院在承担苏州市城市综合服务标准的试点项目以后，根据实际情况，成立了标准化领导小组，成员包括总工程师办公室、技术监督室等部门的领导，建立了标准实施、管理、监督工作队伍。由苏州电科院总工程师办公室负责标准化试点的各项具体工作，标准体系建设办公室作为标准化工作实施的监督部门，根据实施方案对标

准化工作的开展进行监督、检查。苏州电科院编制了《苏州电器科学研究院股份有限公司科技公共服务标准化试点单位工作实施方案》，明确了科技公共服务标准化工作的指导思想、总体目标与工作举措，制订分阶段实施计划。领导小组定期召开标准化工作会议，讨论、落实标准化推进具体事宜。

2. 建立完善服务标准体系

建立健全的服务标准体系是试点工作的重点，也是实施推行服务标准具体化的前提条件，为了实现这个目的，苏州电科院参照国家、地方标准，结合苏州电科院管理手册、程序文件的要求和服务对象的要求，分层分类、合理地制定了服务标准体系。苏州电科院在标准化体系的建设过程中，结合具体情况，依据 GB/T24421.1、GB/T24421.2、GB/T24421.3、GB/T24421.4 等的要求，建立服务标准体系框架，通过参考苏州电科院各项试验作业指导书 253 项、各式记录表式 237 项以及各类试验装置校验规程 191 项，作为苏州电科院标准化建设的指导，基本囊括了苏州电科院所有服务项目的规范和流程，确保了标准体系的规范性、完整性、协调性和有效性。自开展标准化试点工作以来，共编制了服务通用基础类标准 2 项，服务保障类标准 16 项，服务提供类标准 14 项，引用国家、行业和地方标准 38 项，体系基本满足 GB/T24421.1、GB/T24421.2、GB/T24421.3、GB/T24421.4 等标准和试点要求。其标准统计如表 5-25 所示。

表 5-25 标准体系标准统计表

子体系名称	标准类别名称	国家标准	行业标准	地方标准	组织标准	小计
子体系一：服务通用基础标准体系	JC101 标准化导则	9	–	–	2	11
	JC102 术语与缩略语标准	4	–	–	–	4
	JC103 符号与标志标准	2	–	–	–	2
	JC104 数值与数据标准	1	–	–	–	1
	JC105 量和单位标准	2	–	–	–	2
	JC106 测量标准	1	–	–	–	1
	小计	19	–	–	2	合计:21

续表

子体系名称	标准类别名称	国家标准	行业标准	地方标准	组织标准	小计
子体系二：服务保障标准体系	BZ201 环境标准	–	–	–	1	1
	BZ202 能源标准	5	–	–	–	5
	BZ203 安全与应急标准	3	1	1	3	8
	BZ204 职业健康标准	2	–	–	1	3
	BZ205 信息标准	4	–	–	1	5
	BZ206 财务管理标准	–	–	–	1	1
	BZ207 设施设备及用品标准	–	–	–	6	6
	BZ208 人力资源标准	–	–	–	2	2
	BZ209 合同标准	–	–	–	1	1
	小计	14	1	1	16	合计:32
子体系三：服务提供标准体系	TG301 服务规范	–	–	–	2	2
	TG302 服务提供规范	–	–	–	4	4
	TG303 服务质量控制规范	1	–	–	5	6
	TG304 运行管理规范	–	–	–	1	1
	TG305 服务评价与改进标准	2	–	–	2	4
	小计	3	–	–	14	合计:17
	合计(按标准级别)	36	1	1	32	标准总计:70

3. 积极开展服务标准化宣传培训

试点工作开展以来，苏州电科院先后选派多名标准化工作人员参加由上级试点工作领导部门组织的标准化试点工作相关培训，并多次组织内部培训，高薪聘请外部专家进行服务标准基本知识培训讲座，通过宣贯和培训，让工作人员了解和掌握试点工作的目的与意义、目标任务、基本内容、基本要求、总体部署及各阶段分步实施的基本任务。另外还加强对标准化工作人员的培训，其对象主要是标准管理部门人员和标准编制人员及检测室等部门的负责人，内容涉及实施方案、标准体系的建立、标准编写要求的相关国家标准、本院管理手册、程序文件和管理制度等，使工作人员在服务标准化试点工作中发挥带头示范作用、发挥组织引领作用、发挥业务指导作用、发挥调查研究作用、发挥桥梁纽带作用。

4. 有条不紊实施标准

组织服务标准实施是整个试点工作的主体，也是检验“服务标准”可行性、有效性的重要方法。苏州电科院高度重视标准实施情况，在确定苏州电科院各相关部门都具备标准实施的必要条件下，分阶段、分步骤，有条不紊地按照原定计划来执行标准。同时，确定了以标准体系建设办公室为标准实施检查的机构，定期组织检查，并形成了检查的制度。检查小组在日常检查中发现，其各部门、各岗位的服务行为规范与服务质量基本能满足标准要求，标准实施率达到100%。

为了保障服务标准化实施的顺利推进，促进服务标准化实施的健康发展，苏州电科院在服务标准试点工作中，重新调整健全了投诉受理、用户回访的管理机构，进一步增强客户服务中心的力量，并对现有客户进行了客户满意度调查，调查结果显示，客户对实施标准化服务体系后的服务工作的满意度有了明显提升，综合满意度达到98%，并且通过调查，对客户提出的意见和建议进行深入分析，并积极采取应对措施，进一步提升客户满意度。

5. 加强服务标准实施的持续改进

实施服务标准的最终归宿，要落脚到标准的可行性、实效性。为了实现这个目标，考虑到在推行服务标准化的全过程乃至包括今后的正常实施，苏州电科院建立了定期的标准持续改进总结制度以及自我评价制度。

苏州电科院在标准实施的过程中，根据评价指标体系和方法定期对标准实施的符合性和实施效果进行自我评价。

(1) 深入服务现场，比照标准，直接对作业人员的实际操作以及标准执行进行跟踪调查，了解情况、听取意见、科学观察、反复实践。2014 年 6 月，对全院标准执行情况进行了一次专项检查，对检查中发现的问题采取了整改措施，取得了一定的效果。

(2) 走访客户，宣传服务标准，倾听反映、征求意见，对于客户的正常要求，合理建议，予以积极支持，并汇总整理，统筹兼顾，建议领导小组从实际出发，调整有关服务方案，满足客户需求。

(3) 在实践和调研的基础上，通过科学论证，组织对服务标准进行修订调整，使标准逐步完善、逐步到位，使标准实施工作逐步纳入正常轨道，健康发展。

(4) 组织持续改进工作的培训和辅导，明确任务，明确要求，明确责任，明确基本做法和操作步骤，明确持续改进的工作方向和工作目标。

(三) 标准化建设工作成效

苏州电科院基本建立了自己的服务标准体系，进一步规范了苏州电科院的各项工作，同时也取得了一定的成绩，在 2013 年取得了 ISO14001 环境管理体系认证、OHSAS 18001 职业健康安全管理体系认证证书，并获得了“中国质量诚信企业”“江苏省用户满意服务奖”“苏州市十大公共服务平台”“苏州市信用管理示范企业”等荣誉。

科学、完整、规范地实施服务标准化是一项长期任务，服务标准化试点工作还仅仅是开始，苏州电科院将通过总结，系统疏理、分析研究，针对服务标准化试点工作存在的一些问题，进一步充实和完善标准体系各项内容，使标准体系内容更加充实、全面，更加符合工作的实际。

二、专利和版权管理标准化建设

（一）苏州市专利代办处基本概况

苏州市专利代办处是国家知识产权局专利局在苏州市知识产权局设立的专利业务派出机构，主要承担国家知识产权局专利局授权或委托的专利业务及相关服务性工作。其具体业务主要包括专利申请文件的受理、费用减缓请求的审批、专利费用的收缴、专利实施许可合同备案、加快审查、电子申请用户注册、专利权利质押、办理专利登记簿副本及相关业务咨询服务。

2013 年 8 月，苏州市城市综合服务标准化试点工作领导小组发布《关于下达苏州市城市综合服务标准化第二期试点项目和示范单位的通知》，批准苏州市专利代办处为“专利和版权管理”标准化项目的承担单位。苏州市专利代办处围绕实现管理规范、服务质量提升、顾客满意度高的目标，积极开展建立健全和实施知识产权服务标准体系等各项试点工作，取得了良好的成效。

（二）标准化建设推进过程

知识产权服务标准化是一项需要统筹规划、有序推进的系统工程，苏州市专利代办处将知识产权服务标准化作为一项长期的工作任务和目标，把握全局、强化机制、系统规划、稳步推进。苏州市专利代办处认真制订了标准化工作计划和实施方案，力求在实施标准化建设进程中不断更新理念、形成体系、完善标准、优化服务。

1. 成立组织，加强领导

为保证标准化试点工作的顺利开展，苏州市专利代办处成立了标准化工作领导机构，负责管理各项标准化工作进度安排，在规定时间内监督各目标责任人完成相应工作进度以及提供相应标准化材料。

2. 合理分工，规范流程

组建了管理、实施、监督小组并明确相关职责。实施小组主要职责有：①负责苏州市专利代办处服务及管理标准制定及实施（代办处考勤、窗口服务、代办处管理、相关管理措施等）。②负责提供相关受理工作标准制定及实施（代办处纸件受理、电子申请、邮寄登记、扫描业务等)。③负责提供收费相关工作标准制定及实施(代办处窗口收费、网上银行收费等)。④负责提供综合业务受理标准制定及实施(合同备案、电子注册、专利权质押登记、专利登记簿副本受理等)。⑤负责收集相关业务工作台账,对外联络等工作。

监督小组主要职责:①对标准制定和实施过程中的每一步进行检查监督,核对材料是否符合标准化要求。②负责监督标准的实施是否符合规定,做好相应的监督记录工作。③对标准制定和实施过程中遇到的问题进行更正,建立长效的标准改进机制。

3. 密切协作,构建支撑

苏州市专利代办处邀请苏州市技术监督情报所作为标准化技术支撑机构,协助完成标准体系框架建立、工作流程梳理、标准明细表出台及组织标准编制转化等工作。苏州市专利代办处紧靠专利公共服务的工作实际出台了标准化工作规划和实施方案,注重标准化工作的实际应用,将标准化工作与代办处业务工作紧密结合。

苏州市专利代办处根据苏州市政府办公室《关于开展城市综合服务标准化试点工作的实施细则》提出的"各项目承担单位应构建科学合理、层次分明、满足需要的标准化体系框架,编制标准体系表"的要求,构建了专利公共服务标准体系。工作实施小组对苏州市专利代办处开展的各项工作进行梳理,分析建立标准体系。标准体系包括服务通用基础标准、服务保障标准和服务提供标准三个子体系,制定的组织标准达22项。标准体系覆盖了专利代办处的专利受理、专利缴费、管理领域的各个环节,标准覆盖率达到100%,为苏州市专利代办处标准化工作的全面开展提供了有力保障。

根据GB/T24421—2009《服务业组织标准化工作指南》的基本框架,不断修订和完善人力资源服务标准体系,结合苏州市专利代办处的管理制度及实际运行情况,编制了《专利受理服务标准体系表》。标准体系表编制参照了GB/T 13016—2009《标准体系表编制原则和要求》和GB/T 13017—2008《企业标准体系表编制指南》的要求,主要内容包括结构、编制原则和工作方法、格式与编写说明书内容(标准体系表的结构形式、标准明细表的格式、统计表格式、编制说明内容要求)等,并结合单位的实际情况做出了调整。其标准统计如表5-26所示。

表 5-26 标准体系标准统计表

子体系名称	标准类别名称	国家标准	行业标准	地方标准	组织标准	小计
子体系一：服务通用基础标准体系	JC101 标准化工作导则	13	–	–	1	14
	JC102 术语与缩略语标准	11	–	–	1	12
	JC103 符号与标志标准	11	–	1	–	12
	JC104 数值与量纲标准	7	–	1	–	8
	JC105 测量标准	8	–	1	–	9
	小计	50	–	3	2	合计:55
子体系二：服务保障标准体系	BZ201 环境标准	14	2	–	1	17
	BZ202 能源标准	2	–	4	1	7
	BZ203 安全与应急标准	5	3	–	3	11
	BZ204 职业健康标准	1	1	–	–	2
	BZ205 信息标准	6	–	1	–	7
	BZ206 财务办公标准	1	2	–	1	4
	BZ207 设施设备及用品标准	–	–	1	2	3
	BZ208 人力资源标准	–	1	1	2	4
	BZ209 合同标准	2	1	–	–	3
	小计	31	10	7	10	合计:58
子体系三：服务提供标准体系	TG301 服务实施规范	–	–	–	9	9
	TG302 服务质量控制与管理	5	–	–	–	5
	TG303 服务评价与改进标准	6	–	–	1	7
	小计	11	–	–	10	合计:21
	合计(按标准级别)	92	10	10	22	标准总计:134

苏州市专利代办处在“服务通用基础标准”方面制定了《苏州市专利代办处标准化工作导则》和《苏州市专利代办处术语》两项规范。“服务保障标准”方面制定了《苏州市专利代办处物资采购及使用管理要求》《苏州市专利代办处设施设备管理要求》《苏州市专利代办处职工考核管理规范》《苏州市专利代办处安全管理要求》《苏州市专利代办处环境管理要求》《苏州市专利代办处节能管理要求》《苏州市专利代办处受理大厅突发事件处置应急预案》等10项规范。在“服务提供标准”方面制定了《苏州市专利代办处发明专利申请优先审查规范》《苏州市专利代办处新申请本地扫描业务规范》《苏州市专利代办处专利登记簿副本办理规范》《苏州市专利代办处专利电子申请用户注册办理规范》《苏州市专利代办处专利费用收缴工作规范》《苏州市专利代办处专利

申请受理保密管理要求》《苏州市专利代办处专利实施许可合同备案规范》《苏州市专利代办处专利质押登记办理规范》《苏州市专利代办处专利受理工作规范》《苏州市专利代办处标准化持续改进规范》10 项规范。通过这些标准的制定，将标准化延伸到专利综合服务经办管理的各环节。知识产权服务标准化，不仅仅是知识产权服务流程的标准化，也是相关服务环节的标准化，以及整个机构管理的标准化。苏州市专利代办处以标准化建设为契机，在实现专利服务项目标准化的同时，还实现了岗位工作标准化、招聘管理标准化、职工考核管理标准化、各类业务表格标准化和大厅突发事件处置标准化，并进一步延伸到物资采购、使用及管理要求标准化，实现专利综合服务标准化全覆盖，全面提升了专利综合服务及经办、管理的标准化水平。

4. 重视标准实施与持续改进

苏州市专利代办处通过积极参加各项标准化培训课程，邀请苏州市技术监督情报所的工作人员对苏州市专利代办处内部进行标准化进程培训，同时通过知识竞赛，网络宣传，走进客户单位宣传等方式进行标准试点工作的宣贯。苏州市专利代办处严格执行标准，按照标准的流程和要求提供服务，完善标准实施记录，建立相关台账，并装订成册，对推动代办处标准化进程起到积极推动作用。

通过这些培训与活动，代办处的工作人员认识到标准化工作的重要性与先进性，有力地推动了标准的实施，标准实施率达到 100%，提升了专利综合服务及质量管理的标准化水平。同时，苏州市专利代办处积极开展了“为民服务创先争优”活动，并提出了“主动服务、创新服务、周到服务”的口号。积极开展并把标准化服务的理念落实到实际工作中，进一步规范服务行为、使用服务用语、履行服务承诺，进行微笑服务。2013 年下半年，受理大厅安装了服务评价系统，让广大的服务对象监督苏州市专利代办处工作。

（三）标准化建设工作成效

1. 标准化意识明显提高，管理更加规范

通过开展标准化试点工作，苏州市专利代办处的工作人员标准化意识明显增强，形成了学标准、讲标准、用标准的良好氛围。试点工作的实施已经引导试点单位向标准化、品牌化的方向发展。苏州市专利代办处先后获得 2013 年度“全国先进专利代办处”“苏州市十佳文明服务窗口”等荣誉称号。

2. 服务质量明显提高，满意度不断提高

按照标准化建设要求，新服务大厅面积达到 300 平方米左右；配置了等候座席和叫号系统；实现了服务柜台的开放式坐式服务。配置各种便民设施，如饮水机、查询电脑、报刊栏以及书写工具、老花眼镜等。推行标准化服务用语，做到“来有迎声，去有送声”，使顾客有宾至如归的感觉。通过满意度评价系统的汇总可以发现，满意度由未开展标准化服务工作时的85%提升到了标准实施后的91%。

3. 服务效能明显提升，社会效益显著

苏州市专利代办处通过改进服务方式，限时办理等服务规范，服务效能得到大幅提升。在收费服务方面，通过改进服务流程，将银行汇款业务办结时间大幅缩短，由国家知识产权局规定的在15个工作日内办结缩短至仅需3～5个工作日。同时，苏州市专利代办处积极开展学习雷锋日、“百日无差错”、援助结对单位、知识产权进社区等各类公益活动，积极申报“国家知识产权局青年文明号”，通过试点工作的实施，代办处的社会责任感普遍增强，社会效益得到显著提升。

第十节　旅游服务标准化

一、景区服务标准化建设

（一）苏州同里国际旅游开发有限公司基本概况

苏州同里国际旅游开发有限公司是一家综合性的旅游企业。公司始创于1997年，目前公司工商注册资本5.6亿元人民币，经营范围为旅游景点的开发经营及相关配套服务。公司下设苏州水墨同里文化产业有限公司、苏州市同里湿地公园有限公司、苏州魅力同里网络传媒有限公司和苏州市吴江区同里国内旅行社4个子公司。多年来，公司一直秉承“一流品质，一流服务”的经营理念，致力于提升旅游景区品质，2010年4月成功地创建为国家AAAAA级旅游景区；致力于加快旅游资源开发，旅游景点从公司成立时的3个发展到截至2014年底的9个，展示了深厚的历史文化底蕴；致力于壮大旅游经济规模，接待人次、门票收入呈几何级的增长幅度，境内外游客纷至沓来；致力于规范旅游企业管理，2001年通过了ISO9001质量管理体系认证，2006年又顺利通过了ISO14001环境管理体系认证，提升了品牌影响力和行业竞争力；致力于培育旅游企业文化，公司多次被评为苏州市旅游行业先进集体，导游部被评定为国家级“巾帼文明岗”。2012年8月，该公司被列为首批“苏州市城市综合服务标准化试点”单位之一，这是继创建苏州市首批旅游标准化示范单位之后，又一次提升企业标准化管理水平的极好契机。在城市综合服务标准化创建活动中，苏州同里国际旅游开发有限公司始终坚持“全面覆盖、具有特色、满足发展、游客满意”的原则，不断完善标准体系，加快实施进度，坚持持续改进，提升服务质量，有效地增强了企业的竞争力。

（二）标准化建设推进过程

1. 明确目标任务，形成高效的创建工作制度

城市综合服务标准化创建伊始，苏州同里国际旅游开发有限公司就成立了以董事长为组长的创建工作领导小组，下设工作组，配备专门人员，一是职责落实，根据不同的任务要求，制订了城市综合服务标准化建设实施方案，将工作任务分解到每个部门，并定期召开工作会议，破解创建工作中的难点问题，两年来，共召开动员大会 1 次、标准推进会 16 次、各类培训活动 9 次，提供了有效的组织保障；二是检查落实，公司结合员工服务质量监督小组的工作，每周进行一次全面检查，每月下发一次通报，落实整改执行不到位的情况；三是经费落实，公司至今已投入 20 多万元用于培训、宣传、外出学习及部分基础设施维修等标准化创建活动，为城市综合服务标准化创建有序推进提供了经费保障。

2. 坚持务实创新，形成严谨的服务标准框架

根据城市综合服务标准化的要求，一是夯实基础工作，完成了标准化文件的策划制定，拟定了体系文件架构，识别了适用的法律、法规及标准，增加、补充和修订了相关文件，形成严谨的标准化框架；二是建立自评制度，规定每年对标准化运行情况至少进行两次自评，并提出进一步完善标准化的计划和措施，经过自评完善后，标准化服务体系更具操作性和实用性，比如：2014 年 3 月，苏州市旅游局在同里召开了旅游景区应急演练现场会，通过实地演练，不仅提高了突发事件的处置能力，而且为改进安全与应急标准提供了实例；三是严格整改措施，对执行不到位或需要调整的内容，及时督促整改，两年来，共对十多条标准进行了整改完善，在实践中得到了有效实施。

3. 发展新型业态，形成健全的技术标准

民居客栈一直是同里旅游业的一大特色旅游经营业态，苏州同里国际旅游开发有限公司为了加强民居客栈的规范化管理，在上级旅游和质监部门的帮助下，出台了苏州市首个《同里镇星级民居客栈评定标准》，按此标准开展了星级评定工作，并出台了优惠奖励政策，分别给予 2 万～5 万元不等的奖励，不断提升行业标准化管理水平。目前，《同里镇星级民居客栈评定标准》已报上级质监部门备案。

4. 广泛接受监督，形成科学的绩效评估机制

苏州同里国际旅游开发有限公司每年委托第三方对游客满意度进行问卷调查，虚心征求游客意见，对服务标准化建设情况进行整改，同时，充分利用现代网络，结合社

会舆情，及时修订了标准服务体系。在这次党的群众路线教育实践活动中，公司通过召开居民、游客和旅行社代表座谈会，收取了标准化建设的近10条意见建议，一一做了答复，并对有关条款进行了完善与提升，做到切实可行、行之有效。

（三）标准化建设工作成效

经过两年的创建，苏州同里国际旅游开发有限公司综合服务标准化体系覆盖率、全员参与率和游客满意率均在90%以上，这是最明显的创建成效。

1. 体系覆盖更加全面

为了建立更为“规范、完整、有效”的标准体系，公司在《同里景区旅游服务规范》的基础上，结合国家、行业、地方标准的要求，公布了《同里景区旅游服务标准》，不仅在质量上，将服务规范上升为服务标准，而且在数量上，由原来的16项调整到44项，包括同里景区旅游术语、公共信息符号设计和使用规范及评介与改进标准等内容，标准覆盖率达到了97%。

表5-27　标准体系标准统计表

子体系名称	标准类别名称	国家标准	行业标准	地方标准	组织标准	小计
子体系一：服务通用基础标准体系	JC101 标准化导则	13	–	–	1	14
	JC102 术语与缩略语标准	1	–	–	1	2
	JC103 符号与标志标准	3	2	2	3	10
	小计	17	2	2	5	合计:26
子体系二：服务保障标准体系	BZ201 环境标准	–	–	–	4	4
	BZ202 安全与应急标准	2	–	1	3	6
	BZ203 财务管理标准	–	–	–	1	1
	BZ204 设施设备及用品标准	–	–	–	5	5
	BZ205 人力资源标准	–	–	–	4	4
	小计	2	–	1	17	合计:20
子体系三：服务提供标准体系	TG301 服务规范	5	–	1	8	14
	TG302 服务提供规范	5	2	1	4	12
	TG303 服务质量控制规范	3	–	–	3	6
	TG304 运行管理规范	–	1	1	5	7
	TG305 服务评价与改进标准	–	–	–	1	1
	小计	13	3	3	21	合计:40
	合计（按标准级别）	32	5	6	43	标准总计:86

2. 全员参与率更加广泛

一是培训率达100%，通过召开动员大会和举办标准化专题培训教育，做到公司员工人人参与；二是知晓率达100%，让员工熟知各自岗位的旅游服务流程和标准；三是实施率100%，通过实施和持续改进，44项旅游服务标准全部贯彻到各个旅游服务岗位。

3. 游客满意率更加显著

2012年苏州同里国际旅游开发有限公司被苏州市政府授予苏州市首批旅游标准化示范单位之一，并荣获"2012年度最受网民欢迎的古城古镇"；2013年顺利通过国家5A级旅游景区复核和江苏省服务业名牌复评工作；2013年年底，同里景区并被授予2014年南京青奥会"青奥之旅"首批指定接待景区。2013年，在委托第三方进行的市场调查中，游客满意率93.3%。

近年来，国家大力发展旅游服务业，旅游业发展将迎来又一轮"春天"，苏州同里国际旅游开发有限公司面临更好的发展机遇和提升空间，因此，在今后的企业标准化工作中，公司将进一步完善工作机制，加大工作力度，创新工作措施，推动企业标准化建设更好地融入服务、融入发展。

一是全面深化标准化建设，坚持把标准化建设纳入公司总体规划之中，科学制订实施方案，稳步推进各项建设，掀起新一轮企业标准化建设的高潮。

二是科学制订标准化建设目标，目前，公司成立了苏州水墨同里文化产业有限公司等4家子公司，公司将结合各子公司的工作特性，加快推进旅游新业态的标准制定、推广和持续改进等工作，与其他服务岗位一起为游客提供更为优质的旅游服务。

三是努力增创标准化建设优势，充分利用苏州市首批旅游标准化示范单位的平台，从严从细从实落实好服务标准，真正提高旅游产品质量、旅游服务质量和旅游环境质量，依靠质量提升竞争优势。

四是深入实施品牌带动战略，加快争创"江苏省质量奖"步伐，增强品牌的社会影响力和游客认可度，实现名牌产品向名牌企业的转变，加快产业的转型升级。

该公司将乘这次苏州市城市综合服务标准化试点工作考核的东风，主动寻不足、努力找差距，加快整改落实，提升服务质量，打造旅游强势品牌，为苏州市全面实施综合服务标准化做出不懈的探索和努力。

二、酒店服务标准化建设

（一）金鸡湖大酒店基本概况

金鸡湖大酒店是由苏州工业园区金鸡湖酒店集团控股的国有企业，投资总额约17

亿元人民币。金鸡湖大酒店于2006年正式开业,并于2008年荣膺"五星级饭店"。开业6年来,始终坚持最高端政务、商务的市场定位;成功接待了100余位国内外政要和100万中外宾客,各种规模的政府、企事业单位的会议活动,获得了众多的荣誉。

金鸡湖大酒店坐落于50.9公顷的庭院式绿地和观景型花园之间,三面临水,四面环景,酒店绿化面积20万平方米,树木品种有100多种,乔木数量达1万多株,整体绿化覆盖率为70%。酒店由5幢别墅楼与1幢商务楼组成,拥有客房171间,餐位数达到940位。另外酒店还拥有风格多样的咖啡厅、大堂吧、酒吧,古色古香的中餐厅,以及游泳池、健身房、SPA等配套设施。酒店设施更加完善,力求为客人提供舒适、典雅的入住体验。

在苏州市政府、市旅游局、质监局的领导和指导下,为加快推进城市标准化创建工作,充分发挥"标准化"在推动城市综合服务升级、提高旅游服务质量方面的重要作用,为进一步提升酒店服务品质,根据创建苏州市城市综合服务标准化示范单位的总体要求,苏州金鸡湖大酒店组织实施了本次创建工作。酒店以标准化创建工作为契机,建立健全现行的服务保障和提供两大体系中的各项规范、标准、操作程序与规章制度,提高全体员工服务意识,突出绿色环保要求,从而推进酒店实现跨越式发展,持续不断地提升酒店的经济效益、品牌效益和社会效益。酒店以标准化来提高酒店的管理,以标准化来提升酒店的质量,以标准化来促进企业文化建设,以标准化来打造金鸡湖品牌,为苏州市城市综合服务标准化工作做出积极有益的探索,真正发挥好标杆和示范作用。

(二)标准化工作推进过程

1. 成立领导机构

为确保标准化工作的顺利开展,金鸡湖大酒店成立了城市综合服务标准化创建工作领导小组,由总经理吴建华担任组长,副总经理潘雅琴担任副组长,各部门总监及负责人担任成员,共同推进城市标准化创建工作的组织、执行、监督和协调工作。领导小组定期召开标准化工作会议,对标准化工作予以部署和落实。

2. 制定政策措施

金鸡湖大酒店根据《苏州市城市综合服务标准化试点自我评估计分表》,结合自身特色,制订了详细的标准化分工方案,将创建任务分解到各责任部门,建立创建工作台账。

3. 强化宣传动员

金鸡湖大酒店通过召开创建启动大会,加深全员对城市标准化示范工作的认识,强化现有服务标准的实施,扩大标准化覆盖范围。

为营建标准化创建气氛,金鸡湖大酒店在官方网站上开辟了标准化创建专栏,对酒店的创建过程做实时报道,相关文章还在园区官网、园区新闻中心网、苏州新闻网、苏州日报及江南时报等网站及刊物上发表,扩大了酒店的知名度。

4. 开展全员培训

为了更好地开展标准化创建工作,金鸡湖大酒店强化了全员标准化基础知识培训,邀请了苏州市政协港澳台侨外事委谭主任、上海会计学院顾问马老师、旅游标准化办公室夏老师等多位专家对酒店全体员工进行服务意识及服务标准等方面的专项培训,累计参加人次 1 200 余人。

5. 加强监督指导

酒店建立了明确的监督检查制度,截至 2014 年 5 月底,酒店标准化创建领导小组已进行了 15 次标准贯彻情况实地检查,发现并解决问题 32 项。

6. 标准化体系实施与改进

(1) 准备阶段(2013 年 4 月)

按苏州市综合服务标准化试点工作领导小组办公室下发的相关执行标准,进一步完善企业标准。

(2) 标准的培训阶段(2013 年 5 月)

① 发布企业标准,标准的发布时间为 2013 年 5 月 1 日。

② 将已经发布的服务标准按岗按职按责下发给相应的员工,由各部门负责组织培训。

③ 酒店标准化工作小组集中培训。培训内容为:企业标准体系汇编、服务通用基础标准体系、服务保障标准体系、服务提供标准体系、岗位工作标准体系等相关知识。

(3) 全面实施与改进阶段(2013 年 6 月 1 日至今)

酒店按照工作方案的目标任务、时间进度,建立了明确的监督检查制度,并设立考核机制。全面实施与改进工作开始后的一个月内,酒店标准化创建领导小组已进行了 4 次标准贯彻情况实地检查,依照实施记录不断修改和完善,全面推进标准化建设。

① 方式:酒店标准化工作小组定期检查与抽查相结合。

② 检查时间周期为:每月。

③ 检查内容:各项标准在酒店实际运作中的实施状况。

表 5-28 标准体系标准统计表

子体系名称	标准类别名称	国家标准	行业标准	地方标准	组织标准	小计
子体系一：服务通用基础标准体系	JC101 标准化导则	18	–	–	–	18
	JC102 术语与缩略语标准	9	–	–	–	9
	JC103 符号与标志标准	14	–	–	1	15
	JC104 数值与数据标准	–	–	–	–	0
	JC105 测量标准	–	–	–	–	0
	小计	41	–	–	1	合计:42
子体系二：服务保障标准体系	BZ201 环境标准	11	–	–	5	16
	BZ202 能源标准	–	–	–	3	3
	BZ203 安全与应急标准	1	–	–	22	23
	BZ204 职业健康标准	3	–	–	2	5
	BZ205 信息系统标准	–	–	–	5	5
	BZ206 财务管理标准	–	–	–	32	32
	BZ207 设施设备及用品标准	–	–	–	28	28
	BZ208 人力资源标准	–	–	–	9	9
	BZ209 合同标准	–	–	–	2	2
	小计	15	–	–	108	合计:123
子体系三：服务提供标准体系	TG301 服务规范	–	–	–	34	34
	TG302 服务提供规范	–	–	–	55	55
	TG303 服务质量控制规范	1	–	–	6	7
	TG304 运行管理规范	–	–	–	16	16
	TG305 服务评价与改进标准	–	–	–	2	2
	小计	1	–	–	113	合计:114
	合计(按标准级别)	57	–	–	222	标准总计:279

（三）标准化建设工作成效

1. 公共信息图形符号标准的贯彻

酒店按照相关公共信息图形符号、标识等国家标准进行贯彻，对管辖区域内的标识进行整理，对所有的标识建立档案，定期对标识进行自查，记录情况。发挥标识的宣传、引导、文化功能，累计整改了32块标识标牌。

2. 旅游饭店星级等级划分与评定贯标

金鸡湖大酒店顺利通过国家旅游局五星复评工作，被授予“五星级酒店”。为了不断提升服务质量,根据旅游饭店星级等级划分与评定的要求,金鸡湖大酒店在5月份组织了酒店技能大赛,以标准化来提升酒店服务品质,形成服务品质的标准化、常态化、人性化。大赛共有50人参加,8名员工获得“服务能手”的称号。

3. 绿色饭店、节能减排标准的贯彻

金鸡湖大酒店在城市标准化建设的过程中,根据《绿色旅游饭店》及《旅游饭店节能减排指引》的标准,改进了酒店的能源使用现状。另外,酒店大力宣传绿色饭店,新增了雨水收集系统,2013年底,酒店荣膺“金叶级绿色旅游饭店”。

4. 经济效益

金鸡湖大酒店通过标准化工作的创建,2014年1—5月实现营收2 229万元,比去年同期的2 079万元增加150万元,同比增长了39%。

5. 社会效益

国家旅游局授予金鸡湖大酒店“五星级酒店”;《21世纪经济报道》联合《商务旅行》授予金枕头奖“中国最佳奢华商务休闲酒店”;《中国饭店》杂志授予金马奖“中国最佳度假酒店”;2013年获星光奖“最受商旅人士欢迎酒店”;顺利完成“平安中国”接待任务,受到了组委会和宾客的一致好评;国家旅游星级饭店评定委员会授予“金叶级绿色旅游饭店”;2013年通过ISO9001质量管理体系认证。

6. 服务质量

在旅游标准化的政策指导下,金鸡湖大酒店努力提高酒店全员的综合素质和服务质量,获得了宾客的表扬和肯定,宾客满意度指数稳步攀升。

7. 标准化管理

借助标准化创建的契机,金鸡湖大酒店全面实现了文档的标准化管理,进一步提升了酒店的行政管理水平。通过学习贯彻标准化,酒店的管理目标有了具体化和定量化的标准,规范了邮件格式、政策与程序格式、备忘录格式等行文要求,为控制管理质量提供了依据。

8. 创建了六个标准化示范点

通过贯彻标准化体系,金鸡湖大酒店走上标准化、规范化、科学化的发展轨道,分别创建了中厨房、布草房、财务仓库、工程仓库、总控室、标准化资料室六大标准化示范点,进一步提升了酒店的整体服务水平。

第十一节　服务外包标准化

一、苏州工业园区人力资源服务行业协会基本概况

苏州工业园区人力资源服务行业协会(原名苏州工业园区人力资源中介协会,以下简称“协会”)自2010年7月和2011年12月,分别成为江苏省和国家人力资源服务标准化试点项目承担单位以来,根据国家标准化管理委员会、国家发展和改革委员会等六部委下发的“关于推进服务标准化试点工作的意见”(国标委农联[2007]7号),国家标准化管理委员会、国家发展和改革委员会下发的“关于印发《服务业标准化试点实施细则》的通知”(国标委服务联[2009]47号)等文件精神,在苏州市、苏州工业园区质监和人保部门的大力支持与指导下,紧紧围绕实现管理规范、服务质量良好、顾客满意度高的目标,积极开展并建立健全和实施人力资源服务标准体系等各项试点工作,取得了良好的成效。

在制定江苏省地方标准《人力资源外包服务规范》和开展江苏省人力资源外包服务标准化试点工作的基础上,协会自2011年12月以来,根据GB/T 24421《服务业组织标准化工作指南》,不断修订和完善人力资源服务标准体系,目前体系由服务通用基础标准体系、服务保障标准体系、服务提供标准体系三大模块组成。服务通用基础标准包含标准化导则14项,术语与缩略语标准7项,符号与标志标准5项,数值与数据标准3项,量和单位标准3项,测量标准2项,合计34项;服务保障标准包含环境标准4项,能源标准1项,安全与应急标准7项,职业健康管理标准3项,信息标准9项,财务管理标准1项,设施设备及用品标准2项,人力资源标准1项,合同管理标准1项,合计29项;服务提供标准包含服务提供规范标准8项,服务质量控制规范2项,运行管理规范2项,服务评价与改进标准4项,合计16项。其中收集国家标准46项、行业标准4项、地方标准1项,制定企业标准28项。

协会在“服务通用基础标准”方面制定了《标准化体系文件的结构和编写规则》《标准化管理办法》《方针目标管理办法》共计3项规范;在“服务保障标准”方面制定了《卫生管理规范》《节能管理规范》《消防安全管理规范》《消防应急预案》《突发事件安全应急机制》《客户信息管理规范》《公文管理规范》《保密管理规范》《档案管理规范》《固定资产管理规范》《办公设备管理规范》《岗位职责与任职要求》《合同(协议)

管理规范》共计13项规范;在“服务提供标准”方面制定了《服务提供规范》《招聘服务规范》《薪酬服务规范》《代理服务规范》《咨询服务规范》《人力资源派遣服务规范》《服务行业礼仪规范》《服务质量检查规范》《5S管理规范》《客户关系管理规范》《顾客满意度测量规范》《改进控制程序》共计12项规范。

2012年5月8日协会制定的《人力资源外包服务规范》经江苏省质量技术监督局批准发布,并于2012年8月8日实施,标准编号为《DB32/T 2126—2012 人力资源外包服务规范》。《规范》的制定凝聚了人力资源服务行业的宝贵经验,体现了人力资源服务行业的实践成果。

二、标准化建设推进过程

为推进人力资源服务标准化试点工作开展,协会于2010年8月成立了人力资源服务标准化试点工作领导小组和工作小组,并分别于2012年4月及7月进行调整充实。协会分别于2011年6月、2012年7月召开人力资源服务标准化试点工作推进会议,进一步修订完善试点实施方案,明确目标任务、职责分工、工作要求和时间节点,建立健全人力资源服务标准化试点工作联络员制度。协会根据自身实际,创建了“1—4—7”试点实施工作模式,即:1家会长单位指导4家理事单位,带动7家会员单位,来推动试点工作开展。目前,园区共有72家人力资源服务机构参加了试点工作。协会分别于2010年9月、2012年1月以及2012年8月组织试点单位安排专(兼)职标准化工作人员及业务骨干参加人力资源服务标准化试点培训,切实提高标准化意识、全面了解和掌握标准试点要求。试点单位内部也多次组织标准化试点培训,大大增强了执行标准的自觉性。据统计,全员参训率达到90%以上。

在人力资源服务标准化试点过程中,所有试点单位均签署了《人力资源服务标准化试点公约》,自愿参加推进人力资源外包服务规范的应用普及和人力资源服务标准化的试点工作。试点单位内部都成立了试点工作领导小组和工作小组,配备专(兼)职人员,制订了试点实施工作计划,将试点工作纳入公司本年度的重要议事议程,有组织、有计划、有步骤地开展服务标准化活动。通过张贴海报、网络宣传、走进客户单位宣传等方式进行标准化试点的宣贯。试点单位严格执行标准,按标准的流程和要求提供服务,完善标准实施记录,建立相关台账,并装订成册。园区范围内超过70%的人力资源服务机构参与了试点实施,标准实施率达90%以上,标准覆盖率达80%。

协会分别于2012年11月和2013年5月,组织了人力资源服务标准化试点走访检查工作,共计15家试点单位接受抽查。通过检查积极发现问题并提出整改方案,总结经验得失，从而对下一阶段标准化试点工作起到了积极的指导作用。

协会遵循行业发展与持续改进的要求，不断完善《标准化体系文件》，2011年8月17日发布并实施《标准化体系文件1.0版》，2012年9月18日发布实施《标准化体系文件2.0版》，2013年5月10日发布实施《标准化体系文件3.0版》；并于2012年7月发布并实施《人力资源服务标准化试点工作手册1.0版》，2012年8月发布并实施《人力资源服务标准化试点工作手册2.0版》，2013年5月发布并实施《人力资源服务标准化试点工作手册3.0版》。2013年6月协会聘请第三方管理咨询公司——博尔捷管理咨询（上海）有限公司完成了《苏州工业园区人力资源服务行业发展与政策支持研究报告》，对标准实施的符合性和实施效果进行有效评价。

三、标准化建设工作成效

一是标准化意识明显提高，企业管理更加规范。通过开展标准化试点，人力资源服务业行业从业者的标准化意识明显增强，形成了学标准、讲标准、用标准的良好氛围。通过试点工作的实施，引导试点单位向标准化、品牌化的方向发展。试点单位中取得国家级驰名商标的3家，省级著名商标的3家。标准化试点推行后，70%以上的试点单位申请了商标注册。试点单位以标准化、规范化管理为手段，以提高服务质量和水平为目的，争创人力资源服务行业品牌。

二是服务质量持续改进，顾客满意度不断提高。试点实施过程中，试点单位严格按照标准化要求精细内部管理，狠抓服务质量，定期对顾客满意度进行测评。通过第三方管理咨询公司统计：2010年客户综合满意度为78%，2011年客户综合满意度为82%，2012年客户综合满意度为89%，2013年客户综合满意度为95%，以上数据充分说明客户满意度在不断上升。

三是经济效益和社会效益取得双丰收。试点单位积极开展“春风行动”、大学生就业援助、“三八妇女专场”招聘和“关爱圆梦”等各类公益活动，积极申报“诚信人力资源服务机构”。通过试点的实施，各试点单位的社会责任感普遍增强，社会效益得到显著提升。试点工作开展以来，人力资源行业的经济效益不断攀升，试点单位经济效益年均增加10%以上。

苏州工业园区人力资源服务行业协会作为人力资源服务标准化试点项目的承担单位，在上级主管部门的指导及协会会员单位的支持和帮助下，在人力资源服务标准化工作方面取得了较好的成效。今后，试点单位将在标准化组织领导、标准化人才队伍建设、标准化运行机制及工作制度等方面加大力度，将标准的实施与规范行业行为相结合，将试点效果与创建服务品牌相结合，进一步推进服务标准化试点工作，丰富和提升人力资源服务标准化工作内涵，推动整个人力资源服务业规范、有序和健康地发展。

第十二节　金融服务标准化

一、建设银行苏州分行基本概况

按照市政府和苏州银监分局的统一部署和要求，建设银行苏州分行作为“2011 年中国银行业文明规范服务百佳示范单位”，成为本次金融机构首批试点单位。建设银行苏州分行按照突出重点、稳步推进的规范实施原则，根据《银行业协会城市综合服务标准化试点工作实施方案》，在全行开展了服务标准化工作。在规范实施的过程中，在全行范围内进行了广泛宣传，做到全员、全过程、全方位、全天候的服务管理和服务标准化推进工作，形成了良好的企业服务文化氛围。在推进过程中，开拓进取，实现了“机构设置合理，基础设施完善，业务管理规范，人员素质优良，文明建设和谐”的标准化体系，极大地提升了企业形象和服务水平。

为有序推进苏州市城市综合服务标准化试点工作，建行苏州分行第一时间成立了城市综合服务标准化工作的领导小组，并设领导小组办公室。企业文化部、个人金融部、产品与质量部、资金结算部、营运管理部、城中支行多方协同。

二、标准化建设推进过程

分行全面启动，全员发动，统一思想认识，对试点工作进行全面部署。充分利用有效载体和各种媒体进行广泛宣传，普及标准化知识，增强标准化服务的意识。在苏州银行业协会制订的实施方案基础上制定了分行的实施细则，开展综合服务标准化培训，了解标准化内容及标准规范。结合业务岗位工作职责、工作流程、操作规范标准梳理和修改完善规章制度和相关标准。对整个综合服务标准化实施过程及时分析，及时检查指导督促，及时研究完善措施，确保试点工作有序、有效地进行，确保试点工作的成果。

以此为契机，建行提炼了 2012 年网点“2 + 5”服务能力提升培训的成功经验之精华部分，编撰、拍摄了《中国建设银行苏州分行营业网点服务标准规范（SOP）》（以下简称 SOP），共涵盖网点环境、职业礼仪、服务流程、现场管理和主动营销五个篇章。此项工作的目的在于采用全新的形式，通过让网点员工观看视频获得直观感受来深化对各个服务环节的认识。分行以光盘形式将 SOP 下发至每一个网点，同时下发了《2013 年上半年服务 SOP 标准规范推进要求及时间安排》，要求对各行分阶段推进 SOP 网点落地的效果进行检查，并将检查结果列入二级行 KPI 考核中。

表 5-29　标准体系标准统计表

子体系名称	标准类别名称	国家标准	行业标准	地方标准	组织标准	小计
子体系一：服务通用基础标准体系	JC101 标准化导则	11	–	–	–	11
	JC102 术语与缩略语标准	16	1	–	–	17
	JC103 符号与标志标准	6	–	–	1	7
	JC104 数值与数据标准	5	–	–	–	5
	JC105 量和单位标准	8	–	–	–	8
	JC106 测量标准	9	–	–	–	9
	小计	55	1	–	1	合计:57
子体系二：服务保障标准体系	BZ201 环境标准	1	–	–	–	1
	BZ202 能源标准	–	–	5	–	5
	BZ203 安全与应急标准	4	–	1	–	5
	BZ204 信息系统标准	20	11	–	–	31
	小计	25	11	6	–	合计:42
子体系三：服务提供标准体系	TG301 服务规范	–	–	1	1	2
	TG302 服务提供规范	6	19	–	–	25
	TG303 服务质量控制规范	1	–	–	–	1
	小计	7	19	1	1	合计:28
	合计(按标准级别)	87	31	8	1	标准总计:127

（三）标准化建设工作成效

建行苏州分行营业部获得“中国银行业文明规范服务百佳示范单位”荣誉之后，全体员工荣誉感和使命感倍增，此次又被推选为服务标准化试点单位，网点全体工作人员更是积极投入创建工作。分行营业部严格执行最新制定的《银行业窗口服务质量规范》，规范员工在服务过程中的行为，作为员工对外服务的准则，配套出台《服务质量考核奖惩办法》，用考核评价机制来提升各支行的服务水平和质量，通过完善激励与约束机制进一步细化服务标准建设。

1. 优化营业环境

建行苏州分行营业部营业厅面积宽敞，功能分区完善，满足各类客户不同层次的金融需求。营业部二楼成立了私人银行中心，为高端客户提供个性化服务。大厅内鲜花和绿色植物随处可见；非现金区一改以往银行高柜台、防弹玻璃等冷冰冰的传统服务窗口，取而代之的是布置温馨宜人的开放式柜台，方便客户与员工面对面开放式交流；柜台外侧整齐地摆放着供客户休息的座椅，柜台上配备有供客户使用的签字笔、印泥盒、复写纸、老花镜；设置有供客户使用的冷热饮水机、纸杯；宣传架上摆放有建行最新业务产品信息；电子银行自助服务区，配有专用电脑和 95533 专线服务电话供客户使用。

2. 完善台账管理

面对卷帙浩繁的各类台账，实行明确的责任分工。台账的管理实际上是对日常工作的记录和总结，在整理台账的过程中，建行苏州分行营业部加强了对以往台账的深度挖掘。对客户意见簿、服务自查表等以往反映出来的问题，结合实际工作进行再次排查，确保不会出现历史遗留和再次发生的现象。而对于学习记录和应急预案等台账，组织员工进行"回头看"，特别是对银行业协会的各类文件进行深入再学习和讨论。2013 年以来，在原有的基础上，针对具体情况的变化，进一步完善了台账的编订，使得日常工作的记录和总结更加清晰规范。

3. 加强员工培训

使用"三层立体式"的学习机制，将服务标准化内容不断灌输给网点员工，努力提升员工服务品质，继续增进员工的各项能力，提高综合素质。鼓励和激发大家积极性——晨以动为主，以口号和小游戏等形式让员工在新的一天焕发新的精神面貌；夕以静结合，交流座谈会造营造同事之间朋友般的轻松愉悦氛围，总结一天的收获，尤以夕会为重。利用此平台，员工通过经验交流、营销挖掘、产品推荐、疑问解答、经典故事分享等环节，集全体之智慧，提出改善意见，完善自我，共同发展。

4. 实施严格自查

建行苏州分行营业部大力推行网点服务标准化工作，坚持每周两次由网点负责人组织人员进行服务检查，在次日晨会上对检查结果进行通报，并纳入每月的绩效考核。每月至少召开一次关于服务工作的员工大会，促进员工自觉服务、主动服务，提升网点的服务层次。同时实行严格的服务层级管理，将服务的日常督导、检查作为管理人员履职考核和绩效考核的重要方面，并加大对服务的考核力度，将服务质量与柜员绩效收入挂钩考核。

分行将持续按照服务标准化试点管理办法，结合苏州经济、金融和文化特色，建立并逐步完善全行服务标准体系，强化服务职能，规范服务行为，优化服务质量，提高服务效率，创新综合服务标准化的工作机制，提升全行整体水平和竞争力，服务苏州经济建设，服务社会大众，打造"'五心'服务，五星感受"服务品牌。

第十三节　物流服务标准化

一、邮政速递物流基本概况

江苏省邮政速递物流有限公司苏州分公司根据《市政府印发关于开展苏州市城市综合服务标准化试点工作的实施方案的通知》（苏府〔2012〕140 号）文件的精神，积极贯彻落实该项工作。

公司领导高度重视标准化试点工作，成立了标准化工作领导小组，具体负责实施本次试点工作。领导小组下设办公室，办公室设在公司人力部，具体负责标准化工作的组织、协调、检查和考核；任命兼职标准化工作人员，明确相关职责；组织标准化知识培训，人员满足工作需要；建立执行与实施各项标准的服务一线提供者队伍、对标准日常执行情况进行考评改进的管理者队伍以及监督标准执行和改进的监督者队伍。

二、标准化建设推进过程

江苏省邮政速递物流有限公司苏州分公司按照上级要求，根据序时进度稳步推进物流标准化体系建设的各项工作。

一是根据 GB/T 24421.2 和 GB/T 13016、GB/T 13017 的规定，制定了物流标准体系结构图、标准明细表、标准统计汇总表和标准文本。体系符合国家安全、卫生、环境和保护消费者合法权益等有关法律法规的要求。标准文本结构合理、层次分明、内容具体，文字表达准确、严谨、简明、易懂，术语、符号统一。标准体系构成合理、结构完整，包括服务通用基础、服务保障和服务提供子体系；体系覆盖各个环节，包括服务质量、安全、环境保护等重要标准以及有关法律法规要求必须具备的标准；标准覆盖率达到 80% 以上。体系体现了物流行业特点，满足发展实际；体系文件具有可操作性和可检查性，能对服务组织各项活动起到支撑作用，能保证体系正常运行及持续改进的措施有效。服务通用基础标准由适用的标准化导则、术语与缩略语、符号与标志、数值与数据、量和单位、测量标准等组成，能满足组织需要。服务保障标准中环境条件和环境保护标准充分适宜。制定了突发事件应急预案，能使顾客生命和财产在服务过程中不受伤害，或者在突发事件发生时能有效降低损失。针对工作人员从事职业活动中的健康损害、安全危险及其他有害因素制定的标准充分适宜。服务提供标准规定了从功能性、安全性、时间性、舒适性、经济性、文明性等六个方面服务应达到的水平和要求——包括接待和受理服务要求、服务组织和实施要求、服务验收和结算要求、售后服务要求。明确了服务提供控制措施标准、对顾客抱怨等不满意的处置标准、对不合格服务的纠正与管理标准等。其标准体系标准统计如表5-30所示。

表5-30 标准体系标准统计表

子体系名称	标准类别名称	国家标准	行业标准	地方标准	组织标准	小计
子体系一：服务通用基础标准体系	JC101 标准化导则	19	–	–	–	19
	JC102 术语与缩略语标准	10	–	–	–	10
	JC103 符号与标志标准	10	–	–	–	10
	JC104 数值与数据标准	4	–	–	–	4
	JC105 量和单位标准	3	–	–	–	3
	JC106 测量标准	2	–	–	–	2
	小计	48	–	–	–	合计:48
子体系二：服务保障标准体系	BZ201 环境标准	4	–	–	1	5
	BZ202 能源标准	2	–	–	–	2
	BZ203 安全与应急标准	4	–	–	5	9
	BZ204 职业健康标准	3	–	–	2	5
	BZ205 信息标准	8	–	–	1	9
	BZ206 财务管理标准	–	–	–	7	7
	BZ207 设施设备及用品标准	9	1	–	2	12
	BZ208 人力资源标准	1	–	–	5	6
	BZ209 合同管理标准	–	–	–	1	1
	小计	31	1	–	24	合计:56

续表

子体系名称	标准类别名称	国家标准	行业标准	地方标准	组织标准	小计
子体系三：服务提供标准体系	TG301 服务规范标准	1	–	–	4	5
	TG302 服务提供规范	–	–	–	4	4
	TG303 服务质量控制规范标准	2	1	–	5	8
	TG304 运行管理规范标准	1	–	–	3	4
	TG305 服务评价与改进标准	–	–	–	5	5
	小计	4	1	–	21	合计:26
	合计(按标准级别)	83	2	–	45	标准总计:131

二是确保纳入标准体系的所有标准得到贯彻,将有关标准文本发放至相关职能、生产部门。有标准实施记录,并将各环节形成的数据和有关情况及时反馈;跟踪服务过程中标准的执行情况,各个环节和岗位能够达到标准的要求;标准实施率90%以上。

三是根据监督检查制度,定期组织内部检查和自我评价,保障标准实施的有效性。对有待完善之处续改进:一是定期总结试点工作中的方法、经验,对成功经验予以推广,对标准实施过程中发现的问题及时提出修订标准的建议,在不断完善标准的过程中持续改进和提升服务质量,建立了服务标准化工作持续改进的程序;针对标准实施检查和自我评价等发现的问题进行了持续改进,及时提出修订标准的建议;有持续改进的记录。二是通过顾客满意度测评,检验实施效果,发现存在的问题并不断持续改进。

三、标准化建设工作成效

苏州邮政速递物流公司自标准化工作推进以来,取得了预期的成效。

首先,标准化理念进一步深入人心。通过组织召开标准化宣贯,公司全员从思想上保持与公司一致,真正将服务标准化理念融入实际工作中,全员上下积极营造“让标准成为习惯,让习惯符合标准”的工作氛围。

第二,公司制度进一步规范。通过制定与本组织相适应的标准化工作制度,形成规范性文件,指导公司日常工作的开展。

第三,工作方向进一步明确。公司严格按照标准化工作的有关精神,紧密结合公司经营管理实际,制订了标准化工作实施方案,明确了工作内容、目标总体要求和任务,责任到人,并制订了具体的实施计划。

第四,服务质量进一步提升。公司内部各个环节都按标准执行,有效提升了工作效率,减少了不必要的工作失误,为客户提供了更为优质的服务,客户满意度逐年提高。

第五,市场竞争力进一步突显。在快递物流国内外竞争异常激烈的今天,通过执行标准化建设,有效提升了公司的综合竞争力,成为国内外企业值得信赖的物流合作伙伴。

大事记

2012

2012 年 6 月 12 日，苏州市政府第 102 次常务会议讨论并通过《关于开展苏州市城市综合服务标准化试点工作的实施方案》，于 2012 年 6 月 21 日正式发布实施（苏府[2012]140 号）。

2012 年 8 月 28 日，苏州市政府办公室正式发布《关于开展城市综合服务标准化试点工作的实施细则》（苏府办[2012]170 号）。

2012 年 9 月 3 日，苏州市政府成立试点工作领导小组。

2012 年 9 月 7 日，苏州市召开城市综合服务标准化试点工作动员会议。

2012 年 9 月 20 日，苏州市城市综合服务标准化试点工作分期实施计划正式启动。

2012 年 9 月 27 日，苏州市城市综合服务标准化试点工作办事机构成立。

2012 年 9 月 27 日，苏州市城市综合服务标准化试点工作第一期项目启动。

2012 年 9 月 28 日，苏州市城市综合服务标准化试点工作领导小组成员单位第一次联络员会议召开。

2012 年 10 月 15 日至 10 月 18 日，苏州市城市综合服务标准化试点工作项目承担单位外出考察和培训工作顺利进行。

2012 年 11 月 5 日，苏州市城市综合服务标准化试点工作领导小组办公室与苏州大学签署合作协议。

2012 年 11 月 14 日，苏州市城市综合服务标准化试点工作领导小组办公室调研部分项目承担单位。

2012 年 12 月 13 日，苏州市城市综合服务标准化试点工作项目承担单位第二期培训召开。

2012 年 12 月 14 日，中国标准化研究院专家调研苏州市市容市政局。

2012 年 12 月 17 日，苏州市城市综合服务标准化试点工作领导小组办公室调研部分项目承担单位。

2013

2013 年 1 月 15 日，苏州市城市综合服务标准化试点工作项目承担单位第二次联络员会议召开。

2013 年 1 月 30 日，苏州市城市综合服务标准化试点工作领导小组办公室召集试点工作各项目承担单位开展城市综合服务标准体系建设调研座谈。

2013 年 1 月 31 日，中国标准化研究院专家调研苏州市市容市政管理局环境卫生管理处及苏州市便民服务中心。

2013 年 3 月 13 日，苏州市城市综合服务标准化试点工作项目承担单位第三次培训召开。

2013 年 3 月 21 日至 3 月 29 日，苏州大学前往苏州市城市综合服务试点工作各项目承担单位开展城市综合服务标准体系建设调研座谈。

2013 年 5 月 3 日，苏州市城市综合服务标准化试点工作项目承担单位第四期培训召开。

2013 年 6 月 26 日，苏州市城市综合服务标准化试点工作领导小组召开试点工作推进会议。

2013 年 7 月 23 日，江苏省质监局张前副局长调研苏州市城市综合服务标准化试点工作。

2013 年 8 月 23 日，苏州市城市综合服务标准化试点工作第二期项目启动。

2013 年 8 月 27 日至 29 日，苏州市组织开展城市综合服务标准化试点工作第一期项目前期考查。

2013 年 9 月 12 日，国家标准化管理委员会领导来苏州开展“走进苏州，感受城市管理与服务标准化”活动。

2013 年 10 月 25 日，苏州市城市综合服务标准化试点工作项目承担单位第五期培训召开。

2013 年 11 月 14 日，苏州市城市综合服务标准化试点工作领导小组第三次联络员会议召开。

2014

2014 年 2 月 13 日，苏州市城市综合服务标准化试点工作第四次联络员会议召开。

2014 年 6 月 13 日，苏州市城市综合服务标准化试点工作项目承担单位第七期培训召开。

2014 年 7 月 23 日，根据国家标准委《标准化事业发展“十二五”规划》，江苏省质监局制定了《2015 年江苏省地方标准制修订项目申报指南》。

2014 年 12 月 3 日至 4 日，受国家标准化委员会委托，江苏省质量技术监督局邀请专家组成评估组，对苏州市人民政府承担的国家级“城市综合服务标准化试点”项目进行评估。评估组专家一致同意通过评估。

附 录

附录一：

市政府印发关于开展苏州市城市综合服务标准化试点工作的实施方案的通知

市政府印发关于开展苏州市城市综合服务标准化试点工作的实施方案的通知（苏府[2012]140号）

各市、区人民政府，苏州工业园区、苏州高新区、太仓港口管委会；市各委办局，各直属单位：

《关于开展苏州市城市综合服务标准化试点工作的实施方案》已经市政府第102次常务会议讨论通过，现予印发。请结合实际，认真组织实施。

苏州市人民政府

二〇一二年六月二十一日

关于开展苏州市城市综合服务标准化试点工作的实施方案

为了践行服务型政府建设，更好地履行政府社会管理和公共服务职能，推动公共服务体系建设和基本公共服务均等化，加快服务标准化进程，进一步发挥标准化在城市服务领域中的技术支撑作用，根据国家标准化管理委员会《关于下达2011年度国家级服务业标准化试点项目的通知》中关于在苏州开展城市综合服务标准化试点的要求和市政府关于城市综合服务标准化试点任务书,制订本方案。

一、指导思想

以邓小平理论和“三个代表”重要思想为指导,全面落实科学发展观,紧紧围绕苏州率先基本实现现代化和“三区三城”建设目标,按照服务标准化试点管理办法,结合苏州文化特色,建立并逐步完善城市综合服务标准体系,强化服务职能,规范服务行为,优化服务质量,提高服务效率,创新城市综合服务标准化的工作机制,提升城市服务业整体水平和竞争力,促进苏州经济社会又好又快发展,为我市率先基本实现现代化做出贡献。

二、总体目标

城市综合服务标准化试点工作范围涵盖了同群众生活和个人发展直接密切相关或普遍相关的公共服务领域和具有苏州特色且发展较为成熟的专业服务领域的标准化工作。公共服务领域包括公共安全、公共教育、公共卫生与基本医疗、社会保障、公共基础设施与公共事业、环境保护公共服务、公共信息服务、公共文化和体育服务、公共科技服务,专业服务领域包括旅游、服务外包、金融和物流。

通过开展城市综合服务标准化试点工作,在苏州市区范围内建立健全公共服务标准体系并逐步实施相关标准,规范服务提供和管理行为,提高公共服务水平,促进基本公共服务均等化的实现;通过在专业服务领域建立健全相关标准,形成基本覆盖服务业的、满足现代服务业发展需要的服务标准体系,实施贯穿服务业全过程的相关标准,提升服务质量,促进服务业健康快速发展。鼓励有条件的单位和组织积极参与国家、行业、地方标准的制修订工作。通过标准的有效实施和持续改进,并将实施与评价、效果与展示相结合,塑造苏州“服务品牌”,树立苏州公共服务和专业服务的标杆形象,全面提升我市的综合服务水平。

三、主要任务

(一)建立并逐步完善标准体系。围绕苏州市城市综合服务标准化试点建设目标,各部门、各行业根据各自具体服务职能,依据相关法律法规、政策,收集和整理相关标准,在协调服务提供者和服务对象等各方关系的基础上,制定苏州市服务业组织标准,建立并逐步完善公共服务领域标准体系及专业服务领域标准体系,发挥苏州综合服务标准化工作在全国的示范作用,争取相关的服务业标准化技术机构落户苏州。

(二)组织实施标准。在各行业、各单位进行贯标工作,通过培训指导等形式,推进标准的实施。各单位首先要选取基础较好、条件较为成熟的领域建立一批示范点,先行先试,充分发挥引领作用,建立有效的工作机制,由点到面、由浅入深地推进试点工作。公众、媒体和政府有关单位组织对标准的实施情况进行监督检查,督促改进,逐步完善已经建立的相关服务标准体系。

(三)开展标准实施评价。根据标准体系运行有效性的要求,建立评价细则,实现标准的持续改进和标准体系的逐步完善,促进服务品质的不断提升。积极探索建立标准化工作效果评价机制,将制定标准和效果评定结合起来,采取持续改进措施,促进标准实施、服务质量提高和综合效益增长的有机统一。

(四)建立综合服务标准化的长效机制。各地、各单位要建立标准化工作的领导机构和办事机构,落实人员配备,构建起覆盖苏州市区的标准化工作网络。标准化行政主管部门要加强对这项工作的指导和协调,引导服务业组织根据发展需求和行业特点制定服务业组织标准,探索将服务业组织标准上升到苏州市级规范并在全市同类组织推广的机制。要将这项工作纳入城市文明创建和社会管理的大局之中,实现标准的持续改进和标准体系的不断完善。

(五)创建服务品牌。进一步加强服务效能建设,结合标准体系的建立和实施,积极鼓励引导有关单位创建服务品牌,继而上升为相关行业内的服务名牌。在此基础上,着力培育一批具有苏州特色的、有一定影响力的综合服务品牌。

四、工作要求

(一)统一思想,深化认识。作为实现城市科学管理的基本方法,标准化工作是提高政府管理服务水平和行政效能的重要措施,也是促进经济社会发展的重要技术支撑。以标准化为手段,对于提升政府的社会管理水平和城市综合服务质量具有重要的基础性作用。积极推进我市综合服务标准化试点工作,是实现科学发展、增强城市综合竞争力的必然要求。各地、各单位要把这项工作摆上重要议事日程,加强领导,强化组织协调,明确责任分工,及时解决工作过程中出现的问题,切实抓好工作任务的落实。

(二)政府推进,部门联动。在城市综合服务标准化试点工作中,各级政府要发挥统领和推动作用,提供政策扶持,发挥舆论宣传导向作用。要确立各服务领域标准化工作的主要职能部门和相关单位,形成以政府统筹协调、主要职能单位牵头实施、相关单位共同参与的工作格局,形成合力,共同推进。市各主要职能部门要加强对各地区试点工作的业务指导,形成条块结合、上下互动的工作模式,确保城市综合服务标准化试点工作有序开展。要充分发挥行业协会、中介组织的作用,提高试点工作的整体效果。

(三)整体规划,突出重点。以建立城市综合服务标准体系为目标,以需求为导向,在公共服务领域以服务群众、改善民生为重点,优先建立健全并有效实施与群众生活密切相关的、群众需求迫切的基本公共服务领域的标准体系。在专业服务领域根据服务业发展需求和行业特点，优先建立与老百姓接触紧密、关系到人身财产安全以及服务质量的标准体系。通过标准的有效实施和持续改进，全面推进我市综合服务标准化工作。

（四）提高水平，推广成果。试点工作引入有关科研机构和大专院校，通过共同参与来提高这项工作的水平。在实施过程中，既要用现代化手段来推进这项工作，又要注意到标准体系创建和标准实施过程中软硬件的匹配。标准的制定和实施要符合相关法律法规的规定，标准制定后，要将适用有效的标准进行固化，上升为地方法规。

（五）创新工作，注重实效。各相关单位在对本单位的工作进行归纳和总结的基础上，结合自身职责、工作流程和规章制度等，建立起一整套切实可行的标准体系，并形成与之配套的运行保障机制和持续改进机制。通过试点工作，进一步明确各有关单位的职责，统一相关标准，同时做好标准的有效实施，并对标准实施的有效性进行评价，从而促进服务效能的有效提升。

五、责任分工

（一）按照服务领域对各单位责任进行分工。

1. 公共安全

强化法治，加强公共安全管理，提升社会治安防控体系，深化“平安苏州”建设。

（1）身份证和居住证管理、出入境管理（责任单位：市公安局）；

（2）交通和车辆管理（责任单位：市公安局）；

（3）技防服务（责任单位：市公安局）；

（4）110 接处警（责任单位：市公安局）；

（5）公证、法律援助（责任单位：市司法局）；

（6）安全社区建设（责任单位：市安监局）。

2. 公共教育

促进儿童的早期发展和公共教育均等化，促进特定群体义务教育的普及。

（1）0～3 岁科学育儿教育（责任单位：市人口和计生委）；

（2）幼儿园教育，小学、中学教育（责任单位：市教育局）；

（3）特殊教育（责任单位：市教育局；配合单位：市残联）。

3. 公共卫生与基本医疗

结合苏州市社区卫生服务发展新模式，进一步完善服务功能、提升服务能力和管理水平，为群众提供安全、有效、便捷和价廉的基本医疗与公共卫生服务。

(1) 孕前优生检查和出生缺陷干预(责任单位:市人口和计生委);

(2) 一般常见病、多发病的诊疗,诊断明确的慢性病规范化管理(责任单位:市卫生局);

(3) 家庭出诊、居家护理、家庭病床等上门医疗服务(责任单位:市卫生局);

(4) 居民健康档案管理和使用、健康教育和健康促进(责任单位:市卫生局);

(5) 预防接种、0～6岁儿童和孕产妇健康管理(责任单位:市卫生局);

(6) 五类特定群体的健康管理(责任单位:市卫生局);

(7) 传染病及突发公共卫生事件报告和处理以及卫生监督协管服务(责任单位:市卫生局)。

4. 社会保障

增强公平性、适应流动性、保证可持续性,促进社会保障水平的提高和社会保障管理服务体系的不断健全。

(1) 贫困群体救助(责任单位:市民政局);

(2) 特定群体("三孤":孤老、孤儿、孤残)养护(责任单位:市民政局);

(3) 残疾人服务(责任单位:市残联);

(4) 养老服务(责任单位:市民政局);

(5) 廉租房和经济适用住房的供应保障(责任单位:市住建局);

(6) 人力资源服务、就业培训和就业指导(责任单位:市人社局);

(7) 基本社会保险(责任单位:市人社局)。

5. 公共基础设施与公共事业

提高产品和服务供给的有效性,规范产品和服务的质量,提高公众满意度。

(1) 供水(责任单位:市水利局);

(2) 供电(责任单位:苏州供电公司);

(3) 供气(责任单位:市住建局);

(4) 婚姻登记、收养登记、殡葬(责任单位:市民政局);

(5) 无障碍设施(责任单位:市残联;配合单位:市住建局);

(6) 道路、桥梁、隧道和城市照明的维护管理(责任单位:市市容市政局);

(7) 城市公共汽车和出租车、轨道交通、公共自行车服务(责任单位:市交通局;配合单位:苏州轨交公司、市市容市政局);

(8) 火车站综合服务(责任单位:苏州火车站);

(9) 社区商业网点的设施规划(责任单位:市商务局)。

6. 环境保护公共服务

强化污染物减排，着力提升环境质量，增强城市垃圾处置能力，建设维护城市公共绿地，优化城市环境卫生，为群众打造洁净的生活空间。

（1）大气污染防治，环境空气质量改善（责任单位：市环保局）；

（2）机动车排放污染物检测、检验机构的管理和技术规范（责任单位：市环保局；配合单位：市交警支队、市交通局）；

（3）危险废物的鉴别、储存和处置污染控制（责任单位：市环保局）；

（4）噪声污染防控（责任单位：市环保局）；

（5）地表水环境污染控制（责任单位：市环保局）；

（6）电离辐射防护与辐射源安全管理（责任单位：市环保局）；

（7）环境卫生清扫保洁、垃圾的收集、清运和处理（责任单位：市市容市政局）；

（8）园林、公园和公共绿地的维护保养（责任单位：市园林和绿化局）。

7. 公共信息服务

通过科学化、制度化和规范化建设，使公共信息服务载体更加丰富，质量更加提高。

（1）政务服务信息系统（责任单位：市发改委）；

（2）12345 便民服务平台（责任单位：市便民服务中心）；

（3）市民卡的管理（责任单位：市经信委）；

（4）公共气象信息服务（责任单位：市气象局）；

（5）社区信息显示屏（责任单位：市广电总台；配合单位：市市容市政局、市气象局）。

8. 公共文化和体育服务

不断完善公共文化服务体系和体育公共服务体系，丰富适合公众的公共文化和体育项目，优化服务质量。

（1）移动电视、无线苏州（责任单位：市广电总台）；

（2）社区文化和体育建设（责任单位：市文广新局；配合单位：市体育局）；

（3）公共文化设施服务（责任单位：市文广新局；配合单位：市青少年活动中心）；

（4）体育组织建设，体育设施建设，体育健身指导，体育活动开展，体育信息咨询（责任单位：市体育局）。

9. 公共科技服务

开展科普活动，建设公共科技服务平台，为市民提供便利的科技服务。

(1) 科学知识普及活动(责任单位:市科协;配合单位:市团委);

(2) 科技公共服务平台建设(责任单位:市科技局);

(3) 专利和版权管理(责任单位:市知识产权局)。

10. 旅游

在2011年旅游标准化试点城市建设基础上,不断完善旅游标准体系,规范旅游产品和服务,提高旅游服务质量,不断提升苏州旅游业的竞争力(责任单位:市旅游局)。

11. 服务外包

培育壮大一批服务外包企业,引导服务外包企业建立标准化的管理体系,提高运作的规范性(责任单位:市商务局)。

12. 金融

以便捷、快速、人性化服务为目标,建立健全银行和保险的服务标准体系,规范投诉处理流程,提高金融服务满意度(责任单位:苏州银监局、保监局)。

13. 物流

以发展第三方物流和建设公共物流信息平台为重点,加快物流技术、信息、管理、服务和安全的标准化进程,重点推进综合物流园区、基地和专业物流中心的标准化建设(责任单位:市发改委;配合单位:市经信委、市交通局)。

(二) 其他责任分工。

1. 对试点工作进行统筹、组织和协调(责任单位:市政府办公室);

2. 对试点工作需要制定的地方性法规、政府规章、规范性文件进行调研、立项和审核;对与试点工作相关的法律法规的执行情况进行监督(责任单位:市政府法制办);

3. 试点工作的新闻宣传工作(责任单位:市委宣传部);

4. 试点工作财政经费保障(责任单位:市、区财政局);

5. 财政经费使用情况的审计(责任单位:市审计局);

6. 试点日常工作,包括具体组织协调标准的立项申报、指导各标准体系的建立、组织标准化知识宣传培训、督促各有关标准的实施与评价、协调技术支撑单位开展工作(责任单位:苏州质监局);

7. 各区、工业园区、高新区应各明确一个职能部门对本区域内的试点工作进行协调和指导,按市政府的统一部署和市有关部门的要求,实施本区域范围内的试点工作(责任单位:各区政府,工业园区、高新区管委会)。

六、工作步骤

(一) 调研启动阶段(2012年1月—2012年6月)

围绕试点工作要求，对城市综合服务领域标准化现状和需求进行调研，了解实际情况，掌握第一手资料。确定技术支撑单位，协助我市试点工作的开展。制订试点工作实施方案，分解任务，落实到位。广泛开展城市综合服务标准化试点项目的宣传工作，充分利用各种媒体，普及标准化知识，增强标准化意识。市政府召开动员大会，对试点工作进行部署。

（二）示范点创建阶段（2012 年 7 月—2013 年 5 月）

在各领域内建立示范点，先行先试，对相关单位和人员进行标准化知识的业务培训。各单位结合自身工作职责，在梳理本单位与试点工作相关的管理制度、工作流程等基础上，研究制定和补充完善相关标准，形成融国家、行业、地方、服务业组织标准为一体的标准体系。对已经完成的标准及时组织实施，对实施情况进行评价，并制定持续改进措施。对标准实施情况和标准体系的运行情况进行监督检查，督促改进，保障我市综合服务标准体系有效运行。

（三）示范点验收（2013 年 6 月）

各示范点要做好迎检准备，由市领导小组对示范点进行验收，对存在问题提出整改意见并督促改进，对示范点下一步的工作提出建议和要求。

（四）示范点推广阶段（2013 年 7 月—2014 年 5 月）

充分发挥示范点的标杆作用，结合各地、各单位的实际情况，总结示范点建设经验，由点到面进行推广。

（五）预验收阶段（2014 年 6 月）

邀请国家标准化管理委员会组织专家进行预验收，对苏州公共服务和专业服务领域标准化试点工作提出整改意见。

（六）改进提高阶段（2014 年 7 月—2014 年 10 月）

对国家标准化管理委员会专家提出的意见进行整改，按试点工作总体要求进行标准体系的运行，提高工作水平，提请验收。

（七）评估验收阶段（2014 年 11 月—12 月）

提请由国家标准化管理委员会评估验收。

七、保障措施

（一）加强领导，精心组织。成立苏州市城市综合服务标准化试点工作领导小组，由市政府主要领导任组长，分管领导任副组长，市各相关单位主要负责人、各区政府（管委会）分管负责人为成员，负责全市综合服务标准化试点工作的领导、组织、协调、实施和监督检查工作。领导小组下设办公室，设在苏州质监局，负责日常工作和试点建设工作的具体事项，督促工作方案的落实。各地、各单位也要成立相应的领导机构和办事机构，在市领导小组的领导下，具体负责本地区、本单位试点工作的开展。

（二）部门联动，形成合力。城市综合服务标准化试点工作是一项跨部门、跨行业的系统工程，涉及诸多领域。全市各相关单位、各区要积极参与、主动配合，形成整体合力，确保这项工作有序开展并取得明显成效。

（三）广泛宣传，营造氛围。建立和完善试点工作信息通报机制。充分发挥舆论宣传的导向作用，利用报纸、电视、广播、网络等宣传媒体和信息亭、显示屏、广告牌等宣传资源，全方位、多视角、深层次地进行宣传。

（四）加大投入，有序推进。按照"政府推进、部门联动"的要求，各级财政要安排资金用于城市综合服务标准体系建设、标准宣传培训等工作。加大对城市综合服务标准化基础设施的投入力度，完善城市综合服务功能，提高服务水平。试点工作完成后，要对成绩突出的单位和个人予以表彰奖励。

主题词：服务　标准　试点　方案　通知

抄送：市委各部委办局，市人大常委会办公室，市政协办公室，市法院，市检察院，军分区，市各民主党派，市各人民团体，市工商联，各大专院校。

苏州市人民政府办公室

二〇一二年六月二十七日印发

共印：二六〇份

附录二：

市政府办公室印发关于开展城市综合服务标准化试点工作的实施细则的通知

市政府办公室印发关于开展城市综合服务标准化试点工作的实施细则的通知（苏府办[2012]170号）

各区人民政府，苏州工业园区、苏州高新区管委会；市各委办局，各直属单位：

经市政府同意，现将《关于开展城市综合服务标准化试点工作的实施细则》印发给你们，请认真组织实施。

苏州市人民政府办公室

2012年8月28日

关于开展城市综合服务标准化试点工作的实施细则

第一章　总则

第一条　为贯彻落实市政府《关于开展苏州市城市综合服务标准化试点工作的实施方案》（以下简称《实施方案》），根据国家标准化管理委员会《服务业标准化试点实施细则》和江苏省质量技术监督局《江苏省服务标准化试点管理办法》，制定本细则。

第二条　城市综合服务标准化试点工作以公共服务领域标准化为主，包括公共安全、公共教育、公共卫生与基本医疗、社会保障、公共基础设施与公共事业、环境保护公共服务、公共信息服务、公共文化和体育服务、公共科技服务，并涵盖旅游、服务外包、金融、物流等专业服务领域标准化。试点区域为苏州市区。

第三条　试点工作引入高等院校和科研单位作为技术支撑机构，开展城市综合服务标准化相关研究，并提供指导和咨询。同时，加强同国家相关标准化技术机构的沟通，以取得其帮助指导，提高试点工作的技术水平。

试点工作要充分发挥现有标准信息服务平台的作用，探索建立城市综合服务标准化研发平台和监督平台，推进城市综合服务行政管理部门、服务提供单位、科研机构和全体市民在标准化工作方面的深度融合。试点工作完成后，要形成《苏州市城市综合服务标准化工作调研报告》《苏州市城市综合服务标准化体系总体设计报告》《苏州市城市综合服务评价标准化指标体系研究》《苏州市城市综合服务标准化的公共效益与创新机制研究》等方面的研究成果。

第四条　参与试点的地区、部门和单位，要结合实际，加强标准化基本原理方法的学习研究，培养全社会的标准化素养；试点工作领导小组各主要成员单位要自觉运用标准化理论指导试点工作的全过程，并在实际工作中不断创新探索；要强化试点工作的理论总结，充实和发展服务标准化基本理论。

第五条　根据《实施方案》中的责任分工，试点工作共有 56 个项目，该 56 个项目分两期实施。首期选取基础较好、条件较为成熟的 20 个项目，其余项目在试点工作二期开展。

首期项目的实施期限为 2012 年 7 月至 2013 年 6 月。首期项目实施时，每个项目应选择两个或两个以上示范单位作为重点实施单位，示范单位应优先选择积极性较高、有一定标准化基础的单位。在首期试点工作成功实施的基础上，全面开展其他项目和首期项目所涉及的其他服务单位的试点工作。

首期项目和示范单位应充分发挥引领作用，建立有效的工作机制，由点到面、由浅入深地推进试点工作。标准的实施过程要立足于规范服务业行为，提高服务业管理水平和市场竞争力，维护服务对象和消费者的合法权益。

第二章　要求和目标

第六条　试点工作的总体要求是：建立完善并有效实施城市综合服务标准体系。在公共服务领域，建立健全公共服务标准体系并逐步实施相关标准，规范服务提供和管理行为，提高公共服务水平，促进基本公共服务均等化的实现；在专业服务领域，建立健全相关标准，形成基本覆盖并满足现代服务业发展需要的服务标准体系，实施贯穿服务全过程的相关标准，提升服务质量，促进服务业健康快速发展。同时，通过标准的有效实施和持续改进，建立综合服务标准化工作持续改进的程序和制度，完善城市综合服务标准化绩效评估机制，塑造苏州服务品牌，树立苏州公共服务和专业服务的标杆形象，全面提升我市的综合服务水平。

第七条　试点工作的具体目标是：

（一）建立苏州市城市服务领域 56 个重点项目的标准体系，组织实施相关标准并开展标准实施评价。重点项目承担单位建立的标准体系，应体现行业特点，满足行业发展需求，并具有适度的前瞻性。

（二）组织有关单位参与制（修）订国家标准、行业标准和地方标准5项。争取相关的城市综合服务标准化技术机构落户苏州。

（三）各试点项目中应有50%以上的相关服务提供单位均能按相应标准体系内的标准实施服务。

（四）各示范单位城市服务提供的各个环节应有标可依、标准齐全，标准覆盖率达到80%以上，标准实施率达到90%以上。

（五）城市综合服务质量符合相关的标准要求，服务行为规范有序，公众满意度达90%以上。

（六）创建具有行业特点和优势的服务品牌10个，形成具有苏州城市特色的综合服务名牌。

（七）研究制定苏州市城市综合服务规范管理办法，探索建立城市综合服务标准化工作的长效机制。

第三章　工作任务

第八条　各相关单位应围绕本次试点任务，结合自身实际深入开展学习调研。要仔细分析各个试点项目的主要服务内容、服务的主要环节和程序，切实掌握现行有效的相关法律法规、政策和各级各类标准以及尚需制定的标准，认真检查现行标准体系和标准的执行情况及考核改进机制的运行情况。在此基础上形成基本工作思路。

第九条　试点工作领导小组及其办公室要加强对试点工作的宣传发动，采取多种形式普及宣传标准化知识，宣传实施城市综合服务标准化试点工作的意义和作用，提高全社会标准化意识。领导小组办公室定期编发试点工作简报，通报试点工作进展情况和阶段性成果，推广各地、各部门和有关单位在试点工作中的成功做法和经验。

各地、各有关部门要结合实际，利用报纸杂志、电视、广播电台、户外广告、门户网站、手机短信、公共场所电子屏、公交传媒显示屏等平台，营造浓厚的宣传氛围。在试点期间，采取集中培训和自主培训相结合的方式开展培训工作，各责任单位和其他有关单位要积极参加市试点工作领导小组办公室组织的集中培训，并有计划地组织本单位内部的培训工作。

各项目承担单位标准化工作人员应熟悉国家有关标准化法律、法规、方针和政策，了解标准化基本知识，熟悉并掌握管理职责范围内的各类标准，并加以贯彻执行；能够独立或协作编写本组织的标准；能够为本单位其他人员进行标准化基础知识的培训，能熟练运用与本职工作有关的标准。通过培训和试点工作的开展，在全市范围内分别形成城市综合服务标准化的管理、实施和监督三支骨干人才队伍。

第十条　各项目承担单位应构建科学合理、层次分明、满足需要的标准体系框架，编制标准体系表。各示范单位应根据所在试点项目的标准体系，结合单位自身实际，形成示范单位的标准体系。按健全服务功能的要求，对尚未制定的标准，确定拟制定标准的计划列入标准体系表。

第十一条　各项目承担单位和示范单位应围绕试点要求，结合工作实际，确定标准化对象，进行标准的编制。组织标准化相关人员对拟制定的标准的主要内容进行研究，确定专人负责起草有关标准，自行组织评审，并经单位领导批准发布实施。有条件的单位和组织可申请参与国家、行业、地方标准的制(修)订工作。

第十二条　各项目承担单位和示范单位应确保纳入标准体系表的所有标准得到贯彻，将有关标准文本发放至有关内设部门，组织对标准内容的宣贯。根据标准的要求设立健全的考评工作体系，按标准要求进行考评，及时改正考评中发现的问题，确保标准的有效实施。

第十三条　各项目承担单位和示范单位应建立标准实施情况的监督检查制度，定期组织内部检查和自我评价，保障标准实施的有效性。

第十四条　各项目承担单位和示范单位要定期总结试点工作中的方法、经验，对成功经验予以推广，对标准实施过程中发现的问题应及时提出修订标准的建议，在不断完善标准的过程中持续改进和提升服务质量。

第十五条　各有关单位应通过标准实施提升服务质量，以标准化、规范化管理为手段，以提高服务质量和水平为目的，建立服务品牌，有条件的可以申请服务商标，进而争创服务名牌。

第四章　机构和职责

第十六条　苏州市政府成立苏州市城市综合服务标准化试点工作领导小组，领导小组下设办公室。

各项目承担单位和各区、工业园区、高新区要成立相应的领导机构和办事机构，落实人员配备，构建起覆盖苏州市区的标准化工作网络。

各示范单位要建立相应的领导机构和办事机构，具体负责本单位试点工作的开展。

第十七条　市试点工作领导小组负责全市综合服务标准化试点工作的领导、组织、协调和监督检查工作，研究建立苏州市城市综合服务标准化工作的长效机制，推进城市综合服务标准化工作的法制化进程，负责对财政拨款经费的使用情况进行监督。

第十八条　市试点工作领导小组办公室负责统筹、组织和协调试点工作的具体事项,包括:

(一)组织调研和学习考察城市综合服务标准化工作的总体情况;

(二)开展相关的宣传培训工作,定期编发试点工作简报;

(三)确定试点工作规划,督促试点工作实施方案和实施细则的落实;

(四)对各示范单位的标准体系建立和完善情况进行指导监督,督促示范单位标准的实施与评价;

(五)组织对试点项目和示范单位的考核;

(六)按照规定负责试点工作财政拨款经费的管理和使用;

(七)协调技术支撑机构开展工作;

(八)建立试点工作工作台账,及时整理汇总报送有关信息;

(九)承办试点工作领导小组交办的其他事项。

第十九条　各项目承担单位负责本项目的具体实施工作,职责包括:

(一)建立本单位标准化工作的领导机构和办事机构;

(二)开展本项目标准化宣传培训;

(三)负责建立并完善本项目的标准体系,组织标准体系的实施,进行标准实施评价和持续改进;

(四)参与或推荐有关单位参与国家标准、行业标准和地方标准的制(修)订工作;

(五)统筹协调各区、工业园区、高新区相关行业的试点工作,指导各示范单位的试点工作;

(六)建立本单位试点工作台账,每月定期上报试点工作信息;

(七)全面落实市试点工作领导小组及其办公室交办的各项工作任务。

第二十条　各区、工业园区、高新区应各明确一个职能部门对本区域内的试点工作进行协调和指导,按市试点工作领导小组的统一部署和市有关部门的要求,组织开展本区域范围内的试点工作,包括:

(一)加强对本区域试点工作的组织领导;

(二)制订实施方案或工作计划;

(三)根据标准化工作要求,加大对标准化基础设施的投入力度,为试点工作提供必要的经费;

(四)全面落实市试点工作领导小组及其办公室交办的其他各项工作任务。

第二十一条　市试点工作领导小组其他成员单位按照《实施方案》履行各自职责。

第二十二条　示范单位具体负责本单位的标准体系建立和标准的实施与持续改进,包括:

(一)确定本单位的标准化工作机构和人员;

(二)组织开展本单位标准化宣传培训;

(三)根据试点工作实施方案和本细则的要求,在本项目标准体系的框架内,建立健全适合本单位实际的标准体系;

(四)补充完善、研究制定相关标准,积极参与国家标准、行业标准和地方标准的制(修)订工作;

(五)组织标准的实施,进行标准实施评价和持续改进;

(六)建立试点工作台账,创建本单位能够展示效果的城市综服务示范窗口;

(七)全面落实上级试点工作领导小组部署的各项工作任务。

第二十三条　市试点工作领导小组每年至少召开一次成员单位全体会议,听取领导小组办公室工作汇报,分析试点工作面临的形势和问题,总结成功经验,部署下阶段工作。领导小组办公室每季度至少召开一次会议,听取各项目承担单位工作进度情况,交流经验和做法,研究工作安排。项目承担单位要经常对城市综合服务标准化进行专题研究,并将有关情况及时报至上级试点工作领导小组办公室。

第五章　标准体系的建立

第二十四条　标准体系应规范、完整、协调、有效,具体要求为:

(一)标准体系应覆盖城市综合服务的全过程以及服务提供的各个环节;

(二)标准体系内的标准应符合国家有关法律法规要求;

(三)标准体系内的标准应优先执行国家标准、行业标准和地方标准;

(四)结合服务业组织的发展需求和行业特点制定服务业组织标准,不断完善标准体系建设。条件成熟的可申请上升为国家标准、行业标准和地方标准;

(五)标准体系内的标准应相互协调;

(六)标准体系的建设可结合服务业组织实际情况进行删减和扩充;

(七)标准体系内的标准应符合国家对服务标准的分类和编写要求;

(八)标准体系表编制应符合《标准体系表编制原则和要求》(GB/T13016)和《企业标准体系表编制指南》(GB/T13017)。

第二十五条　建立标准体系要按以下程序进行:

(一)确定本部门或本单位服务提供及管理过程中需要进行标准化的环节和对象;

(二)划分标准体系的结构层次关系,制作标准体系结构图;

(三)收集、整理及制定相关标准和规范,按照标准体系结构图的分类层次,对上述标准和规范进行统一编码(编码办法另行制定),制作标准体系明细表;

(四)制作本部门或本单位标准统计汇总表;

(五)将标准统计汇总表中的标准文本按序汇编成册;

(六)制作本部门标准体系编制说明。

第二十六条　城市综合服务标准体系由服务通用基础、服务保障和服务提供三部分组成。

(一)服务通用基础标准由标准化导则、术语标准、符号标志标准、数值数据标准、量和单位标准、测量标准等组成。

(二)服务保障标准由环境标准、能源标准、安全与应急标准、职业健康标准、信息标准、财务管理标准、设施设备及用品标准、人力资源标准、合同管理标准等组成。

(三)服务提供标准由服务规范、服务提供规范、服务质量控制规范、运行管理规范、服务评价与改进标准等组成。

第二十七条　服务业组织在经营服务过程中,如果没有国家标准、行业标准或地方标准的,应当制定服务业组织标准,来规范服务质量。

制定服务业组织标准必须坚持:

(一)符合保障人体健康,人身、财产安全的要求;

(二)有利于合理利用资源,保护生态环境,实现服务业可持续发展;

(三)积极采用国际标准或者国外先进标准,提高工作水平;

(四)坚持科学性、协调性、合理性和可操作性相结合,做到管理先进、经济合理、切实可行,有利推动服务业健康发展;

(五)满足顾客的需要和期望,有利于保护消费者的合法权益。

第二十八条　申报国家、行业和地方标准的制定应按照以下程序:

(一)申报单位应向上级标准化行政主管部门、全国专业标准化技术委员会或行业协会提出立项申请,待上述单位初审后,由国家标准化管理委员会审查通过后,公示、立项。

(二)标准起草应按《标准化工作导则　第1部分:标准的结构和编写》(GB/T 1.1—2009)的要求起草标准征求意见稿,同时编写“编制说明”及有关附件,其内容一般包括:工作简况、标准编制原则和主要内容、采用国际标准和国外先进标准的程度、重大分歧意见的处理经过和依据等。

(三)标准征求意见稿和“编制说明”等应征求相关利益方及大专院校的意见,对征集的意见进行归纳整理，分析研究和处理后形成标准送审稿，送相关标准化专业技术委员会秘书处或技术归口单位审阅，审查通过后形成标准报批稿，报国家标准审批部门审批，最后发布备案。

第六章　标准的实施与持续改进

第二十九条　示范单位在实施标准前，应组织对标准的宣贯活动，请有关专家或标准起草人对标准内容进行解读，保证有关人员对标准有深入的了解，有利于标准的顺利实施。

第三十条　示范单位必须将纳入标准体系表的所有标准在日常工作中实施。将有关标准文本发放至相关部门，使全体服务人员熟悉标准，并按标准要求开展服务工作。根据标准要求设立健全的考评体系，并开展考评工作，对考评结果予以内部通报，及时改正考评中发现的问题。

第三十一条　示范单位在标准的实施过程中应及时做好记录，填写《苏州市城市综合服务标准化工作记录表》的有关表格，并做好档案管理。

第三十二条　示范单位应建立标准实施情况的监督检查制度，按标准要求定期组织检查，督促标准实施进程，保证标准实施的有序进行。

第三十三条　示范单位应通过检查标准实施情况，对标准的实施结果进行自我评价，对发现的问题及时制定改进措施，对有关标准进行修改或修订。

第三十四条　示范单位应及时收集客户的意见，对标准实施前后的客户满意度进行评估，有条件的单位可以由第三方做客户满意度调查。

第三十五条　示范单位在工作中要及时总结创新成果，对采用新技术、新理念取得明显成效的，要形成文字材料，及时报市试点工作领导小组办公室，以便推广应用。

第三十六条　市试点工作领导小组及办公室应组织不定期的监督检查，对示范单位工作情况进行全面了解，及时解决工作中遇到的困难，在任务书规定的时间节点做好预评估工作，促进试点工作的顺利完成。

第七章　资助与奖励

第三十七条　各地、各部门要加大对城市综合服务标准化实施工作的投入，各级财政要安排资金用于试点工作，包括考察、调研、宣传、培训、标准研制、标准化体系建设、试点项目、技术咨询以及领导小组办公室日常工作等。市试点工作领导小组每年评比一批优秀示范单位提请市政府给予表彰。试点工作结束后，对于成绩突出的单位和个人，由市政府予以嘉奖。

第八章　考核评估

第三十八条　示范单位在试点工作完成后，依照《苏州市城市综合服务标准化试点自我评估表》(附件)进行自查，并由项目承担单位进行复查。被检查和复查单位应提供：试点工作汇报材料；有关标准体系、标准文本、文件记录、台账、视频资料等；并准备示范窗口效果展示。市试点工作领导小组对通过复查的示范单位进行抽查。

第三十九条　邀请国家标准化管理委员会组织专家进行预验收，对苏州公共服务和专业服务领域标准化试点工作提出整改意见。对国家标准化管理委员会专家提出的意见进行整改，按试点工作总体要求进行标准体系的改进，提高工作水平。最后提请国家标准化管理委员会评估验收。

附件：

苏州市城市综合服务标准化试点自我评估计分表

项目	分项	内容和要求	评估标准	自评	得分和扣分说明
一、标准化工作基本要求	1.1 机构管理	领导机构（2 分）	a）成立了有主管领导负责的标准化领导机构；		
			b）规定了领导机构的主要任务，工作有效。		
		工作机构（1 分）	a）有标准化专/兼职工作机构，规定了标准化工作职责；		
			b）提供了必要的工作条件。		
	1.2 人员管理	专（兼）职工作人员配备及职责，标准化教育和培训（2 分）	a）任命了专（兼）职标准化人员，并明确其职责；		
			b）有专（兼）职标准化人员接受标准化教育和培训的证明资料，人员能力满足工作需求。		
	1.3 队伍管理	建立标准实施、管理、监督三支队伍（3 分）	a）实施：建立执行、实施各项标准的服务一线提供者队伍；		
			b）管理：建立对标准日常执行情况进行考评改进的管理者队伍；		
			c）监督：建立监督标准执行、改进的监督者队伍。		
	1.4 工作管理	制定与本组织相适应的标准化工作制度，并形成规范性文件（1 分）	a）有标准化管理办法（标准）；		
			b）建立了明确的监督检查制度。		
		对组织所开展的标准化活动进行策划、安排以及加强对各环节的管理（3 分）	a）有工作规划，明确试点工作的内容、目标和总体要求，试点各部门有相应的工作计划，任务明确，责任到人；		
			b）有试点实施方案，对总体目标进行分解，明确阶段目标、工作步骤和保障措施，方案中包括了标准实施计划；		
			c）召开动员大会或采用其它形式进行广泛动员，组织有关部门（或单位）有计划、有步骤地开展服务标准化活动。		

续表

项目	分项	内容和要求	评估标准	自评	得分和扣分说明
	1.5 信息管理	信息收集、整理、更新、分析和综合利用以及记录和保存(1 分)	a)有信息的收集渠道,建立标准化信息库并及时更新,利用信息化手段开展标准化工作;		
			b)对标准信息进行了综合利用,提出结合组织实际的标准化措施建议。建立并保持了标准体系重要事项的记录。		
	1.6 经费保障	对标准化工作提供必要的经费保障(1 分)	a)开展标准的宣贯、培训等标准化活动经费;		
			b)根据标准化要求,保证对标准化基础设施的经费投入。		
二、标准体系	2.1 基本要求	标准体系总体要求(1 分)	标准体系总体应规范、完整、协调、有效。		
		体系规范性(2 分)	a)符合国家安全、卫生、环境和保护消费者合法权益等有关法律法规的要求;		
			b)标准体系结构图、标准明细表、标准统计汇总表和标准文本符合 GB/T 24421.2 和 GB/T 13016、GB/T 13017 的规定;		
			c)标准文本结构合理、层次分明、内容具体,文字表达准确、严谨、简明、易懂,术语、符号统一。		
		体系完整性(3 分)	a)标准体系构成合理、结构完整,包括服务通用基础、服务保障和服务提供子体系;		
			b)标准体系应覆盖城市服务的全过程以及服务提供的各个环节,包括服务质量、安全、环境保护等重要标准以及有关法律法规要求必须具备的标准;		
			c)标准覆盖率要达到 80% 以上。		
		体系协调性(2 分)	a)标准与相关法律法规协调;		
			b)标准体系内各标准之间协调。		
		体系有效性(3 分)	a)标准体系体现行业特点,满足试点发展实际;		
			b)标准体系能满足试点目标任务的完成;		
			c)标准体系文件具有可操作性和可检查性,能对服务组织各项活动(保障安全、保护环境、保证服务质量、提高工作效率、降低成本等)起到支撑作用,能保证体系正常运行及持续改进的措施有效。		

续表

项目	分项	内容和要求	评估标准	自评	得分和扣分说明
二、标准体系	2.2 服务通用基础标准	具有标准化导则、术语与缩略语、符号与标志等标准(1分)	有适用的标准化导则、术语与缩略语、符号与标志、数值与数据、量和单位、测量标准等通用基础标准,能满足服务组织需要。		
	2.3 服务保障标准	环境标准(2分)	环境条件和环境保护标准充分适宜。		
		能源标准(2分)	能源的管理以及用能和节能工作措施标准充分适宜。		
		安全与应急标准(4分)	为使顾客生命和财产在服务过程中不受伤害,或者在发生突发事件时能有效降低损失而制定的标准充分适宜。		
	2.4 服务保障标准	职业健康标准(1分)	针对工作人员从事职业活动中的健康损害、安全危险及其有害因素制定的标准充分适宜。		
		信息标准(1分)	信息通用、信息应用和信息管理标准充分适宜。		
		财务管理标准(1分)	财务活动中的成本核算和收支等方面制定的标准充分适宜。		
		设施设备及用品标准(1分)	设施设备及用品配置、使用、停用和报废等制定的标准充分适宜。		
		人力资源标准(1分)	员工资质、聘用、培训和考核等制定的标准充分适宜。		
		合同管理标准(1分)	合同实施管理的标准充分适宜。		
		其他适用标准(1分)	结合试点单位实际应具备的其他服务保障标准。		
	2.5 服务提供标准	服务规范(2分)	a)规定了从功能性、安全性、时间性、舒适性、经济性、文明性等六个方面服务应达到的水平和要求;		
			b)包括接待和受理服务要求、服务组织和实施要求、服务验收和结算要求、售后服务要求。		
		服务提供规范(5分)	a)提供服务的方法和手段;		
			b)服务流程和环节划分的方法和要求,以及各环节的操作规范等;		
			c)岗位职责;		
			d)服务提供过程中预防性及特殊性措施要求;		
			e)其他适用的标准。		

续表

项目	分项	内容和要求	评估标准	自评	得分和扣分说明
		服务质量控制规范(3 分)	a)服务提供控制措施标准;		
			b)对顾客抱怨等不满意的处置标准;		
			c)对不合格服务的纠正与管理标准;		
			d)预防性及特殊性措施的要求;		
			e)质量争议处置的管理标准;		
			f)其他适用的标准。		
		运行管理标准(2 分)	根据试点单位的战略要求,对运行过程的规划、实施和控制的标准充分适宜。		
		服务评价和改进标准(1 分)	对体系有效性、适宜性和顾客满意度评价和体系改进的标准充分适宜。		
三、标准实施与持续改进	3.1 标准实施	标准宣贯和培训(2 分)	a)实施了标准宣贯和培训;		
			b)各岗位人员掌握相关标准,具有一定的标准化知识情况。		
		标准实施准备(2 分)	a)有标准实施的措施;		
			b)具备标准实施的必要条件。		
		标准实施情况(8 分)	a)有标准实施记录,并将各环节形成的数据和有关情况及时反馈;		
			b)检查服务过程中标准的执行情况,确认实施过程中的各个环节和岗位是否达到标准的要求;		
			c)服务行为规范,服务质量满足标准要求;		
			d)标准实施率 90% 以上。		
		标准实施检查(8 分)	a)有标准实施检查的制度;		
			b)确定了标准实施检查的机构和人员职责、权限明确;		
			c)制订了开展标准实施检查工作计划(或日常检查程序);		
			d)定期组织检查,实施检查记录和问题处理记录的保持完整。		

续表

项目	分项	内容和要求	评估标准	自评	得分和扣分说明
	3.2 自我评价和持续改进	自我评价(2分)	a)对评价工作进行了必要的准备,确定了评价方案,明确了评价方法和评价指标体系;		
			b)对标准实施的符合性和实施效果进行了评价,形成了评价报告。		
		持续改进定期总结试点工作中的方法、经验并在此基础上加以推广,在不断完善标准中改进和提升服务质量(6分)	a)建立了服务标准化工作持续改进的程序或制度,有持续改进的工作方案或计划;		
			b)针对标准实施检查和自我评价等发现的问题实施了持续改进,及时提出修订标准的建议;		
			c)有持续改进的记录。		
四、绩效评估	4.1 服务对象满意度测评	通过内外部顾客满意度测评(8分)	顾客或服务对象综合满意度情况。		
	4.2 效益	经济效益(3分)	与试点前对比情况。		
		社会效益(3分)	与试点前社会效益对比情况。		
	4.3 品牌效应	品牌效应(2分)	服务品牌获国家级知名品牌及省级知名品牌情况。		
	4.4 提升标准化水平	标准化工作水平(2分)	试点在如下方面取得业绩:		
			a)承担全国标准化技术委员会/分技术委员会/工作组秘书处工作;		
			b)获标准创新贡献奖;		
			c)参与省级以上标准制定;		
			d)参与省级以上标准化科研;		
			e)获市级以上标准化工作表彰。		

附录三：

苏州市城市综合服务标准总体系框架图

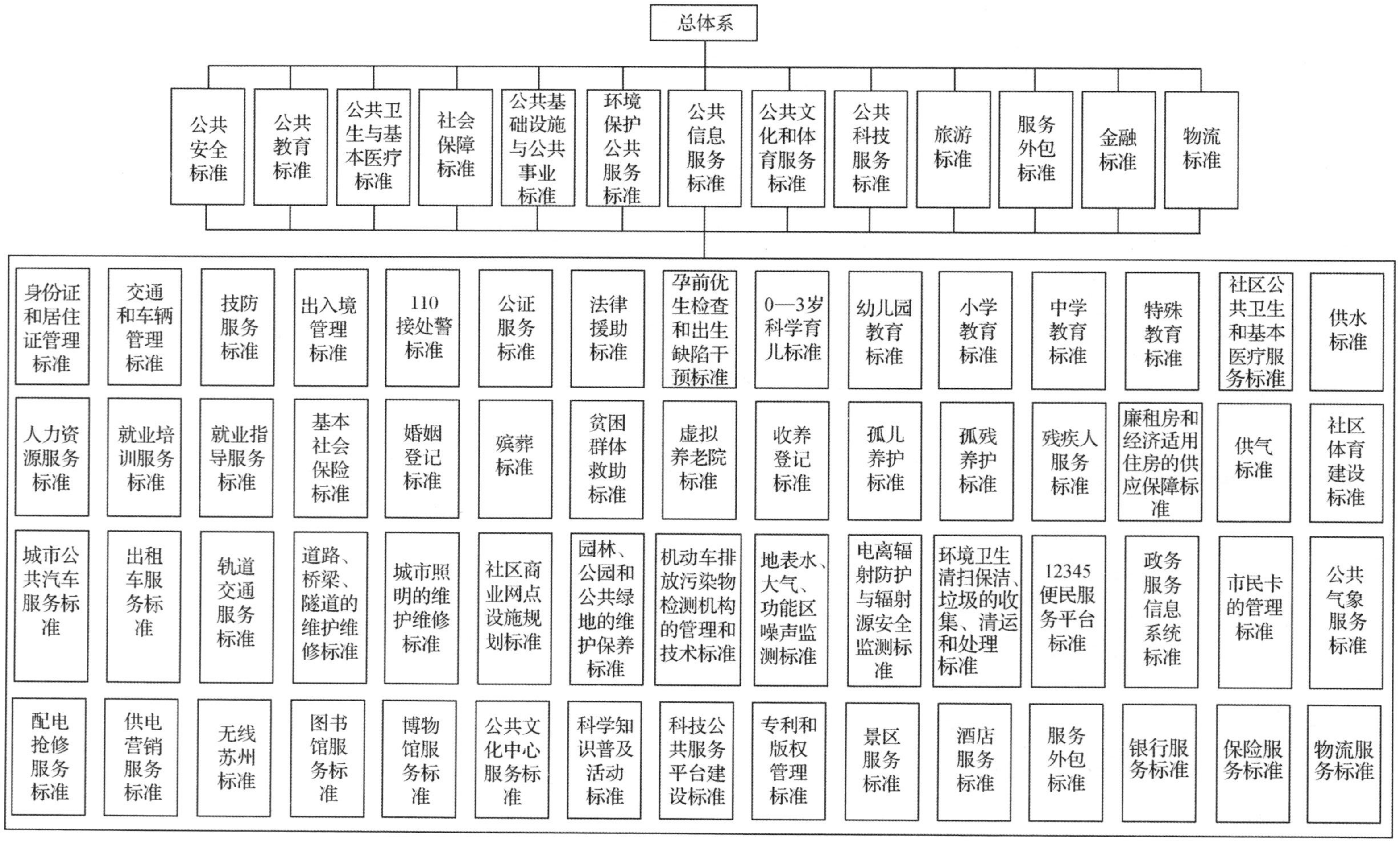

图Ⅲ－1　苏州市城市综合服务标准总体系框架图

附录四：

苏州市城市综合服务标准化60个项目标准统计表

序号	项目名称	基础通用标准数				服务保障标准数				服务提供标准数				规划标准数	完成标准数
		国家标准	行业标准	地方标准	组织标准	国家标准	行业标准	地方标准	组织标准	国家标准	行业标准	地方标准	组织标准		
1	身份证和居住证管理	52	1	1	1	6	15	6	0	1	1	1	4	89	89
2	交通和车辆管理	40	0	1	0	26	3	1	0	2	0	0	5	78	78
3	技防服务	50	0	1	0	24	11	5	2	0	1	0	0	94	94
4	出入境管理	58	0	1	2	26	19	6	2	2	0	0	21	137	137
5	110 接处警	58	0	1	0	43	3	5	0	1	0	0	6	117	117
6	公证服务	12	0	0	0	8	2	1	4	2	0	0	7	36	36
7	法律援助	12	0	0	1	8	2	1	5	2	0	0	5	36	36
8	0—3 岁科学育儿教育	15	0	0	1	6	1	0	3	3	0	0	3	32	32
9	幼儿园教育	23	0	0	1	17	3	0	39	1	1	0	10	95	95
10	小学教育	9	0	0	1	17	34	0	40	1	1	0	38	141	141
11	中学教育	23	0	0	1	20	31	0	21	1	1	1	18	117	117
12	特殊教育	23	0	0	0	15	3	0	15	0	0	0	18	74	74
13	社区公共卫生和基本医疗服务	39	2	0	0	25	0	0	12	2	0	0	4	84	84
14	孕前优生检查和出生缺陷干预	26	2	0	3	13	1	1	13	4	0	0	9	72	72
15	人力资源服务	21	1	0	2	15	11	4	21	11	2	1	18	107	107
16	社区（村）公共就业服务	13	0	0	2	10	1	0	7	0	0	0	26	59	59
17	人力资源就业培训服务	21	1	0	2	15	11	4	21	11	2	1	18	107	107
18	基本社会保险	21	2	0	0	40	8	13	0	3	0	0	6	93	93

续表

序号	项目名称	基础通用标准数				服务保障标准数				服务提供标准数				规划标准数	完成标准数
		国家标准	行业标准	地方标准	组织标准	国家标准	行业标准	地方标准	组织标准	国家标准	行业标准	地方标准	组织标准		
19	贫困群体救助	10	0	1	3	2	1	0	6	1	0	1	4	29	29
20	虚拟养老院	31	1	0	3	7	0	0	35	4	1	1	28	111	111
21	孤儿养护	34	0	0	4	17	0	0	49	1	0	0	61	166	166
22	孤残养护	36	0	0	4	17	0	0	49	1	0	0	49	156	156
23	残疾人服务	19	0	0	1	11	2	1	0	3	1	0	2	40	40
24	公租房的供应保障和补贴购房的实施保障	23	2	1	0	17	4	0	11	5	0	0	21	84	84
25	供水	17	0	0	1	100	12	0	45	0	0	0	23	198	198
26	供电营销服务	55	4	0	0	42	15	0	6	9	4	0	4	139	139
27	配电运检服务	59	5	1	0	42	23	0	7	17	4	0	5	163	163
28	婚姻登记	23	0	0	1	14	4	0	12	1	0	0	9	64	64
29	收养登记	22	0	0	1	12	3	0	8	9	2	2	1	60	60
30	殡葬	18	1	0	0	23	3	0	6	0	0	0	15	66	66
31	城市公共汽车服务	19	0	0	1	9	1	0	0	3	1	0	9	43	43
32	轨道交通服务	36	2	1	7	26	6	6	323	5	0	0	45	457	457
33	出租车服务	14	2	2	0	14	4	0	0	3	0	0	11	50	50
34	供气	36	16	0	0	0	0	0	92	0	0	0	24	168	168
35	道路、桥梁、隧道的维护维修	29	0	0	12	14	0	0	26	15	9	4	24	133	133
36	城市照明的维护维修	16	0	0	4	3	1	0	36	2	2	1	12	77	77
37	社区商业网点的设施规划	73	1	1	7	6	1	6	26	4	1	1	18	145	145
38	园林、公园和公共绿地的维护保养	13	2	0	0	17	1	1	13	3	0	2	6	58	58

续表

序号	项目名称	基础通用标准数				服务保障标准数				服务提供标准数				规划标准数	完成标准数
		国家标准	行业标准	地方标准	组织标准	国家标准	行业标准	地方标准	组织标准	国家标准	行业标准	地方标准	组织标准		
39	机动车排放污染物检测机构的管理和技术	23	2	1	5	9	1	1	17	3	0	0	24	86	86
40	地表水、大气、功能区噪声监测	16	0	1	0	10	0	1	21	18	32	0	23	122	122
41	电离辐射防护与辐射源安全监测	15	0	1	2	8	0	1	15	5	1	0	9	57	57
42	环境卫生清扫保洁、垃圾的收集、清运和处理	15	14	0	3	21	21	0	31	3	11	0	16	135	135
43	12345 便民服务平台	13	0	0	11	26	0	0	52	1	0	0	32	135	135
44	市民卡的管理	37	1	0	1	37	1	0	5	4	0	1	4	91	91
45	公共气象服务	90	43	0	3	48	19	0	14	15	15	0	17	264	264
46	政务服务信息系统	12	0	0	15	7	0	0	11	1	0	0	5	51	51
47	无线苏州	35	0	0	1	41	5	0	3	11	3	0	2	101	101
48	公共文化中心服务	52	2	1	1	55	36	7	12	18	4	0	17	205	205
49	图书馆服务	14	1	0	1	16	18	2	34	2	1	0	6	95	95
50	博物馆服务	23	0	0	3	44	8	0	38	5	8	0	43	172	172
51	社区体育建设	22	0	0	3	12	2	1	6	1	0	0	5	52	52
52	科技公共服务平台建设	21	0	0	2	26	0	1	12	3	0	0	16	81	81
53	专利和版权管理	50	2	1	2	38	8	2	10	11	0	0	10	134	134
54	科学知识普及活动	22	0	0	1	25	4	0	0	6	1	0	1	60	60
55	景区服务	21	2	2	5	0	0	1	17	14	3	2	22	89	89
56	酒店服务	41	0	0	4	15	0	0	109	0	0	0	114	283	283
57	服务外包	29	2	0	3	14	2	0	13	3	0	1	12	79	79
58	银行服务	55	1	1	0	25	11	6	0	7	19	1	1	127	127

续表

序号	项目名称	基础通用标准数				服务保障标准数				服务提供标准数				规划标准数	完成标准数
		国家标准	行业标准	地方标准	组织标准	国家标准	行业标准	地方标准	组织标准	国家标准	行业标准	地方标准	组织标准		
59	保险服务	17	1	0	3	5	2	0	24	0	2	0	58	112	112
60	物流服务	44	3	0	0	27	2	0	24	4	1	0	20	125	125
总标准数:6631 项,其中:国家标准总数 3270 项,行业标准总数 634 项,地方标准总数 125 项,组织标准总数 2602 项		基础通用国家标准总数	基础通用行业标准总数	基础通用地方标准总数	基础通用组织标准总数	服务保障国家标准总数	服务保障行业标准总数	服务保障地方标准总数	服务保障组织标准总数	服务提供国家标准总数	服务提供行业标准总数	服务提供地方标准总数	服务提供组织标准总数	规划标准总数	完成标准总数
		1766	119	20	135	1236	380	84	1423	268	135	21	1044	6631	6631
		基础通用标准总数				服务保障标准总数				服务提供标准总数				覆盖率 100%	
		2040				3123				1468					

附录五:

苏州市城市综合服务标准化示范单位标准统计表

序号	标准单位	基础通用标准数				服务保障标准数				服务提供标准数				规划标准数	完成标准数
		国家标准	行业标准	地方标准	组织标准	国家标准	行业标准	地方标准	组织标准	国家标准	行业标准	地方标准	组织标准		
1	苏州市公安局人口管理支队	52	1	1	1	6	15	6	0	1	1	1	4	89	89
2	江苏省苏州市公安局交通巡逻警察支队车辆管理所	40	0	1	0	26	3	1	0	2	0	0	5	78	78
3	苏州市公安局技术防范办公室	50	0	1	0	24	11	5	2	0	1	0	0	94	94
4	苏州市公安局出入境管理支队	58	0	1	2	26	19	6	2	2	0	0	21	137	137
5	苏州市公安局苏州工业园区分局湖东派出所	58	0	1	0	43	3	5	0	1	0	0	6	117	117
6	江苏省苏州市苏城公证处	19	1	0	4	15	3	1	11	2	0	0	11	67	67
7	江苏省苏州市苏州公证处	14	1	0	0	11	3	1	5	2	0	0	7	44	44
8	苏州市法律援助中心	16	0	0	5	14	3	0	9	2	0	0	15	64	64
9	苏州市吴中区法律援助中心	16	0	0	5	14	3	0	9	2	0	0	14	63	63
10	苏州市姑苏区卫生和人口计划生育局	15	0	0	1	6	1	0	3	3	0	0	3	32	32
11	苏州市相城区人口和计划生育局	15	0	0	1	6	1	0	3	3	0	0	3	32	32
12	苏州市实验小学校(幼儿园)	23	0	0	1	17	3	0	39	1	1	2	8	95	95
13	苏州市实验小学校	23	0	0	1	17	34	0	40	1	1	0	38	155	155
14	苏州市胥江实验中学校	23	0	0	1	17	34	0	46	1	1	2	43	168	168
15	苏州市盲聋学校	23	0	0	0	15	3	0	20	0	0	0	29	90	90
16	苏州市姑苏区留园街道社区卫生服务中心	39	2	0	0	25	0	0	12	2	0	0	4	84	84
17	苏州市姑苏区吴门桥街道润达社区卫生服务中心	29	2	2	0	23	2	2	33	23	2	2	33	153	153
18	苏州市吴中区人口和计划生育局	26	2	0	3	13	1	1	13	4	0	0	9	72	72
19	苏州市人才服务中心	23	0	0	2	33	3	0	0	5	0	0	14	80	80
20	苏州市劳动就业管理服务中心	13	0	0	2	10	1	0	7	0	0	0	26	59	59

续表

序号	标准单位	基础通用标准数				服务保障标准数				服务提供标准数				规划标准数	完成标准数
		国家标准	行业标准	地方标准	组织标准	国家标准	行业标准	地方标准	组织标准	国家标准	行业标准	地方标准	组织标准		
21	苏州市人力资源社会保障培训指导中心	21	1	0	2	15	11	4	21	11	2	1	18	107	107
22	苏州市社会保险基金管理中心	21	2	0	0	40	8	13	0	3	0	0	6	93	93
23	苏州市姑苏区民政局	10	0	1	3	2	1	0	6	1	0	1	4	29	29
24	苏州市姑苏区居家乐养老服务中心	31	1	0	3	7	0	0	35	4	1	1	28	111	111
25	苏州市社会福利总院残疾人福利中心	70	0	0	8	34	0	0	98	2	0	0	110	322	322
26	苏州市社会福利总院儿童福利中心	34	0	0	4	17	0	0	49	1	0	0	61	166	166
27	苏州市残疾人康复训练服务中心	19	0	0	1	11	2	1	0	3	1	0	2	40	40
28	苏州市住房保障管理中心	23	2	1	0	17	4	0	11	5	0	0	21	84	84
29	苏州市自来水有限公司	17	0	0	1	100	12	0	45	0	0	0	23	198	198
30	苏州工业园区清源华衍水务有限公司	39	1	0	0	0	0	0	42	0	0	0	82	164	164
31	江苏省电力公司苏州供电公司营销部	55	4	0	0	42	15	0	6	9	4	0	4	139	139
32	江苏省电力公司苏州供电公司运维检修部配电运检室	59	5	1	0	42	23	0	7	17	4	0	5	163	163
33	苏州市吴江区民政局婚姻登记处	23	0	0	1	14	4	0	12	1	0	0	9	64	64
34	苏州市吴中区民政局	22	0	0	1	12	3	0	8	9	2	2	1	60	60
35	苏州市殡仪馆	18	1	0	0	23	3	0	6	0	0	0	15	66	66
36	苏州市公共交通有限公司	19	0	0	1	9	1	0	0	3	1	0	9	43	43
37	苏州市轨道交通集团有限公司运营分公司	36	2	1	7	26	6	6	323	5	0	0	45	457	457
38	苏州交运汽车出租有限公司	14	2	2	0	14	4	0	2	3	0	0	9	50	50
39	苏州强生出租汽车有限公司	14	2	2	0	14	4	0	3	3	0	0	7	49	49
40	苏州大众交通有限公司	14	2	2	0	14	4	0	0	3	0	0	11	50	50
41	苏州山水旅游服务有限公司	14	2	2	0	14	4	0	2	3	0	0	7	48	48
42	苏州华润燃气有限公司	36	16	0	0	0	0	0	91	0	0	0	24	167	167

续表

序号	标准单位	基础通用标准数				服务保障标准数				服务提供标准数				规划标准数	完成标准数
		国家标准	行业标准	地方标准	组织标准	国家标准	行业标准	地方标准	组织标准	国家标准	行业标准	地方标准	组织标准		
43	苏州市市政设施管理处	29	0	0	12	14	0	0	26	15	9	4	24	133	133
44	苏州市城市照明管理处	16	0	0	4	3	1	0	36	2	2	1	12	77	77
45	苏州工业园区邻里中心发展有限公司新城邻里中心	73	1	1	7	6	1	6	26	4	1	1	18	145	145
46	苏州工业园区邻里中心发展有限公司湖东邻里中心	73	1	1	7	6	1	6	26	4	1	1	18	145	145
47	苏州市苏州公园管理处	13	0	2	0	17	0	1	14	3	0	0	8	58	58
48	苏州格标机动车检测有限公司	23	2	1	5	9	1	1	17	3	0	0	24	86	86
49	苏州苏新机动车服务有限公司	23	2	1	6	9	1	1	19	3	0	0	18	83	83
50	苏州市环境监测中心	16	0	1	0	10	0	1	21	18	32	0	23	122	122
51	苏州市核与辐射安全监督站	15	0	1	2	8	0	1	15	5	1	0	9	57	57
52	苏州市环境卫生管理处	15	14	0	3	21	21	0	31	3	11	0	16	135	135
53	苏州市人民政府便民服务中心	13	0	0	11	26	0	0	52	1	0	0	32	135	135
54	苏州市人民政府便民服务中心(政府服务信息系统)	12	0	0	15	7	0	0	11	1	0	0	5	51	51
55	苏州市相城区便民服务中心	9	0	0	9	14	0	0	20	1	0	0	17	70	70
56	苏州市民卡有限公司	37	1	0	1	37	1	0	5	4	0	1	4	91	91
57	苏州市气象台	90	43	0	3	48	19	0	14	15	15	0	17	264	264
58	苏州世纪飞越网络信息有限公司	35	0	0	1	41	5	0	3	11	3	0	2	101	101
59	苏州市公共文化中心	52	2	1	1	55	36	7	12	18	4	0	17	205	205
60	苏州图书馆	14	1	0	1	16	18	2	34	2	1	0	6	95	95
61	苏州博物馆	23	0	0	3	44	8	0	38	5	8	0	43	172	172
62	苏州市相城区北桥街道莲花庄社区	23	1	0	3	11	2	1	0	3	0	0	7	51	51
63	苏州市吴江区盛泽镇黄家溪村	22	0	0	3	12	2	1	6	1	0	0	5	52	52
64	苏州市姑苏区娄门街道新湘苑社区	23	1	0	3	12	2	2	3	0	0	0	0	46	46

续表

序号	标准单位	基础通用标准数				服务保障标准数				服务提供标准数				规划标准数	完成标准数
		国家标准	行业标准	地方标准	组织标准	国家标准	行业标准	地方标准	组织标准	国家标准	行业标准	地方标准	组织标准		
65	江苏风云网络服务有限公司	18	0	0	0	9	1	1	14	3	0	0	8	54	54
66	苏州电器科学研究院股份有限公司	19	0	0	2	15	0	1	16	3	0	0	14	70	70
67	工信部电子第五研究所华东分所(中国赛宝(华东)实验室)	21	0	0	2	26	0	1	12	3	0	0	16	81	81
68	苏州市专利代办处	50	2	1	2	38	8	2	10	11	0	0	10	134	134
69	苏州市极地科普馆	22	0	0	1	25	4	0	0	6	1	0	1	60	60
70	苏州同里国际旅游开发有限公司	21	2	2	5	0	0	1	17	14	3	2	22	89	89
71	苏州工业园区金鸡湖大酒店有限公司	41	0	0	4	15	0	0	109	0	0	0	114	283	283
72	苏州工业园区人力资源外包协会	29	2	0	3	14	2	0	13	3	0	1	12	79	79
73	中国建设银行苏州分行	55	1	1	0	25	11	6	0	7	19	1	1	127	127
74	中国光大银行苏州分行	55	1	1	0	25	11	6	0	7	19	1	1	127	127
75	中国人民财产保险股份有限公司苏州市分公司	17	1	0	3	5	2	0	24	0	2	0	58	112	112
76	中国人寿保险股份有限公司苏州市分公司	46	1	1	1	10	2	6	18	4	1	0	7	97	97
77	江苏省邮政速递物流有限公司苏州分公司	44	3	0	0	27	2	0	24	4	1	0	20	125	125
总计:		2271	134	34	184	1488	417	106	1707	330	156	25	1403	8255	8255
总标准数:8255 项,其中:国家标准总数 4089 项,行业标准总数 707 项,地方标准总数 165 项,组织标准总数 3294 项		基础通用标准总数				服务保障标准总数				服务提供标准总数				覆盖率 100%	
		2623				3718				1914					

附录六：

苏州市城市综合服务标准化工作调查问卷

您好！

为了更加深入了解贵单位开展标准化工作的现状，我们想征求您的看法。对下表中每道题的描述，您有"不同意""比较不同意""不确定""比较同意""同意"五种选择，请在最符合您的看法的那一栏画"√"。

感谢您的支持与合作！

苏州市城市综合服务标准化研究课题组

序号	题目	不同意	比较不同意	不确定	比较同意	同意
1	我们单位已经成立了相应的标准化建设领导小组。					
2	我们单位相关的工作人员具备标准化的相关知识。					
3	我认为现在（标准化的）培训还不能充分满足我们部门的要求。					
4	我们单位标准化建设资金保障还不充分。					
5	我们单位非常重视此次标准化建设工作。					
6	我们行业标准化建设程度比较低。					
7	我们已经梳理了现行有效的国家标准、行业标准、地方标准。					
8	我们单位在标准的编制能力方面还有欠缺。					
9	我们单位已经制订了标准化工作的方案和时间表，标准化工作有序进行。					
10	我们单位已经成立了标准化研究机构，且聘请专家、专业机构给予针对性的理论支持和技术支撑。					
11	我认为标准化工作会提升苏州的城市核心竞争力。					
12	我认为此次标准化工作对于我们提升单位的服务质量作用很大。					
13	我们已经梳理了相关的法律法规、规章制度，已经可以将相关的规范性文件转化成标准。					
14	我们清楚了各种标准之间的相互联系、分类关系可以搭建标准体系框架。					

续表

序号	题目	不同意	比较不同意	不确定	比较同意	同意
15	我们单位在标准化建设中始终积极与相关部门广泛讨论、协调。					
16	我认为现在培训的覆盖范围太小。					
17	我们单位对于长期推进标准化建设工作有资金保证。					
18	我认为标准化工作将令我们的服务规范化。					
19	我认为标准化工作对苏州市今后的发展具有重要意义。					
20	我们认为标准化工作将提升公务人员服务意识。					
21	我们单位的资金可以在短时间保证标准化建设项目的推进。					

再次感谢您的支持与合作！

附录七：

苏州市城市综合服务标准化项目调研提纲(1)

1. 贵单位主要从事哪些公共服务项目？在标准化建设方面现状如何？存在哪些困难？开展标准化工作的意义如何？

2. 贵单位在服务中有哪些特色项目？

3. 通过开展标准化工作，贵单位希望达到什么样的目标（定性指标与定量指标）？

4. 在开展本次标准化工作中，已搜集到的相关现行有效的国家标准、行业标准、地方标准及规范性文件有哪些？需要转化成为标准的规范性文件有哪些？

（如标准号：GB 11643—1999；标准名称：公民身份号码；标准级别：国家标准；标准性质：强制性）

5. 贵单位标准体系的搭建情况如何？标准的明细、标准文本的转化工作进展情况如何？

6. 请谈谈对已构建出的贵行业的标准体系框架图的意见和建议。

附录八：

苏州市城市综合服务标准化项目调研提纲(2)

1. 本单位公共服务的基本概况。

(1) 主要服务内容?

(2) 主要职责?

(3) 工作机制与运行流程。

(4) 在服务中有哪些特色项目?

2. 标准化建设的现状。

(1) 标准化组织的状况。

(2) 已搜集到的相关现行有效的国家标准、行业标准、地方标准及规范性文件有哪些? 请列出。

(3) 需要转化成为标准的规范性文件有哪些? 请列出。

3. 标准化建设的问题。

(1) 制度方面

(制订的标准化建设的方案和时间表,目前部门之间的协调讨论机制如何?)

(2) 人力资源方面

①工作人员知识本身储备情况如何?

②标准化资源。(有无标准化研究机构支持? 有无专职或者兼职的标准化研究人员? 标准化研究机制方面的情况如何?)

(3) 培训方面

各个项目标准化工作人员的培训次数、培训内容方面的情况。

(4) 资金方面

短期、长期方面能否保证标准化建设项目的推进?

4. 通过标准化建设,本单位希望达到的目标。

5. 标准化建设对于本单位的意义。

附录九：

政府服务标准化水平、公共服务效能及城市综合竞争力调查问卷

尊敬的女士/先生：

您好！感谢您参加此次问卷调查，本研究旨在探索政府公共服务标准化水平对城市综合竞争力的影响机制。问卷采用无记名方式，答案无对错之分，请您根据您的实际经历及想法真实回答。问卷调查结果仅用于学术研究，您提供的任何信息我们都将予以严格保密，不会对您个人和组织造成任何影响，敬请放心填写。我们很乐意与您分享研究成果，如果您对此感兴趣，请您留下邮箱，我们会在研究结束的第一时间反馈给您。

苏州市城市综合服务标准化研究课题组

2014 年 4 月

第一部分 服务标准化水平

下面的项目是对政府组织服务标准化水平的描述，请您结合本单位标准化建设实际情况，对下表中每道题的描述，在最符合您的看法的那一栏画"√"。

序号	题目	不同意	不太同意	不确定	比较同意	同意
1	我们单位已经成立了由主管领导负责的标准化领导机构和工作小组。	1	2	3	4	5
2	我们单位制定与本组织相适应的标准化工作制度，并形成规范性文件。	1	2	3	4	5
3	我们单位制订试点实施方案，明确工作规划，按照工作计划保证标准化工作有序展开。	1	2	3	4	5
4	我们单位配备了专(兼)职标准化工作人员，积极开展标准化教育和培训。	1	2	3	4	5
5	我们单位成立了标准化研究机构，且聘请专家、专业机构给予针对性的理论支持和技术支撑。	1	2	3	4	5

续表

序号	题目	不同意	不太同意	不确定	比较同意	同意
6	我们单位为标准化建设提供充足的资金保障，保证标准化工作长期推进。	1	2	3	4	5
7	我们单位提供资金，短期内可以顺利推进标准化建设工作。	1	2	3	4	5
8	我们单位标准体系构成合理、结构完整，包括服务基础通用、服务保障和服务提供三大子体系。	1	2	3	4	5
9	我们单位标准体系结构图、标准明细表、标准统计汇总表和标准文本符合 GB/T 24421.2 和 GB/T 13016、GB/T 13017 的规定。	1	2	3	4	5
10	标准文本结构合理、层次分明、内容具体，文字表达准确、严谨、简明、易懂，术语、符号统一。	1	2	3	4	5
11	我们单位标准覆盖率达到 80% 以上。	1	2	3	4	5
12	我们单位标准与相关法律法规协调，标准体系内各标准之间协调。	1	2	3	4	5
13	我们单位标准体系文件具有可操作性和可检查性，能对服务组织各项活动起到支撑作用。	1	2	3	4	5
14	我们单位标准体系能体现行业特点，满足工作实际。	1	2	3	4	5
15	我们单位进行标准实施前的宣贯和培训。	1	2	3	4	5
16	我们单位各岗位工作人员均掌握了相关标准，具有一定的标准化知识。	1	2	3	4	5
17	我们单位标准实施记录完备，并将各环节形成的数据和有关情况及时反馈。	1	2	3	4	5
18	我认为在我们行业标准实施率能确保达到 90% 以上。	1	2	3	4	5
19	我们单位确定了标准实施检查的机构和人员并且职责、权限明确。	1	2	3	4	5
20	我们单位制订了开展标准实施检查工作计划。	1	2	3	4	5
21	我们单位定期组织检查，并且检查记录和问题处理记录保持完整。	1	2	3	4	5
22	我们单位积极开展内部评估，对标准实施的符合性和实施效果进行评价，形成了评价报告。	1	2	3	4	5
23	我们单位积极开展标准实施的社会评价，并将问题及时处理。	1	2	3	4	5

续表

序号	题目	不同意	不太同意	不确定	比较同意	同意
24	我们单位注重持续改进，并记录完整。	1	2	3	4	5
25	我们单位对标准实施检查，对自我评价和社会评价中发现的问题持续改进，及时提出修订标准的建议。	1	2	3	4	5
26	我们单位定期总结试点工作中的方法、经验并在此基础上加以推广。	1	2	3	4	5
27	我们单位积极与科研单位、高等院校合作提炼标准化理论成果。	1	2	3	4	5
28	我们单位获市级以上标准化工作表彰。	1	2	3	4	5
29	我们单位积极参与了省级以上标准制定。	1	2	3	4	5

第二部分　公共服务效能

下面的项目是对政府组织公共服务效能的描述，请您根据您的真实感受对下列问题进行打分，其中最低分 1 分，最高分为 5 分，请在相应的分数栏画“√”。

序号	题目	不符合	不太符合	不确定	比较符合	符合
1	单位能高效率落实各项工作	1	2	3	4	5
2	单位对投诉的办理效率较高	1	2	3	4	5
3	单位依法处理员工违法违纪情况	1	2	3	4	5
4	单位依法进行员工各项评议考核	1	2	3	4	5
5	单位能依法公开政务实施情况	1	2	3	4	5
6	单位能很好地控制行政费用	1	2	3	4	5
7	单位对专项资金能做好审计监督	1	2	3	4	5
8	单位关键业绩目标能很好地实现	1	2	3	4	5
9	单位能高质量地完成年度重点工作	1	2	3	4	5
10	单位行政效率高	1	2	3	4	5
11	单位能很好地降低办公成本	1	2	3	4	5
12	单位结合工作实际推行了更多的惠民政策	1	2	3	4	5
13	单位举办了更多的公益活动	1	2	3	4	5
14	单位能创新工作创建“模式”，积极推广经验	1	2	3	4	5

续表

序号	题目	不符合	不太符合	不确定	比较符合	符合
15	单位工作多次获市级以上领导肯定性批示	1	2	3	4	5
16	社会公众认为我们的服务效率很高	1	2	3	4	5
17	社会公众对我们的服务态度很满意	1	2	3	4	5
18	社会公众对我们的服务环境很满意	1	2	3	4	5
19	社会公众对我们的服务人员素质很满意	1	2	3	4	5
20	单位为员工的发展创造机会	1	2	3	4	5
21	单位重视人才的引进	1	2	3	4	5
22	单位沟通渠道健全	1	2	3	4	5
23	单位树立了良好的工作作风	1	2	3	4	5
24	单位重视文化建设	1	2	3	4	5

第三部分　城市综合竞争力

下面的项目是对苏州市城市综合竞争力的描述，请根据您的真实感受对下列问题进行打分，其中最低分1分，最高分为5分，请在相应的分数栏画“√”

序号	题目	不符合	不太符合	不确定	比较符合	符合
1	经济实力	1	2	3	4	5
2	经济结构	1	2	3	4	5
3	经济效率	1	2	3	4	5
4	经济增长潜力	1	2	3	4	5
5	市民生活质量	1	2	3	4	5
6	公共基础设施	1	2	3	4	5
7	教育发展	1	2	3	4	5
8	科技水平	1	2	3	4	5
9	人力资源	1	2	3	4	5
10	文化氛围	1	2	3	4	5
11	制度保障	1	2	3	4	5
12	区位优势	1	2	3	4	5
13	政府社会管理能力	1	2	3	4	5

续表

序号	题目	不符合	不太符合	不确定	比较符合	符合
14	政府行政效率	1	2	3	4	5
15	政府美誉度	1	2	3	4	5
16	环境质量	1	2	3	4	5
17	环境保护	1	2	3	4	5
18	工业污染防治	1	2	3	4	5
19	对外贸易与投资能力	1	2	3	4	5
20	国际旅游吸引力	1	2	3	4	5
21	对外交通运输能力	1	2	3	4	5

您所在单位名称：

我们的问卷到此结束，再次感谢您的配合！

附录十：

国家标准化管理委员会
对“苏州市城市综合服务标准化试点”项目评估意见

受国家标准化管理委员会委托，2014 年 12 月 3—4 日，江苏省质量技术监督局邀请专家组成评估组，对苏州市人民政府承担的国家级“城市综合服务标准化试点”项目进行了评估。评估组听取了汇报，查阅了资料，察看了现场，并与部分试点单位人员进行了交流，在认真讨论的基础上，形成以下意见：

一、领导重视，保障有力。

苏州市政府高度重视试点推进工作，成立了由市长为组长、常务副市长和分管副市长为副组长、48 个职能部门和各区政府领导为成员的试点工作领导小组，下设办公室，具体组织协调开展试点工作，各试点实施单位抽调业务骨干组成试点工作日常办事机构，形成了上下联动、协同推进的网络机制，为试点的实施提供了切实的组织保障；市政府出台了《关于开展苏州市城市综合服务标准化试点工作的实施方案》和《关于开展城市综合服务标准化试点工作的实施细则》以及各年度制定的《苏州市城市综合服务标准化试点工作要点》，对试点工作目标和任务深入细化、落实责任，市政府多次召开会议，研究、动员部署试点推进工作，参与试点的单位按其行业特点，明确思路、立足发展、制订计划、精心组织、悉心推进，为试点工作的落实提供了有效的制度保障；参与试点的相关单位形成合力，投入大量的人力、物力，聘请科研院校及标准化等技术机构强化指导，与试点单位紧密合作，为顺利推进试点工作提供了基础和技术保障，确保了试点的稳步推进。

二、体系完善，实施到位。

试点以综合标准化原理及方法为指导，紧扣苏州金融、物流、旅游、服务外包 4 个专业服务领域以及公共安全、公共基础设施与公共事业、环境保护等 9 个公共服务领域，涵盖了 6 城区，选择 60 个项目 77 个示范单位以及职能部门服务发展对标准化的需求，构建了结构合理、内容规范、系统协调、特色鲜明、操作性强的城市综合服务标准体系。制定实施的各行业服务提供及服务保障标准，使服务质量评价、改进与提高有了科学的依据。从建立长效机制着眼，构建“一个机构、一套方案、一次动员、一个体系、一系列培训、一套台账”的工作模式；从强化标准实施入手，实现了将标准实施与单位中心工作相结合、与落实人员岗位职责相结合、与业务流程再造相结合的紧密氛围；从注重实效着力，坚持三级联动，以规范服务行为、提高服务质量、满足市民需求为导向，积极探索、大胆实践，探索的“1＋X”运作机制，实现了标准实施的全面覆盖，促进了公众满意度的提高，参与试点的13个领域，公众满意度平均达到95.4%，充分体现了苏州元素的特色服务。

三、求实创新，品牌集聚。

苏州市政府在推进试点的同时，注重品牌效应集聚，将城市综合服务标准化与创建苏州服务品牌紧密融合，充分运用苏州资源优势，采取先行先试的方法，不断加强服务品牌创建，通过优化流程后加以固化的标准实施，形成了如“12345”政府公共服务热线“爱心、热心、诚心、耐心、精心”，环卫服务“清洁家园、美化城市”，民政服务“真诚和温情”等一批服务品牌，并在业内得到充分肯定，特别是“无线苏州的‘城市信息云平台标准体系与工作模式’标准化项目”的实施，已与全国多个省份及20多个城市建立了合作关系，成为“走出去”的“苏州标准”。在全国创新开通的市民热线受理，对标准体系运行和标准实施进行监督，实现了标准体系和标准的动态管理。为提高全民标准化意识，积极参与标准化工作开了先河。

四、特色鲜明，成果突出。

市政府将试点工作与苏州城市综合管理紧密结合，既针对流动人员多，又兼顾照料弱势群的需求，在人才服务、社保等方面构建的基本公共服务中得以充分体现，运用标准化推动基本公共服务的均等化。将传承历史文化与标准化相结合，既突出了姑苏文化的内涵，又提高了文化服务的水平与品质。积极探索标准化实践与管理理论研究相结合的模式，编著了《政府公共服务标准化对城市综合竞争力的影响机制研究》《以标准化推进城市治理现代化》以及《综合标准化与公共服务提升——来自苏州市的创新实践》等，提出了较为系统的基本公共服务标准化理论。以城市综合服务经验为基础制定了2项国家标准、9项行业标准和8项地方标准，提升了城市综合服务的影响力，具有鲜明的特色和显著的效果。

评估组认为：苏州市在全国率先开展“城市综合服务标准化试点”，为全国提供了可借鉴、可复制的模式。

根据国标委（标委办服务〔2011〕104号）文件规定，评估组认为该项目完成了任务书确定的目标，一致同意通过评估。

建议：不断总结试点工作经验，坚持持续改进并有效运行。

考核评估组长签字：

2014年12月4日

参考文献

[1] Berry L. L. , Zeitbaml V. A. , Parasuraman A. Five Imperatives for Improving Service Quality[J]. Sloan Management Review, 1990, 31(4): 29 –38.

[2] Blind K. The Economics of Standards: Theory, Evidence, Policy[M]. Aldershot:Edward Elgar Publishing Ltd, 2004: 43 –44.

[3] James M. Buchanan. An Economic Theory of Clubs[J]. Economic, New Series, 1965,32(125):2 –13.

[4] Kai, Jakobs. Information Communication Technology Standardization for E-business Sectors: Integrating Supply and Demand Factors[M]. Information Science Publishing, 2009.

[5] Levitt T. Industrialization of service[J]. Harvard Business Review, 1976, 54(5): 63 –74.

[6] Swann G. M. Peter. The economics of Standardization[R]. Final Report for Standards and Technical Regulations Directorate Department of Trade and Industry, Manchester Business School, 2000.

[7] Henk de Vries. Standardization: A Business Approach to the Role of National Standardization Organizations[M]. Springer-Verlag New York Inc.; Softcover reprint of hardcover Ist ed,2009.

[8] 柏良泽."公共服务"界说[J].中国行政管理,2008(2):18.

[9] 陈立周.当代社会福利理论的演变及其本质——兼对中国社会福利实践的启示[J].辽宁大学学报(哲学社会科学版),2011,39(2):29 –32.

[10] 陈渭,等.标准化基础教程——标准化理论与实践[M].北京:中国计量出版社,2008:3 –4.

[11] 陈燕.标杆管理理论及其在商业银行的应用思考[J].新财经,2012(4):51.

[12] 程鉴冰. 政府技术标准规制对经济增长的实证研究[J]. 数量经济技术经济研究,2008(12):8.

[13] 程倩. 服务行政:从概念到模式——考察当代中国服务行政理论的源头[J]. 南京社会科学,2005(5):50-57.

[14] 董东铭,陈运焘. 质量概念的演变与新世纪质量管理的发展趋势[J]. 中国科技信息,2010(6):143.

[15] 董小林,于丹. 六西格玛管理理论简介[J]. 中国证券期货,2011(12):65-66.

[16] 杜建卿. 新公共管理理论评析[J]. 现代商贸工业,2011(14):21-22.

[17] 段琼,姜太平. 环境标准对国际贸易竞争力的影响——中国工业部门的实证分析[J]. 国际贸易问题,2002(12):48-51.

[18] 中华人民共和国国家质量监督检验检疫总局,中国国家标准化管理委员会. GB/T 13016—2009 标准体系编制原则和要求[S].

[19] 中华人民共和国国家质量监督检验检疫总局,中国国家标准化管理委员会. GB/T 13017—2009 企业标准体系表编制指南[S].

[20] 中华人民共和国国家质量监督检验检疫总局,中国国家标准化管理委员会. GB/T 15624—2001 服务标准化工作指南[S].

[21] 中华人民共和国国家质量监督检验检疫总局,中国国家标准化管理委员会. GB/T 20000.1—2002 标准化工作指南 第一部分:标准化和相关活动通用词汇[S].

[22] 中华人民共和国国家质量监督检验检疫总局,中国国家标准化管理委员会. GB/T 24620—2009 服务标准制定导则 考虑消费者需求[S].

[23] 中华人民共和国国家质量监督检验检疫总局,中国国家标准化管理委员会. GB/T 28222—2011 服务标准编写通则[S].

[24] 中华人民共和国国家质量监督检验检疫总局,中国国家标准化管理委员会. GB/T 4754 国民经济行业分类[S].

[25] 中华人民共和国国家质量监督检验检疫总局,中国国家标准化管理委员会. GB/T12366—2009. 综合标准化工作指南[S].

[26] 中华人民共和国国家质量监督检验检疫总局,中国国家标准化管理委员会. GB/Z19034—2008/ISO/IWA4:2005,质量管理体系 地方政府应用指南[S].

[27] 高婕. 标杆管理理论[J]. 现代商业,2007(16):132.

[28] 葛京,王益谊. 标准对国际贸易影响效应的研究及政策借鉴[J]. 国际经贸探

索,2009,25(2):8-13.

[29] 顾丽梅.新公共服务理论及其对我国公共服务改革之启示[J].南京社会科学,2011(1):39.

[30] 关信平.西方"福利国家之父"贝弗里奇——兼论《贝弗里奇报告》的诞生和影响[J].社会学研究,1993(06):72-78.

[31] 官永彬.建设公共服务型政府的动因、内涵与实现机制[J].商业研究,2011(3):189-190.

[32] 郭红玲.论泰罗科学管理理论的基本特点和借鉴意义[J].四川师范大学学报(社会科学版),1998,25(4):133.

[33] 郭力生.标准化与国际贸易[J].中国标准化,2002(2):4-5.

[34] 郭咸刚.西方管理思想史[M].北京:经济管理出版社,2004:91-105.

[35] 韩福荣.现代质量管理学[M].北京:机械工业出版社,2004:20.

[36] 何景安.标准与标准话对象的辩证关系[J].科学技术与辩证法.1991(8):58-59.

[37] 洪生伟.标准化管理[M].北京:中国标准出版社,2012:25-163.

[38] 侯非.国外社会管理和公共服务标准化现状与趋势[J].中国标准化,2012(11):60-63.

[39] 侯俊军,马喜燕.标准对中日双边贸易规模的影响研究[J],亚太经济,2009(6):38-42.

[40] 侯俊军,万欣.标准化与产业内贸易——基于中国机械行业的面板协整分析[J].标准科学,2009(9):19-24.

[41] 胡税根,黄天柱,翁列恩,等.政府管理与公共服务标准化创新研究——以杭州市上城区为例[M].杭州:浙江大学出版社,2013:28-38.

[42] 胡税根,徐元帅.我国政府公共服务标准化建设研究[J].天津行政学院学报,2009(6):39-44.

[43] 胡税根,徐元帅.中国政府公共服务标准化建设的价值研究[J].甘肃行政学院学报,2009(5):47-53.

[44] 黄恒学,张勇.政府基本公共服务标准化研究[M].北京:人民出版社,2011:20-246.

[45] 黄小勇.新公共管理理论及其借鉴意义[J].中共中央党校学报,2004,8(3):61.

[46] 黄叶青. 福利多元主义:理论逻辑的发展与三个类型福利国家的实践[D]. 天津:南开大学,2007:10.

[47] 中华人民共和国国家质量监督检验检疫总局,中国国家标准化管理委员会. ISO9000—2000 质量管理体系　基本和术语[S].

[48] 中华人民共和国国家质量监督检验检疫总局,中国国家标准化管理委员会. ISO8402—1994 质量管理和质量保证——词汇[S].

[49] 吉峰."第三产业"[J]. 现代情报,1982(2):12.

[50] 金雪军. 提高国际竞争力的技术标准体系战略研究:以浙江省为例[M]. 杭州:浙江大学出版社,2007.

[51] 李春田. 标准化概论[M]. 北京:中国人民大学出版社,2010:15 – 39.

[52] 李春田. 标准化在市场经济发展中的作用——标准化与经济全球化[J]. 上海标准化,2003(10):12.

[53] 李春田. 现代标准化方法——综合标准化[M]. 北京:中国质检出版社、中国标准出版社,2011:28 – 45.

[54] 李克强. 地方政府改革是一场自我革命[EB/OL]. http://news. xinhuanet. com/politics/2013 – 11/08/c_118053776_2. htm,2013 – 11 – 08/2013 – 11 – 20.

[55] 李龙熙. 对可持续发展理论的诠释与解析[J]. 行政与法,2005(1):5.

[56] 李鹏. 新公共管理的运行困境及理论缺陷[J]. 长江论坛,2004(4):49 – 50.

[57] 李上. 公共服务标准化体系及评价模型研究[D]. 徐州:中国矿业大学,2010:17.

[58] 李文超. 六西格玛管理的理论基础和创新[J]. 湖北工业大学学报,2007(12):40.

[59] 李小娟. 科学管理理论及其启示[J]. 决策与信息,2008(12):111.

[60] 李晓林. 城市公共服务标准化若干问题研究——以北京市东城区城市公共服务标准化示范区、推进节约型社会建设为例[C]. 第十二届中国科协年会论文集,2011(5):6.

[61] 李杏果. 当代西方政府改革理论对我国服务型政府建设的启示[J]. 中共石家庄市委党校学报,2011(2):24 – 26.

[62] 李雪,王瑾. 对韦伯官僚制理论的审视与借鉴[J]. 法制与社会,2008(3):201.

[63] 刘冬华,徐卫. 西方公共管理的理论变迁及现实意义[J]. 当代行政,2005

(8):26.

[64] 刘璟,孙彩英,高玉斌.我国公共服务标准化建设探析[J].中国标准导报,2013(2):28.

[65] 刘荣.小议标准的概念及标准的内涵[J].航天标准化,2012(3):46.

[66] 刘熙瑞.服务型政府——经济全球化背景下中国政府改革的目标选择[J].中国行政管理,2002(7):5-7.

[67] 刘洋君,浅析官僚制理论对我国行政发展的启示[J].中国商界,2010(7):201.

[68] 柳成洋,等.服务标准化导论[M].北京:中国标准出版社,2009:7-185.

[69] 柳成洋,李涵.标准化与服务型政府建设[J].中国标准化,2012(11):57-59.

[70] 龙献忠,杨柱.治理理论:起因、学术渊源与内涵分析[J].云南师范大学学报(哲学社会科学版),2007,39(4):30-33.

[71] 陆为民.政府全面质量管理的基本理论与方法研究[D].天津:天津大学,2006:9.

[72] 路国华.可持续发展理论缘起,内涵与演进[J].上海城市发展,2009(4):57-59.

[73] 栾大龙,铉一民,刘宏.近现代军事需要对质量管理理论与实践的影响[J].世界标准化与质量管理,2007,3(3):42.

[74] 吕军.再谈我国建设服务型政府的原因和关键措施[J].山东行政学院山东省经济管理干部学院报,2009(2):27.

[75] 马英娟.公共服务:概念溯源与标准厘定[J].河北大学学报(哲学社会科学版),2012,37(2):77-78.

[76] 梅志罡.新公共管理理论及其借鉴意义[J].行政论坛,2006(1):6-7.

[77] [美]泰勒.科学管理原理[M].马风才,译.北京:机械工业出版社,2007:6-48.

[78] [美]泰罗.科学管理原理[M].胡隆昶,等,译.北京:中国社会科学出版社,1984:36.

[79] [美]珍妮 V.登哈特,罗伯特 B.登哈特.新公共服务:服务,而不是掌舵[J].刘俊生,译,中国行政管理,2002(10):42-44.

[80] 彭和平,竹立家,等.国外公共管理理论精选[M].北京:中共中央党校出版

社,1997:14.

[81] 彭华民,等.西方社会福利理论前沿[M].北京:中国社会出版社,2009:22.

[82] 全球治理委员会.我们的全球伙伴关系[R].牛津:牛津大学出版社,1995:23.

[83] 茹婧.现代服务型政府建设:动因及路径选择[J].内蒙古农业大学学报(社会科学版),2011(6).237-238.

[84] 上海市标准化研究院,中国标准化协会,上海信星认证培训中心.标准化实用教程[M].北京:中国标准出版社、中国质检出版社,2011:54-165.

[85] 沈满洪,谢慧明.公共物品问题及其解决思路——公共物品理论文献综述[J].浙江大学学报(人文社会科学版),2009,39(4):135.

[86] 施雪华,张琴.国外治理理论对中国国家治理体系和治理能力现代化的启示[J].学术研究,2014(6):33-35.

[87] 松浦四郎.工业标准化原理[T].熊国凤,薄国华,译.北京:技术标准出版社,1981:12-43.

[88] 松志,董观志.城市可持续发展理论及其对规划实践的指导[J].城市问题,2006(7):15.

[89] 宋明顺,周立军.标准化基础[M].北京:中国标准出版社,2013:98-198.

[90] 孙国志.论泰罗的科学管理理论[J].法制与社会,2007(3):722-723.

[91] 谭福友.标准化的对象[J].信息技术与标准化,2005(5):54.

[92] 唐良富,等.公共服务标准化探析[J].标准科学,2010(10):5.

[93] 唐良富,等.公共服务标准化探析[J].标准科学,2010(10):7.

[94] 唐铁汉,李军鹏.公共服务的理论演变与发展过程[J].公共管理科学,2005(6):38.

[95] 唐晓阳,王巍.新公共服务理论及其对我国建设服务型政府的启示[J].岭南学刊,2009(1):93.

[96] 滕世华,治理理论与政府改革[J].福建行政学院、福建经济管理干部学院学报,2002(3):38-41.

[97] 王爱学,赵定涛.西方公共产品理论回顾与前瞻[J].江淮论坛,2007(4):41.

[98] 王登华,卓越,等.公共服务标准化导论——以南京市江宁区财政局实践探索为个案[M].北京:中国财政经济出版社,2011:20.

[99] 王丽丽,徐军田.服务型政府内涵探析[J].前沿,2007(2):129-130.

［100］ 王良杰，石丽丽. 现代服务业概念界定［J］. 合作经济与科技 2010(1)：30.

［101］ 王平. 国内外标准化理论研究及对比分析报告［J］. 中国标准化，2012(5)：40.

［102］ 王青云. 可持续发展理论发展概述［J］. 黄石高等专科学校学报，2004，20(4)：1.

［103］ 王世川，曹俐莉. 国际服务标准化的发展及借鉴［J］. 标准生活，2009，11：016.

［104］ 王雪静，柳浩. 企业纳税实务与税收筹划全攻略［M］. 上海：立信会计出版社，2010：11.

［105］ 王耀中，贺婵. 标准差距对我国农产品贸易影响的实证分析［J］. 国际经贸探索，2008，24(5)：26－29.

［106］ 王征. 标准化的特性与原理［J］. 航空标准化，1981(1)：38－40.

［107］ 王忠敏. 标准化基础知识实用教程［M］. 北京：中国标准出版社，2010：2－3.

［108］ 吴慧芳. 社会福利理论研究［J］. 现代商贸工业，2012(15)：42.

［109］ 习近平. 十八届三中全会公报.［EB/OL］. http://news.xinhuanet.com/politics/2013－11/12/c_118113106.htm，2013－11－20/2013－11－25.

［110］ 徐丽朱. 从国外政府改革谈我国服务型政府建设［J］. 商场现代化，2007(1)：85.

［111］ 徐朴. 构建服务型政府 提升城市竞争力［J］. 成都行政学院学报，2006，(6)：20－21.

［112］ 徐凌. 西方公共服务思潮嬗变与启示［J］. 人民论坛，2013(7)：70.

［113］ 徐淑萍. 论现阶段中国政府公共服务的供给［J］. 标准建设学习与探索，2010(1)：69－70.

［114］ 徐婷. 我国政府公共服务标准化建设研究［J］. 法制与社会，2012(9)：14－140.

［115］ 徐衣显. 转型期中国政府经济职能研究［M］. 北京：中国财政经济出版社，2007：4.

［116］ 徐永江. 官僚制理论及其批判［J］. 时代金融，2012(12)：322.

［117］ 许光清. 城市可持续发展理论研究综述［J］. 教学与研究，2006(7)：88－89.

［118］ 晏芳. 建设服务型政府研究［J］. 中共贵州省委党校学报，2008(6)：57.

［119］ 杨梅.中国地方政府公共服务标准化探索与思考［J］.北京行政学院学报，2012(3):30－34.

［120］ 杨明伟.新公共管理理论述评［J］.四川行政学院学报，2005(2):22－23.

［121］ 尹爽.地方政府公共服务满意度评价研究［D］.大连:大连理工大学，2009:3.

［122］ ［英］哈耶克.通往奴役之路［M］.北京:中国社会科学出版社，1997:101.

［123］ ［英］吉登斯.第三条道路:社会民主主义的复兴［M］.北京:北京大学出版社，2000:70.

［124］ ［英］凯恩斯.凯恩斯文集(下卷)［M］.改革出版社，2000:243.

［125］ 于欣丽.标准化与经济增长:理论，实证与案例［M］.北京:中国标准出版社，2008.

［126］ 余哲.标准化发展的历史学思考［J］.黑龙江社会科学，2004(1):87－88.

［127］ 俞可平.治理与善治［M］.北京:社会科学文献出版社，2005:5.

［128］ 俞可平.权利政治与公益政治［M］.北京:社会科学文献出版社，2000:189－190.

［129］ 臧旭恒，曲创.从客观属性到宪政决策——论“公共物品”概念的发展与演变［J］.山东学报大学(人文社会科学版)，2002(2):39.

［130］ 詹姆斯·Z.罗西瑙.没有政府的治理［M］.剑桥:剑桥大学出版社，1995:5.

［131］ 张登国.政府公共服务效能提升的对策研究［J］.四川行政学院学报，2008(1):3.

［132］ 张端阳.国外服务标准化研究综述［J］.东北大学学报(社会科学版)，2012(4):311－317.

［133］ 张海鹰.社会保障词典［M］.北京:经济管理出版社，1993:320.

［134］ 张杰.国外公共服务创新理论与实践对中国的启示［J］.大连海事大学学报(社会科学版)，2011(2):32.

［135］ 章帆，韩福荣.质量生态学研究(2)——质量概念与质量管理理论的演进［J］.世界标准化与质量管理，2005，4(4):29.

［136］ 赵莉.企业综合标准体系表的编制与维护［J］.航空标准化与质量，2014(1):10－12.

［137］ 赵庆军，尼东.标准化与综合标准化当议［J］.标准化报道，1994，15(1):20.

［138］ 赵莹莹，李思妍.浅析新公共服务理论［J］.商品与质量，2011(3):48.

[139] 郑功成. 社会保障学[M]. 北京:商务印书馆,2000:76.

[140] 郑强国,付艳荣,程正中. 标杆管理及其在我国企业中的应用[J]. 商场现代化,2007(1):176.

[141] 中国海南改革发展研究院. 中国人类发展报告[M]. 北京:中国经济出版社,2008:100.

[142] 钟高峥. 行业标准化对中国进出口贸易的影响研究[J]. 财经理论与实践,2010(3):103-108.

[143] 周弘. 福利国家去向何处[J]. 中国社会科学,2001(3):96.

[144] 周华,王卉,严科杰. 标准对贸易及福利影响的实证检验——基于价格楔方法以欧盟 RoHS 指令对上海市机电产业的影响为例[J]. 数量经济技术经济研究,2007,24(8):100-108.

[145] 朱丽君. 政府质量管理的基本理论与方法[J]. 山西大学学报(哲学社会科学版),2012,35(4):97.

[146] 朱斯琴. 治理理念产生的背景及其启示[J]. 内蒙古师范大学学报(哲学社会科学版),2005,34(1):58.

[147] 朱燕. 西方国家社会福利政策变迁及对我国的启示[D]. 南京:南京师范大学,2008:31.

后 记

为更好地践行服务型政府建设，创新政府社会管理和公共服务，满足市民服务需求，提高城市综合服务规范化水平，进一步发挥标准化在城市治理和发展中的技术支撑作用，苏州市人民政府于2012年9月7日正式启动了城市综合服务标准化试点工作，苏州成为全国首个开展此项工作的地级市。实现政府公共服务标准化，不仅有利于政府规范公共服务的方式，排除政府各部门在公共服务过程中的无序和混乱，节约资源，提高效率，而且有利于体现社会公平，逐步消除公民特别是弱势群体的不公平感，减少社会矛盾，维护社会稳定，推动公共服务均等化、优质化的实现，更有利于政府不断审视自身的公共服务实践，探索提供公共服务更加有效的方法，从而使政府公共服务的社会效益最大化。

苏州这座具有2500多年历史的古城在保留其浓厚苏州特色的同时，秉承“崇文睿知，开放包容，争先创优，和谐致远”的苏州精神，已然成功转型成现代产业都市。然而，一个城市的繁荣需要一所卓越的大学，大学不仅是一个城市靓丽的名片，也是一个城市文化灵魂的所在，也是一个城市人文素质的重要载体。

苏州大学一直以来立足名城，建设名校，秉承“以服务谋发展、以贡献求支持、以合作促双赢”的社会服务理念，“推倒”大学“物理围墙”，密切与地方政府、行业的合作，充分发挥大学的人才学科优势，努力当好苏州科学发展、可持续发展、包容性发展的人才库和思想库。

在苏州市城市综合服务标准化项目建设中，苏州大学与苏州市质量技术监督局合作，成立苏州市公共服务标准化研究中心，为公共服务标准的研发提供技术支撑与助力，这是苏州大学名城名校建设的又一重要里程碑。

经过“东吴智库”老师的团队协作，在试点项目圆满完成之际，《综合标准化与公共服务提升——来自苏州市的创新实践》也即将付梓。本书以政府公共服务为研究对象，充分描述了标准化的相关理论与苏州市的创新实践，我们期待本书能够为关心标准化与城市治理的城市管理者与读者们提供参考。

苏州大学有关老师、苏州市质量技术监督局骨干人员参与了相关课题调研、研讨和资料汇总等工作。在我们参与试点工作与书稿写作的过程中，得到了各方的大力支持。感谢苏州市城市综合服务标准化领导小组领导的关心、支持和指导；感谢苏州市城市综合服务标准化领导小组办公室一直以来在我们调研中的协调、配合和支持，尤其是苏州市质量技术监督局钮雪林局长、李平副局长，标准化处的许健儿处长、张春野副处长给了课题组极大的关心和支持，在此表示衷心的感谢。同时也感谢标准化处的陈强、李净玮、茹意春、缪苏星等工作人员在具体联络与沟通中的细致工作和无私帮助。感谢我们的研究生孙竹丽、刘忠玲、孙睿、周昕怡、钱晨、刘旭、刘彦超、杨泽璐、刘景芝在收集、整理材料中的严谨认真。

研究也得到了苏州市城市综合服务标准化领导小组成员单位的全力支持，感谢市人社局、市公安局、市司法局、市供电公司、市环保局、市卫生局、市交通局、市科技局、市体育局、市民政局、市教育局、市旅游局、苏州银监局、市便民服务中心、市经信委、市文广新局、苏州火车站、市发改委、市计生委、市市容市政局等 29 家项目承担单位及其 77 家示范单位对课题组在调研过程中的全力配合。

此书付梓之际，谨以为记。

田晓明

2014 年冬于苏州大学